Zhang Yunling und Gao Cheng (Hg.)

China und die Welt seit der Reform- und Öffnungspolitik

Übersetzt von Yang Yunshuo

Chinesische Perspektiven

Politik

Herausgegeben von Ole Döring

Band 5

Zhang Yunling und Gao Cheng (Hg.)

CHINA UND DIE WELT SEIT DER REFORM- UND ÖFFNUNGSPOLITIK

Übersetzt von Yang Yunshuo

Bibliografische Information der Deutschen Nationalbibliothek

Die Deutsche Nationalbibliothek verzeichnet diese Publikation in der Deutschen Nationalbibliografie; detaillierte bibliografische Daten sind im Internet über http://dnb.d-nb.de abrufbar.

Bibliographic information published by the Deutsche Nationalbibliothek

Die Deutsche Nationalbibliothek lists this publication in the Deutsche Nationalbibliografie; detailed bibliographic data are available in the Internet at http://dnb.d-nb.de.

This edition is an authorized translation from the Chinese language edition
Published by arrangement with SSAP
All rights reserved

ISBN-13: 978-3-8382-1776-5
© *ibidem*-Verlag, Stuttgart 2023
Alle Rechte vorbehalten

Das Werk einschließlich aller seiner Teile ist urheberrechtlich geschützt. Jede Verwertung außerhalb der engen Grenzen des Urheberrechtsgesetzes ist ohne Zustimmung des Verlages unzulässig und strafbar. Dies gilt insbesondere für Vervielfältigungen,
Übersetzungen, Mikroverfilmungen und elektronische Speicherformen sowie die
Einspeicherung und Verarbeitung in elektronischen Systemen.

All rights reserved. No part of this publication may be reproduced, stored in or introduced into a retrieval system, or transmitted, in any form, or by any means (electronic, mechanical, photocopying, recording or otherwise) without the prior written permission of the publisher. Any person who does any unauthorized act in relation to this publication may be liable to criminal prosecution and civil claims for damages.

Printed in the EU

Vorwort

Zhang Yunling[1]

Das Jahr 2018 markiert den 40. Jahrestag der Reform und Öffnung Chinas, daher lautet das Thema dieses Bandes „China und die ganze Welt". Chinas Reform und Öffnung entsprechen einer Reihe interner Reformen und einer umfassenden Öffnungspolitik nach außen. Die beiden Seiten haben ihre eigenen Zielvorgaben, sind aber eng miteinander verbunden und ergänzen sich gegenseitig. Im Allgemeinen haben die internen Reformen ein günstiges Umfeld für die Öffnung nach außen geschaffen, während die Letztere die Reformen gefördert hat. Es ist das Zusammenspiel dieser beiden Prozesse, mit dem es China gelungen ist, in nur 40 Jahren so hervorragende Erfolge zu erzielen.

Seit der Reform und Öffnung haben sich die Beziehungen Chinas mit der restlichen Welt radikal verändert. Die größten Änderungen sind der Aufstieg des Landes zur zweitgrößten Volkswirtschaft der Welt, die erhebliche Zunahme seiner umfassenden nationalen Stärke, die dramatische Erhöhung seines internationalen Status Chinas und seine deutlich gestiegenen Einflüsse auf die regionale und überregionale Entwicklung. Dies hat China näher an das Zentrum der Weltbühne gebracht.

Als eine nicht-westliche Großmacht ist China auf dem Vormarsch, strebt nach einer neuen Art der Großmacht mit chinesischer Prägung und hat eine Reihe von neuen Ideen und Initiativen für seine Entwicklung vorgelegt. So hat China für die Lösung territorialer Streitigkeiten den Grundsatz „Differenzen beiseitestellen und die umstrittene Region gemeinsam entwickeln" und die neuen Ideen der Nachbarschaftsdiplomatie „Harmonie, Sicherheit und Wohlstand für die Nachbarn bringen" sowie „Freundschaft, Ehrlichkeit, gegenseitiger Nutzen und Inklusivität" aufgestellt. Des Weiteren hat China neue Sicherheitskonzepte auf der Grundlage von Konsultation und Kooperation entworfen, einen neuen Typ von Großmachtbeziehungen nach den Prinzipien „Nicht-Konflikt, Nicht-Konfrontation, gegenseitigen Respekt und Win-Win-Kooperation" sowie eine neue Art von Partnerschaftsbeziehungen gefördert, nämlich „Partnerschaft der Freundschaft statt der Allianz". Die Seidenstraßeninitiative, die auf den Prinzipien der „gemeinsamen Konsultation, Mitwirkung und Teilhabe" beruht, und insbesondere die großartige Initiative zum Aufbau einer „Schicksalsgemeinschaft der Menschheit" wurden vorgeschlagen.

Als eine Großmacht neuer Art hat sich China einerseits durch die aktive Teilnahme am derzeitigen internationalen Wirtschaftssystem Entwicklungschancen geschaffen und gleichzeitig die Reform seines jetzigen Systems aktiv gefördert; andererseits hat China seine militärischen Fähigkeiten durch verstärkte Investitionen verbessert und gleichzeitig eine neue Art von Sicherheitsbeziehungen auf der Grundlage gemeinsamer und kooperativer Sicherheit aktiv vorangetrieben.

---

[1] Zhang Yunling, Mitglied der CASS, ehemaliger Direktor der Abteilung für internationale Studien (bis zum 30. September 2018), Professor am Institut für Koreanistik an der Shandong-Universität.

Trotz des Versprechens Chinas, den Weg der friedlichen Entwicklung zu beschreiten, hegt auch die Außenwelt die einen oder anderen Zweifel an Chinas Aufstieg, seinen Initiativen und seinem Verhalten und sieht diese sogar als eine Bedrohung an. Das gilt insbesondere für die hegemonialen Länder wie die Vereinigten Staaten. In den USA neigen viele, einschließlich vieler politischen Entscheidungsträger, dazu, China mit der konfrontativen Denkweise zu betrachten, dass China die USA herausfordert und verdrängt. Als Reaktion darauf haben die USA Eindämmungsstrategien entwickelt und Eindämmungsmaßnahmen ergriffen. Da es sich bei China und den USA um zwei Großmächte handelt, besteht die Befürchtung, dass beide Staaten in die „Thukydides-Falle" tappen, was ein totales Chaos und Durcheinander in der ganzen Welt anrichten kann. Die Vereinigten Staaten haben Kritik an der von China entwickelten und geförderten Seidenstraßeninitiative geübt, da sie den Verdacht hegen, dass China diese Initiative nutze, um andere Länder auszugrenzen und seine hegemonialen Ambitionen zu verwirklichen. Angesichts der vielen Zweifel, Vorwürfe und sogar Konfrontationen ist es für China am wichtigsten, das große Ganze zu begreifen. Das Wichtigste ist, das große Ganze zu begreifen, entschlossen und zuversichtlich zu bleiben, an seinen Bemühungen festzuhalten und seine Ziele durch Praxis und Zeit beweisen zu lassen.

Nun befinden wir uns in einem in hundert Jahren nicht da gewesenen großen Umbruch. Es ist von entscheidender Bedeutung, dessen Richtung richtig zu steuern. Das letzte Jahrhundert von 1900 bis 2000 war geprägt von zwei Weltkriegen, der Entstehung des Kalten Krieges und der Schaffung von hegemonialen Mächten. Trotz der enormen Fortschritte in der Entwicklung der Nachkriegswelt hat die Menschheit einen zu hohen Preis gezahlt und erhofft sich daher, dass es in diesem Jahrhundert keine großen Kriege, Konfrontationen und keine Hegemonie mehr geben wird. Der Aufbau einer Schicksalsgemeinschaft der Menschheit ist die richtige Richtung für die Weltentwicklung in der neuen Ära und erfordert Anstrengungen Chinas und, was noch wichtiger ist, die Konsensbildung und Kooperation der internationalen Gemeinschaft.

Natürlich sollte sich China weiterhin in erster Linie auf seine eigenen Angelegenheiten konzentrieren. Der XIX. Parteitag der KP Chinas hat einen Fahrplan für das Wiederaufleben der chinesischen Nation aufgestellt. Dafür ist jedoch noch ein langer Weg zurückzulegen. Um den Traum des Wiederaufleben der chinesischen Nation zu verwirklichen, kann sich China nicht von der Welt isolieren, sondern muss ein langfristig stabiles Umfeld für eine friedliche Entwicklung schaffen und aufrechterhalten sowie an Reformen, Öffnung und Zusammenarbeit festhalten. China soll das Vertrauen der Welt gewinnen und die Welt sollte sich auf China verlassen, sodass allmählich eine positive interaktive Beziehung zwischen China und der restlichen Welt in beiden Richtungen entsteht.

Dieses Volumen enthält sechs Beiträge zur Analyse von Theorie, Strategie und Positionierung der chinesischen Außenbeziehungen seit der Reform- und Öffnungspolitik sowie zur Untersuchung Chinas Beziehungen zu seinen Nachbarn, den Großmächten weltweit sowie zu Afrika und Lateinamerika. Das Buch ist ein Geschenk der Abteilung für internationale Studien anlässlich des 40. Jahrestages der Reform und

Öffnung. Ich bin davon überzeugt, dass seine Veröffentlichung für die Leser von großem Nutzen sein wird, um ein tieferes Verständnis des Prozesses der Reform- und Öffnungspolitik Chinas in den letzten 40 Jahren, insbesondere im Hinblick auf die chinesische Diplomatie und die Beziehungen zwischen China und der restlichen Welt, zu erlangen.

Dieses Volumen wird von der akademischen Abteilung für internationale Studien der Chinesischen Akademie für Sozialwissenschaften in Zusammenarbeit mit *Journal of Contemporary Asia-Pacific Studies* herausgegeben. Frau Professor Gao Cheng und ihr Team haben hart an diesem Projekt gearbeitet, und wie immer hat uns die Social Science Literature Press bei unserer Arbeit sehr unterstützt, wofür wir uns an dieser Stelle herzlich bedanken möchten.

Inhaltsverzeichnis

Zhang Yunling
Vorwort 5

Liu Jianfei
Bemerkung und Analyse über den Grundrahmen der
diplomatischen Strategie Chinas im neuen Zeitalter 13
   I.   Hauptthemen und Zielvorgaben der
        diplomatischen Strategie Chinas 13
   II. Interne und externe Bedingungen für
        Chinas diplomatische Strategie im neuen Zeitalter 16
   III. Hauptaufgaben der diplomatischen Strategie Chinas in dem
        neuen Zeitalter 18
      1. Ein günstiges äußeres Umfeld für die Verwirklichung des
         chinesischen Traums schaffen 19
      2. Bedingungen für den Aufbau einer Schicksalsgemeinschaft der
         Menschheit schaffen 20
   IV. Der grundlegende Weg von Chinas diplomatischer Strategie
        im neuen Zeitalter 22
   V. Die Ausgestaltung der diplomatischen Strategie Chinas
        im neuen Zeitalter 26
      1. Schaffung eines im Großen und Ganzen stabilen und ausgewogenen
         Rahmens hinsichtlich der Beziehungen zwischen Großmächten ... 26
      2. Aufbau einer Schicksalsgemeinschaft um die Peripherie mit den
         Ideen der Freundschaft, der Ehrlichkeit, des gegenseitigen Nutzens
         und der Inklusivität 28
      3. Steuerung der Beziehungen zu den Entwicklungsländern mit einem
         korrekten Konzept von Rechtschaffenheit und Nutzen 29
      4. Verstärkung des Mitspracherechts in der multilateralen Diplomatie
         und einer aktiven Beteiligung an der Weltordnungspolitik ... 29
   VI. Die wichtigsten Garantien für Chinas diplomatische Strategie
        im neuen Zeitalter 34
      1. Nationale Sicherheitsgarantie in Chinas diplomatischer Strategie
         im neuen Zeitalter 34
      2. Die politische Führung von Chinas diplomatischer Strategie
         im neuen Zeitalter 35

3. Institutionelle Garantie für Chinas diplomatische Strategie
     im neuen Zeitalter 36

Zhao Kejin
Vierzig Jahre Theoretische Erforschung der Chinesischen Diplomatie **39**
  I. **Windungen und Wendungen bei der Entwicklung
     der chinesischen Diplomatie** **40**
     1. Die erste Phase: Einführung der amerikanischen
        diplomatischen Theorie (1980-1997) 42
     2. Die zweite Phase: Erforschung der diplomatischen Theorie
        chinesischer Prägung (1997 bis heute) 46
  II. **Der chinesische Weg der Diplomatie: Schulen und Theorien** **50**
     1. Traditionalismus 51
     2. Die Schule des Charakterismus 54
     3. Die Schule des Nicht-Traditionalismus 58
  III. **Eine Gesamtbewertung der chinesischen Diplomatietheorie seit
       der Reform- und Öffnungspolitik** **64**
  IV. **Theoretische Innovation der chinesischen Diplomatie und
       ihre Bedeutung aus globaler Sicht** **70**

Zhou Fangyin
**Die Kenntnis und die Auseinandersetzungen der
chinesischen Wissenschaftler bezüglich der internationalen Lage seit
der Reform- und Öffnungspolitik** **75**
  I. **Der Anfang und die Entwicklung der Erkenntnisse
     chinesischer Gelehrter über die internationale Lage** **75**
     1. Die Anfangsphase der Diskussion chinesischer Gelehrter über die
        internationale Lage 75
     2. Die Ansichten chinesischer Wissenschaftler über die
        internationale Lage während der Wende am Ende des Kalten Krieges 80
     3. Der 11. September und die Erkenntnisse der chinesischen Gelehrten
        über die internationale Lage 86
  II. **Kontroverse der chinesischen Wissenschaftler hinsichtlich
      der internationalen Lage** **88**
     1. Das Ende der Endphase des Kalten Krieges? 88
     2. Multipolarität und ihre Kontroverse 90
        (1) Allgemeiner Optimismus bezüglich der Multipolarität 90
        (2) Die Debatte von 2000 bis 2001: Ist Multipolarität ein Trend? 93

(3) Die Zeit nach der Finanzkrise: Multipolarität oder Bipolarität?........95
III. **Das Verhältnis zwischen wissenschaftlichen Perspektiven und politischen Ansichten**..**99**
    1. Die akademische Kenntnis der internationalen Lage ist von großer politischer Bedeutung 99
    2. Die langfristige Festhaltung der chinesischen Regierung an der Multipolarität in der internationalen Lage..............................102
    3. Verschiedene Beziehungen zwischen wissenschaftlichen Ansichten und Regierungspositionen..105
IV. **Schlusswort** **109**

Liu Feng
Der Wandel des internationalen Systems und die Rolle Chinas darin.......**111**
I. **Bereits bestehende Urteile über die Umstrukturierung des internationalen Systems**..**112**
    1. Unipolarität, geschwächte Unipolarität und der Fortbestand des internationalen Systems...112
    2. Multipolarität/Multipolarsierung und die Neugewichtung des internationalen Systems...114
    3. Auf dem Weg zur Bipolarität?...115
    4. Eine Welt ohne Pole? 116
II. **Die Grundelemente des internationalen Systems**.......................**118**
III. **Die grundlegenden Merkmale der Transformation des internationalen Systems**..**123**
IV. **Der Aufstieg Chinas und der Wandel des internationalen Systems**...**127**
    1. Chinas Rolle im internationalen System 128
    2. Die Entwicklung Chinas nationaler Stärke 129
    3. Die Verbesserung Chinas internationalen Status....................131
V. **Chinas Rolle bei der Förderung der friedlichen Transformation des internationalen Systems**...**132**

Yin Jiwu
Freisetzung Chinas Aufrichtigkeitssignale und Strategische Anpassung der chinesischen Diplomatie..**139**
I. **Ausdrucksebenen Chinas Aufrichtigkeitssignale**..........................**140**
    1. Die politische Zusicherung..142
    2. Aufrechterhaltung des Kredits 145

  3. Faktoren, die Einfluss auf den Ausdruck
   der Aufrichtigkeitssignale nehmen 148
 II. Die Wirksamkeit von Chinas außenpolitischen
   Aufrichtigkeitssignalen: Eine fallbezogene Analyse................................152
  1. Die Beziehung zwischen China und der ASEAN 153
  2. Die Beziehung zwischen China und den USA....................................157
  3. Vergleichende Analyse und Schlussfolgerung 162
 III. Die Strategische Anpassung und die Signalisierung
   der Aufrichtigkeitssignale Chinas 163
  1. Relevante Einflussfaktoren 164
  2. Der Erklärungsmechanismus der strategischen Anpassung 167
 IV. Schlussfolgerung...170

Li Wei

Chinas Wirtschaftsdiplomatie seit der Reform- und Öffnungspolitik 175
 I. Definition und Klassifizierung der Wirtschaftsdiplomatie.....................175
  1. Klassifizierung nach wirtschaftlichem Gehalt......................................178
  2. Klassifizierung nach dem Wirtschaftsbereich......................................179
  3. Klassifizierung nach dem Charakter der Diplomatie 181
  4. Klassifizierung nach der Ebene der Diplomatie...................................183
 II. Die institutionelle Struktur der Wirtschaftsdiplomatie Chinas...........185
 III. Die historische Entwicklung von Chinas Wirtschaftsdiplomatie 198
 IV. Die Wirtschaftsdiplomatie der chinesischen Regierung
   seit dem XVIII. Parteitag der KP Chinas..204
 V. Schlussfolgerung 212

Schlusswort..214
 Über die Herausgeber..215

Bemerkung und Analyse über den Grundrahmen der diplomatischen Strategie Chinas im neuen Zeitalter

Liu Jianfei[2]

Der XIX. Parteitag der Kommunistischen Partei Chinas (KPCh) hat das neue Zeitalter des Sozialismus chinesischer Prägung klar definiert, das die neue historische Ausrichtung der Entwicklung Chinas aufweist. Dementsprechend haben sich etliche Aspekte der Hauptwidersprüche der chinesischen Gesellschaft und der nationalen Entwicklungsstrategien Chinas stark verändert. Diese Veränderungen stellen unweigerlich neue Anforderungen an Chinas diplomatische Arbeit und fördern neue Anpassungen unserer diplomatischen Strategie. Ausgehend von den Inhalten des Berichts des XIX. Parteitags der Partei sollen in diesem Artikel die Hauptelemente der diplomatischen Strategie Chinas in der neuen Ära systematisch zusammengefasst und analysiert werden, wobei die einschlägigen Redensinhalte des Generalsekretärs Xi Jinping seit dem XVIII. Parteitag und die bestehenden diplomatischen strategischen Ideen der KPCh berücksichtigt werden. Ziel ist es, eine vorläufige Untersuchung über die Position verschiedener diplomatischer Ideen, Konzepte, Strategien und politischer Richtlinien im Rahmen des Systems sowie ihre Beziehungen zueinander vorzunehmen, um der akademischen Gemeinschaft zu helfen, die diplomatische Strategie Chinas in der neuen Ära eingehender zu untersuchen und den Fachabteilungen zu helfen, sie in der Praxis besser zu erfassen und umzusetzen.

I. Hauptthemen und Zielvorgaben der diplomatischen Strategie Chinas

Seit dem XVIII. Parteitag gilt die Großmachtdiplomatie chinesischer Prägung als das markanteste Konzept, das Xi Jinping hinsichtlich der außenpolitischen Angelegenheiten vertritt. Auf der Konferenz des KPCh-Zentralkomitees über auswärtige Angelegenheiten 2014 erklärte Xi Jinping, dass „China eine dem Status eines großen Landes entsprechende Diplomatie mit eigener Prägung betreiben muss"[3]. In der Zusammenfassung der Errungenschaften der vergangenen fünf Jahre betonte der Bericht des XIX. Parteitags: „Die Diplomatie Chinas als die eines großen Landes mit eigener Prägung wurde umfassend vorangetrieben, eine nach allen Seiten gerichtete, vielschichtige und mehrdimensionale Konstellation der Diplomatie herausgebildet sowie ein günstiges äußeres Umfeld für die Entwicklung unseres Landes geschaffen."[4]

---

[2] Prof. Liu Jianfei, Vizedirektor des Instituts für internationale strategische Studien der Parteischule des Zentralkomitees der KP Chinas. Der vorliegende Text wurde ursprünglich in der akademischen Zeitschrift *World Economics and Politics* (2018, Nr. 2) veröffentlicht.
[3] *Xi Jinping: China Regieren* (Band 2) [Xi Jinping Tan Zhiguo Lizheng (Di Er Juan)]. Beijing: Foreign Languages Press, 2017, S. 443.
[4] *Dokumente des XIX. Parteitags der Kommunistischen Partei Chinas* [Zhongguo Gongchandang Di Shijiu Ci Quanguo Daibiao Dahui Wenjian Huibian]. Beijing: People's Publishing House, 2017, S. 6.

Die „Großmachtdiplomatie chinesischer Prägung" ist ein neues Konzept, eine neue Positionierung für Chinas Diplomatie und gleichzeitig auch eine wichtige strategische Leitlinie für Chinas diplomatische Arbeit.

Im Grunde genommen ist China immer eine große Nation und seine Diplomatie war immer von Großmachtdiplomatie geprägt. Bis zum zweiten Jahrzehnt des 21. Jahrhunderts war Chinas Rolle als ein großes Land jedoch nicht in ausreichendem Maße ausgeprägt, und sein Großmachtstatus war ebenfalls nicht bedeutend genug. In auswärtigen Angelegenheiten übte China seine Einflüsse eher als das größte Entwicklungsland aus. Mit dem Aufstieg Chinas und den Veränderungen der Weltlage ist China zur zweitgrößten Volkswirtschaft der Welt geworden, und sein internationaler Status ist erheblich gestiegen, wodurch das Land immer näher an das Zentrum der Weltbühne gerückt ist. Dementsprechend erwarten zahlreiche Länder der Welt, dass China eine „Großmachtrolle" spielt und seine „Großmachtverantwortung" übernimmt. Gleichzeitig treten die neuen Probleme und Herausforderungen, mit denen China als ein großes Land konfrontiert ist, immer deutlicher hervor. Mit Blick auf die Bedürfnisse der eigenen Entwicklung und der Notwendigkeit, den Weltfrieden aufrechtzuerhalten und die gemeinsame Entwicklung zu fördern, soll Chinas Diplomatie aktiver sein und mehr leisten, und deshalb ist es umso notwendiger, die „Großmachtdiplomatie" zu praktizieren. Dass das Konzept der Großmachtdiplomatie chinesischer Prägung entstanden ist, entspricht sowohl den Bedürfnissen Chinas als auch den Erwartungen der ganzen Welt. Natürlich geht es bei diesem neuen Konzept nicht darum, Chinas Großmachtdiplomatie nachträglich einen Namen zu geben, und es geht auch nicht lediglich darum, die Merkmale und Realitäten der chinesischen Diplomatie, die das Konzept der Großmachtdiplomatie umsetzt, besser widerzuspiegeln, sondern darum, die „chinesische Prägung" deutlicher hervorzuheben. Vor der Reform und Öffnung war Chinas Diplomatie noch weitgehend von der traditionellen Großmachtdiplomatie geprägt, die auf Bündnisse zwischen Staaten und bündnisähnliche Koalitionen zwischen Großmächten setzte. Nach der Reform und Öffnung Chinas und der Etablierung einer nach allen Seiten gerichteten Diplomatie des Friedens wurden deren Stil und Charakter immer deutlicher. Diese unterscheidet sich von der traditionellen Großmachtdiplomatie. Da Chinas Gesamtstärke jedoch relativ begrenzt und sein Großmachtstatusnicht prominent genug dargestellt wird, haben sich die chinesischen Eigenarten nicht völlig entfaltet. In der neuen Lage wird das Konzept der Großmachtdiplomatie chinesischer Prägung klar aufgestellt, so dass die chinesischen Eigenarten sowie der chinesische Stil und Charakter voll zur Geltung kommen können. Noch wichtiger ist, dass wir bei der Entwicklung des neuen Konzepts immer die Zukunft im Blick haben, um einen neuen Grundriss für die chinesische Diplomatie angesichts der neuen Weltlage und des neuen Status Chinas zu skizzieren. Es lässt sich sagen, dass die Großmachtdiplomatie chinesischer Prägung bereits zum Hauptthema der diplomatischer Strategie Chinas geworden ist und es auch für eine lange Zeit in der Zukunft sein wird. Alle strategischen Konzepte, Ziele, Anordnungen und Sicherheitsvorkehrungen müssen sich daran orientieren.

Seit dem XVIII. Parteitag hat Xi Jinping bei verschiedenen internationalen Anlässen mehrmals die Idee einer Schicksalsgemeinschaft der Menschheit vorgestellt und erläutert, was sowohl im In- als auch im Ausland große Aufmerksamkeit erregt hat. Im Bericht des XIX. Parteitags wird das Festhalten an der Förderung des Aufbaus der Schicksalsgemeinschaft der Menschheit als einen wichtigen Teil der Ideen und Grundkonzeptionen des Sozialismus chinesischer Prägung im neuen Zeitalter betrachtet. Im Bericht wurden die Zielvorgaben „Festhalten am Weg der friedlichen Entwicklung und Förderung des Aufbaus der Schicksalsgemeinschaft der Menschheit" als Hauptüberschrift des Kapitels über auswärtige Angelegenheiten verwendet, in dem der Sinngehalt der Schicksalsgemeinschaft vorrangig intepretiert wurde. Ausgehend vom Bericht des XIX. Parteitags ist der Aufbau der Schicksalsgemeinschaft der Menschheit ein weiteres wichtiges Schlüsselwort in Chinas diplomatischer Arbeit. Man könnte sagen, dass es bereits das Hauptziel der chinesischen Diplomatie im neuen Zeitalter geworden ist.

Das markanteste Merkmal der Großmachtdiplomatie chinesischer Prägung ist ihr Zeitgeist, d. h. dass sie dem Trend der Zeit folgt, wodurch die chinesische Diplomatie die der anderen Großmächte übersteigen kann.[5] Die Diplomatie eines Landes muss in erster Linie seinen eigenen Interessen dienen, und das gilt auch für China. In der Vergangenheit haben jedoch die westlichen Mächte oft ihre eigenen Interessen auf Kosten der Interessen anderer Länder und sogar der Interessen der Welt als Ganzes verfolgt. Im Gegensatz dazu zeichnet sich Chinas Großmachtdiplomatie vor allem dadurch aus, dass China unter strikter Wahrung seiner Kerninteressen der nationalen Unabhängigkeit, Souveränität und Sicherheit einen Beitrag zur Aufrechterhaltung des Weltfriedens, zur Förderung der gemeinsamen Entwicklung, zur Verbesserung der internationalen Zusammenarbeit und zur Realisierung zum gegenseitigen Nutzen anstrebt. Chinas Diplomatie hält die Banner des Friedens, der Entwicklung, der Kooperation und des gemeinsamen Gewinnens hoch, um die grundlegenden Interessen seines Volkes zu wahren, der Strömung der Zeit zu entsprechen und mit der Zeit Schritt zu halten. In der heutigen Zeit ist China eng mit der ganzen Welt verbunden, ebenso steht das Schicksal der Welt im engen Zusammenhang mit dem Schicksal Chinas. Kurz gesagt, die Großmachtdiplomatie chinesischer Prägung zielt darauf ab, eine Win-Win-Situation sowohl für China als auch für die Welt zu erreichen, und der Aufbau einer Schicksalsgemeinschaft der Menschheit ist das Zielmodell zur Erreichung dieser Win-Win-Situation, die Großmachtdiplomatie chinesischer Prägung ist die konkrete Handlung zur Förderung des Aufbaus dieser Schicksalsgemeinschaft. Beides stellt zwei Seiten einer Medaille dar, die ein organisches Ganzes bilden.

Den Aufbau einer Schicksalsgemeinschaft der Menschheit zum Gesamtziel der diplomatischen Strategie Chinas im neuen Zeitalter zu machen, ist das zwangsläufige Ergebnis der „Weltmission" der KP Chinas. Der Marxismus ist eine Theorie für die Befreiung der Menschheit. Die Kommunistische Partei Chinas nimmt eine globale Sichtweise ein. Der Bericht auf dem XIX. Parteitag hat im Teil der Außenpolitik deutlich geäußert: „Die KP Chinas ist eine Partei, die nach Glück für das chinesische

---

[5] Siehe Liu Jianfei: Major-Country Diplomacy with Chinese Characteristics Reflects Trends of the Times. In: *International Studies*, 2017(2), S. 29-41.

Volk strebt, sie ist auch eine Partei, die für die fortschrittliche Sache der Menschheit kämpft. Sie sieht es stets als ihre Mission an, neue und größere Beiträge für die Menschheit zu leisten."[6] Als Chinas umfassende Stärke noch relativ schwach war, hat die Partei ihre „Weltmission" nie vergessen und hielt stets das Banner des Friedens hoch, um als wichtige Kraft bei der Aufrechterhaltung des Weltfriedens zu wirken. Später, als Chinas umfassende Stärke zunahm und sich sein internationaler Status verbesserte, zählt es die KP Chinas zu ihren Aufgaben, die gemeinsame Entwicklung der Welt zu fördern. Im neuen Zeitalter des Sozialismus chinesischer Prägung ist China auf dem Weg, ein starker moderner sozialistischer Staat zu werden. Seine umfassende Stärke steht bereits an der Spitze der Welt, so dass China verpflichtet ist, einen größeren Beitrag für die Menschheit zu leisten. Der Aufbau einer Schicksalsgemeinschaft der Menschheit ist der Entwurf für die „Weltmission" der KP Chinas im neuen Kontext.

II. Interne und externe Bedingungen für Chinas diplomatische Strategie im neuen Zeitalter

Die Festlegung strategischer Ziele basiert hauptsächlich auf dem Leitgedanken, den Erfordernissen der inneren Angelegenheiten und den internen und externen Bedingungen. Die Weltmission der chinesischen Regierungspartei bestimmt den Leitgedanken der diplomatischen Strategie Chinas, nämlich die Win-Win-Kooperation, d. h. die Zusammenarbeit mit dem Rest der Welt. Auf Basis dieses Leitgedankens ist China dazu bereit, den Aufbau einer Schicksalsgemeinschaft der Menschheit zu fördern. Wenn China in dem neuen Zeitalter eine Gesellschaft mit bescheidenem Wohlstand aufbauen und sich zu einem modernen sozialistischen Land formen will, das reich, stark, demokratisch, zivilisiert, harmonisch und schön ist, muss sich China weiter nach außen öffnen und ein friedliches und stabiles äußeres Umfeld schaffen. Zu diesem Zweck muss es den Aufbau einer Schicksalsgemeinschaft der Menschheit fördern.

Die Festlegung strategischer diplomatischer Ziele erfordert nicht nur die Festlegung eines Leitgedankens und die Konkretisierung der innenpolitischen Bedürfnisse, sondern auch die Berücksichtigung der eigenen Fähigkeiten, d. h. der internen Bedingungen. Es gilt zum einen zu überlegen, welche Ziele wir erreichen können, und zum anderen das externe Umfeld zu bewerten, um festzustellen, ob die Ziele angesichts der externen Bedingungen erreichbar sind.

Was die inneren Bedingungen betrifft, so hat China den Sprung vom „Aufstehen" bis zum „Wohlstand" geschafft, befindet sich auf dem Weg, ein modernes großes Land zu werden und rückt immer mehr ins Zentrum der Weltbühne. China hat seine umfassende Landesstärke, insbesondere seinen internationalen Einfluss, seine Anziehungskraft und seine Gestaltungskraft, erheblich gesteigert und ist in der Lage, eine hehre diplomatische Strategie umzusetzen.

---

[6] *Dokumente des XIX. Parteitags der Kommunistischen Partei Chinas.* S. 46.

Besonders bemerkenswert ist, dass die KP Chinas voller Zuversicht für die Entwicklungsperspektiven des Landes ist. Sie ist nicht nur dazu bereit, das Ziel des Aufbaus einer Gesellschaft mit bescheidenem Wohlstand planmäßig zu erreichen, sondern auch das angestrebte Ziel der wesentlichen Verwirklichung der Modernisierung 15 Jahre früher als geplant, d. h. bis 2035, sowie des Aufbaus eines starken, modernen, sozialistischen Land bis 2050 umzusetzen. Ob es sich um eine wohlhabende Gesellschaft, eine wesentliche Modernisierung oder ein modernisiertes starkes Land handelt, wird nicht an einem rein wirtschaftlichen Indikator – dem Bruttoinlandsprodukt – gemessen, sondern an der Integration der fünf Dimensionen. Diese sind die Integration der Wirtschaft, Politik, Kultur, Gesellschaft und Ökologie. Des Weiteren gilt es, die Modernisierung der Landesverteidigung und der Armee zu verstärken und „die Volksarmee bis Mitte dieses Jahrhunderts umfassend zu einer Armee von Weltrang aufzubauen"[7]. Insbesondere wird die umfassende strenge Führung der Partei durchgesetzt, so dass die Regierungsfähigkeit und das Führungsniveau der KPCh mit Sicherheit erheblich verbessert und die Modernisierung des Regierungssystems und der Regierungsfähigkeit des Staates entsprechend gefördert wird. All dies bietet günstige Voraussetzungen für die Umsetzung einer hehren diplomatischen Strategie.

Die äußeren Bedingungen sind sowohl objektiv als auch sehr subjektiv und hängen weitestgehend von der Einschätzung der Entscheidungsträger ab. Nach der Reform- und Öffnungspolitik änderte Deng Xiaoping nach einer wissenschaftlichen Untersuchung der internationalen Lage seine früheren Ansichten über die Dynamik von Krieg und Frieden. Er kam zunächst zu dem Schluss, dass ein Weltkrieg oder ein Großkrieg gegen China um 10 bis 20 Jahre verschoben würde, und später, dass ein solcher Krieg nicht geführt werden könnte. Zu diesem Zeitpunkt hat sich die Haltung der militärischen Konfrontation zwischen den USA und der Sowjetunion noch nicht wesentlich geändert.

Bei der Analyse der internationalen Lage kommt der Bericht auf dem XIX. Parteitag zwar zu dem Schluss, dass sich die Welt „in einer Zeit großer Entwicklungen, Reformen und Anpassungen befindet" und „mit großer Instabilität und Unsicherheit konfrontiert sieht",[8] aber er hält dennoch an zwei wichtigen Schlussfolgerungen fest. Die eine ist, dass „sich China immer noch in einer bedeutenden, strategisch günstigen Entwicklungsphase befindet",[9] und die andere lautet, dass „Frieden und Entwicklung noch immer das Hauptthema unserer Zeit bilden".[10] Die Periode der strategischen Chancen wird sowohl von den internen als auch von den externen Bedingungen bestimmt. Veränderungen in der internationalen Lage sowie die Einschätzung und das Erfassen solcher Veränderungen sind für die chinesischen Spitzenpolitiker stets eine wichtige Grundlage, um festzustellen, ob sich eine solche Periode bietet. Bei der Beurteilung der internationalen Lage gilt das Hauptthema des Zeitalters stets als ein Faktor auf der höchsten Ebene mit einer globalen Dimension. Seit Mitte der 1980er Jahre, als Deng Xiaoping meinte, dass Frieden und Entwicklung das Hauptthemen der

---

7   *Dokumente des XIX. Parteitags der Kommunistischen Partei Chinas.* S. 43.
8   *Dokumente des XIX. Parteitags der Kommunistischen Partei Chinas.* S. 47.
9   *Dokumente des XIX. Parteitags der Kommunistischen Partei Chinas.* S. 2.
10 *Dokumente des XIX. Parteitags der Kommunistischen Partei Chinas.* S. 47.

damaligen Zeit seien, haben die chinesischen Spitzenpolitiker an dieser Behauptung festgehalten. Der Bericht auf dem XIX. Parteitag geht auf die positiven und negativen Faktoren der internationalen Lage ein, von denen die Faktoren, die das Hauptthema „Frieden und Entwicklung" unterstützen können, alle langfristig und trendorientiert sind. Dazu gehören unter anderem „die fortschreitende Entwicklung der Multipolarisierung der Welt, der wirtschaftlichen Globalisierung, der kulturellen Vielfalt und der Informatisierung der Gesellschaft sowie die beschleunigte Vertiefung der Reformen in Bezug auf die Weltordnung und das Global-Governance-System". Zu den positiven Faktoren gehört auch, dass „alle Länder enger miteinander verbunden und stärker voneinander abhängig sind, das internationale Kräfteverhältnis ausgewogener geworden ist und der Trend zu Frieden und Entwicklung unumkehrbar ist".[11] Im Gegensatz dazu bleiben die negativen Faktoren, wie die mangelnde Dynamik des Weltwirtschaftswachstums, die Entstehung regionaler Krisenherde und die nicht-traditionellen Sicherheitsbedrohungen, noch auf der lokalen Ebene. Sie sind nicht trendgebundenen und reichen nicht aus, um das Hauptthema „Frieden und Entwicklung" zu kippen.

Diese insgesamt stabile und positive internationale Lage bietet nicht nur ein günstiges äußeres Umfeld für die Entwicklung Chinas, sondern auch günstige äußere Bedingungen für die Förderung der Großmachtdiplomatie chinesischer Prägung mit dem Ziel, eine Schicksalsgemeinschaft der Menschheit aufzubauen.

III. Hauptaufgaben der diplomatischen Strategie Chinas in dem neuen Zeitalter

Seit der Reform- und Öffnungspolitik Chinas hat sich die KPCh drei große historische Aufgaben gestellt: 1. die Verwirklichung der Modernisierung; 2. die Vollendung der Wiedervereinigung des Mutterlandes; 3. die Aufrechterhaltung des Weltfriedens und die Förderung der gemeinsamen Entwicklung. Eine wichtige Voraussetzung für ihre Erfüllung ist die Gewährleistung der nationalen Sicherheit. Chinas diplomatische Strategie muss diesen Aufgaben dienen und zielt daher auf zwei Aspekte ab: Nach innen muss ein günstiges externes Umfeld für die nationale Entwicklung und Sicherheit geschaffen werden; nach außen gilt es, den Weltfrieden zu wahren und die gemeinsame Entwicklung zu fördern. Die beiden Aspekte ergänzen sich und stehen in Wechselwirkung zueinander. Was das äußere Umfeld des Landes betrifft, so ist einerseits eine wissenschaftliche Analyse und Bewertung der internationalen Lage erforderlich, um festzustellen, ob ein für die Entwicklung und Sicherheit günstiges äußeres Umfeld vorhanden ist; andererseits ist es auch notwendig, durch subjektive Bemühungen kontinuierlich ein günstiges äußeres Umfeld zu schaffen, wobei die Diplomatie eines der wichtigsten Mittel für dessen Schaffung ist. Das wichtigste Element des externen Umfelds ist der Zustand des Weltfriedens und die damit eng verknüpfte gemeinsame Entwicklungssituation.

---

11 *Dokumente des XIX. Parteitags der Kommunistischen Partei Chinas.* S. 47.

1. Ein günstiges äußeres Umfeld für die Verwirklichung des chinesischen Traums schaffen

Für jeden Staat besteht die Hauptaufgabe der Diplomatie darin, die nationalen Interessen zu wahren. Seit der Reform und Öffnung Chinas ist das Vorantreiben dieser Politik und der Modernisierung die konzentrierte Verkörperung der staatlichen Interessen. Daher ist die Schaffung eines günstigen externen Umfelds für die Reform- und Öffnungspolitik sowie für die Modernisierung die primäre Aufgabe der diplomatischen Strategie Chinas. Dieser Punkt wurde auf dem XIV. Parteitag festgelegt. In dem Bericht auf dem Parteitag heißt es: „Die KPCh, die chinesische Regierung und das chinesische Volk werden die diplomatischen Beziehungen Chinas weiterhin aktiv ausbauen und danach streben, ein günstiges internationales Umfeld für die Reform, Öffnung und Modernisierung Chinas zu schaffen."[12] Sowohl der Bericht auf dem XV. Parteitag als auch der auf dem XVI. haben an diesem Punkt festgehalten. Sie unterscheiden sich lediglich in der Formulierung.

Zu Beginn des 21. Jahrhunderts „haben die Beziehungen zwischen dem heutigen China und der Welt historische Veränderungen erlebt, und die Zukunft sowie das Schicksal der chinesischen Nation und der ganzen Welt sind zunehmend miteinander verbunden".[13] (2) China betont bei der Erläuterung der Aufgaben seiner diplomatischen Strategie nicht mehr die Schaffung eines äußeren Umfelds für die Reform- und Öffnungspolitik sowie für die Modernisierung, sondern hebt die „Wahrung der nationalen Souveränität, Sicherheit und Entwicklungsinteressen"[14] hervor.

Seit dem XVIII. Parteitag verwendet Xi Jinping den Begriff „Chinesischer Traum", um die Vision der Entwicklung Chinas auszudrücken. Die Verwirklichung des Chinesischen Traums hängt in erster Linie von der Entwicklung ab. Solange die allgemeine nationale Sicherheit nicht ernsthaft bedroht ist, bleibt die Entwicklung daher die zentrale Aufgabe in dem neuen Zeitalter des Sozialismus chinesischer Prägung. Dennoch muss das Verhältnis zwischen Entwicklung und Sicherheit gut koordiniert werden. Während die Entwicklung vorangetrieben wird, gilt es auch, die nationale Sicherheit, welcher „höchste Priorität"[15] eingeräumt wird, gut zu wahren. In diesem Sinne ist die Verwirklichung des Chinesischen Traums eine konzentrierte Darstellung der nationalen Interessen Chinas, die die Entwicklung und Sicherheit des Landes vereinen. Dementsprechend besteht die Hauptaufgabe der Großmachtdiplomatie chinesischer Prägung im neuen Zeitalter darin, ein günstiges äußeres Umfeld für die Verwirklichung des Chinesischen Traums zu schaffen. Im Jahr 2014 wies Xi Jinping auf der Konferenz des Zentralkomitees der KP Chinas für diplomatische Ar-

---

[12] *Dokumente des XIV. Parteitags der Kommunistischen Partei Chinas* [Zhongguo Gongchandang Di Shisi Ci Quanguo Daibiao Dahui Wenjian Huibian]. Beijing: People's Publishing House, 1992, S. 42.
[13] *Dokumente des XVII. Parteitags der Kommunistischen Partei Chinas* [Zhongguo Gongchandang Di Shiqi Ci Quanguo Daibiao Dahui Wenjian Huibian]. Beijing: People's Publishing House, 2007, S. 45.
[14] *Dokumente des XVII. Parteitags der Kommunistischen Partei Chinas.* S. 46.
[15] *Xi Jinping: China Regieren* [Xi Jinping Tan Zhiguo Lizheng]. Beijing: Foreign Languages Press, 2014, S. 200.

beit darauf hin, „ein noch günstigeres internationales Umfeld für die friedliche Entwicklung zu schaffen".[16] Die friedliche Entwicklung ist der einzige Weg zur Verwirklichung des Chinesischen Traums. Sollte ein günstiges internationales Umfeld für die friedliche Entwicklung geschaffen wird, nützt es ebenfalls der Erfüllung des Chinesischen Traums.

2. Bedingungen für den Aufbau einer Schicksalsgemeinschaft der Menschheit schaffen

Da das außenpolitische Umfeld Chinas in hohem Maße vom Zustand des Weltfriedens und der Weltentwicklung abhängt und die KP Chinas auch eine „Weltmission" trägt, besteht eine weitere wichtige Aufgabe der chinesischen Diplomatie darin, zum Fortschritt der Menschheit beizutragen, wobei der Schwerpunkt auf der Aufrechterhaltung des Weltfriedens und der Förderung der gemeinsamen Entwicklung liegt. Der XIX. Parteitag hat den Aufbau einer Schicksalsgemeinschaft der Menschheit zum Gesamtziel der Großmachtdiplomatie chinesischer Prägung im neuen Zeitalter erklärt. Dementsprechend besteht eine der Hauptaufgaben der diplomatischen Strategie Chinas darin, den Aufbau dieser Schicksalsgemeinschaft zu fördern, oder anders gesagt, die günstigen Bedingungen dafür zu schaffen.

Der Bericht auf dem XIX. Parteitag geht auf den Gehalt und die Anforderungen der Schicksalsgemeinschaft der Menschheit ein. Unter ihrem Gehalt versteht man „eine Welt des dauerhaften Friedens, der universellen Sicherheit, des gemeinsamen Wohlstands, der Offenheit und Inklusivität, der Sauberkeit und Schönheit". Deren Anforderungen bestehen aus fünf Aspekten: Politik, Sicherheit, Entwicklung, Zivilisation und Ökologie. Chinas Diplomatie im neuen Zeitalter sollte gleichzeitig auf diesen fünf Aspekten beruhen, von denen der politische Aspekt der grundlegendste ist und einen übergreifenden Charakter hat.

Die politische Voraussetzung für den Aufbau einer Schicksalsgemeinschaft der Menschheit besteht darin, „sich gegenseitig zu achten und auf Augenhöhe zu konsultieren, das Denkmuster aus der Zeit des Kalten Krieges und die Machtpolitik entschieden über Bord zu werfen sowie einen neuen Weg der zwischenstaatlichen Kontakte einzuschlagen, der durch Dialog statt Konfrontation und durch Partnerschaft statt Bündnisbildung gekennzeichnet ist".[17] Bei dieser Forderung geht es im Wesentlichen darum, neuartige internationale Beziehungen aufzubauen, die von den Prinzipien des gegenseitigen Respekts, der Fairness und Gerechtigkeit sowie der Zusammenarbeit zu gemeinsamem Gewinnen geprägt sind. Es lässt sich sagen, dass die Etablierung neuartiger internationaler Beziehungen das Gründungsprojekt für den Aufbau der Schicksalsgemeinschaft ist. In der heutigen Welt, in der souveräne Staaten nach wie vor die grundlegenden internationalen Akteure sind, können die Staaten ohne solche neuartigen internationalen Beziehungen nicht aus dem alten Pfad

---

[16] *Xi Jinping: China Regieren* (Band 2). S. 441.
[17] *Dokumente des XIX. Parteitags der Kommunistischen Partei Chinas.* S. 47.

der Konfrontation oder der Allianz ausbrechen. Es ist auch schwirig, die Erfordernisse der Schicksalsgemeinschaft der Menschheit in Bezug auf Sicherheit, Entwicklung, Zivilisation und Ökologie zu verwirklichen.

Die Etablierung neuartiger internationaler Beziehungen ist eine weitere wichtige Idee unserer diplomatischen Strategie, die Generalsekretär Xi Jinping nach dem XVIII. Parteitag anregte. Mit dem Eintritt in das zweite Jahrzehnt des 21. Jahrhunderts steht China an einem neuen historischen Ausgangspunkt und initiiert, basierend auf der Integration der Interessen des chinesischen Volkes mit den gemeinsamen Interessen aller Nationen, neuartige internationale Beziehungen aufzubauen. Diese Initiative ergibt sich aus der Notwendigkeit, das Land, insbesondere die nationale Regierungsführung, zu modernisieren, sowie aus der Notwendigkeit, sich an die Erfordernisse hinsichtlich der friedlichen Entwicklung der Welt und der Reformen im internationalen System anzupassen. Im März 2013 hielt Xi Jinping eine Rede am Moskauer Institut für Internationale Beziehungen (MGIMO), in der er erstmals das Konzept „neuartige internationale Beziehungen mit dem Kerngedanken der Kooperation zum gemeinsamen Nutzen" vorschlug. Auf der Konferenz des Zentralkomitees der KP Chinas für diplomatische Arbeit im November 2014 wies Xi Jinping darauf hin: „Wir müssen am Prinzip der Zusammenarbeit zum gemeinsamen Nutzen festhalten und uns für die Etablierung neuartiger internationaler Beziehungen, in denen die gegenseitig vorteilhafte Zusammenarbeit im Vordergrund steht, einsetzen. Wir werden stets eine Öffnungsstrategie zum gemeinsamen Vorteil verfolgen und die Idee der gegenseitig nutzbringenden Zusammenarbeit in allen Kooperationsbereichen wie Politik, Wirtschaft, Sicherheit und Kultur in die Praxis umsetzen."[18] Dieses Konzept wurde auf der höchsten Ebene der außenpolitischen Arbeitskonferenz des Staates ausdrücklich vorgeschlagen, wobei das „Zusammenarbeit zum gemeinsamen Nutzen" hervorgehoben wird. Der Grund dafür, die Zusammenarbeit zum Kerngedanken der neuartigen internationalen Beziehungen zu machen, liegt darin, dass sie in der Vergangenheit der größte Mangel in den internationalen Beziehungen war. Der Wettbewerb war stets das Hauptthema. Obwohl viele Länder miteinander kooperierten, manchmal auch umfassend und intensiv, aber im Vergleich zum Wettbewerb liegt die Kooperation in einer untergeordneten Position. Die neuartigen internationalen Beziehungen haben sich das Ziel gesetzt, die Umgestaltung und die qualitativen Veränderungen der internationalen Beziehungen zu realisieren, wobei die Zusammenarbeit das Hauptthema ist. Der Wettbewerb zwischen den Staaten wird zwar nicht verschwinden und kann mitunter sehr intensiv sein, aber er liegt unter der Zusammenarbeit. Manche Staaten haben weitreichende gemeinsame Interessen und ein gewisses Kooperationspotenzial, doch entweder ist die bereits angefangenen Zusammenarbeit oft nicht nachhaltig oder das Kooperationspotenzial wird nicht ausgeschöpft. Der Grund dafür besteht vor allem darin, dass die Zusammenarbeit nicht zu einer Win-Win-Situation geführt hat. Es ist denkbar, dass eine solche Zusammenarbeit nicht nachhaltig ist, wenn nur eine Seite Gewinn erzielt oder wenn eine Seite deutlich mehr gewinnt als die andere. Im Rahmen des bestehenden internatio-

---

[18] *Xi Jinping: China Regieren* (Band 2). S. 443.

nalen Systems und der internationalen Ordnung stützen sich die westlichen Industrieländer häufig auf ihre Vorteile in Bezug auf Kapital, Technologie, geistige Eigentumsrechte und internationalen Diskurs, um in der Zusammenarbeit mit den Entwicklungsländern unausgewogene Vorteile zu erzielen, die eindeutig zu ihrem Vorteil sind. Im Rahmen von neuartigen internationalen Beziehungen gilt es, eine solche Zusammenarbeit ohne gemeinsamen Vorteil abzulehnen.

Der Generalsekretär Xi Jinping stellt die Etablierung neuartiger internationaler Beziehungen oft mit dem Aufbau einer Schicksalsgemeinschaft der Menschheit auf die gleiche Stufe, wenn er die Erstere erläutert. Im Bericht auf dem XIX. Parteitag, in dem der Gedanke des Sozialismus chinesischer Prägung im neuen Zeitalter erläutert wurde, hat Xi Jinping unterstrichen, dass „durch die Diplomatie Chinas als die eines großen Landes mit eigener Prägung der Aufbau neuartiger internationaler Beziehungen sowie der Schicksalsgemeinschaft der Menschheit vorangetrieben werden muss".[19] Es lässt sich sagen, dass die Etablierung neuartiger internationaler Beziehungen das Gründungsprojekt für den Aufbau einer Schicksalsgemeinschaft der Menschheit ist, während der letztere die Richtungsbestimmung für die erstere ist.

Der Prozess der Etablierung neuartiger internationaler Beziehungen und des Aufbaus einer Schicksalsgemeinschaft der Menschheit geht unweigerlich mit Veränderungen im internationalen System und in der internationalen Ordnung, mit der Weiterentwicklung der Global Governance und mit Veränderungen im Governance-System einher. Daher gilt es, die Entwicklung des internationalen Systems, der internationalen Ordnung und des Global-Governance-Systems in eine gerechtere und vernünftigere Richtung voranzutreiben, um die Voraussetzungen für den Aufbau einer Schicksalsgemeinschaft der Menschheit zu schaffen. Dies gilt auch als eine wichtige Aufgabe der chinesischen Diplomatie im neuen Zeitalter. Auf der wissenschaftlichen Ebene haben die Etablierung neuartiger internationaler Beziehungen, die Reform des internationalen Systems und der internationalen Ordnung, sowie die Förderung des Wandels der Global Governance samt deren Systems, ihre eigene Konnotation und ihren eigenen Umfang, ergänzen und verstärken sich aber auch gegenseitig und sind allesamt wichtige Projekte, die im Prozess des Aufbaus einer Schicksalsgemeinschaft der Menschheit unentbehrlich sind.

IV. Der grundlegende Weg von Chinas diplomatischer Strategie im neuen Zeitalter

Der Titel des Abschnitts über die diplomatische Arbeit im Bericht des XIX. Parteitags lautet „Festhalten am Weg der friedlichen Entwicklung und Förderung des Aufbaus einer Schicksalsgemeinschaft der Menschheit", was zeigt, dass die KP Chinas diese zwei Aspekte eng miteinander verknüpft hat. Man kann sagen, dass die friedliche Entwicklung der grundlegende Weg zum Aufbau einer Schicksalsgemeinschaft der Menschheit ist. Ob der Aufbau neuartiger internationaler Beziehungen, die Reform des internationalen Systems und der internationalen Ordnung oder die Förderung

---

[19] *Dokumente des XIX. Parteitags der Kommunistischen Partei Chinas.* S. 16.

des Wandels der Global Governance sowie deren Systems, all diese wichtigen Voraussetzungen für den Aufbau der Schicksalsgemeinschaft können nicht durch heftige Konflikte und Konfrontationen zwischen den Staaten oder gar durch Kriege geschaffen werden, sondern erfordern, dass die Länder auf einer friedlichen Weise miteinander konkurrieren und den Weg der friedlichen Entwicklung beschreiten. In diesem Sinne ist das Festhalten am Weg der friedlichen Entwicklung ein zentraler Punkt der chinesischen Diplomatie im neuen Zeitalter.

Für China ist der Weg der friedlichen Entwicklung eine strategische Entscheidung im Prozess seines Aufstiegs. Im Bericht des XVII. Parteitags wird „die konsequente Verfolgung des Weges der friedlichen Entwicklung" als Titel des Abschnitts über auswärtige Angelegenheiten genannt, was darauf hindeutet, dass die Verfolgung des Weges der friedlichen Entwicklung zu Chinas internationaler Strategie geworden ist. Diese Entscheidung steht in engem Zusammenhang mit der „Weltmission" der KP Chinas, den Erfordernissen der Entwicklung Chinas, dem Trend des Zeitalters und den Eigenschaften der chinesischen Zivilisation. „Der Weg der friedlichen Entwicklung ist die Antwort Chinas auf die Frage der internationalen Gemeinschaft zur Entwicklungsrichtung der Volksrepublik. Dieser ist auch der Ausdruck des Selbstvertrauens und Selbstbewusstseins des chinesischen Volks bei der Verwirklichung seiner Entwicklungsziele. Dieses Selbstvertrauen und Selbstbewusstsein entspringen der geschichtsträchtigen und reichhaltigen chinesischen Kultur sowie der Erkenntnis über die Bedingungen Chinas für die Erreichung seiner Ziele. Nicht zuletzt ergeben sie sich aus dem Erfassen des globalen Entwicklungstrends."[20] Obwohl der Aufstieg Chinas Realität geworden ist und China immer mehr in den Mittelpunkt der Weltbühne rückt, hält China nach wie vor sein Versprechen, den Weg der friedlichen Entwicklung beizubehalten und ihn zur grundlegenden Prinzip zu machen, um den Aufbau einer Schicksalsgemeinschaft der Menschheit voranzutreiben, Das weist die unverkennbare Eigenart sowie den Stil und Charakter des Landes in der Großmachtdiplomatie chinesischer Prägung auf.

Der Aufbau einer Schicksalsgemeinschaft der Menschheit ist jedoch ein gemeinsames Anliegen der Menschen in der ganzen Welt, was voraussetzt, dass alle Länder der Welt den Weg der friedlichen Entwicklung beschreiten. Seit dem XVIII. Parteitag hat Xi Jinping bei der Erläuterung des Weges der friedlichen Entwicklung zwei wichtige Punkte hervorgehoben: Erstens „wird China alle Länder dazu aufrufen, gemeinsam den Weg der friedlichen Entwicklung zu gehen",[21] zweitens „wird China seine territoriale Souveränität, seine maritimen Rechte und Interessen und die nationale Einheit entschlossen verteidigen"[22] und „nie auf seine legitimen Rechte und Interessen verzichten. Niemand sollte also erwarten, dass China die bittere Pille des Verlustes seiner eigenen Interessen schlucken würde".[23] Dies gilt als eine Weiterentwicklung der strategischen Gedanken über friedliche Entwicklung.

---

20   *Xi Jinping: China Regieren.* S. 265.
21   *Xi Jinping: China Regieren.* S. 275.
22   Xi Jinping: China Regieren (Band 2). S. 444.
23   *Dokumente des XIX. Parteitags der Kommunistischen Partei Chinas.* S. 48.

Im neuen Zeitalter des Sozialismus chinesischer Prägung bedeutet das Festhalten am Weg der friedlichen Entwicklung für China die entschlossene Verfolgung einer unabhängigen und friedlichen Außenpolitik. Diese Politik wurde von mehreren Generationen führender Politiker Chinas mit Nachdruck durchgeführt. Sie hat zwei Schlüsselbegriffe, wobei der erste „Unabhängigkeit und Selbständigkeit", der zweite „Frieden" lautet. Der Erstere setzt voraus, dass die Länder einander respektieren. Dabei gilt es, das Recht aller Völker auf die selbstständige Wahl ihres Entwicklungswegs zu respektieren, anderen nicht den eigenen Willen aufzuzwingen, sich nicht in die inneren Angelegenheiten anderer Länder einzumischen oder Schwache zu gängeln. Des Weiteren muss auf die Interessen aller Länder geachtet werden. Es darf nicht sein, dass ein Land seine eigenen Interessen auf Kosten der anderen anstrebt. Die Wahrung der internationalen Gerechtigkeit und Gleichheit besteht darin, den unabhängigen und autonomen Status aller Nationen und ihre entsprechenden Rechte aufrechtzuerhalten. Für den Frieden ist es erforderlich, dass sämtliche Länder eine defensive Verteidigungspolitik verfolgen, weder Hegemonieansprüche erheben noch Expansionsbestrebungen unternehmen.

Es gibt drei spezifische Aspekte, auf denen China den Weg der friedlichen Entwicklung beschreitet und eine unabhängige, autonome und friedliche Außenpolitik verfolgt: Erstens bemüht sich China stets darum, seine Partnerschaften in aller Welt zu entwickeln und die Integration seiner eigenen mit fremden Interessen zu fördern; zweitens muss China an der grundlegenden staatlichen Politik der Öffnung gegenüber der Außenwelt festhalten; drittens gilt es, sich aktiv an der Global Governance zu beteiligen. Der erste Punkt betrifft die Beziehungen zwischen Staaten und stellt die strategische Ausrichtung der Diplomatie dar. Im zweiten Punkt ist die Öffnungspolitik nach außen ursprünglich ein wichtiger Aspekt der wirtschaftlichen Entwicklungsstrategie, aber in der Praxis dient sie objektiv der Diplomatie. Seit dem Bericht des XIV. Parteitags wurde die Öffnungspolitik als ein wichtiges Element in den Abschnitt über auswärtige Angelegenheiten aufgenommen, was bedeutet, dass sie einen Teil der diplomatischen Strategie bildet. Der Bericht des XIX. Parteitags hält an dieser Vorgehensweise fest. Der dritte Punkt betrifft die Verantwortung der Großmächte. In der Vergangenheit verwies China, eingeschränkt auf seine umfassende Macht und seinen internationalen Einfluss, nur auf seine internationale Verantwortung als das größte Entwicklungsland. Vor allem nach dem Ende des Kalten Krieges bestand Chinas diplomatische Strategie darin, sein Licht unter den Scheffel zu stellen und sein Möglichstes zu tun, um zur Aufrechterhaltung des Weltfriedens und zur Förderung der gemeinsamen Entwicklung beizutragen, aber immerhin nur auf „sein Möglichstes" beschränkt. Nach dem XVIII. Parteitag hat China mit der Klärung des Themas der Großmachtdiplomatie chinesischer Prägung eine neue Position eingenommen, um seine Verantwortung als großes Land wahrzunehmen. Die aktive Beteiligung an der Weltordnungspolitik und die Förderung der Reform des Weltordnungssystems sind die wichtigsten Aspekte dieser Großmachtverantwortung. Natürlich ist das Vorschlagen, Befürworten und Fördern des Aufbaus einer Schicksalsgemeinschaft der Menschheit in gewissem Sinne auch eine Manifestation der Verantwortung eines großen Landes. Global Governance und die Schicksalsgemeinschaft der Menschheit sind jedoch Themen auf unterschiedlichen Ebenen; die Schicksalsgemeinschaft ist die Richtung und das Ziel der Bemühungen bei der Global Governance, während die Global Governance eines der wichtigen Projekte beim Aufbau dieser Schicksalsgemeinschaft ist.

Die aktive Beteiligung an der Weltordnungspolitik und die Förderung der Reform des Systems der Weltordnungspolitik ist eines der markantesten Merkmale der Praxis der Großmachtdiplomatie chinesischer Prägung seit dem XVIII. Parteitags. Das Zentralkomitee der KP Chinas mit Genosse Xi Jinping als Kern misst der Frage der Global Governance große Bedeutung bei und verbindet sie eng mit der Förderung der Großmachtdiplomatie chinesischer Prägung. Daher ist die intensive Beteiligung an der Umgestaltung der Global Governance bereits zu einer wichtigen diplomatischen Strategie Chinas geworden.

Mit dem Fortschreiten der Globalisierung kommen immer mehr globale Probleme zum Vorschein, mit denen sich die gesamte Menschheit auseinandersetzen muss. Die Bedeutung der Global Governance ist immer deutlicher geworden. Die Stärkung der Global Governance erfordert eine kontinuierliche Reform und Verbesserung ihres Systems und die Beseitigung ungerechter und unvernünftiger Regelungen darin. „Mit der Zeit zeigt das jetzige System der Global Governance zunehmend seine Unzulänglichkeiten und der Ruf in der internationalen Gemeinschaft nach Reformen wird immer lauter."[24] Die westlichen Großmächte, allen voran die USA, haben sich in dieser Hinsicht jedoch als unfähig und unmotiviert erwiesen, entweder weil sie nicht in der Lage sind, wirksame Lösungen für die Governance zu finden, oder weil sie sich zurückziehen und sich schützen wollen. Protektionismus, Populismus und Isolationismus sind in einigen Großmächten auf dem Vormarsch. Dies ist eine objektive Chance für China, sich an der globalen Governance und der Umgestaltung des Governance-Systems zu beteiligen.

Gleichzeitig verfügt China über die objektiven Voraussetzungen, um ein neuer wichtiger Akteur in der Global Governance zu werden. Erstens haben die Veränderungen der Weltlage China objektiv in den Mittelpunkt der internationalen Bühne gerückt, und die internationale Gemeinschaft, vor allem die Entwicklungsländer erwarten, dass China eine größere Rolle in der Weltordnungspolitik spielt. Zweitens haben die vielen guten Erfahrungen Chinas bei der Staatsführung große Beachtung in der internationalen Gemeinschaft gefunden. Zahlreiche Länder sind bereit, auf Chinas Stimme zu hören. Seit dem XVIII. Parteitag hat China die internationale Ordnung, die sich auf die Ziele und Grundsätze der UN-Charta stützt, unbeirrt aufrechterhalten, die Früchte des Sieges im Zweiten Weltkrieg, den das chinesische Volk unter großen Opfern erzielt hat, entschlossen bewahrt. Des Weiteren hat China auch zur erfolgreichen Reform des Internationalen Währungsfonds in Bezug auf Stimmrechtsanteile und Governance-Mechanismen beigetragen und sich aktiv an der Ausarbeitung von Regeln für die Governance neuer Bereiche wie Hochsee, Polarregionen, Internet, Weltraum, Nuklearsicherheit, Korruptionsbekämpfung und Klimawandel beteiligt. All dies hat einen hervorragenden Beitrag zum Vorantreiben der Reform des Global-Governance-Systems geleistet.

---

[24] *Xi Jinping: China Regieren* (Band 2). S. 449.

V. Die Ausgestaltung der diplomatischen Strategie Chinas im neuen Zeitalter

In der neuen Periode seit der Reform- und Öffnungspolitik hat sich Chinas Diplomatie stets weiterentwickelt. Bis zum XVIII. Parteitag ist eine relativ reife und vollständige strategische Planung der chinesischen Diplomatie entstanden, in dem „die Großmächte die Schlüsselrolle spielen, die umliegenden Ländern die Priorität besitzen und die Entwicklungsländer die Grundlage bilden".[25] Des Weiteren umfasst diese Planung auch die multilaterale Diplomatie, den Austausch und die Zusammenarbeit zwischen Parteien sowie die öffentliche Diplomatie. Seit dem XVIII. Parteitag hat das Führungskollektiv mit Genosse Xi Jinping als Kern bei der Festhaltung der strategischen Planung entsprechend den sich wandelnden Umständen die Reihenfolge der verschiedenen Abschnitte angepasst, die Konnotation der Planung vertieft oder den Inhalt der Planung erneuert, so dass das Gesamtgefüge der chinesischen Diplomatie ein neues Aussehen erhalten hat.

1. Schaffung eines im Großen und Ganzen stabilen und ausgewogenen Rahmens hinsichtlich der Beziehungen zwischen Großmächten

Bei der Ausarbeitung der strategischen Ausrichtung der Diplomatie Chinas schlug der Bericht des XIX. Parteitags vor, „die Koordination und Zusammenarbeit zwischen den Großmächten voranzutreiben sowie einen Rahmen für die Beziehungen zwischen ihnen zu gestalten, der insgesamt stabil bleibt und sich ausgewogen entwickelt".[26] Das verdeutlicht das Zielmodell der Beziehungen Chinas zu anderen Großmächten im neuen Zeitalter und die Wege bzw. die Methoden zu dessen Verwirklichung. Das Zielmodell besteht aus zwei Punkten. Erstens gilt es, eine allgemeine Stabilität in den Beziehungen zu allen Großmächten ohne großen Schwankungen aufrechtzuerhalten. Zweitens muss eine ausgewogene Entwicklung der bündnisfreien, konfrontationsfreien und konfliktfreien Beziehungen zu allen Großmächten gewahrt werden. Der Weg dorthin führt über Koordination und Kooperation, nicht über bösartige Kämpfe oder gar Krieg. Ein solcher diplomatische Rahmen hat eigentlich die neuartigen Großmachtbeziehungen als Kern.

Im Jahr 2012 schlug Hu Jintao den „Aufbau der neuartigen Beziehungen zwischen den Großmächten China und USA" vor.[27] 2013 erläuterte Xi Jinping bei seinem Treffen mit Barack Obama auf der Ranch Annenberg in Sunnylands die Kennzeichen des neuen Typs von Großmachtbeziehungen, nämlich „keine Konflikte, keine Konfrontation, gegenseitigen Respekt und Win-Win-Kooperation".[28] Damit gab er die

---

[25] *Hu Jintao, Gesammelte Werke* (Band 2) [Hu Jintao Wenxuan (Di Er Juan)]. Beijing: People's Publishing House, 2016, S. 95.
[26] *Dokumente des XIX. Parteitags der Kommunistischen Partei Chinas*. S. 48.
[27] *Hu Jintao, Gesammelte Werke* (Band 3) [Hu Jintao Wenxuan (Di San Juan)]. Beijing: People's Publishing House, 2016, S. 584.
[28] Beim Treffen mit dem ehemaligen US-Präsidenten Barack Obama sagte der Staatspräsident Xi Jinping, dass „China und die USA [...] auch einen neuen Weg einschlagen sollten, der sich von den Konflikten und Konfrontationen der Großmächte in der Vergangenheit absetzt. Beide Seiten waren sich darin einig, gemeinsam am Aufbau neuartiger Beziehungen zwischen Großmächten zu arbeiten,

Richtung für die Entwicklung der Beziehungen zwischen China und den Vereinigten Staaten vor, die sich bereits in eine Beziehung zwischen aufstrebenden und etablierten Großmächten verwandelt haben. Im Rahmen der internationalen Beziehungen scheint es ein ehernes Gesetz zu sein, dass aufstrebende und etablierte Mächte zwangsläufig aufeinanderprallen und sich gegenseitig bekämpfen werden. Beeinflusst von diesem gewohnten Denken haben einige Strategen und Politiker begonnen, sich auf die unvermeidliche Konfrontation zwischen China und USA vorzubereiten. In der heutigen Zeit wird eine Konfrontation zwischen Großmächten jedoch nicht nur zum Nachteil der beiden betroffenen Mächte führen, sondern auch eine Katastrophe für die ganze Welt bedeuten. Der Grund dafür, dass China für diese neuartigen Großmachtbeziehungen eintritt, liegt darin, mit den Vereinigten Staaten zusammenzuarbeiten, um die „Tragödie der Großmachtpolitik" zu vermeiden. Gleichzeitig versucht China auch, ähnliche Großmachtbeziehungen auch mit anderen Großmächten aufzubauen und so einen neuen Rahmen für Großmachtbeziehungen neuer Art zu schaffen, wie Xi Jinping betonte, „mit großer Kraft dafür zu sorgen, dass die Beziehungen zwischen Großmächten gut gestaltet werden und dass ein gesunder, stabiler Rahmen für die Beziehungen zwischen Großmächten konstruiert wird".[29] Dies wird nicht nur eine gute Atmosphäre für den Aufbau neuartiger Großmachtbeziehungen zwischen China und den USA schaffen, sondern auch zum allgemeinen Fortschritt der Großmachtbeziehungen und zu Frieden, Stabilität und Wohlstand in der ganzen Welt beitragen. In diesem Rahmen nehmen die Beziehungen zwischen China und Russland einen ausschlaggebenden Stellenwert ein und sind zu einem Modell für die neuartigen Großmachtbeziehungen geworden.

Bei der Gestaltung der Beziehungen zu den Großmächten legte Xi Jinping auch besonderen Wert auf die „Ausweitung der Zusammenarbeit mit großen Entwicklungsländern",[30] was als eine proaktive Antwort auf die wichtige Entwicklung des Aufstiegs nicht-westlicher Mächte gilt und einen neuen Schwerpunkt für Chinas Gestaltung der Beziehungen zu anderen Großmächten darstellt. Durch die aktive Förderung der BRICS-Zusammenarbeit praktiziert China bereits diesen Ansatz.

Seit dem Amtsantritt Donald Trumps verwenden China und die USA bei offiziellen Anlässen zwar nicht mehr den Begriff „neuartige Großmachtbeziehungen", halten aber an den Konnotationen „keine Konflikte, keine Konfrontation, gegenseitigem Respekt und Win-Win-Kooperation" fest. Das hat der ehemalige US-Außenminister Rex Tillerson bei seinem Besuch in China klar bestätigt, was in gewisser Weise eine Verbesserung gegenüber der Obama-Regierung darstellt, die den Begriff „gegenseitigen Respekt" im Grunde nicht anerkannte.

Das Erstarken von Populismus und Ultranationalismus in den USA in den letzten Jahren, gepaart mit Trumps eigenem Stil und den aktiven kriegstreiberischen Kräften im US-Diplomaten-Team, hat zu einem Konflikt und einer Konfrontation in den bilateralen Beziehungen geführt. Die Gefahr, dass die bilateralen Beziehungen in die „Thukydides-Falle" und die „Falle des Kalten Krieges" tappen, ist gestiegen. Die

---

indem wir einander respektieren, zu beiderseitigem Nutzen und zum Wohle unserer beiden Völker und der Völker der Welt beitragen." (siehe *Xi Jinping: China Regieren*. S. 279.)
29 *Xi Jinping: China Regieren* (Band 2). S. 444.
30 *Xi Jinping: China Regieren* (Band 2). S. 444.

Ausgabe 2017 der National Security Strategy (NSS) der USA bricht mit der konsequenten Politik früherer Regierungen und bezeichnet China als eine „revisionistische Macht" wie Russland, die eine der drei größten Herausforderungen für ihre nationale Sicherheit darstelle.[31] In dem Bericht wird jedoch auch betont, dass es gemeinsame Interessen zwischen den USA und China gebe und dass die USA bereit seien, mit China in einer Reihe von spezifischen Bereichen zusammenzuarbeiten. Als Reaktion auf diesen neuen Wandel hat China seine strategisch feste Haltung bewahrt und seinen Willen bekräftigt, die Zusammenarbeit mit den USA proaktiv anzustreben und Konflikte und Konfrontationen zu vermeiden. Während seines Staatsbesuchs in den USA im April 2017 betonte Xi Jinping bei einem Treffen mit Präsident Trump: „Die guten Beziehungen zwischen China und den USA nützen nicht nur unseren beiden Ländern und Völkern, sondern auch der ganzen Welt. Wir haben tausend gute Gründe, unsere Beziehungen zu verbessern, aber keinen einzigen Grund, sie zu beschädigen. […] Zusammenarbeit ist die einzige richtige Wahl für unsere beiden Länder. China und die USA können ohne Weiteres gute Kooperationspartner sein."[32] Diese klare Haltung gibt die Richtung und den Weg für die Beziehungen zwischen China und den USA vor. Nach Trumps Amtsantritt sind sie im Allgemeinen stabil geblieben.

2. Aufbau einer Schicksalsgemeinschaft um die Peripherie mit den Ideen der Freundschaft, der Ehrlichkeit, des gegenseitigen Nutzens und der Inklusivität

Die Arbeitssitzung über die Nachbarschaftsdiplomatie, die Ende 2013 stattfand, war das erste Treffen auf zentraler Ebene zum Thema periphere Diplomatie überhaupt und zeigt, welche Bedeutung ihr die neue Führungsmannschaft des Zentralkomitees beimisst. Dies spiegelt sich auch in den diplomatischen Aktivitäten vom Staatspräsidenten Xi Jinping und von anderen Partei- und Staatsführern in den letzten Jahren wider. Sie haben nicht nur vielen Nachbarländern freundschaftliche Besuche abgestattet, sondern auch ein neues Konzept der Nachbarschaftsdiplomatie zugunsten der Ideen der Freundschaft, der Ehrlichkeit, des gegenseitigen Nutzens und der Inklusivität vorgelegt, wie den Seidenstraßen-Wirtschaftsgürtel, die maritime Seidenstraße des 21. Jahrhunderts, das Abkommen der regionalen umfassenden Wirtschaftspartnerschaft, den chinesisch-pakistanischen Wirtschaftskorridor, den Wirtschaftskorridor Bangladesch-China-Indien-Myanmar und das Sicherheitskonzept in Asien. Wenn diese Initiativen umgesetzt werden, werden sie einen soliden Grundstein für eine verbesserte Version der chinesischen Nachbarschaftsdiplomatie bilden. In seiner Rede auf der Arbeitssitzung über die Nachbarschaftsdiplomatie 2014, in der er die strategische Ausrichtung der chinesischen Diplomatie erläuterte, hob Staatspräsident Xi Jinping hervor, dass „wir eine Zukunftsgemeinschaft mit unseren Nachbarländern aufbauen und gemäß den Ideen der Nachbarschaftsdiplomatie ‚Freundschaft, Ehrlichkeit, gegenseitiger Nutzen und Inklusivität' danach streben

---

[31] *National Security Strategy oft he United States of America.* The White House, December 2017, S. 25.
[32] *Xi Jinping: China Regieren* (Band 2). S. 488.

sollten, unsere Nachbarn stets mit Wohlwollen zu behandeln und sie als Partner zu betrachten. Ferner sollten wir darauf bestehen, den Nachbarn Harmonie, Sicherheit und Wohlstand zu bringen und auf dieser Grundlage die gegenseitig nutzbringende Kooperation und die Konnektivität zu vertiefen"[33]. Dies hat den Status der Nachbarschaftsdiplomatie weiter verdeutlicht. In der gegenwärtigen Lage ist Chinas periphere Diplomatie bereits mit seiner Großmachtdiplomatie eng verflochten. Beide beeinflussen sich gegenseitig und sind so tief miteinander verbunden, dass sie kaum voneinander trennbar sind.

3. Steuerung der Beziehungen zu den Entwicklungsländern mit einem korrekten Konzept von Rechtschaffenheit und Nutzen

Während die neue Führungsmannschaft des Zentralkomitees der Nachbarschaftsdiplomatie und den Beziehungen zu den Großmächten hohe Bedeutung zumisst, hat sie die Entwicklungsländer nicht vernachlässigt. Seit dem XVIII. Parteitag haben Staatspräsident Xi Jinping und andere führende Politiker der Partei und des Staates zahlreiche Staatsreisen nach Afrika und Lateinamerika sowie in andere Regionen unternommen, in denen sich die Entwicklungsländer konzentrieren. Auf der Konferenz des Zentralkomitees der KP Chinas für diplomatische Arbeit 2014 wies der Generalsekretär des Zentralkomitees der KP Chinas, Xi Jinping, auf die Notwendigkeit hin, „die solidarische Zusammenarbeit mit den Entwicklungsländern tatsächlich zu verstärken und die Entwicklung Chinas mit der gemeinsamen Entwicklung der anderen Entwicklungsländer eng zu verzahnen".[34] In seiner Diplomatie hinsichtlich der Entwicklungsländer misst China Afrika eine besondere Rolle bei – einem Kontinent, der in den Augen der Welt der ärmste, rückständigste und instabilste ist. Die von Xi Jinping hervorgerufene Afrika-Politik, die durch „Aufrichtigkeit, Vertrauenswürdigkeit, Freundschaft und Ehrlichkeit" geprägt ist,[35] ist von außerordentlicher Bedeutung. Des Weiteren schlug er vor: „Wir müssen die richtige Anschauung von Moral und Profit gewissenhaft in die Tat umsetzen und die Arbeit in Bezug auf die Entwicklungshilfe gut leisten müssen, um zu erreichen, dass der Moral immer der Vorrang verliehen wird".[36] Dies gilt für alle Entwicklungsländer, und ganz besonders für die in Afrika.

4. Verstärkung des Mitspracherechts in der multilateralen Diplomatie und einer aktiven Beteiligung an der Weltordnungspolitik

Mit dem Eintritt in das 21. Jahrhundert hat China der Arena der multilateralen Diplomatie immer mehr Bedeutung beigemessen. Zum einen ist die chinesische Führung seit dem XVIII. Parteitag der KP Chinas in der multilateralen Diplomatie aktiver geworden, zum anderen hat sie bei der Nutzung der multilateralen Arena ihr Hauptau-

---

[33] *Xi Jinping: China Regieren* (Band 2). S. 444.
[34] *National Security Strategy oft he United States of America*. The White House, December 2017, S. 25.
[35] *Xi Jinping: China Regieren* (Band 2). S. 488.
[36] *Xi Jinping: China Regieren* (Band 2). S. 444.

genmerk von der Förderung der Zusammenarbeit mit anderen Ländern zum gegenseitigen Nutzen auf die Verstärkung ihres Mitspracherechts im internationalen Diskurs gerichtet. Wie Staatspräsident Xi Jinping auf der Konferenz des Zentralkomitees der KP Chinas für diplomatische Arbeit betonte, „sollte China die multilaterale Diplomatie energisch vorantreiben, die Reform des internationalen Systems und der Global Governance fördern und sich dafür einsetzen, die Repräsentanz und das Mitspracherecht Chinas und anderer Entwicklungsländer zu verstärken".[37] Im Einklang mit diesem Wandel hat China viele weitreichende Initiativen wie den Aufbau einer Freihandelszone im asiatisch-pazifischen Raum, die Vertiefung der Reform des internationalen Finanzsystems und die Einrichtung eines Süd-Süd-Kooperationsfonds zur Begegnung des Klimawandels vorgeschlagen. Bei der Verstärkung seines Mitspracherechts hat China auch verschiedene multilaterale Mechanismen genutzt, um sich aktiv an der Global Governance zu beteiligen und ihre Reform voranzutreiben.

5. Tatkräftige Erweiterung des Austauschs und der Zusammenarbeit zwischen den politischen Parteien und energische Durchführung der öffentlichen Diplomatie

China legt stets großen Wert auf den Austausch und die Zusammenarbeit zwischen den politischen Parteien. Vor der Reform- und Öffnungspolitik Chinas richtete sich der Austausch und die Zusammenarbeit der KPCh vorwiegend an politische Parteien gleicher Art, d. h. an die Regierungsparteien der sozialistischen Länder und die kommunistischen Parteien der nichtsozialistischen Länder. Nach der Reform und Öffnung erweiterte China den Bereich des Parteiaustauschs und der Zusammenarbeit, wobei der Schwerpunkt zunächst auf linken Parteien wie den sozialdemokratischen lag und dann schrittweise auf politischen Parteien aller Art ausgeweitet wurde. Politische Parteien spielen eine zentrale Rolle im modernen politischen Leben. Sie bestimmen die Politik des Staates und bestimmen und lenken die öffentliche Meinung, weswegen der Austausch und die Zusammenarbeit zwischen ihnen der Vertiefung der zwischenstaatlichen Beziehungen von großem Belang sind. Die Kommunistische Partei Chinas pflegt einen institutionellen Austausch mit politischen Parteien aller Art in zahlreichen Ländern, und die hochrangigen Dialoge zwischen der KP Chinas und den politischen Parteien der Welt, der im Dezember 2017 in Peking stattfanden, stellten einen historischen Rekord auf: Fast 300 führende Vertreter politischer Parteien und politischer Organisationen aus mehr als 120 Ländern hatten sich für das Treffen angemeldet. Ein solcher Austausch ist für die betroffenen Länder sehr nützlich, damit sie die allgemeine Politik und die strategische Ausrichtung Chinas verstehen, sich ein objektives Bild von China machen und Missverständnisse und Vorurteile vermeiden können.

China hat der Völkerdiplomatie stets große Bedeutung zugemessen, die in den 1960er und 1970er Jahren einen unersetzlichen Beitrag zur Entwicklung der chinesisch-amerikanischen und chinesisch-japanischen Beziehungen leistete. Der Bericht des XVIII. Parteitags der KP Chinas schlägt vor, die öffentliche Diplomatie zu fördern,

---

[37] *Xi Jinping: China Regieren* (Band 2). S. 444.

was als eine Neuerung gilt. Die öffentliche Diplomatie hat eine umfassendere Bedeutung als die Völkerdiplomatie und erfordert noch mehr zu mobilisierende Ressourcen. Der Austausch zwischen den politischen Parteien ist eine der Formen der öffentlichen Diplomatie. Der Bericht des 19. Nationalkongresses hat betont, „den Austausch und die Zusammenarbeit Chinas mit den Parteien und politischen Organisationen aus aller Welt zu verstärken und den Austausch der Volkskongresse, der Politischen Konsultativkonferenzen, der Armee, der Volksorganisationen und der lokalen Institutionen mit dem Ausland zu fördern",[38] was eine Verstärkung der öffentlichen Diplomatie impliziert.

6. Der Aufbau Chinas zu einem starken maritimen Land als neue Ausgangsbasis der chinesischen Diplomatie

Der Bericht des XVIII. Parteitags der KP Chinas schlug den „Aufbau Chinas zu einem starken maritimen Land" vor,[39] und der Bericht des XIX. Parteitags betonte darüber hinaus, „an der einheitlichen Planung von Land und Meer festzuhalten und China beschleunigt zu einer starken maritimen Macht aufzubauen".[40] Dabei handelt es sich nicht nur um wirtschaftliche Entwicklungsstrategien, sondern auch um die diplomatischen und sicherheitspolitischen Strategien. Aus diplomatischer Sicht bedeutet dies, dass China den diplomatischen Angelegenheiten, die im Zusammenhang mit maritimen Themen stehen, mehr Aufmerksamkeit schenken wird. Ferner wird China seine Beziehungen zu den Küstenstaaten ausbauen und mit ihnen zusammenarbeiten, um die globale Meeresverwaltung zu fördern sowie die internationale maritime Ordnung zu reformieren und zu vervollkommnen. Dabei wird China der Entwicklung seiner Meereswirtschaft, dem Schutz seiner ökologischen Umwelt und der Wahrung seiner nationalen maritimen Rechte und Interessen größere Bedeutung beimessen. Im Laufe seiner Geschichte hat China wenig auf die maritime Diplomatie geachtet. Die großen Expeditionen von Zheng He in den Pazifik und den Indischen Ozean (1405-1433) war Chinas glanzvollste Zeit in maritimen Angelegenheiten, aber diese Großtat war nicht von Dauer und hatte auch keinen großen Einfluss auf Chinas Entwicklung, insbesondere auf seinen Modernisierungsprozess. Das andere Mal, als China dem Meer größere Aufmerksamkeit schenkte, war während der Bewegung der Verwestlichung (1861-1895). Die Unterstützer bauten eine Flotte auf, die damals wohl die mächtigste Asiens war. Jedoch wurde sie von der schwächeren japanischen Flotte vernichtet, sodass sich der Traum der späten Qing-Regierung von einem starken maritimen Land zerschlug. Sun Yat-sen (1866-1925) hatte ein ausgeprägtes maritimes Bewusstsein, hatte aber keine Gelegenheit, es zu verwirklichen. In der Geschichte des Aufstiegs von Großmächten waren die meisten, die erfolgreich zur Macht aufgestiegen sind, maritime Mächte, so dass der Aufbau Chinas zu einem starken maritimen Land ein notwendiger Bestandteil des Prozesses und des Inhalts seines Aufstiegs ist.

---

[38] *Dokumente des XIV. Parteitags der Kommunistischen Partei Chinas.* S. 48.
[39] *Dokumente des XVIII. Parteitags der Kommunistischen Partei Chinas* [Zhongguo Gongchandang Di Shiba Ci Quanguo Daibiao Dahui Wenjian Huibian]. Beijing: People's Publishing House, 2012, S. 37.
[40] *Dokumente des XIV. Parteitags der Kommunistischen Partei Chinas.* S. 27.

7. Förderung der Seidenstraßeninitiative

Die Hervorrufung und Förderung der Seidenstraßeninitiative sollte sich in erster Linie auf Chinas wirtschaftliche Entwicklungsstrategie und seine Öffnungsstrategie konzentrieren, aber wie die Öffnungsstrategie ist auch ihre objektive Wirkung eine diplomatische Maßnahme. Man kann sagen, dass die Seidenstraßeninitiative eine weitere wichtige Initiative der Großmachtdiplomatie chinesischer Prägung seit dem XVIII. Parteitag ist und derzeit den markantesten neuen Höhepunkt der Gestaltung der Außenpolitik darstellt.

Im September und Oktober 2013 schlug Staatspräsident Xi Jinping bei seinen Besuchen in Zentral- und Südostasien den gemeinsamen Aufbau des „Wirtschaftsgürtels entlang der Seidenstraße" und der „maritimen Seidenstraße des 21. Jahrhunderts" vor, dem die internationale Gesellschaft hohe Aufmerksamkeit schenkt. Auf der China-ASEAN-Expo 2013 betonte der Ministerpräsident Li Keqiang, eine maritime Seidenstraße für den Verband Südostasiatischer Nationen (ASEAN) zu schaffen und einen strategischen Dreh- und Angelpunkt für die Entwicklung der Länder im Hinterland des eurasischen Kontinents zu errichten. So entstand das Konzept „ein Gürtel, eine Straße", das zu einer Initiative Chinas zur Verbindung seiner inneren Entwicklung mit seinen Außenbeziehungen wurde.

Die Umsetzung der Gürtel- und Straßeninitiative trägt zur Förderung des wirtschaftlichen Wohlstands und der regionalen wirtschaftlichen Zusammenarbeit zwischen den Ländern entlang der Neuen Seidenstraße bei. Ferner dient sie dem Austausch und der gegenseitigen Wertschätzung zwischen verschiedenen Kulturen sowie dem Weltfrieden und der Weltentwicklung. All dies deutet darauf hin, dass diese Initiative eine große Sache zum Nutzen aller Völker der Welt ist. Für die betroffenen Länder ist es ein Teil ihrer Gesamtstrategie, sich der Gürtel- und Straßeninitiative anzuschließen. Aus diesem Grund hat die Initiative ein positives Echo in der internationalen Gemeinschaft gefunden. Wie Staatspräsident Xi Jinping in seiner Rede bei der Eröffnungszeremonie des ersten Gipfels für internationale Kooperation im Rahmen der „Neuen Seidenstraßeninitiative" sagte: „Seit vier Jahren haben mehr als 100 Länder und internationale Organisationen ihren Wunsch zum Ausdruck gebracht, den Aufbau der Initiative zu unterstützen und daran teilzunehmen. Die UN-Vollversammlung und der UN-Sicherheitsrat haben den Inhalt der Initiative in ihre wichtigen Resolutionen aufgenommen."[41]

Ursprünglich wurde die Seidenstraßeninitiative auf Basis Chinas Peripherie vorgeschlagen, da aber immer mehr Länder positiv darauf reagieren, ist ihr Geltungsbereich nicht mehr auf die Peripherie oder die weitere Nachbarschaft beschränkt. Während der Wirtschaftsgürtel entlang der Seidenstraße im Grunde den gesamten eurasischen Kontinent abdeckt, erstreckt sich die maritime Seidenstraße des 21. Jahrhunderts über ein noch größeres Gebiet. Die antike Seidenstraße war auf die Technik der Seeverkehrsmittel beschränkt, die nur den Indischen Ozean und den Südpazifik über das Südchinesische Meer erreichen konnte. Im Gegensatz dazu kann

---

[41] *Xi Jinping: China Regieren* (Band 2). S. 509.

der moderne Seeverkehr Waren und Menschen in jeden Winkel des Ozeans transportieren. Man kann sagen, dass die Seidenstraßeninitiative die große Mehrheit der Länder der Welt einbezieht. Die *Visionen und Aktionen zum gemeinsamen Aufbau der Wirtschaftsgürtels entlang der Seidenstraße und der maritimen Seidenstraße des 21. Jahrhunderts* legen eindeutig fest: „Ein Gürtel und eine Straße' betrifft vor allem die Länder entlang der alten Seidenstraße, beschränkt sich jedoch nicht darauf. Alle Länder sowie alle internationalen und regionalen Organisationen können sich daran beteiligen, damit immer mehr Regionen von den Erfolgen beim gemeinsamen Aufbau profitieren."[42]

Die Seidenstraßeninitiative basiert auf der Entwicklung und Öffnung Chinas und der Schaffung eines friedlichen und stabilen äußeren Umfelds für China, fördert aber gleichzeitig auch die Entwicklung und den Frieden der Länder entlang der Seidenstraße. In einer Zeit, in der die Global Governance auf Schwierigkeiten stößt, bietet die Seidenstraßeninitiative zweifellos eine höchst innovative Lösung, um sie voranzubringen. Die Verwirklichung der politischen Kommunikation, infrastrukturellen Vernetzung, des freien Handel- und Kapitalverkehrs und der Völkerverständigung in einem so riesigen Gebiet, das als „quasi-global" betrachtet werden kann, wird zweifellos einen großen Beitrag zum Frieden und zur Entwicklung der Welt leisten und Wohlstand für die Menschen in der Welt schaffen. Dies ist nicht nur die Antwort des aufstrebenden Chinas auf die neuen Erwartungen der Welt, sondern auch ein fruchtbares Ergebnis der Großmachtdiplomatie chinesischer Prägung.

Die Umsetzung der Seidenstraßeninitiative nützt dem Vorantreiben der bestehenden diplomatischen Strategie Chinas. Diese Initiative erstreckt sich über die gesamte Peripherie Chinas. Entlang der Seidenstraße liegen nicht nur die meisten Länder Asiens und Afrikas, sondern auch Russland und die Europäische Union. Die Seidenstraßeninitiative kann auch mit regionalen internationalen Organisationen wie der Shanghaier Kooperationsorganisation (SCO), der Eurasischen Wirtschaftsunion (EEU) und dem Verband Südostasiatischer Nationen (ASEAN) verzahnt werden, was die multilaterale Diplomatie Chinas fördern kann. In diesem Sinne ist die Seidenstraßeninitiative eine wichtige Neuerung in der strategischen Anordnung der Diplomatie Chinas.

Die Seidenstraßeninitiative ist zwar eine Neuerung der strategischen Anordnung, aber sie ist nicht auf diesen Bereich beschränkt. Sie ist eine umfassende Initiative, welche die Inhalte auf vielen Ebenen, wie der Wirtschaft, Sicherheitspolitik, Zivilisation, Ökologie und zwischenstaatliche Beziehungen mit einbezieht. In seiner Grundsatzrede auf dem hochrangigen Dialog zwischen der Kommunistischen Partei Chinas und den politischen Parteien der Welt betonte Staatspräsident Xi Jinping, dass er seit dem XVIII. Parteitag der KP Chinas zwei wichtige Initiativen vorgelegt habe, nämlich den Aufbau einer Schicksalsgemeinschaft der Menschheit und die Seidenstraßeninitiative, die das Konzept der Schicksalsgemeinschaft in die Praxis umsetzen

---

[42] *Visionen und Aktionen zum gemeinsamen Aufbau des Wirtschaftsgürtels entlang der Seidenstraße und der maritimen Seidenstraße des 21. Jahrhunderts* [Tuidong Gongjian Sichouzhilu Jingjidai he 21 Shiji Haishang Sichouzhilu de Yuanjing yu Xingdong]. http://news.xinhuanet.com/world/2015-03/28/c_1114793986.htm, (Xinhuanet, Abruf am 10.12.2017).

solle.[43] Die Anforderung der Schicksalsgemeinschaft der Menschheit, nämlich die Integration fünf zentraler Dimensionen (dauerhaftem Frieden, allgemeiner Sicherheit, gemeinsamer Prosperität, Offenheit und Inklusion, Sauberkeit und Schönheit) spiegelt sich beim Aufbau von „Belt and Road" wider. In diesem Sinne ist die Seidenstraßeninitiative ein praktikables Programm zum Aufbau der Schicksalsgemeinschaft der Menschheit.

VI. Die wichtigsten Garantien für Chinas diplomatische Strategie im neuen Zeitalter

Die erfolgreiche Umsetzung einer diplomatischen Strategie steht nicht nur im Zusammenhang mit der diplomatischen Arbeit, wie die Durchführung der Außenpolitik und der Gestaltung der diplomatischen Strategien, sondern auch mit den strategischen Garantien des Landes. Neben der nationalen umfassenden Stärke gelten auch die Sicherheit des Landes, seine politische Einheit und seine institutionellen Mechanismen als die wichtigsten Garantien für seine diplomatischen Strategien. Wenn es gravierende Probleme mit der nationalen Sicherheit gibt, lassen sich die diplomatischen Strategien keinesfalls reibungslos umsetzen. Sogar der ursprüngliche strategische Rahmen muss dementsprechend angepasst werden. Ohne eine zentralisierte und einheitliche Führung ist es schwierig, ein Gleichgewicht zwischen nationalen und internationalen Belangen, zwischen Entwicklung und Sicherheit herzustellen. Ohne institutionelle Entwicklung ist es kaum möglich, ein qualitativ hochwertiges Top-Level-Design zu erhalten und die verschiedenen Bereiche und Sektoren einheitlich zu planen.

1. Nationale Sicherheitsgarantie in Chinas diplomatischer Strategie im neuen Zeitalter

Seit dem XVIII. Parteitag der KP Chinas hat Staatspräsident Xi Jinping beim Reden über die diplomatische Arbeit häufig den Schutz der nationalen Sicherheit erwähnt. Auf der Konferenz des Zentralkomitees der KP Chinas für diplomatische Arbeit wies er darauf hin: „Gegenwärtig und in Zukunft müssen wir in der auswärtigen Arbeit das ganzheitliche nationale Sicherheitskonzept tatkräftig in die Tat umsetzen."[44] Die Aufrechterhaltung der nationalen Sicherheit ist sowohl eine der wichtigsten Aufgaben der diplomatischen Strategie, als auch eine wichtige Garantie für ihre erfolgreiche Umsetzung. Schwache und gefährliche Länder haben keine erfolgreiche Diplomatie. Ein Land, das sich in unmittelbarer Gefahr befindet, kann diplomatisch nicht viel erreichen, und selbst die beste diplomatische Strategie wird nur leeres Gerede sein.

---

[43] Xi Jinping: *Gemeinsam eine bessere Welt schaffen - Grundsatzrede auf dem hochrangigen Dialog zwischen der Kommunistischen Partei Chinas und politischen Parteien der Welt* [Xieshou Jianshe Gengjia Meihao de Shijie - Zai Gongchandang yu Shijie Zhengdang Gaoceng Duihuahui shang de Zhuzhi Jianghua]. http://news.xinhuanet.com/world/2017-12/01/c_1122045658.htm, (Xinhuanet, Abruf am 10.12.2017).

[44] *Xi Jinping: China Regieren* (Band 2). S. 443.

Im Hinblick auf die Wahrung der nationalen Sicherheit hat Xi Jinping ein ganzheitliches nationales Sicherheitskonzept hervorgerufen, das eine neue Ideologie der nationalen Sicherheit darstellt und von großer Bedeutung für die Leitung der nationalen Sicherheitsarbeit, die Planung der Sicherheitsstrategien chinesischer Prägung und das Einschlagen eines für die chinesische Nation geeigneten Sicherheitskurses ist. Das ganzheitliche nationale Sicherheitskonzept basiert auf Chinas Gesamtlage und betont die „Ganzheit" des Landes. Es integriert alle Sicherheitsbereiche auf eine sichere und organische Weise und achtet darauf, einheitlich zu planen, einen dialektischen Ansatz zu verfolgen und ganzheitlich zu verwalten. Gemäß dem nationalen Sicherheitskonzept „soll die internationale Sicherheit als Stütze fungieren". „Wir sollten der inneren und äußeren Sicherheit die gleiche Wichtigkeit beimessen. Was die nationale Sicherheit angeht, müssen wir die Entwicklung, die Reform und die Stabilität stärken und China zu einem sicheren Land aufbauen. Was die internationale Sicherheit betrifft, so sollten wir Frieden, Zusammenarbeit und gemeinsamen Gewinn anstreben und am Aufbau einer harmonischen Welt mitwirken." „Während wir unsere eigene Sicherheit genau im Auge behalten, müssen wir unser Augenmerk gleichzeitig auch auf die gemeinsame Sicherheit der Welt richten und eine Schicksalsgemeinschaft ins Leben rufen. Alle Parteien werden angehalten, auf gegenseitigen Nutzen und die gemeinsame Sicherheit zuzusteuern."[45] Diese Anforderungen stehen mit dem Hauptthema, den Zielen und der Gesamtplanung der diplomatischen Strategie Chinas im Einklang.

2. Die politische Führung von Chinas diplomatischer Strategie im neuen Zeitalter

Die zentrale Stellung der Kommunistischen Partei Chinas im chinesischen politischen System und ihre Führungsrolle bei allen Bestrebungen des Landes ist das charakteristischste Merkmal des sozialistischen Systems chinesischer Prägung und der wichtigste politische Vorteil Chinas. Auf der Konferenz des Zentralkomitees der KP Chinas für diplomatische Arbeit im Jahr 2014 betonte Xi Jinping: „Um die auswärtige Arbeit unter den neuen Gegebenheiten allseitig voranzutreiben, müssen wir die einheitliche Führung durch die KP Chinas verstärken."[46] Der XIX. Parteitag nahm das „Festhalten an der Führung der gesamten Arbeit durch die Partei" in Xi Jinpings Grundkonzeptionen des Sozialismus chinesischer Prägung im neuen Zeitalter auf und hob hervor, dass „die Partei alles leitet - die politischen Parteien, die Regierungsorgane, das Militär, das Volk, die akademische Welt u. v. a."[47]. Der Aufbau der Partei im neuen Zeitalter soll „an der allseitigen Führung durch die Partei festhalten und sie stärken"[48]. Das bedeutet, dass Chinas diplomatische Arbeit im neuen Zeitalter des Sozialismus chinesischer Prägung auch die Führungsrolle der Partei und ihre führende Funktion auf der politischen Ebene stärken muss. Dies setzt voraus, dass „das

---

45 *Xi Jinping: China Regieren.* S. 201.
46 *Xi Jinping: China Regieren* (Band 2). S. 444.
47 *Dokumente des XIV. Parteitags der Kommunistischen Partei Chinas.* S. 16.
48 *Dokumente des XIV. Parteitags der Kommunistischen Partei Chinas.* S. 49.

Zentralkomitee der Partei mit Genossen Xi Jinping als Kern stets die zentrale Führungsrolle bei auswärtigen Angelegenheiten spielt und die zentrale und einheitliche Führung der Partei und die allseitige Planung und Koordinierung der auswärtigen Arbeit ständig gestärkt werden müssen, um sicherzustellen, dass die grundlegenden diplomatischen Richtlinien tatkräftig umgesetzt werden"[49]. Es lässt sich absehen, dass die Stärkung der politischen Führung des Zentralkomitees der KP Chinas in auswärtiger Arbeit eine stärkere politische Garantie für die Umsetzung der diplomatischen Strategie des Landes bieten wird. Diese Garantie dient nicht nur dazu, dass die auswärtige Arbeit nicht von ihren etablierten Zielen abweicht, sondern auch dazu, dass alle diplomatischen Sektoren und Bereiche einheitlich geplant werden.

3. Institutionelle Garantie für Chinas diplomatische Strategie im neuen Zeitalter

Sowohl die Sicherheitsgarantie als auch die politische Garantie muss den institutionellen Mechanismus für die Gestaltung der Außenpolitik gemäß den Änderungen der Situation ständig vervollkommnen. In seiner Rede auf der Konferenz des Zentralkomitees der KP Chinas für diplomatische Arbeit 2014 wies Staatspräsident Xi Jinping darauf hin, dass es zur umfassenden Förderung der auswärtigen Arbeit in der neuen Situation notwendig ist, „die Systeme und Mechanismen zur Regelung auswärtiger Angelegenheiten zu reformieren und zu vervollkommnen sowie die Koordination zwischen diesbezüglichen Bereichen, Behörden und Regionen zu forcieren [...], um für eine neue Situation zu sorgen".[50] Seit dem XVIII. Parteitag legt das Zentralkomitee der KP Chinas mit Genossen Xi Jinping als Kern großen Wert auf den Aufbau des institutionellen Mechanismus und hat einen Nationalen Sicherheitsrat ins Leben gerufen, der eine Entscheidungs- und Koordinierungsfunktion bei der Arbeit für die nationale Sicherheit hat. Ferner ist er zuständig für die einheitliche Planung und die Koordinierung der bedeutenden Ereignisse und Aufgaben, die mit der nationalen Sicherheit in Zusammenhang stehen und bietet eine solide Garantie für die Umsetzung und ständige Anpassung der diplomatischen Strategien an die veränderte Situation sowie die kontinuierliche und solide Förderung der Großmachtdiplomatie mit chinesischen Merkmalen. Darüber hinaus sind die Zentrale Führungsgruppe für Netzsicherheit und Informatisierung, die Zentrale Führungsgruppe für maritime Rechte und Interessen, die Führungsgruppe der Zentralen Militärkommission für die Vertiefung der nationalen Verteidigung und der Militärreform sowie die Führungsgruppe für den Aufbau nationaler Spitzen-Denkfabriken, die alle nach dem 18. nationalen Kongress eingerichtet wurden, ebenfalls wichtige Initiativen zur Stärkung des Aufbaus von Institutionen und Mechanismen mit Auslandsbezug. Der Aufbau von institutionellen Mechanismen ist immer im Gange.[51] Mit der Änderung der Situation im

---

[49] Yang, Jiechi: Den Geist des XIX. Parteitags der KP Chinas Eingehend Studieren und Umsetzen, Neue Situationen der Großmachtdiplomatie Chinesischer Prägung im Neuen Zeitalter Anstreben [Shenru Xuexi Guanche Dang de Shijiuda Jingshen Fenli Kaituo Xin Shidai Zhongguo Tese Daguo Waijiao Xin Jumian]. In: *QIUSHI*, 2017(23), S. 7.
[50] *Xi Jinping: China Regieren* (Band 2). S. 444.
[51] Siehe Yuan, Peng: China's International Strategic Thought and Layout for a New Era. In: *Contemporary International Relations*, 2017(11), S. 3-4.

In- und Ausland, gemäß der Entwicklungs- und Sicherheitsbedürfnisse Chinas, insbesondere der Bedürfnisse seiner diplomatischen Anpassung, werden die institutionellen Mechanismen Chinas kontinuierlich verbessert und optimiert werden.

Vierzig Jahre Theoretische Erforschung der chinesischen Diplomatie

Zhao Kejin[52]

Die Reform- und Öffnungspolitik war ein entscheidender Schritt, der die Entwicklungsrichtung Chinas änderte. Ihre grundlegendste Bedeutung liegt darin, dass sie Chinas Beziehung zur Welt veränderte und das Land allmählich von der Peripherie ins Zentrum der Welt rückte. Sie lässt China von einem armen und rückständigen Entwicklungsland zu einem starken sozialistischen Land und eine große Nation mit weltweitem Einfluss entwickeln. Wenn man die historischen Erfahrungen mit der Reform- und Öffnungspolitik zusammenfasst, ist Chinas diplomatische Praxis mit den Veränderungen in Chinas Beziehungen zur Welt als Leitfaden eine Landschaft, die man nicht ignorieren kann. In den vergangenen vier Jahrzehnten hat China angesichts der sich stets verändernden internationalen Lage und vor dem Hintergrund, dass Frieden und Entwicklung zu den beiden Hauptthemen der heutigen Zeit geworden sind, einen einzigartigen diplomatischen Stil entwickelt, indem es am Weg der friedlichen Entwicklung festhält, auf der Mission des großartigen Wiederauflebens der chinesischen Nation beharrt, Chinas Diplomatie als die eines großen Landes mit eigener Prägung umfassend vorantreibt und den Aufbau von internationalen Beziehungen neuer Art und einer Schicksalsgemeinschaft der Menschheit fördert.

Die Praxis ist die Quelle der theoretischen Innovation. Historisch gesehen bedeutet der Aufstieg einer Großmacht auf der Weltbühne nicht nur die Verbesserung der nationalen Stärke, sondern auch die Fortschritte des akademischen Denkens. Die große diplomatische Praxis seit der Reform- und Öffnungspolitik hat diplomatische Theorien chinesischer Prägung hervorgebracht. Wenn man auf die jahrhundertelange Geschichte der chinesischen Diplomatie zurückblickt, ist einer der Hauptstränge die Förderung der Sinisierung der diplomatischen Studien. Die Frage, wo der Schnittpunkt von diplomatischer Theorie und ihrer Sinisierung liegt, verdient eine besonders eingehende Betrachtung. Klar ist, dass die hier hervorgehobene diplomatische Theorie eine universelle große Theorie ist, ein universeller wissenschaftlicher Leitfaden auf theoretischer Ebene (und nur als Leitfaden). Der Schwerpunkt der „Sinisierung" liegt darin, die praktischen Erfahrungen der chinesischen Diplomatie wissenschaftlich und systematisch zu gestalten und sie in eine Wissenschaft zu verwandeln.[53] Das heißt, dass sich die diplomatische Theorie an Chinas Realität und Bedürfnisse anpassen und Chinas nationalen Interessen dienen muss. Es liegt auf der Hand, dass die Sinisierung der diplomatischen Theorie die Vereinigung von Theorie und

---

[52] Zhao Kejin, Professor am Institut für internationale Beziehungen der Tsinghua-Universität, Doktor der Rechte.
[53] Siehe Außenministerium und Parteidokumenten-Forschungsbüro der KP Chinas (Hrsg.): *Zhou Enlai, Ausgewählte Werke zur Diplomatie* [Zhou Enlai Waijiao Wenxuan]. Beijing: Central Party Literature Press, 1990, S. 2.

Praxis erfordert. Was die Methodik betrifft, gilt es, abstrakte, groß angelegte theoretische Forschungen mit empirischen Einzelstudien zu verbinden, um die akademische „Kluft" zwischen beiden zu verringern und die Kluft zwischen Makro- und Mikrostudien zu überbrücken. Das war ein wichtiger akademischer Weg für die Sinisierung der diplomatischen Theorie in den letzten vierzig Jahren der Reform und Öffnung und ist auch eine wichtige Richtung für die zukünftige Forschung in der chinesischen Diplomatie.

I. Windungen und Wendungen bei der Entwicklung der chinesischen Diplomatie

Die Diplomatie war lange Zeit ein vernachlässigtes Thema in chinesischen akademischen Kreisen. In der antiken Zeit hatten chinesische Gelehrte keine Vorstellung von Diplomatie im modernen Sinne, sondern nur von Strategien zur Beherrschung des Landes, zur Kontrolle und Verwaltung von Vasallenstaaten und zum Grenzschutz.[54] Der Ausbruch des Opiumkriegs und die darauffolgenden diplomatischen Ereignisse zwischen China und dem Ausland zwangen die chinesischen Gelehrten, die Beziehungen zwischen China und der Welt neu zu überdenken. Die Diplomatie wandelte sich zunehmend von der „Bearbeitung der auslandsbezogenen Angelegenheiten" zu „Diplomatie" oder „Außenpolitik". Im Zuge des Lernens vom Westen bei der diplomatischen Forschung des modernen Chinas ist Europa als ein wichtiges Zentrum diplomatischer Studien zum Objekt des Lernens geworden.

Beeinflusst von der Bedeutung, die die europäischen Gelehrten der Diplomatie beimaßen, wurden die internationalen Studien der republikanischen Zeit vor allem in der Fachrichtung Diplomatie gut entwickelt. Zu dieser Zeit haben einige Gelehrte einflussreiche Lehrbücher verfasst. Zum Beispiel *Diplomatie* (1921) von Liao Dezhen, *Moderne Diplomatie* (1931) von Yang Xishi, *Prinzipien der Diplomatie* (1936) von Yang Zhenxian, *die diplomatische Enzyklopädie* (1937) von Wang Zhuoran und Liu Daren als Herausgebern und *Einführung in die diplomatische Wissenschaft* (1941) von Liu Daren.[55] Diese Werke zur Diplomatik orientierten sich im Wesentlichen u. a. an dem britischen Sadoways *A Guide to Diplomatic Practice* und dem amerikanischen John Fosters *The Practice Of Diplomacy* und befassen sich u. a. mit der Geschichte der Diplomatie, den Außenministerien, den diplomatischen Vorrechten und Immunitäten, der diplomatischen Etikette, den Konsulaten, internationalen Konferenzen, internationalen Organisationen und internationalen Verträgen. Liu Darens *Einführung in die diplomatische Wissenschaft* schuf ein vollständiges System der „diplomatischen Wissenschaft", das die diachronische Geschichte der Diplomatie, die synchronischen Strukturen und Funktionen der Diplomatie sowie die normativen Internationalisie-

---

[54] Siehe Chen, Shangsheng: *Schließung und Öffnung - Eine Studie über die Außenbeziehungen im spätfeudalen China* [Biguan yu Kaifang - Zhongguo Fengjian Wanqi Duiwai Guanxi Yanjiu]. Ji'nan: Shandong People's Publishing House, 1993.

[55] Liao, Dezhen: *Diplomatie* [Waijiaoxue]. Shanghai: Dadong Shuju, 1921.; Yang, Xishi: *Moderne Diplomatie* [Xiandai Waijiaoxue]. Shanghai: Minzhi Shuju, 1931.; Yang, Zhenxian: *Prinzipien der Diplomatie* [Waijiaoxue Yuanli]. Shanghai: The Commercial Press, 1936.; Wang, Zhuoran & Liu, Daren (Hrsgg.): *Lexikon der Diplomatie* [Waijiao Da Cidian], Beijing: Zhonghua Book Company, 1937.

rungsregeln und diplomatischen Spielregeln umfasst. Dieses Werk bildet eine Grundlage für die Disziplin der chinesischen Diplomatie.[56] Die Forschung der chinesischen Diplomatie, die bis zur Gründung der Volksrepublik China von der europäischen Diplomatie beeinflusst war, hatte bereits ein vorläufiges disziplinäres System etabliert. Sie hat sich von einer hierarchischen diplomatischen Sichtweise zu einer diplomatischen Sichtweise souveräner Staaten gewandelt, die das Völkerrecht und die universellen internationalen Regeln betonte. Zwar leidet die Forschung unter dem Mangel an akademischer Autonomie, sogar unter akademischer Kolonialisierung, aber sie ist zweifellos von großer Bedeutung für die Überbrückung von Ost und West und die Anwendung internationaler Regeln in diplomatischer Arbeit auf internationaler Bühne.

Genauer genommen begann die Sinisierung der diplomatischen Theorie nach der Gründung der Volksrepublik China. Zu dieser Zeit wurde die Diplomatie der Sowjetunion zum wichtigsten Faktor, der die diplomatische Forschung und Praxis Chinas in einem besonderen internationalen Umfeld beeinflusste. Die diplomatische Theorie Chinas stand in dieser Phase unter dem Einfluss der sowjetischen wissenschaftlichen sozialistischen Theorie. Ihr Hauptmerkmal war, dass die Diplomatie als Instrument der sozialistischen Revolution angesehen wurde. Die Hauptthemen der chinesischen Diplomatie waren die Diskussion über die drei Welten, die Vereinigungsstrategie und die revolutionäre Strategie. Eine Gruppe von Wissenschaftlern, vertreten durch Professor Lu Yi von der Hochschule für Auswärtige Angelegenheiten (China Foreign Affairs University), hat begonnen, die Makrotheorie der internationalen Beziehungen zu erforschen. Zu ihren Erfolgen zählen die Reader wie *Grundlegende marxistisch-leninistische Theorie der internationalen Beziehungen*, *Mao Zedongs Schriften zu internationalen Fragen*, *Diplomatische Geschichte der Oststaaten*, *Geschichte der Außenbeziehungen der Volksrepublik China*, *Moderne chinesische Diplomatie Geschichte*, *Ausgewählte Materialien zur Geschichte der chinesischen Diplomatie*, von denen jedoch keiner offiziell veröffentlicht wurde. Zu dieser Zeit gab es zwar auch einige Zeitungen und Zeitschriften wie *People's Daily*, *Guangming Daily*, *World Affairs* und *Hongqi* (Rote Fahne), aber sie waren alle eher politisch geprägt, sodass es schwierig war, dort akademische Ansichten über diplomatische Studien zu veröffentlichen. Während der Kulturrevolution waren die wenigen außenpolitischen Forschungsinstitute geschlossen, sogar an den spezialisierten Einrichtungen wie u. a. der Hochschule für Auswärtige Angelegenheiten, der Universität Peking, der Fudan-Universität wurden keine Seminare über Diplomatie angeboten.[57] Offensichtlich waren diplomatische Studien in dieser Zeit, in der die Ideologie übermäßig hervorgehoben war, sehr sensibel. Abgesehen von einigen Übersetzungen sowjetischer und westlicher Werke und Nachschlagebücher zur Diplomatie haben chinesische Wissenschaftler kaum eigene Initiative Forschungsstudien zur Diplomatie betrieben.

---

56 Liu, Daren (Hrsg.): *Einführung in die Diplomatische Wissenschaften* [Waijiao Kexue Gailun]. Beijing: Zhonghua Book Company, 1941.
57 Siehe Zhang, Lili: *Ein Überblick, Überlegungen und Vorschläge zum Aufbau und zur Erforschung der Fachrichtung Diplomatie in der Volksrepublik China* [Guanyu Xinzhongguo "Waijiaoxue Xueke Jianshe yu Yanjiu" de Huigu, Fansi yu Jianyi]. Wissenschaftliche Arbeit auf der 1. wissenschaftlichen Konferenz zum Aufbau der Fachrichtung Diplomatie Chinas am 26. und 27.09.2002 an der Hochschule für Auswärtige Angelegenheiten.

Selbst an spezialisierten Hochschulen wie der Hochschule für Auswärtige Angelegenheiten wurden keine Seminare über diplomatische Theorien eingerichtet. Im Gegensatz dazu folgte die akademische Gemeinschaft für Außenpolitik in der Provinz Taiwan, im selben Zeitraum, vertreten durch die Abteilung für Diplomatie an der Chengchi Universität, der Tradition der diplomatischen Wissenschaft, die vor Oktober 1949 existierte und von der europäischen, insbesondere der britischen, Diplomatie beeinflusst war. Sie beschränkte sich auf die Untersuchung der rechtlichen und institutionellen Form der Diplomatie.[58] Unter dem revolutionären Paradigma befand sich die diplomatische Forschung des modernen Chinas in einer misslichen Lage: Was die theoretische Orientierung anbelangt, war sie lange Zeit auf die Ebene anscheinender großartiger theoretischer Interpretationen beschränkt, steckte im Sumpf des „revolutionären Paradigmas" fest und konnte nur begriffliche Interpretationen und deskriptive Studien u. a. über Klasse, Revolution, diplomatischen Kampf, Imperialismus durchführen. Was die empirische Forschung betrifft, können sich die historischen und diplomatischen Fallstudien bestenfalls auf eine triviale Reflexionsforschung beschränken, weil es ihnen an soziologischer Fantasie fehlte.

Seit der Reform- und Öffnungspolitik war das traditionelle „revolutionäre Paradigma" im akademischen Kreis rückläufig. Dieser Trend durchdrang schließlich auch den Bereich der diplomatischen Studien. Seither begannen sie, sich bewusst und unbewusst den Vereinigten Staaten zuzuwenden und von den amerikanischen Theorien der internationalen Beziehungen geprägt zu werden. Gleichzeitig begannen chinesische Wissenschaftler, während sie von der amerikanischen Theorie beeinflusst wurden, sich mit der Erforschung diplomatischer Theorien chinesischer Prägung zu befassen. Die Erforschung der diplomatischen Theorien Chinas kann seit der Reform und Öffnung kann daher in zwei Unterphasen unterteilt werden.

1. Die erste Phase: Einführung der amerikanischen diplomatischen Theorie (1980-1997)

Seit den 1980er Jahren löste Deng Xiaopings Aufruf zur „dringenden Nachholung der Erforschung der Politikwissenschaft, des Rechts, der Soziologie und der Weltpolitik" eine Welle des Studiums westlicher Theorien aus.[59] Die Erforschung der diplomatischen Theorien Chinas wurde von diesem Strom mitgerissen und entwickelte sich rasant. In dieser Zeit war sie durch die Einführung und Überprüfung von Theorien und die Diskussionen hinsichtlich derer gekennzeichnet. Beeinflusst von der Betonung der Interessen, der Macht und der Strategie in der amerikanischen Theorie, ist auch die chinesische diplomatische Theorie durchdrungen von der Beachtung der Stärke und der strategischen Spielerei. Dies spiegelt sich vorwiegend in den folgenden drei Aspekten wider:

---

[58] Li, Chi-Tai: *Diplomatie* [Waijiaoxue]. Taipei: Cheng Chung Book Co., Ltd., 1962.; Chu, Chien-Min: *Diplomatie und Diplomatische Beziehungen* [Waijiao yu Waijiao Guanxi]. Taipei: Cheng Chung Book Co., Ltd., 1977.

[59] *Deng Xiaoping, Ausgewählte Werke* (Band 2) [Deng Xiaoping Wenxuan (Di Er Juan)]. Beijing: People's Publishing House, 1994, S. 180-181.

Erstens wurde eine große Anzahl theoretischer Werke über ausländische Diplomatie übersetzt und veröffentlicht. Seit den 1980er Jahren übersetzten chinesische Gelehrte eine Reihe einflussreicher ausländischer theoretischer Werke über Diplomatie, wie z. B. *Satow's Guide to Diplomatic Practice* (1984) von L. G. Gore-Booth (Hrsg.), *Corps Diplomatique* (1985) von Eric Clark, *The Diplomats* (1988) von Martin Mayer, *Diplomat in Chief: The President at the Summit* (1990) von Elmer Plischke, *The Grand Chessboard:American Primacy and its Geostrategic Imperatives* (1998) von Zbigniew Brzezinski, *Modern Diplomacy* (2002) von R. P. Baston und *Diplomacy* (2001) von Henry Kissinger, um nur einige zu nennen.[60] Zu Beginn des 21. Jahrhunderts hat die Peking University Press, nach der Zusammenstellung der neuesten Forschungsergebnisse im Bereich der ausländischen Diplomatie, die „Sammlung von Übersetzungen der Diplomatie" übersetzt und veröffentlicht, darunter *Diplomacy: Theory and Practice, Negotiating a Complex World: An Introduction to International Negotiation, Multi-track Diplomacy – A System Approach to Peace, Bilateral Diplomacy, Diplomatic Theory from Machiavelli to Kissinger, A Dictionary of Diplomacy, The 21st Century Ambassador – Plenipotentiary to Chief Executive*.[61] Diese Übersetzungen spiegelten die neuesten Fortschritte der entsprechenden Arbeit wider und verringerten allmählich die Kluft zwischen China und dem Westen in Bezug auf das theoretische Verständnis der Diplomatie.

Zweitens nahm die Erforschung der westlichen diplomatischen Theorien in China allmählich Fahrt auf. Die Einführung solcher Theorien hatte einen tiefgreifenden Einfluss auf die chinesischen diplomatischen Studien, sodass zahlreiche Werke, die die westliche diplomatischen Theorien rezensieren, nacheinander erschienen sind. So veröffentlichte Professor Zhou Qipeng von der Hochschule für Auswärtige Angelegenheiten den Artikel *Neue Tendenzen in der westlichen Diplomatie der Nachkriegszeit - eine rezensierende Bemerkung über die einschlägigen Werke der „Neuen Diplomatie"*. In China ist dieser Artikel ein erster Überblick über die neuen Trends in der „neuen Diplomatie", wie die multilaterale Diplomatie, die Gipfeldiplomatie, die Wirtschafts- und Entwicklungsdiplomatie und die öffentliche Diplomatie. Ferner

---

[60] Gore-Booth, Baron (Hrsg.): *Satow's Diplomatic Practice* (übersetzt von Yang Liyi et al.). Shanghai: Shanghai Translation Publishing House, 1984.; Clark, Eric: *Corps Diplomatique* (übersetzt von Yang Xiu & Zu Yuan). *Beijing:* World Affairs Press, 1985.; Meyer, Martin: *The Diplomats* (übersetzt von Wang Zukui et al.). Beijing: World Affairs Press, 1988.; Plischke, Elmer: *Diplomat in Chief: The President at the Summit* (übersetzt von Zhou Qipeng et al.). Beijing: World Affairs Press, 1990.; Brzezinski, Zbigniew: *The Grand Chessboard - American Primacy and Its Geostrategic Imperatives* (übersetzt von Song Yimin et al.). Beijing: World Affairs Press, 1998.; Barston, Ronald Peter. *Modern Diplomacy* (übersetzt von Zhou Qipeng et al.). Beijing: World Affairs Press, 2002.; Kissinger, Henry: *Diplomacy* (übersetzt von Gu Shuxin & Lin Tiangui). Haikou: Hainan Publishing House, 2001.

[61] Berridge, G. R.: *Diplomacy: Theory and Pratice* (übersetzt von Pang Zhongying). Beijing: Peking University Press, 2005; Starkey, Brigid et al.: *Negotiating a Complex World: An Introduction to International Negotiation* (übersetzt von Chen Zhimin et al.). Beijing: Peking University Press, 2005.; Diamond, Louise & McDonald, John: *Multi-Track Diplomacy - A System Approach to Peace* (übersetzt von Li Yonghui et al.). Beijing: Peking University Press, 2006.; Rana, Kishan S.: *Bilateral Diplomacy* (übersetzt von Luo Songtao & Qiu Jing). Beijing: Peking University Press, 2005.; Berridge, G. R. et al.: *Diplomatic Theory from Machiavelli to Kissinger* (übersetzt von Lu Yuelin & Gao Fei). Beijing: Peking University Press, 2006.; Berridge, G. R. & James Alan: *A Dictionary of Diplomacy* (übersetzt von Gao Fei). Beijing: Peking University Press, 2008.; Rana, Kishan S: *The 21st Century Ambassador: Plenipotentiary to Chief Executive* (übersetzt von Xiao Huanrong & Hou Xianhui). Beijing: Peking University Press, 2008.

wies der Autor auf die Einseitigkeit und den Klassencharakter der Theorien hin, weil sie sich überwiegend auf westliche Länder konzentrieren und dabei die sozialistischen Länder und Entwicklungsländer vernachlässigen. Er betonte die Notwendigkeit, die Erforschung der diplomatischen Theorie von China und anderen Entwicklungsländern zu verstärken.[62] Anschließend wurde 1990 das von Zhou Qipeng und Yang Chuang übertragene und herausgegebene Werk *Auslandsdiplomatie* veröffentlicht, das die diplomatischen Theorien verschiedener Länder vorstellte und bewertete und eine solide Grundlage für die Abfassung der *Einführung in die Diplomatie*, des ersten Lehrbuchs über diplomatische Theorie, bildete.[63] Gleichzeitig entstand eine große Reihe von wissenschaftlichen Arbeiten, die die diplomatischen Ideen eines bestimmten diplomatischen Denkers untersuchten, wie z. B. Studien über die diplomatischen Ideen von Machiavelli[64], Bismarck[65], Wilson[66], George Kennans[67] und Kissinger[68]. Sie zogen die Aufmerksamkeit von Wissenschaftlern aus vielen Disziplinen auf sich, wie z. B. den Historikern und Wissenschaftlern der internationalen Politik und Diplomatie. Dank Chen Lemins Werk *Geschichte des westlichen diplomatischen Denkens* (1995) haben zahlreiche chinesische Gelehrte ihre Aufmerksamkeit auf die Ideen der westlichen Diplomatie gerichtet. 2002 wurde das von Wang Fuchun und Zhang Xuebin herausgegebene Lehrwerk *The History of Western Diplomatic Thoughts* als Lehrbuch über die Geschichte des diplomatischen Denkens an chinesischen Hochschulen weit verbreitet.[69]

Drittens haben sich chinesische Wissenschaftler in die Diskussionen in der internationalen diplomatischen Gemeinschaft integriert. Im Zuge der Einführung und

---

[62] Zhou, Qipeng: Neue Tendenzen in der westlichen Diplomatik in der Nachkriegszeit - eine Bewertung der einschlägigen Schriften der „neuen Diplomatie" [Zhanhou Xifang Waijiaoxue Yanjiu Xin Dongxiang - Jianping "Xin Waijiaoxue" Youguan Zhushu]. In: *Foreign Affairs Review*, 1985(1), S. 16-22.

[63] Zhou, Qipeng et al. (Herausgeber und Übersetzer): *Foreign Diplomacy*. Beijing: Chinese People's Public Security University Press, 1990.

[64] Peng, Shunsheng: Machiavelli's Idea of Foreign Affairs and Its Influence. In: *Clio at Beida* (Vol. 5). Beijing: Peking University Press, 1998.; Wang, Tingzhi: Historische Überlegungen zu den Grundsätzen der modernen Diplomatie - Über den Machiavellismus [Jindai Waijiao Yuanze de Lishi Sikao - Lun Majiyaweili Zhuyi]. In: *Historical Research*, 1993(3), S. 112-127.

[65] Kong, Qingzhen: Eine Untersuchung über Bismarcksche Gleichgewichtsdiplomatie [Bisimai Junshi Waijiao Tanxi]. In: *History Teaching*, 1989(1).; Qiu, Kaiqi: Neue Interpretation der Bismarckschen Diplomatie [Bisimai Waijiao zai Taolun]. In: *World History*, 1983(6).

[66] Wang, Xiaode: Analyse eines Beispiels für Wilsons „Idealistische" Diplomatie gegenüber China [Wei'erxun dui Hua "Lixiang Zhuyi" Waijiao de Yige Shili Fenxi]. In: *Journal of Shanxi Normal University*, 1993(1), S. 100-103.; Tang Jisheng: Wilsons „Vierzehn Prinzipien" und die Amerikanische Diplomatie [Wei'erxun "Shisi Dian" yu Meiguo Waijiao]. In: *Journal of Shandong Normal University*, 1989(3), S. 26-30.

[67] Yu, Xiaoqiu: Reflexionen eines Diplomaten - Über George Kennans *American Diplomacy* [Yige Waijiaoguan de Fansi - Du Qiaozhi Kainan de *Meiguo Waijiao*]. In: *World Economics and Politics*, 1990(10).; Zhou Guiyin: Diplomatische Ideen von George Kennan [Qiaozhi Kainan de Waijiao Sixiang]. In: *The Chinese Journal of American Studies*, 1993(2).

[68] Jin, Canrong: Kissinger und *Diplomacy* [Da Waijiao yu Jixinge]. In: *The Chinese Journal of American Studies*, 1997(4).; Wu, Wei: Kissingers Ideen über die neue Weltordnung aus *Diplomacy* [Cong Waijiao Kan Jixinge Shijie Xin Zhixu Guan]. In: *World Economics and Politics*, 1995(9).

[69] Chen, Lemin: *Geschichte des westlichen diplomatischen Denkens* [Xifang Waijiao Sixiang Shi]. Beijing: China Social Sciences Press, 1995.; Wang, Fuchun & Zhang, Xuebin (Hrsgg.): *The History of Western Diplomatic Thoughts*. Beijing: Peking University Press, 2002.

Rezension der westlichen Werke haben sich auch die chinesischen Diplomatie Theoretiker allmählich an den Diskussionen der internationalen diplomatischen Gemeinschaft beteiligt. Besonders seit den 1990er Jahren, als die Öffnung Chinas nach außen immer weiter fortschritt, hatten chinesische Wissenschaftler mehr Möglichkeiten zu Konferenzen ins Ausland zu reisen und an den neuesten Diskussionen im internationalen diplomatischen Fachkreis teilzunehmen, zum Beispiel an den Diskussionen über präventive Diplomatie[70], über die Gestaltung des Images Chinas[71], über kulturelle Konflikte und die neue Weltordnung[72] sowie über Souveränität und Menschenrechte[73]. Die Dialoge zwischen chinesischen und internationalen akademischen Kreisen über diese heiß diskutierten Themen haben sich zunehmend vertieft. Als typisches Beispiel gilt Yan Xuetongs Buch *Analyse Chinas nationaler Interessen*, das eine Reihe wissenschaftlicher Methoden zur Analyse nationaler Interessen vorschlägt und eine Grundlage für die Messung des Umfangs nationaler Interessen bietet, was in akademischen Kreisen breite Diskussionen ausgelöst hat.[74]

Im Zuge des Studiums und der Einführung westlicher diplomatischer Theorien sahen sich chinesische Akademiker jedoch zunehmend mit dem Problem mangelnder akademischer Autonomie konfrontiert, sodass einige Wissenschaftler begannen, diplomatische Wissenschaften mit chinesischer Prägung zu fördern, wie z. B. Professor Liang Shoude von der Fakultät für Internationale Beziehungen an der Universität Peking. Bereits 1993 haben sie den Aufbau eines diplomatischen Theoriesystems chinesische Prägung hervorgerufen.[75] Das diplomatische System Chinas ist ein einzigartiges System mit einer langen zivilisatorischen Geschichte. Westliche diplomatische Ideen passen oft nicht ganz zu den Bedingung Chinas, sodass sich einige theoretische Modelle, die in westlichen Ländern anwendbar sind, sich möglicherweise nicht auf China übertragen lassen. Daher versucht der chinesische diplomatische Fachkreis seit 1997, während er sich mit ausländischen Fachkreisen austauscht und mit ihnen zusammenwirkt, der Entwicklung von diplomatischen Wissenschaften den Stempel der chinesischen Eigenschaften aufzudrücken.[76]

---

[70] Zhou, Qipeng: Aufruf und Probleme der präventiven UN-Diplomatie [Lianheguo Yufangxing Waijiao de Tichu he Wenti]. In: *World Economics and Politics*, 1994(3), S. 40-69.

[71] Yuan, Ming: Über die Gestaltung des Images von China [Tan Zhongguo Xingxiang de Suzao]. In: *Strategy and Management*, 1996(1), S. 98-99.; Yuan, Ming & Fan, Shiming: Die US-Wahrnehmung von Chinas (Sicherheits-)Image nach dem „Kalten Krieg" [„Lengzhan" hou Meiguo dui Zhongguo (Anquan) Xingxiang de Renshi]. In: *The Chinese Journal of American Studies*, 1995(4), S. 7-26.

[72] Wang, Jisi (Hrsg.): *Zivilisation und Internationale Politik* [Wenming yu Guoji Zhengzhi]. Shanghai: Shanghai People's Publishing House, 1995.

[73] Xu, Ke'en: Die Beziehung zwischen nationaler Souveränität und Internationalem Schutz der Menschenrechte Richtig Verstehen [Zhengque Renshi Guojia Zhuquan yu Renquan Guoji Baohu de Guanxi]. In: *Journal of Renmin University of China*, 1993(2).; Li, Lin: Internationale Menschenrechte und Nationale Souveränität [Guoji Renquan yu Guojia Zhuquan]. In: *China Legal Science*, 1993(1).

[74] Yan, Xuetong: *Analyse der Nationalen Interessen Chinas* [Zhongguo Guojia Liyi Fenxi]. Tianjin: Tianjin People's Publishing House, 1997.

[75] Liang, Shoude: Eine Diskussion über die chinesische Prägung der chinesischen Diplomatie [Guanyu Zhongguo Waijiaoxue de Zhongguo Tese de Tantao]. In: *Journal of Foreign Affairs College*, 1993(4).

[76] Zhang, Qingmin: The Position, Object of Study, and Short-term Agenda of Diplomatic Studies in China. In: *The Journal of International Studies*, 2012(4), S. 3-22.

2. Die zweite Phase: Erforschung der diplomatischen Theorie chinesischer Prägung (1997 bis heute)

Die Explorationsphase der diplomatischen Theorie chinesischer Prägung war auch ein Prozess der Differenzierung und Abgrenzung von der westlichen diplomatischen Theorie. Gerade dieser Prozess der Differenzierung und Abgrenzung hat unmittelbar zu der theoretischen Schule des „Traditionalismus" geführt, auf welche später näher eingegangen wird. Das deutlichste Zeichen für die Ergebnisse der Erforschung der diplomatischen Theorie chinesischer Prägung ist das 1997 von der Hochschule für Auswärtige Angelegenheiten herausgegebene Lehrwerk *Einführung in die Diplomatie*. Es stützt sich stärker auf das diplomatische Theoriesystem von Harold Nicolson und Sir Ernest Mason Satow, verwendet die Methode der Klassenanalyse und greift in offensichtlicherer Weise auf das westliche Völkerrecht, die Diplomatie Theorie und die diplomatische Praxis zurück. Dieses Lehrwerk schafft zunächst einen systematischen, wenn auch noch nicht vollständig zufriedenstellenden Rahmen für die diplomatische Theorie, weshalb sein akademischer Status nicht unterschätzt werden darf.[77] Allerdings geht es in der Sinisierung der diplomatischen Wissenschaften nicht weit genug. Lu Yi, ein Senior der diplomatischen Forschung, ist ebenfalls der Meinung, dass „die Veröffentlichung der *Einführung in die Diplomatie* zwar von einigen Wissenschaftlern und Experten befürwortet wurde, aber immer noch viele Mängel in Bezug auf das disziplinäre System, die inhaltliche Ausarbeitung und den Ausdruck des Textes aufweist, insbesondere im Teil über die Theorie und Sinisierung der Diplomatie".[78] Dennoch hat die akademische Subjektivität der chinesischen Diplomatie Theorie, dank dieses Lehrwerks, eine solide Grundlage, und die Forschung der Diplomatie chinesischer Prägung gedeiht in drei Dimensionen.

1. Erstellung von diplomatischen Lehrwerken chinesischer Prägung: Auf der Grundlage von maßgeblichen Lehrwerken wie *Theorie und Praxis der Diplomatie* von Yang Gonsu und der unter der Leitung von Herrn Lu Yi veröffentlichten *Einführung in die Diplomatie* haben die Hochschulen in China eine Reihe von Werken mit Lehrbuchcharakter veröffentlicht, z. B. *Allgemeine Vorstellung der Diplomatie* von Huang Jinqi, *Einführung in die moderne Diplomatie* von Jin Zhengkun, *Genealogie und Logik der Diplomatie* von Jiang An, *Neue Ausgabe der Diplomatie* von Li Bo und *Diplomatie* von Yang Chuang als Herausgeber. Dazu zählt auch die Buchreihe „Wissen über Diplomatie und auswärtige Angelegenheiten" von World Knowledge Press, darunter *Internationale Konferenzen: Planung, Organisation und Teilnahme*, *Botschaften und Diplomaten*, *Praktisches Wissen über konsularische Angelegenheiten*, *Diplomatisches und Auswärtiges Wissen und Können*, *Übersetzung in auswärtige Angelegenheiten*, *Über Diplomatische Bedarfsstudien*, *Diplomatische Strategien*, *Wie arbeitet man als Auslandskorrespondent?* und *Wissen über die moderne internationale Etikette*. Die oben genannten Werke wurden

---

[77] Lu Yi: *Einführung in die Diplomatie* [Waijiaoxue Gailun]. Beijing: World Affairs Press, 1997.
[78] Lu, Yi: Move with the Times and Innovate: Reflections on the Building of the Discipline of Science of Diplomacy of China. In: *Journal of Foreign Affairs College*, 2002(4).

alle von den Lehrbüchern der Hochschule für Auswärtige Angelegenheiten beeinflusst und haben das Lehrwerksystem der Diplomatie mehr oder minder ergänzt und weiterentwickelt.[79] Das 2008 von Chen Zhimin, Xiao Jialing und Zhao Kejin verfasste Lehrwerk *Contemporary Diplomacy* markiert neue Entwicklungsfortschritte von Lehrbüchern zur Diplomatie. Dieses Lehrbuch geht vom aktuellen Entwicklungsstand der Disziplin Diplomatie im In- und Ausland aus und kombiniert den Rahmen von der *Einführung in die Diplomatie* mit den neuesten Entwicklungen der zeitgenössischen westlichen diplomatischen Theorie. Es konzentriert sich auf die Untersuchung der Grundlage und den Veränderungen der Diplomatie und schlägt einen neuen Rahmen vor, der die vier Dimensionen der Diplomatie umfasst. Diese sind ihr System, ihre Grundprinzipien, ihre Entwicklung und Praxis. Daher hat *Contemporary Diplomacy* in der akademischen Gemeinschaft viel Beachtung gefunden.[80] Das 2011 erschienene Werk *Prinzipien der Diplomatie* baut auf der Grundlage von *Contemporary Diplomacy* auf und konstruiert ein eigenes System aus verschiedenen Aspekten, wie z. B. den Theorien, Institutionen, Prozessen und Formen der Diplomatie. Indem es die propositionale Erläuterung, die historische Ausdehnung und die Ansichten verschiedener Denkschulen kombiniert und einen relativ prägnanten und systematischen Überblick bietet.[81] Im Januar 2004 veröffentlichte das Zentralkomitee der KP Chinas *Stellungnahme zur weiteren Prosperität und Entwicklung der Philosophie und der Sozialwissenschaften* und schlug die Umsetzung des Projekts zur Erforschung und zum Aufbau der marxistischen Theorie vor. Unter den 93 wichtigsten Lehrbüchern, die vom Bildungsministerium organisiert durchgeführt werden, hat die Hochschule für Auswärtige Angelegenheiten die Verfassung der *Einführung in die Diplomatische Wissenschaften* übernommen, die in naher Zukunft die neuesten Ergebnisse des Systems der Diplomatie chinesischer Prägung vorstellen kann.

---

[79] Huang, Jinqi: *Allgemeine Vorstellung der Diplomatie* [Gaishuo Waijiao]. Beijing: World Affairs Press, 1995.; Jin, Zhengkun: *Einführung in die moderne Diplomatie* [Xiandai Waijiaoxue Lilun]. Beijing: China Renmin University Press, 1999.; Jiang, An: *Genealogie und Logik der Diplomatie* [Waijiao Puxi yu Waijiao Luoji]. Beijing: China Social Sciences Press, 2006.; Li, Bo: *Neue Ausgabe der Diplomatie* [Xinbian Waijiaoxue]. Tianjin: Nankai University Press, 2005.; Yang, Chuang (Hrsg.): *Diplomatie* [Waijiaoxue]. Beijing: World Affairs Press, 2010.; Yang, Guanqun: *Internationale Konferenzen: Planung, Organisation und Teilnahme* [Guoji Huiyi: Cehua Juban Canyu]. Beijing: World Affairs Press, 1998.; Ke, Lan: *Botschaften und Diplomaten* [Dashiguan he Waijiaoguan]. Beijing: World Affairs Press, 1998.; Liang, Baoshan: *Praktisches Wissen über konsularische Angelegenheiten* [Shiyong Lingshi Zhishi]. Beijing: World Affairs Press, 2001.; Huang, Jinqi: *Diplomatisches und Auswärtiges Wissen und Können* [Waijiao Waishi Zhishi yu Jineng]. Beijing: World Affairs Press, 1999.; Xu, Ya'nan & Li, Jianying: *Übersetzung in auswärtige Angelegenheiten* [Waishi Fanyi]. Beijing: World Affairs Press, 1998.; Jin, Guihua: *Über Diplomatische Bedarfsstudien* [Huashuo Waijiao Diaoyan]. Beijing: World Affairs Press, 2002.; Xi, Laiwang: *Diplomatische Strategien* [Waijiao Moulüe]. Beijing: Hongqi Press, 1996.; Yan, Weimin: *Wie arbeitet man als Auslandskorrespondent?* [Zenyang Dang Zhuwai Jizhe?]. Beijing: World Affairs Press, 2006.; Li, Tianmin: *Wissen über die moderne internationale Etikette* [Xiandai Guoji Liyi Zhishi]. Beijing: World Affairs Press, 1999.; Redaktion der Konsularpraxis der Volksrepublik China (Hrsg.): *Konsularpraxis der Volksrepublik China* [Xinzhongguo Lingshi Shijian]. Beijing: World Affairs Press, 1991.

[80] Chen, Zhimin et al.: *Contemporary Diplomacy*. Beijing: Peking University Press, 2008.

[81] Zhao, Kejin: *Prinzipien der Diplomatie* [Waijiaoxue Yuanli]. Shanghai: Shanghai Education Publishing House, 2011.

2. Erforschung der chinesischen diplomatischen Ideen und Praxis: Als ein großes Land im Sinne der Diplomatie verfügt China nicht nur über reiche diplomatische Ideen, sondern auch über vielfältige diplomatische Praxis. In den letzten Jahren haben sich die Studien über die chinesischen diplomatischen Ideen in der Zeit der Frühlings- und Herbstannalen und der Streitenden Reiche[82], in der republikanischen Zeit[83] sowie nach der Gründung der Volksrepublik China[84] vermehrt und sind zu einem Höhepunkt der theoretischen Forschung über die Diplomatie chinesischer Prägung geworden. Dank der Veröffentlichung der Schriften über die diplomatischen Ideen chinesischer Führer von der Central Party Literature Press[85] haben sich diverse Wissenschaftler auf die Zusammenstellung und Untersuchung der diplomatischen Theorien der alten Revolutionäre wie Mao Zedong, Zhou Enlai und Deng Xiaoping konzentriert, so z. B. Pei Jianzhangs *Forschung über Mao Zedongs diplomatische Ideen*, Pei Meinongs *Diplomatie von Zhou Enlai* und Gong Lis *Diplomatische Ideen und Praxis von Deng Xiaoping*.[86] Neben den Studien von Wissenschaftlern wurden auch die Memoiren vieler ehemaliger Diplomaten publiziert, die eine immer reichhaltigere Quelle für das Studium der Diplomatie der Volksrepublik China darstellen.[87] In den letzten zwei Jahrzehnten haben sich die objektiven Bedingungen verbessert, die für die akademische

---

[82] Ye, Zicheng: *Diplomatische Ideen in der Zeit der Frühlings- und Herbstannalen und der Streitenden Reiche* [Chunqiu Zhanguo Shiqi de Waijiao Sixiang]. Hongkong: Social Press Company Limited, 2003.

[83] Yue, Qianhou: *Eine Studie über die diplomatischen Ideen von Gu Weijun* [Gu Weijun Waijiao Sixiang Yanjiu]. Beijing: People's Publishing House, 2001.

[84] Repräsentative Werke sind: Xie, Yixian: *Ideengeschichte der chinesischen Diplomatie* [Zhongguo Waijiao Sixiang Shi]. Kaifeng: Henan University Press, 1999.; Ye, Zicheng: *Eine Studie über das diplomatische Gedankengut der Volksrepublik China: Von Mao Zedong bis Deng Xiaoping - Eine vergleichende Studie des diplomatischen Denkens von Mao Zedong, Zhou Enlai und Deng Xiaoping* [Xinzhongguo Waijiao Sixiang Yanjiu: cong Mao Zedong dao Deng Xiaoping - Mao Zedong, Zhou Enlai, Deng Xiaoping Waijiao Sixiang Bijiao Yanjiu]. Beijing: Peking University Press, 2004.

[85] Mao, Zedong: *Mao Zedong, Ausgewählte Werke zur Diplomatie* [Mao Zedong Waijiao Wenxuan]. Beijing: Central Party Literature Press & World Affairs Press, 1994.; Zhou, Enlai: *Zhou Enlai, Ausgewählte Werke zur Diplomatie* [Zhou Enlai Waijiao Wenxuan]. Beijing: Central Party Literature Press & World Affairs Press, 1990.; *Grundriss zum Studium der Diplomatischen Ideen von Deng Xiaoping* [Deng Xiaoping Waijiao Sixiang Xuexi Gangyao] (herausgegeben vom Redaktionsteam des Buches). Beijing: World Affairs Press, 2000.; Außenministerium der Volksrepublik China (Hrsg.): *Grundriss zum Studium der Diplomatischen Theorie hinsichtlich der wichtigen Ideen des Dreifachen Vertretens* ["Sange Daibiao" Zhongyao Sixiang Waijiao Lilun Xuexi Gangyao]. Beijing: World Affairs Press, 2004.

[86] Foundation for International and Strategic Studie (Hrsg.): *Das Schicksal der Welt als Ganzes - Internationale Strategische Ideen einer Generation von Führungspolitikern* [Huanqiu Tongci Liangre - Yidai Lingxiu men de Guoji Zhanlüe Sixiang]. Beijing: Central Party Literature Press, 1993.; Pei, Jianzhang (Hrsg.): *Eine Studie über Mao Zedongs diplomatische Ideen* [Mao Zedong Waijiao Sixiang Yanjiu]. Beijing: World Affairs Press, 1994.; Pei, Jianzhang (Hrsg.): *Eine Studie über Zhou Enlais Diplomatische Ideen und deren Praxis* [Yanjiu Zhou Enlai - Waijiao Sixiang yu Shijian]. Beijing: World Affairs Press, 1989.; Pei, Monong: *Zhou Enlai und die Neue Chinesische Diplomatie* [Zhou Enlai yu Xinzhongguo Waijiao]. Beijing: CPC Central Party School Press, 2002.; Wang, Jinxia & Zhang, Qi: *Eine Studie über Deng Xiaopings Diplomatische Ideen* [Deng Xiaoping Waijiao Sixiang Yanjiu]. Zhengzhou: Henan People's Publishing House, 1995.; Gong, Li (Hrsg.): *Deng Xiaopings Diplomatische Ideen und deren Praxis* [Deng Xiaoping Waijiao Sixiang yu Shijian]. Harbin: Heilongjiang Education Press, 1996.; Xiao, Xian: *Eine Studie über Liu Shaoqis Diplomatische Ideen und deren Praxis* [Liu Shaoqi Waijiao Sixiang yu Shijian Yanjiu]. Beijing: China Social Sciences Press, 2014.

[87] Qian, Qichen: *Zehn Geschichten über Diplomatie* [Waijiao Shiji]. Beijing: World Affairs Press, 2003.; Tang, Jiaxuan: *Stürmischer Regen und warme Brisen* [Jingfeng Xuyu]. Beijing: World Affairs Press, 2009.; Li, Zhaoxing: *Unendliche Geschichte der Diplomatie* [Shuo Bu Jin de Waijiao]. Beijing: China

Forschung von Vorteil sind, z. B. die Einrichtung eines Mechanismus zur Freigabe diplomatischer Archive, die systematische Veröffentlichung diplomatischer Memoiren, wichtiger diplomatischer Sammlungen von Führungspersönlichkeiten, diplomatischer Jahrbücher und Lexika.[88] Die chinesischen diplomatischen Studien sind allmählich der Realität nähergekommen und haben einige bahnbrechende Erfolge erzielt, insbesondere zur Geschichtsforschung des Kalten Krieges, zum Entscheidungsfindungsprozess der chinesischen Diplomatie und zu Fallstudien der chinesischen Diplomatie haben die Wissenschaftler wie Niu Jun und Shen Zhihua bemerkenswerte Beiträge geleistet.[89]

3. Ständige Erweiterung der Erforschung in neuen Bereichen der Diplomatie: Mit der Ausweitung der nach allen Seiten gerichteten Diplomatie Chinas ist auch der Bereich der chinesischen diplomatischen Forschung immer weiter in die Tiefe gegangen. In den letzten Jahren haben Wissenschaftler die Erforschung einer Reihe neuer Themen in der diplomatischen Theorie vorangetrieben, wie z. B. Wirtschaftsdiplomatie, multilateraler Diplomatie, Kulturdiplomatie, öffentlicher Diplomatie, Track II Diplomatie, Netzwerkdiplomatie, Mediendiplomatie und Städtediplomatie.[90] All diese Studien zeigen deutlich, dass sich die theoretische

---

CITIC Press, 2014. Darüber hinaus hat die World Affairs Press eine Serie von Memoiren chinesischer Diplomaten mit dem Titel „Diplomatische Angelegenheiten der Volksrepublik China" (新中国外交风云) und eine Serie mit dem Titel „Diplomaten" (外交官) veröffentlicht. Sichuan People's Publishing House hat eine Reihe mit dem Titel „die Welt in den Augen von Diplomaten" (外交官看世界) publiziert. Zusammen mit anderen verstreuten Memoiren von Diplomaten bereicherten diese Veröffentlichungen die primären Stoffe der diplomatischen Praxis der Volksrepublik China erheblich.

[88] Außenministerium der Volksrepublik China (Hrsg.): *China's Foreign Affairs (alle Bände von 1983 bis 2013)* [Zhongguo Waijiao]. Beijing: World Affairs Press, 1984-2013.;Shanghai Institutes for International Studies (Hrsg.): *Survey of International Affairs (alle Bände)*. Shanghai: Encyclopedia of China Publishing House & Shanghai Education Publishing House.; Tang, Jiaxuan: *Dictionary on China's Diplomacy*. Beijing: World Affairs Press, 2000.

[89] Niu, Jun: *Von Yan'an in die Welt: Die Ursprünge der Außenbeziehungen der Kommunistischen Partei Chinas* [Cong Yan'an Zouxiang Shijie: Zhongguo Gongchandang Duiwai Guanxi de Qiyuan]. Fuzhou: Fujian People's Publishing House, 1992.; Niu, Jun: *The Cold War and Origin of Diplomacy of People's Republic of China 1949-1955 (Revised edition)*. Beijing: Social Sciences Academic Press, 2013.; Niu, Jun (Hrsg.): *Analyse der Außenpolitik Chinas: Theorie, Geschichte und Aussichten* [Zhongguo Duiwai Zhengce Fenxi: Lilun, Lishi yu Qianjing]. Beijing: World Affairs Press, 2013.; Shen, Zhihua: *Mao Zedong, Stalin und der Korea-Krieg* [Mao Zedong, Sidalin yu Chaoxian Zhanzheng]. Guangzhou: Guangdong People's Publishing House, 2003.

[90] Wang, Zhijia: *China Environmental Diplomacy*. Beijing: China Environment Science Press, 1999.; Chen, Zhimin: *Subnational Governments and Foreign Affairs*. Beijing: Changzheng Publishing House, 2001.; Zhou, Qi (Hrsg.): *Human Rights & Diplomacy*. Beijing: Current Affairs Press, 2002.; Zhang, Xuebin: *Wirtschaftliche Diplomatie* [Jingji Waijiao]. Beijing: Peking University Press, 2003.; Zhou, Yongsheng: *Wirtschaftliche Diplomatie* [Jingji Waijiao]. Beijing: China Youth Press, 2004.; Wu, Xingtang: *Parteidiplomatie und internationale Beziehungen* [Zhengdang Waijiao he Guoji Guanxi]. Beijing: The Contemporary World Press, 2004.; Li, Zhi: *Cultural Diplomacy: An Interpretative Mode of Communication*. Beijing: Peking University Press, 2005.; Huang, Deming: *Eine Studie über die modernen diplomatischen Vorrechte und Immunitäten* [Xiandai Waijiao Tequan yu Huomian Wenti Yanjiu]. Wuhan: Wuhan University Press, 2005.; Zhao, Kejin: *Public Diplomacy: Theory and Practice*. Shanghai: Shanghai Lexicographical Publishing House, 2007.; Zheng, Hua: *Gipfeldiplomatie: Eine Diskursanalyse der Verhandlungen zwischen den Staats- und Regierungschefs der USA und Chinas (1969-1972)* [Shounao Waijiao: Zhong Mei Lingdaoren Tanpan de Huayu Fenxi (1969-1972)]. Shanghai: Shanghai People's Publishing House, 2008.; Wang, Mingming: *Analyse der Außenpolitik: Theorie und Methodik* [Waijiao Zhengce Fenxi: Lilun yu Fangfa]. Beijing: China Social Sciences Press, 2008.; Wu, Jianmin: *Case Studies in Diplomacy*. Beijing: China Renmin University Press, 2008.; Zhang, Lili: *Diplomatische Entscheidungsfindung* [Waijiao Juece]. Beijing: World Affairs Press, 2007.

Forschung in der chinesischen Diplomatie vertieft. Die Studien, die neue Bereiche der Diplomatie erschlossen haben, zeichnen sich dadurch aus, dass sie sich von der Untersuchung der diplomatischen Praxis anderer Länder wie der USA, Japan und der europäischen Länder auf die Untersuchung Chinas eigenen diplomatischen Praxis verlagert haben, wobei sie westliche diplomatische Theorien mit chinesischen diplomatischen Fällen kombinierten und sich bemühten, theoretische Erfolge anzustreben, die Chinas eigene Diplomatie erklären können. Daher haben sie bereits im gewissen Sinne die Diplomatie chinesischer Prägung dargestellt. Natürlich leidet die chinesische diplomatische Theorieforschung, immer noch unter zahlreichen Probleme, wie Zhang Qingmin kritisierte. Beispielsweise ist sie eher deskriptiv, ihr Theoretisierungsgrad ist noch nicht hoch genug; die Forschung über andere Länder ist gründlich und objektiv, während die Forschung über sich selbst eher politikorientiert und weniger akademisch ist; oder die Forschung geht nur auf andere Länder, aber nicht auf sich selbst ein; sie ist zu utilitaristisch: Wenn ein bestimmter Ansatz erst einmal in Mode gekommen ist, wird er übermäßig verfolgt, und es fehlt an rationaler, umfassender und gründlicher Forschung.[91] All diese Probleme müssen schrittweise gelöst werden.

Zusammenfassend lässt sich sagen, dass die Diplomatie Forschung in China erfreuliche Fortschritte gemacht hat, und dass sie sich in Zukunft noch schneller entwickeln wird, weil vor allem mehr junge Forscher in dieses Gebiet einsteigen und die Postgraduiertenausbildung weiter ausgebaut wird. Selbstverständlich beruht dieses optimistische Fazit auf einem Vergleich zwischen dem Forschungsstand der Gegenwart und dem der Vergangenheit. Sollte von den diplomatischen Bedürfnissen Chinas und der Kluft zwischen der heimischen Diplomatie Forschung und den internationalen Standards ausgegangen wird, lässt sich feststellen, dass es noch viele Mängel und Lücken in den chinesischen diplomatischen Wissenschaften gibt und dass es noch ein weiter Weg ist, die Diplomatie chinesischer Prägung, im wahrsten Sinne des Wortes, zu entwickeln.

II. Der chinesische Weg der Diplomatie: Schulen und Theorien

Als eigenständige Disziplin begannen die chinesischen diplomatischen Studien nach einer langwierigen Entwicklung in den 1990er Jahren zu gedeihen und unter dem Einfluss europäischer und amerikanischer diplomatischer Theorien entstand zunächst ein Theoriesystem der Diplomatie chinesischer Prägung. So wurde in der *Stellungnahme zur weiteren Prosperität und Entwicklung der Philosophie und der Sozialwissenschaften*, herausgegeben vom Zentralkomitee der KP Chinas im Jahr 2004, betont, dass „das übergeordnete Ziel der *Prosperität* und Entwicklung der Philosophie und der Sozialwissenschaften darin besteht, die Aufbau der Philosophie und sozialen Wissenschaften chinesischer Prägung anzustreben, die auf die Modernisierung, die Welt und die Zukunft ausgerichtet ist". Diese Stellungnahme hat dazu beigetragen, dass das Studium der chinesischen diplomatischen Theorien und Methoden in eine

---

[91] Zhang, Qingmin: The Position, Object of Study, and Short-term Agenda of Diplomatic Studies in China. In: *The Journal of International Studies*, 2012(4), S. 21.

neue Phase der unabhängigen Innovation eingetreten ist und eine einzigartige theoretische Schule und Forschungsmethodik entwickelt hat. Die aktuellen Studien zur Diplomatie innerhalb Chinas lassen sich nach ihren philosophischen Grundlagen, Hauptthemen und Forschungsschwerpunkten in drei Denkschulen unterteilen (siehe Tabelle 1).

Tabelle 1: Schulen der chinesischen diplomatischen Ideen

Schulen	Traditionalismus	Charakterismus	Anti-Traditionalismus
Externes Umfeld	Anarchie, Gleichgewicht der Kräfte	Internationales System, kulturelle Identität	Globalisierung, Schicksalsgemeinschaft
Philosophische Grundlage	Realismus, Neorealismus	Marxismus, Konstruktivismus	Liberalismus, Postmoderne
Hauptthemen	Politik zwischen Nationen (Politics among Nations)	Politik zwischen China und der Welt (Politics Between China and the World)	Netzwerkübergreifende Politik (Politik among Networks)
Diplomatische Akteure	Außenministerien, Botschaften	Außenministerien, Botschaften	Staaten und nicht-staatliche Akteure
Hauptbegriffe	Stärke, Strategie, Spiele	Zeitalter, Ordnung, Charakter	Dialoge, Netzwerke, Legalität
Forschungsschwerpunkte	Diplomatische Zwangsstrategien, Allianzen	Prozessuale Konstruktion der Beziehungen chinesischer Prägung	Demokratisierung, Sozialisierung, öffentliche Diplomatie, nicht-traditionelle Diplomatie
Repräsentative Wissenschaftler	Yan Xuetong, Ye Zicheng, Zhang Qingmin	Liang Shoude, Qin Yaqing, Su Changhe	Wang Yizhou, Zhao Qizheng, Zhao Kejin

1. Traditionalismus

Beeinflusst von den europäischen und amerikanischen realistischen Theorien der internationalen Beziehungen gibt es im Fachkreis der Diplomatie eine vorherrschende Theorieschule: Traditionalismus. Auf philosophischer Ebene basiert er auf dem Realismus und Neorealismus in der Theorie der internationalen Beziehungen. Nach Ansicht der Traditionalisten befindet sich das Umfeld der Diplomatie eines Landes in einem Zustand der Anarchie, die Politik zwischen den Nationen (Politics among Nations) ist das Kernproblem der Diplomatie und die nationale Stärke ist der entscheidende Faktor bei der Bestimmung der diplomatischen Strategie und Handlung.[92] Ein

---

[92] In der westlichen Theorie der internationalen Beziehungen besteht die zentrale Annahme des Realismus darin, dass die internationale Gemeinschaft anarchisch ist und dass die Beziehungen zwischen den Staaten ein Machtkampf sind. Diese grundlegende Ansicht wird sowohl vom klassischen Realismus als auch vom Neorealismus und offensiven Realismus geteilt. Siehe Morgenthau, Hans J.:

Land muss auf die Anhäufung von Kräften achten, um seine nationalen Interessen zu maximieren, und diplomatische Verhandlungen und Kommunikationen sind für die Lösung der diplomatischen Probleme unbedeutend. Ein Land stützt sich am meisten auf seine nationale Stärke, insbesondere auf seine „Hard Power" (wie militärische Stärke und zwingende Gewalt), um seine Interessen durchzusetzen. Im Gegensatz dazu sind die „Soft Power", diplomatische Arbeit und Überzeugungsarbeit zweitrangig. Die traditionalistischen Wissenschaftler befassen sich lieber mit der Frage nach der großen Strategie und unterstreichen die Erreichung diplomatischer Ziele durch eine angemessene strategische Gestaltung (z. B. Zwangsdiplomatie, strategische Spiele und Allianzen).

Prof. Yan Xuetong von der Tsinghua-Universität ist ein typischer Vertreter der traditionalistischen Schule hinsichtlich der diplomatischen Theorie. Seit den 1990er Jahren widmet er sich der Erforschung der nationalen Interessen und des Aufstiegs Chinas. In seinen Schriften wie *The Rise of China and Its Strategy*, *Der Kern der Soft Power ist Politische Stärke*, *Thoughts of World Leadership and Implications* und *Inertia of History* vertritt er die Ansicht, dass die chinesische Diplomatie auf die Entwicklung der nationalen Stärke, insbesondere der militärischen Stärke, achten sollte. Während der Sprintphase des Aufstiegs sollte sie dazu bereit sein, mehr internationale Verantwortung zu übernehmen, eine transparentere Außenpolitik zu betreiben, seinen Beziehungen zu den Nachbarländern und europäischen Ländern mehr Aufmerksamkeit zu schenken, sich auf die Stärkung Chinas strategischen Glaubwürdigkeit zu konzentrieren und den Grundsatz zu übernehmen, wirtschaftliche Interessen der strategischen Glaubwürdigkeit unterzuordnen, wenn beide in Konflikt stünden. Das sich stets verstärkende China habe zwei Optionen: Es könne Teil des „westlichen Königreichs" werden, aber das bedeute, dass es sein politisches System ändern und eine Demokratie werden müsse; die andere Möglichkeit sei, dass China sein eigenes System aufbaue, was die Richtung seiner Außenstrategie sei.[93] Nach Ansicht von Prof. Yan Xuetong sind die nationale Stärke und die strategische Glaubwürdigkeit die Aspekte, denen die Diplomatie eines Landes die größte Bedeutung beimessen sollte. In Bezug auf die strategische Glaubwürdigkeit hob er in seinem Artikel *An International Relations Theory of Moral Realism* hervor, dass die politische Führungskraft die Verschiebung des Kräfteverhältnisses zwischen den Großmächten bestimme. Wenn die umfassende Stärke eines Landes das Niveau einer dominierenden oder aufsteigenden Macht erreiche, dann hätten das Vorhandensein oder Nichtvorhandensein sowie das Niveau der Moralität und Gerechtigkeit einen erheblichen Einfluss auf die Wirksamkeit nationaler Strategien, insbesondere bei der Gestaltung internationaler Normen. Daher betonte er, dass sich China mit seinem Aufstieg bei der Gestaltung inter-

---

Politics Among Nations: Struggle for Power and Peace (übersetzt von Xu Xin et al.). Beijing: Peking University Press, 2005.

[93] Yan, Xuetong & Sun, Xuefeng: *The Rise of China and Its Strategy*. Beijing: Peking University Press, 2005.; Yan, Xuetong: Der Kern der Soft Power ist Politische Stärke [Ruanshili de Hexin Shi Zhengzhi Shili]. In: *Global Times*, 30.12.2011.; Yan, Xuetong & Xu, Jin: *Thoughts of World Leadership and Implications*. Beijing: World Affairs Press, 2009.

nationaler Normen von den Werten „Fairness", „Gerechtigkeit" und „Zivilisation" leiten lassen sollte.[94] Yan Xuetongs Theorie des moralischen Realismus ist ein repräsentativer Erfolg der theoretischen Innovation in den internationalen Beziehungen seit der Reform- und Öffnungspolitik und ist auch eines der Modelle der theoretischen Innovation der Diplomatie.

Ye Zicheng von der Universität Peking betont in seinem Studium der Geopolitik ebenfalls eine realistische Sichtweise der Diplomatie. In seinem 1998 erschienenen Buch *Geopolitik und die Diplomatie Chinas* untersuchte er umfassend die Grundlagen des geopolitischen Denkens zu verschiedenen Zeiten und in verschiedenen Ländern und erstellte eine aufschlussreiche Studie über Chinas Geostrategie zur Stabilisierung des Nordwestens und zur Erschließung im Südosten.[95] Danach veröffentlichte Prof. Ye Zicheng *Diplomatische Ideen der Volksrepublik China* und *das Chinesische Diplomatische Denken in der Frühlings- und Herbstperiode und in der Periode der Streitenden Reiche*. Ferner verband er seine Forschung mit dem Studium der internationalen Strategie Chinas und veröffentlichte eine Reihe theoretischer Werke über Diplomatie mit realistischen strategischen Anliegen, wie *The Grand Strategy of China* und *Analysis on the International Enviroments of China's Peaceful Development*, in denen er betonte, dass die chinesische Diplomatie auf die Landmacht und die Stärkung des strategischen Einflusses des Landes ausgerichtet sein sollte. Daher wurde Ye Zicheng zu einem Vertreter der traditionalistischen Schule der Diplomatie.[96] Außerdem vertritt Huang Renwei, Vizepräsident der Shanghaier Akademie für Sozialwissenschaften, die Ansicht, dass China aktiv an dem großen Kreislauf der Weltwirtschaft und Globalisierung teilnehmen und eine von China geführte Auslandsstrategie ausarbeiten müsse, um eine Win-Win-Situation für China und die ganze Welt zu erreichen.[97] Im Mittelpunkt der Debatte steht eigentlich die Frage, wie man auf die Herausforderungen und den Druck, denen sich die chinesische Diplomatie gegenübersieht, reagieren kann, und vor allem, wie man mit dem Verhältnis zwischen Diplomatie und Entwicklung umgeht. Die Diplomatie muss nicht nur der Entwicklung dienen und sie fördern, sondern sich auch auf die Entwicklung stützen und dadurch Glaubwürdigkeit gewinnen.

---

[94] Yan, Xuetong: An International Relations Theory of Moral Realism. In: *International Studies*, 2014(5).

[95] Ye, Zicheng: *Geopolitik und die Diplomatie Chinas*. Beijing: Beijing Publishing House Group, 1997.

[96] Ye, Zicheng: *Chinas große Diplomatie: Diplomatische Verhandlungen in den letzten 60 Jahren* [Zhongguo Da Waijiao]. Beijing: The Contemporary World Press, 2009.; Ye, Zicheng: *Analysis on the International Enviroments of China's Peaceful Development*. Beijing: Economic Science Press, 2009.; Ye, Zicheng: *Die Entwicklung der Landmacht und das Wohl und Wehe von Großmächten* [Luquan Fazhan yu Daguo Xingshuai]. Beijing: New Star Press, 2007.; Ye, Zicheng: *The Grand Strategy of China*. Beijing: China Social Sciences Press, 2003.; Ye, Zicheng: *Chinesische Diplomatische Ideen in der Frühlings- und Herbstperiode und in der Periode der Streitenden Reiche* [Chunqiu Zhanguo Shiqi de Zhongguo Waijiao Sixiang]. Hongkong: Social Science Press Company Limited, 2003.; Ye, Zicheng: *Diplomatische Ideen der Volksrepublik China* [Xinzhongguo Waijiao Sixiang]. Beijing: Peking University Press, 2001.

[97] Huang, Renwei: *Zeit und Raum für Chinas Aufstieg* [Zhongguo Jueqi de Shijian he Kongjian]. Shanghai: Shanghai Academy of Social Sciences Publishing House, 2002.; Huang, Renwei et al.: *Chinas historische Entscheidung für den Weg der friedlichen Entwicklung* [Zhongguo Heping Fazhan Daolu de Lishi Xuanze]. Shanghai: Shanghai People's Publishing House, 2008.

Was die Forschungsmethoden betrifft, so legen die Traditionalisten Wert auf solide historische Belege, die Verwendung von Archivdokumenten und die Befragung der betroffenen Personen. Bei der Auswahl der Forschungsthemen legen sie großen Wert auf zwei Richtungen: zum einen auf die Untersuchung von realen Fragen von großer strategischer Bedeutung, wobei sie solche Fragen mit historischer Forschung verbinden und mit konzentrierter Kraft versuchen, die Zukunft aus der Geschichte zu erklären; zum anderen auf empirische Untersuchungen spezifischer diplomatischer Fragen, wobei sie vom Kleinen aufs Große zu schließen versuchen. Beispielsweise legen die Professoren Niu Jun und Zhang Qingmin von der Universität Peking einen großen Wert auf empirische Forschung. Prof. Niu Jun hat eine Reihe von Werken verfasst, die sich auf die Praxis der chinesischen Diplomatie unter der Führung der Kommunistischen Partei Chinas fokussieren und deren Forschungsergebnisse von großem historiographischem Wert sind. Weiterhin haben seine Werke eine „Insider"-Perspektive der chinesischen Diplomaten eröffnet, wie *Von Yan'an in die Welt: Der Ursprung der Außenbeziehungen der KP Chinas* und *Der Kalte Krieg und der Ursprung der neuen Diplomatie Chinas: 1949-1955*.[98] Prof. Zhang Qingmin hingegen hat sich auf die historische Untersuchung der Disziplin der Diplomatie und die empirische Untersuchung zeitgenössischer chinesischer diplomatischer Fragen, vor allem die Untersuchung der chinesischen diplomatischen Fragen bei der Anwendung der Theorie der außenpolitischen Analyse, konzentriert.[99] Als Lehrstuhlinhaber der Abteilung für Diplomatie an der Universität Peking befasst sich Prof. Zhang Qingmin mit der Geschichte der diplomatischen Theorie und der empirischen Untersuchung diplomatischer Fragen. Zudem ist er ein herausragender Vertreter der theoretischen Erforschung der Diplomatie. Jedoch fokussiert sich Zhang Qingmins Forschungen zur Diplomatie immer noch zu sehr auf die traditionelle Definition der Diplomatie und kommt zu dem Schluss, dass die chinesische Diplomatie kein eigenständiges theoretisches System und der chinesische Wissenschaftskreis keine eigenständige Theorie der Diplomatie entwickelt habe. Es stimmt, dass die chinesische Diplomatie Theorie aus der Perspektive der traditionellen diplomatischen Definition im Grunde nicht sehr innovativ ist. Chinas Beitrag liegt allerdings in der Neudefinition der Diplomatie, welches das Problem ist, das Zhang Qingmin vernachlässigt hat.

2. Die Schule des Charakterismus

Im Gegensatz zu den Traditionalisten, die eher von realistischen Theorien der internationalen Beziehungen beeinflusst waren, orientieren sich die Charakteristen stärker an marxistischen Theorien und konstruktivistischen Theorien der internationalen Beziehungen. Laut dem Charakterismus sollte die Erforschung der chinesischen Diplomatie Theorie die chinesischen Charakteristika hervorheben, die nationalen Besonderheiten der chinesischen Diplomatie betonen und eine Diplomatie Theorie

---

[98] Niu, Jun: *Von Yan'an in die Welt: Die Ursprünge der Außenbeziehungen der Kommunistischen Partei Chinas* [Cong Yan'an Zouxiang Shijie: Zhongguo Gongchandang Duiwai Guanxi de Qiyuan]. Fuzhou: Fujian People's Publishing House, 1992.; Niu, Jun: *The Cold War and Origin of Diplomacy of People's Republic of China 1949-1955 (Revised edition)*. Beijing: Social Sciences Academic Press, 2013.

[99] Zhang, Qingmin: The Position, Object of Study, and Short-term Agenda of Diplomatic Studies in China". In: *The Journal of International Studies*, 2012(4).

chinesischer Prägung aufbauen. Sein Hauptthema auf theoretischer Ebene besteht darin, die politischen Beziehungen zwischen China und der Welt (Politics Between China and the World) zu behandeln. In der Anfangsphase legte die Hochschule für Auswärtige Angelegenheiten, deren Vertreter Herr Lu Yi war, bei ihrer Lehre und Forschung mehr Gewicht auf die marxistisch-leninistische Theorie, die Theorie und Geschichte der internationalen Beziehungen, die Geschichte der imperialistischen Invasion in China, die Außenpolitik und die Außenbeziehungen Chinas. Aufgrund ihres Auftrags, diplomatische Fachleute an das Außenministerium heranzuführen, schenkte man der Sinisierung der marxistischen Theorie keine große Aufmerksamkeit. In den 1990er Jahren warf Herr Liang Shoude von der Universität Peking die Frage der „chinesischen Eigenschaften" in der Diplomatie auf und vertrat die Ansicht, dass die chinesische Diplomatie sich an der Theorie des Sozialismus chinesischer Prägung orientieren, die Position Chinas in der internationalen Gemeinschaft korrekt bestimmen, den nationalen Rechten und Interessen Chinas dienen und die traditionelle chinesische Kultur übernehmen und weiterführen müsse, was in der akademischen Gemeinschaft heftige Debatten auslöste.[100] Herr Fu Yaozu von der Hochschule für Auswärtige Angelegenheiten ist ebenfalls der Meinung, dass der Aufbau der zeitgenössischen chinesischen Diplomatie auf dem diplomatischen Gedankengut von Mao Zedong und Zhou Enlai und insbesondere auf dem von Deng Xiaoping beruhen sollte, und dass die neue chinesische Diplomatie stets die Grundprinzipien des Marxismus mit der allgemeinen Weltlage und der chinesischen diplomatischen Praxis kombinieren sollte, wodurch die diplomatischen Theorien und Ideen mit Zeitgeist und chinesischer Prägung entstehen könnten.[101] Seit Beginn des 21. Jahrhunderts hat der chinesische diplomatische Fachkreis unter Beibehaltung der marxistischen Leitlinien mehr Wert darauf gelegt, die diplomatische Forschung durch die theoretischen Erfolge der Sinisierung des Marxismus führen zu lassen. Beispielsweise ist Frau Yang Yanyi der Ansicht, dass der Kern der chinesischen Diplomatie darin bestünde, die Erfahrungen Chinas diplomatische Praxis zusammenzufassen und zu verfeinern und sie in der Theorie zu vertiefen.[102] Daher wird in Studien zur Diplomatie Theorie chinesischer Prägung häufig der Schwerpunkt darauf gelegt, die diplomatischen Ideen von Staatsführern wie Mao Zedong, Zhou Enlai, Deng Xiaoping, Jiang Zemin und Hu Jintao sowie die diplomatischen Stile und Künste hochrangiger Diplomaten aus verschiedenen Perspektiven zusammenzufassen.

Im Jahr 2008 veröffentlichte die A.o. Professorin Xiao Jialing von der Abteilung der Diplomatie an der Fudan-Universität eine einflussreiche Arbeit, in der sie sich für die „Sinisierung" der diplomatischen Studien aussprach. Sie argumentierte, dass der derzeitige inländische Fachkreis der Diplomatie dazu neige, sich in Bezug auf Problembewusstsein, Forschungsmethoden, Forschungsmaterialien, Themensetzung,

---

[100] Liang, Shoude: Eine Diskussion über die chinesischen Besonderheiten der chinesischen Diplomatie [Guanyu Zhongguo Waijiaoxue de Zhongguo Tese de Tantao]. In: *Journal of Foreign Affairs College*, 1993(4), S. 51-55.

[101] Fu, Yaozu: Zu Einigen Theoretischen Fragen der Chinesischen Diplomatie [Guanyu Zhongguo Waijiaoxue zhong de Ruogan Lilun Wenti]. In: *Journal of Foreign Affairs College*, 2000(3), S. 25-29.

[102] Yang, Yanyi: Constructing the Discipline of Science of Diplomacy of China: A Review and Recommendations. In: *Journal of Foreign Affairs College*, 2002(4), S. 19-24.

Diskurssystem, Forschungsteam und Ergebnisbewertung am „Ausland" zu orientieren, und dabei die Tatsache vernachlässige, dass der logische Ausgangspunkt der zeitgenössischen chinesischen diplomatischen Studien die moderne Politik Chinas sein sollte. Daher schlug sie vor, dass man zur Erklärung der chinesischen Diplomatie nicht blind, mechanisch und dogmatisch bestehende westliche Theorien über internationale Beziehungen kopieren und anwenden, sondern selektiv aus den drei wichtigsten theoretischen Quellen schöpfen sollte, nämlich den klassischen marxistisch-leninistischen Ausführungen über internationale Beziehungen, westlichen Theorien über internationale Beziehungen seit der Neuzeit und der klassischen diplomatischen Literatur Chinas seit jeher. Ferner sollte man die einzigartige und erfolgreiche diplomatische Praxis Chinas seit 1949 systematisch auf der Wissens-, Disziplins- und Theorieebene aufzubauen, und zwar mit dem Problembewusstsein, der menschlichen Fürsorge, der Denkhaltung und dem Diskurssystem der heutigen Chinesen.[103] Ähnlich wie Xiao Jialing ist auch Xia Liping von der Tongji-Universität der Ansicht, dass die diplomatische Theorie chinesischer Prägung vier Hauptquellen habe: die klassische marxistische Theorie der internationalen Beziehungen, die Theorie des Sozialismus chinesischer Prägung, die Essenz der traditionellen chinesischen Kultur und die Essenz der modernen und zeitgenössischen westlichen Theorie der internationalen Beziehungen und der Diplomatie. Die ersten beiden lieferten richtungsweisende und grundlegende theoretische Leitung für die Herausbildung und Entwicklung der diplomatischen Theorie chinesischer Prägung, während die beiden letztgenannten ihr Hinweise in Bezug auf Denkweisen und Forschungsmethoden lieferten. Zu diesem Zweck argumentiert Xia Liping, dass die Frage, wie man diese wichtigen Ideen und Werte zu einer gemeinsamen intellektuellen Plattform in der zeitgenössischen chinesischen Diplomatie machen könne, dringend beantwortet werden müsse, während man die diplomatische Theorie chinesischer Prägung untersuche.[104]

Im Gegensatz zu Xiao Jialing und Xia Liping legt Zhu Feng von der Universität Peking mehr Wert auf die Innovation der chinesischen diplomatischen Theorie im „wissenschaftlichen" und „politischen" Sektor, sodass sich ein Wissens- und Erklär System mit der „chinesischen Perspektive" herausbilden kann, das die Außenpolitik und die Vorschläge des aufstrebenden Landes China theoretisch unterstützen kann.[105] Yang Jiemian vom Shanghai Institute of International Studies (SIIS) hingegen schenkt der Analyse und dem Aufbau eines theoretischen Systems der Diplomatie chinesischer Prägung mehr Beachtung, wobei die allgemeinen, strategischen und politischen Ideen der chinesischen Diplomatie als Grundgerüst verwendet werden. Er ist der Ansicht, dass der Hauptrahmen des theoretischen Systems der Diplomatie chinesischer Prägung aus allgemeinen, strategischen und politischen Ideen bestünden und dass sich der künftige Aufbau und die Innovation darauf konzentrieren

---

[103] Xiao, Jialing: Die „Sinisierung" der Zeitgenössischen Chinesischen Diplomatischen Studien: Fragen und Überlegungen [Dangdai Zhongguo Waijiao Yanjiu "Zhongguohua": Wenti yu Sikao]. In: *International Review*, 2008(2), S. 1-15.

[104] Xia, Liping: Building a Diplomatic Theorectical System with Chinese Characteristics. In: *Peace and Development*, 2009(4), S. 1-3.

[105] Zhu, Feng: Innovative Studies for International Relations Theory with Chinese Characteristics: A New Agenda, a New Framework, and New Challenges. In: *The Journal of International Studies*, 2009(2), S. 1-14.

würde, zentrale Leitideen festzulegen, die mit internationalen Standards vereinbar sind, das Konzept einer harmonischen Welt zu bereichern und weiterzuentwickeln und die theoretische Anleitung mit Anwendungswert zu verbessern.[106] Prof. Wang Hongxu von der Parteischule des Zentralkomitees der KP Chinas erweitert dieses Verständnis, indem er einen grundlegenden Weg für die Umsetzung der Theorie der Diplomatie chinesischer Prägung vorschlägt, der die Sinisierung, Systematisierung, Verwissenschaftlichung und Anleitungsfunktion einschließt und die Theorie der Diplomatie chinesischer Prägung in Bezug auf die diplomatische Ontologie, das diplomatische Verständnis und den diplomatischen Prozess konstruiert.[107]

Qin Yaqeng von der Hochschule für Auswärtige Angelegenheiten betont die „handlungsorientierten" und „wissensorientierten" Funktionen der Theorie der Diplomatie chinesischer Prägung, die nicht um ihrer selbst willen konstruiert wird, sondern um die chinesische diplomatische Praxis zu leiten und die großen Probleme zu lösen, mit denen China in der Gegenwart konfrontiert ist. Sie sollte ein wichtiger Bestandteil des theoretischen Systems des Sozialismus chinesischer Prägung sein und mindestens drei wichtige Aspekte beinhalten, nämlich die Zeit- und Ordnungsanschauung und die Positionierung Chinas im internationalen System.[108] Qin Yaqing betont die Kernthemen der diplomatischen Theorie, was ihr auch im gewissen Sinne die Eigenschaft der Zweckmäßigkeit verleiht. Die friedliche Integration Chinas in die internationale Gemeinschaft ist ein Kernthema in der Untersuchung der diplomatischen Theorie Chinas.[109] Anschließend geht er von der Theorie der internationalen Beziehungen aus, beruht auf der Geschichte und Erfahrung der chinesischen Gesellschaft seit Jahrtausenden, stellt die Beziehungen in den Mittelpunkt und schlägt den prozessorientierten Konstruktivismus vor, dessen grundlegende Elemente die Prozessontologie, die Beziehungsontologie und die Methodologie / Epistemologie sind,[110] was konkrete theoretische Ergebnisse der diplomatischen Theorie chinesischer Prägung darstellt. Mit der Veröffentlichung des Buches *Beziehungen und Prozesse: Kulturelle Konstruktionen der chinesischen Theorie der internationalen Beziehungen* legte Qin Yazheng die Ideen der „Beziehungsontologie" und der „Prozesskon-

---

[106] Yang, Jiemian: The Essence and Innovative Development of Diplomatic Theory System with Chinese Characteristics. In: *Studies on Mao Zedong and Deng Xiaoping Theories*, 2012(7).

[107] Wang, Hongxu: Thoughts on Diplomacy with Chinese Characteristics. In: *Contemporary World*, 2011(6), S. 32-35.

[108] Qin, Yaqing: Reflections on the Development of a Chinese Theory of Diplomacy. In: *Foreign Affairs Review*, 2008(1), S. 9-17.

[109] Prof. Qin Yazheng vertritt die Auffassung, dass das zentrale Problem der Theorie darin bestehe, dass soziale Tatsachen auf das menschliche Bewusstsein einwirken und durch die Repräsentationssysteme einer bestimmten sozialen Kultur einzigartige Abstraktionen erzeugen würden. Aus abstrakten Fragen ergäben sich allgemeinen Hypothesen, die zur Bildung eines theoretischen Hartkerns führten. Er werde durch zwei Dimensionen, Zeit und Raum, in einer spezifischen sozialen Kultur definiert, bilde durch ein Repräsentationssystem seinen theoretischen Sinn und sei inkommensurabel. Siehe Qin, Yaqing: Core Problematic of International Relations Theory and the Construction of a Chinese School. In: *Social Sciences in China*, 2005(3).

[110] Qin, Yaqing: Relationality and Processual Construction: Bringing Chinese Ideas into International Relations Theory. In: *Social Sciences in China*, 2009(3), S. 69-86.; Qin, Yaqing: *Beziehungen und Prozesse: Kulturelle Konstruktionen der chinesischen Theorie der internationalen Beziehungen* [Guanxi yu Guocheng: Zhongguo Guoji Guanxi Lilun de Wenhua Jiangou]. Shanghai: Shanghai People's Publishing House, 2012.

struktion" vor, die als repräsentative Erfolge der Sinisierung der Theorie der internationalen Beziehungen und der diplomatischen Theorie gelten. Mit der Veröffentlichung einer Reihe seiner Werke in englischer Sprache hat der internationale Einfluss seiner Theorien zugenommen.

3. Die Schule des Nicht-Traditionalismus

Im Gegensatz zur Schule des Traditionalismus, die dem Realismus folgt, und zur Schule des Charakterismus, die sich am Marxismus und Konstruktivismus orientiert, ist die nicht-traditionelle Diplomatietheorie eine lose akademische Gemeinschaft, nicht einmal eine Schule im strengen Sinne des Wortes, sondern eine Gruppe von Wissenschaftlern, die sich mit der „neuen Diplomatie" beschäftigt. Für die Nicht-Traditionalisten sind die diplomatischen Beziehungen mit der Entwicklung der Globalisierung und der informationstechnischen Revolution nicht nur internationale Beziehungen, sondern auch zwischengesellschaftliche Beziehungen. Zudem ist die internationale Gemeinschaft zunehmend zu einer Schicksalsgemeinschaft geworden, in der alle Länder gemeinsam schwimmen oder gemeinsam untergehen. Das Hauptthema der diplomatischen Theorie hat sich zunehmend von der zwischenstaatlichen Politik zur netzwerkübergreifenden Politik verlagert. In der Letzteren spielen Staaten und professionelle diplomatische Institutionen zwar immer noch eine wichtige Rolle, haben aber ihr Monopol auf auswärtige Angelegenheiten verloren und eine große Zahl nichtstaatlicher Akteure ist in die diplomatische Arena eingetreten, wie multinationalen Unternehmen, Medien, Think Tanks, Nichtregierungsorganisationen (NRO) und sogar der breiten Öffentlichkeit. Die „Demokratisierung der Diplomatie", „Sozialisierung der Diplomatie", „öffentliche Diplomatie" und „nicht-traditionellen Diplomatie" sind aufgekommen. Die Zahl der Wissenschaftler, die sich mit diesen Fragen beschäftigen, hat zugenommen. Sie argumentieren, dass es bei den neuen diplomatischen Akteuren um einen theoretischen Wettbewerb um das „Mitspracherecht",[111] um ein neues diplomatisches Paradigma nach der Transformation der Diplomatie und um eine „Realisierungsform der nichttraditionellen Diplomatie" ginge.[112] Insbesondere die „First Lady Diplomacy" hat in der Wissenschaft und in der Öffentlichkeit große Aufmerksamkeit erregt.[113]

Wang Yizhou ist ein Vertreter der Schule des Nicht-Traditionalismus. Bereits im Jahr 2000 begann er, sich mit dem Thema Zivilgesellschaft und chinesische Diplomatie zu befassen und vertrat die Ansicht, dass die Entwicklung der Zivilgesell-

---

[111] Zhang, Zhizhou: Qualität des Diskurses: der Schlüssel zur Verbesserung des Mitspracherechts im internationalen Umfeld [Huayu Zhiliang: Tisheng Guoji Huayuquan de Guanjian]. In: *HongQi WenGao*, 2010(14).

[112] Zhao, Kejin: Nicht-konventionelle Diplomatie: Eine neue Dimension der Zeitgenössischen Diplomatischen Theorie [Fei Chuantong Waijiao: Dangdai Waijiao Lilun de Xin Weidu]. In: *International Review*, 2012(5), S. 7-14.; Zhao, Kejin: Nicht-konventionelle Diplomatie: Die Sozialisierung der Diplomatie und ihre Folgen [Fei Chuantong Waijiao: Waijiao Shehuihua ji qi Houguo]. In: *World Economics and Politics*, 2013(2), S. 99-117.

[113] Zhao, Kejing: Die Frauenrolle und die nationalen Aufgaben: Eine Studie über die Diplomatische Rolle der First Ladies [Nüxing Juese yu Guojia Shiming: Diyifuren de Waijiao Juese Yanjiu]. In: *International Review*, 2013(6).

schaft die gesellschaftliche Transformation der chinesischen Diplomatie vorantreiben werde.[114] Zu den stärksten Trends in der Erforschung der nicht-traditionellen Diplomatie gehören die Untersuchungen der öffentlichen Diplomatie. Mit dem rasanten Aufstieg Chinas umfassender nationaler Stärke nimmt die Aufmerksamkeit der Welt für China stets zu, was in akademischen Kreisen im In- und Ausland ein großes Interesse an Chinas öffentlichen Diplomatie weckt. Vor allem seit Hu Jintao 2009 vorschlug, die öffentliche Diplomatie und den kulturellen Austausch zu stärken, gehen zahlreiche Abhandlungen und Werke auf die öffentliche Diplomatie Chinas ein und die Studien zur öffentlichen Diplomatie florieren. Insbesondere mit der Herausgabe von *Public Diplomacy Quarterly*, der Einrichtung einer Reihe von Forschungszentren für öffentliche Diplomatie und der Veranstaltung verschiedener diesbezüglicher Seminare hat sich die Forschung im Bereich Chinas öffentlichen Diplomatie rasant entwickelt.

In der Diskussion über die öffentliche Diplomatie gab es von Anfang an eine Debatte zwischen den drei Sichtweisen, nämlich den der Traditionalisten, Charakteristen und Nicht-Traditionalisten. Die erste Sichtweise, vertreten vom Außenministerium, besagt, dass die öffentliche Diplomatie eine von der Regierung geleitete allgemeine Diplomatie ist, eine diplomatische Kommunikationsaktivität, die vom Außenministerium gegenüber der Öffentlichkeit durchgeführt wird. Als Erbe und Weiterentwicklung der traditionellen Diplomatie wird die öffentliche Diplomatie in der Regel von der Regierung eines Landes geleitet, die verschiedene Kommunikations- und Austauschmittel einsetzt, um der ausländischen Öffentlichkeit ihre nationalen Gegebenheiten und ihre politische Philosophie und der inländischen Öffentlichkeit ihre außenpolitischen Leitlinien und damit zusammenhängenden Initiativen vorzustellen. Ziel ist es, das Verständnis, die Anerkennung und die Unterstützung der in- und ausländischen Öffentlichkeit zu finden, die Herzen der Menschen zu gewinnen, ein gutes Image des Landes und der Regierung aufzubauen und ein günstiges Umfeld für die öffentliche Meinung zu schaffen, sodass die grundlegenden Interessen des Landes gewährleistet und ausgebaut werden können.[115] Die Charakteristen mit Chen Haosu, Präsidenten die Gesellschaft des Chinesischen Volkes für Freundschaft mit dem Ausland als Vertreter, sind ferner der Ansicht, dass die öffentliche Diplomatie eine Volksdiplomatie ist und dass die Letztere einen Präzedenzfall für die öffentliche Diplomatie darstellt, da der Zweck der Volksdiplomatie darin besteht, im Namen des chinesischen Volkes auf der internationalen Bühne neue Freundschaften zu schließen. Solche Freundschaftsaktivitäten heben auch Chinas Image hervor und müssen Freunden aus aller Welt Freundschaft und Wohlwollen vermitteln. Unter diesen historischen Bedingungen wurde die Volksdiplomatie zu einer Erweiterung der chinesischen Diplomatie und entwickelte sich auch in diese Richtung.[116] Die Nicht-Tradi-

---

114 Wang, Yizhou: Civil Society and Chinese Diplomacy. In: *Social Sciences in China*, 2000(3), S. 28-38.
115 Yang, Jiechi: Neue Horizonte in der öffentlichen Diplomatie chinesischer Prägung Erschließen [Nuli Kaituo Zhongguo Tese Gonggong Waijiao Xin Jumian]. In: *QIUSHI*, 2011(4).
116 Chen, Haosu: Volksfreundschaft als Pionier - Die Vorteile der öffentlichen Diplomatie sind vielfältig [Minjian Youhao Qi Xianhe Gonggong Waijiao Chuangyi Duo]. http://news.xinhuanet.com/politics/2011lh/2011-03/05/c_121152560.htm, (Xinhuanet).

tionalisten mit Zhao Qizheng, dem ehemaligem Präsidenten des Ausschusses für auswärtige Angelegenheiten der Politischen Konsultativkonferenz des Chinesischen Volkes als Vertreter, sind der Auffassung, dass das Wesen der öffentlichen Diplomatie in der Verbreitung von Informationen und Meinungen durch die Beteiligung der Öffentlichkeit bestünde und dass die Regierung, die gesellschaftlichen Eliten und die breite Öffentlichkeit zu den Akteuren der öffentlichen Diplomatie zähle, wobei die Regierung die führende Kraft, die gesellschaftlichen Eliten das Rückgrat und die breite Öffentlichkeit die Grundlage bilde. Kurz gesagt besteht die grundlegende Aufgabe der öffentlichen Diplomatie Chinas darin, das Land der Welt zu erklären, sodass die ausländische Öffentlichkeit das wahre China verstehen kann.[117] Die Vereinheitlichung der Ideen und die klare Definition des Forschungsgegenstandes werden die erste Herausforderung für die Entwicklung der öffentlichen Diplomatie als einer wissenschaftlichen Disziplin sein. Die verschiedenen Paradigmen haben unterschiedliche disziplinäre Grundlagen, unterschiedliche Forschungsmethoden und unterschiedliche Analyseinstrumente. Wie die organische Interaktion mehrerer Disziplinen gefördert und die Innovation und Systematisierung grundlegender Theorien erreicht werden kann, ist aber ihre größte Herausforderung.

Mit dem Aufschwung der öffentlichen Diplomatie im chinesischen Wissenschaftskreis haben einige Wissenschaftler neue diplomatische Themen hervorgehoben, die im internationalen diplomatischen Fachkreis als „neue Diplomatie" bezeichnet werden, wie z. B. die Parteidiplomatie[118], Wirtschaftsdiplomatie[119], Energiediplomatie, Umweltdiplomatie[120], die Wissenschafts- und Technologiediplomatie, die Netzwerkdiplomatie, die Religionsdiplomatie, die Diplomatie der Denkfabriken, die NGO-Diplomatie, die Expo-Diplomatie und die nicht-traditionelle Diplomatie. In den letzten Jahren haben diese Studien in mehreren spezifischen Bereichen Erfolge erzielt.

Einer davon ist das Studium der öffentlichen Diplomatie bezüglich der Angelegenheiten von Überseechinesen. Zhu Yilong, Vizepräsident der Allchinesischen Föderation der zurückgekehrten Überseechinesen, meinte in seinem Artikel *Forschung verstärken und die öffentliche Diplomatie für die Angelegenheiten von Überseechinesen ausbauen*, dass die öffentliche Diplomatie bezüglich der Angelegenheiten von Überseechinesen mit den Probleme, wie einem späten Start und unzureichender Erfahrung, konfrontiert sei und dass es dringend notwendig sei, die relevante Forschung zu verstärken.[121] Jin Zhengkun und Zang Hongyan untersuchten ihr Konzept, indem

---

[117] Zhao, Qizheng: *Öffentliche Diplomatie und interkulturelle Kommunikation* [Gonggong Waijiao yu Kuawenhua Jiaoliu]. Beijing: China Renmin University Press, 2011.
[118] Xu, Yuemei: *Eine Studie über die Theorie der Parteidiplomatie der KP Chinas nach der Gründung der Volksrepublik China* [Jianguo hou Zhongguo Gongchandang Zhengdang Waijiao Lilun Yanjiu]. Beijing: China Social Sciences Press, 2003.
[119] Zhou, Yongsheng: *Wirtschaftsdiplomatie* [Jingji Waijiao]. Beijing: China Youth Press, 2004, S. 128.
[120] Ding, Jinguang: *International Environmental Diplomacy*. Beijing: China Social Sciences Press, 2007, S. 3 (Vorwort).; Zhang, Haibin: *Die Umweltdiplomatie Chinas* [Lun Zhongguo de Huanjing Waijiao]. Dissertation der Universität Peking, 12.1997, S. 5.
[121] Zhu, Yilong: Verbesserung der Forschung und Ausbau der öffentlichen Diplomatie für Überseechinesen [Jiaqiang Yanjiu, Tuozhan Qiaowu Gonggong Waijiao]. In: *Public Diplomacy Quarterly* (Frühlingsausgabe), 2012(9), abrufbar unter: http://www.china.com.cn/international/txt/2012-02/2 7/content_24741377.htm.

sie sie als eine nicht-traditionelle Form der Diplomatie ansahen, die im Wesentlichen ein Akt des staatlichen Marketingverhaltens ist und führten eine erste Studie über verschiedene Einschränkungsfaktoren der chinesischen ethnischen Diplomatie durch.[122] Wang Weinan liefert eine aussagekräftige Studie über die wichtigsten Vorteile und Hindernisse der öffentlichen Diplomatie bezüglich der Angelegenheiten von Überseechinesen auf der Grundlage eines Vergleichs von Angelegenheiten der Überseechinesen und der öffentlichen Diplomatie.[123] Zhao Kejin und Liu Siru argumentierten, dass China auf Basis der Konzepterstellung und Theorieforschung neue Ideen und Mechanismen erforschen sollte, um die Beteiligung der Überseechinesen zu fördern, relevante Politische Maßnahmen auszuarbeiten, um die legitimen Rechte und Interessen von Überseechinesen im Prozess der öffentlichen Diplomatie Chinas hinsichtlich ihrer Angelegenheiten zu schützen und ein allgemeines Muster dafür zu entwickeln, bei dem die Regierung und die Bevölkerung gemeinsam und koordiniert arbeiten.[124] Bis heute fallen die theoretischen Untersuchungen der öffentlichen Diplomatie bezüglich der Angelegenheiten von Überseechinesen noch hinter die Bedürfnisse der Entwicklung und Praxis zurück. Das Büro des Staatsrats für Angelegenheiten der Überseechinesen hat die relevante Forschung tatkräftig gefördert, indem es Forschungsstudien finanziert und Seminare organisiert.

Der zweite Bereich ist das Studium der öffentlichen Diplomatie von multinationalen Unternehmen. In der Sommerausgabe von *Public Diplomacy Quarterly* 2013 wurde eine Reihe Artikel veröffentlicht, die sich mit der Corporate Public Diplomacy befassen. Die Aktivitäten der öffentlichen Diplomatie, an denen multinationale Unternehmen direkt oder indirekt beteiligt sind, können grob als Corporate Public Diplomacy bezeichnet werden.[125] Aus theoretischer Sicht sind diese Artikel jedoch immer noch vorsichtig, wenn sie von Corporate Diplomacy oder Business Diplomacy sprechen und neigen nicht dazu, Unternehmen als Subjekte der Diplomatie zu betrachten, sondern eher als Träger der öffentlichen Diplomatie. Die Theorie der „diplomatischen Träger" ist heute in der chinesischen Wissenschaft die vorherrschende Sichtweise der Corporate Diplomacy, woraufhin einige Wissenschaftler der Meinung sind, dass multinationale Unternehmen drei Hauptfunktionen haben, nämlich die politische Mobilisierung, Gestaltung der Agenda und Informationskommunikation.[126] Das 2003 veröffentlichte Buch *Public Diplomacy in World Business* von Zhao Qizheng

---

[122] Jin, Zhengkun & Zang, Hongyan: The Public Diplomacy of Overseas Chinese Affairs in Contemporary China. In: *Social Sciences in Guangxi*, 2012(5). S. 2.

[123] Wang, Weinan: Public Diplomacy of Overseas Chinese Affairs: An Attempt of Theoretical Construction. In: *Global Review*, 2012(5). S. 29-39.

[124] Zhao, Kejin & Liu, Siru: Rise of China's Diaspora Public Diplomacy. In: *Northeast Asia Forum*, 2013(5).

[125] Li, Yonghui & Zhou, Xinyu: Special Report - The Chinese Enterprises and Public Diplomacy Corporate Public Diplomacy: Macro-strategy and Micro-management. In: *Public Diplomacy Quarterly*, 2013(Summer).; Liang, Tingting: Sharing: Foundation of Corporate Practice of Public Diplomacy. In: *Public Diplomacy Quarterly*, 2013(Summer).; Mo, Shengkai: Multinationals as Carriers of Public Diplomacy: Hot Topic and Sober Thoughts. In: *Public Diplomacy Quarterly*, 2013(Summer).; Cheng, Hong & Wu, Kun: Business Forces in Public Diplomacy - International Exchanges of China Entrepreneur Club. In: *Public Diplomacy Quarterly*, 2013(Summer).

[126] Yu, Wanli: Die drei Hauptfunktionen von multinationalen Unternehmen hinsichtlich der öffentlichen Diplomatie [Kuaguo Gongsi Gonggong Waijiao de San Da Gongneng]. In: *Public Diplomacy Quarterly*, 2011(Summer).

ist ein wichtiger Schritt in der Untersuchung der öffentlichen Diplomatie von multinationalen Unternehmen.

Der dritte Bereich ist das Studium der Städtediplomatie. Städtische Diplomatie ist eine neue Entwicklungsrichtung in der Untersuchung der öffentlichen Diplomatie in China. Ursprünglich wurde die Forschung zu diesem Thema von Prof. Chen Zhimin und Prof. Su Changhe von der Fudan-Universität initiiert, die den lokalen Charakter der Städtediplomatie stärker betonten und das Konzept der lokalen Diplomatie vorschlugen. Sie vertraten die Auffassung, dass auf der Grundlage der Definition von Diplomatie im weiteren Sinne die von den lokalen Regierungen unter der Leitung der chinesischen Zentralregierung unternommenen Aktivitäten in Bezug auf Außenbeziehungen als Teil der Diplomatie Chinas betrachtet werden sollten und als „lokale Diplomatie" bezeichnet werden könnten.[127] Xiong Wei und Wang Jie waren mit der Verwendung des Begriffs „lokale Diplomatie" nicht einverstanden, sondern hielten den Begriff „Städtediplomatie" für zutreffender, da sich dieser Begriff auf die Teilnahme der Städte am internationalen Austausch unter der Genehmigung und politischen Führung der Zentralregierung im Einklang mit der Gesamtdiplomatie des Staates bezieht.[128] Yang Yong bot eine ähnliche Definition. Er argumentiert, die Städtediplomatie sei eine Erweiterung der Staatsdiplomatie mit den Merkmalen wie konstitutionelle Nicht-Souveränität, strategische Komplementarität, begrenzte Macht, Vermittlungscharakter im Verhalten und funktionale Sozialität.[129] In der Frühjahrsausgabe 2013 der *Public Diplomacy Quarterly* wurde ebenfalls eine Reihe Artikel veröffentlicht, in denen betont wurde, dass die Städtediplomatie für die öffentliche Diplomatie von großer Bedeutung sei.[130] Die Frage, wie das Potenzial der Städtediplomatie als eine Form der Diplomatie zu verstehen und zu bewerten ist, insbesondere die Frage, wie das Verhältnis zwischen Städtediplomatie und Staatsdiplomatie zu behandeln ist, ist im akademischen Kreis bereits zu einem heiß diskutierten Thema geworden.[131] Xiong Wei vertrat die Auffassung, dass die Städtediplomatie langsam zu einer Gewohnheit in der internationalen Gesellschaft werde und dass es eine vielfältige und einheitliche Beziehung zwischen der Städtediplomatie und der Gesamtdiplomatie eines Landes gäbe. Er plädierte daher für eine pluralistische, vielschichtige und vielgestaltige Perspektive auf die Städtediplomatie und für die Schaffung eines analytischen Rahmens für die Städtediplomatie auf verschiedenen Ebenen, um ihr

---

[127] Chen, Zhimin: Lokale Diplomatie in China [Zhongguo de Difang Waijiao]. In: *International Review*, 2010(1), S. 18-19.; Su, Changhe: The Political Economy of the Mutual Transformation of the Domestic and International Systems: Implications for China and the International System (1978-2007). In: *World Economics and Politics*, 2007(11), S. 12.; Su, Changhe: Internationalization and Glocal Link Age: A Study of China's Glocalization (1978-2008). In: *World Economics and Politics*, 2008(11), S. 24-32.; Su, Changhe: Bring Chinese Local Governments Back in Sub-regionalization. In: *World Economics and Politics*, 2010(5), S. 11.
[128] Xiong, Wei & Wang, Jie: City Diplomacy: Theoretical Debates and Practice. In: *Public Diplomacy Quarterly*, 2013(Frühling).
[129] Yang, Yong: *City Diplomacy of China in the Age of Globalization: A Case Study of Guangzhou.* Dissertation der Jinan-Universität, 2007, S. 38-42.
[130] Xiong, Wei & Wang, Jie: City Diplomacy: Theoretical Debates and Practice. In: *Public Diplomacy Quarterly*, 2013(Frühling).
[131] Chen, Zhimin: *Subnational Governments and Foreign Affairs*. Beijing: Changzheng Publishing House, 2001, S. 172.

eine reichhaltige Konnotation zu verleihen.¹³² Zhao Kejin und Chen Wei argumentierten, dass Städtediplomatie sowohl eine Notwendigkeit für die Entwicklung der Städte in der Welt als auch ein unvermeidliches Produkt der Sozialisierung der Diplomatie sei. Die Hauptaufgabe der Forschung zur Städtischen Diplomatie bestehe darin, die Umgestaltung des diplomatischen Systems zu fördern und insbesondere einen angemessenen Platz für die Städtediplomatie im gesamten diplomatischen System zu finden.¹³³ Es liegt auf der Hand, dass die chinesische akademische Gemeinschaft der Städtediplomatie als eine Form der Diplomatie aufgeschlossener gegenübersteht und versucht, sie in den Rahmen der allgemeinen Staatsdiplomatie einzubeziehen.

Der vierte Bereich ist das Studium des gesellschaftlich-kulturellen Austauschs und der kulturellen Diplomatie. In der öffentlichen Diplomatie nimmt der gesellschaftlich-kulturelle Austausch einen hohen Stellenwert ein, aber es gibt immer noch viele Kontroversen über das Verständnis der gesellschaftlich-kulturellen Diplomatie und es herrscht noch Unklarheit bezüglich ihrer Konnotation und ihrer Merkmale.¹³⁴ Im Fachkreis wird bei der Untersuchung des gesellschaftlich-kulturellen Austauschs traditionell der Begriff „Kulturdiplomatie" verwendet. Hu Wentao meinte, dass „die Kulturdiplomatie eine wirksame Form der Diplomatie, bei der Regierungen oder Nichtregierungsorganisationen das gegenseitige Verständnis und Vertrauen zwischen Ländern und Menschen fördern und ihr internationales Image und ihre Soft Power durch Bildungs- und Kulturaustausch, Personalaustausch, Kunstaufführungen und -ausstellungen sowie den Handel mit kulturellen Produkten aufbauen und stärken. Sie ist die dritte Säule der Diplomatie neben Politik und Wirtschaft".¹³⁵ Dieses Konzept wurde zwar im akademischen Fachkreis unterschiedlich definiert, jedoch nur mit geringen Abweichungen, weil all diese Definitionen die Bedeutung der Menschen und der Kultur in der Diplomatie hervorhoben.¹³⁶

Natürlich ist die obige Einteilung der chinesischen diplomatischen Theorieschulen eine Unterscheidung, die vorgenommen wurde, um die Besonderheiten der chinesischen diplomatischen Theorieforschung darzustellen. Tatsächlich hat die chinesische diplomatische Theorieforschung noch keine ausgereiften Schulen gebildet, sodass viele Wissenschaftler ihre Forschungsrichtung folglich nicht deutlich klassifizieren können. Aufgrund der unterschiedlichen Auffassungen von Diplomatie teilen sich die Wissenschaftler der chinesischen Diplomatie Theorie Forschung in der Praxis in drei Richtungen auf, wobei der Hauptunterschied darin besteht, wie sie die gegenwärtig stattfindenden diplomatischen Veränderungen wahrnehmen und verstehen. Die Traditionalisten sehen im Allgemeinen keinen grundlegenden Wandel in der globalisierten Diplomatie; die Charakteristen legen mehr Wert auf die Verbindung

---

132   Xiong, Wei & Wang, Jie: City Diplomacy: Theoretical Debates and Practice. In: *Public Diplomacy Quarterly*, 2013(Frühling).
133   Zhao, Kejin & Chen, Wei: City Diplomacy: Global City and Its Diplomatic Roles. In: *Foreign Affairs Review*, 2013(6).
134   Jin, Zhengkun & Tang, Nina: Culture and Public Diplomacy: A New Diplomatic Channel in Modern China. In: *Teaching and Research*, 2009(8), S. 33-38.
135   Hu, Wentao: A Theoretical Analysis of Cultural Diplomacy. In: *Foreign Affairs Review*, 2007(3), S. 55.
136   Li, Zhi: *Kulturdiplomatie: Eine Interpretation der Kommunikationswissenschaft* [Wenhua Waijiao: Yi Zhong Chuanboxue de Jiedu]. Beijing: Peking University Press, 2007, S. 3-15.

der Diplomatie mit der chinesischen Kultur und Zivilisation; die Nichttraditionalisten sehen eine neue entstehende Form der Diplomatie. Die Unterschiede zwischen den drei Denkschulen dürften in naher Zukunft aufgrund der unterschiedlichen Forschungsrichtungen noch deutlicher werden.

III. Eine Gesamtbewertung der chinesischen Diplomatie Theorie seit der Reform- und Öffnungspolitik

Wenn man auf die Entwicklung der chinesischen Diplomatie in den letzten vierzig Jahren zurückblickt, so sind die aufeinanderfolgenden Generationen von Diplomatie-Forschern, die sich in den Rissen befanden, nur langsam und mühsam vorwärtsgegangen. Einerseits wurden sie bei der Forschung von den verschiedenen ideologischen Perspektiven, theoretischen Lehren und akademischen Schulen aus dem Ausland eingehüllt, andererseits sind sie gleichzeitig mit den vielen Herausforderungen in der chinesischen diplomatischen Praxis konfrontiert, konnten ihr Nationalgefühl nicht zurückhalten und wollten voller Hingabe dem Vaterland dienen. Der Zustand dieser Disziplin, inmitten einer solchen Situation nach Entwicklung streben zu müssen, hat den schwierigen Weg der diplomatischen Wissenschaften in China bestimmt. Vor der Gründung der Volksrepublik China war die chinesische Diplomatie stärker von der europäischen Schule beeinflusst und konzentrierte sich auf das französische System des Völkerrechts, diplomatische Institutionen und Verhandlungen.[137] Nach dem Oktober 1949 wurde die Diplomatie Chinas von der wissenschaftlichen sozialistischen Theorie der Sowjetunion beeinflusst und legte großen Wert auf das Studium der Revolution, der Einheitsfront und der Drei-Welten-Theorie, weswegen sie starke ideologische Untertöne aufwies. Seit der Reform- und Öffnungspolitik hat sich die chinesische Diplomatie unter dem Einfluss der amerikanischen Theorie der internationalen Beziehungen zunehmend auf nationale Interessen, die umfassende nationale Stärke und strategische Planungen konzentriert, wobei die Beschränkung der Ideologie und des Gesellschaftssystems überwunden und die Integration in das westliche internationale System vorangetrieben wurde. In diesem Prozess haben chinesische Wissenschaftler positive Fortschritte bei ihren Bemühungen gemacht, eine diplomatische Theorie chinesischer Prägung zu entwickeln, die den Bedürfnissen der chinesischen Außenpolitik und -praxis Rechnung trägt.

Mit der Vertiefung der Interaktion zwischen China und der Welt stellt sich jedoch ein besorgniserregendes Problem in der Diskussion über die akademische Geschichte der chinesischen Diplomatie: Während der chinesische diplomatische Fachkreis europäische, sowjetische und amerikanische diplomatische Theorien einführt, überprüft und weiterentwickelt, sind die Erfolge einer wirklich chinesischen diplomatischen Theorie, die in der chinesischen Geschichte, Kultur und dem sozialen Boden verwurzelt ist, kaum zu erkennen, was die akademische Autonomie der chinesischen Diplomatie beeinträchtigt. Wenn dieses Problem nicht gelöst wird, wird die diplomatische Theorie an den Bedürfnissen der chinesischen diplomatischen Praxis

---

[137] Nicolson, Harold: *The Evolution of Diplomatic Method*. London: Constable, 1954.

scheitern. Darüber hinaus wird die Geschichte der chinesischen diplomatischen Wissenschaften nach gewisser Zeit kaum etwas Anderes zu bieten haben als die eingeführten Ideen aus den westlichen Lehren. Bereits bei der Gründung der Volksrepublik China hat der ehemalige Premier- und Außenminister Zhou Enlai die Aufgabe, eine neue chinesische Diplomatie aufzubauen, klar formuliert und betonte, dass es deutliche Unterschiede zwischen der neuen chinesischen Diplomatie und der alten chinesischen Diplomatie der Vergangenheit sowie der Diplomatie anderer Länder geben müsse. „Wir können zwar einige Bücher über die Diplomatie unserer Bruderländer wie der Sowjetunion oder eine Reihe von Büchern über die Diplomatie der bürgerlichen Länder übersetzen, aber erstere können nur als Referenz dienen, während letztere vom Marxismus-Leninismus aus unwissenschaftlich sind. Nur das, was nach marxistisch-leninistischen Gesichtspunkten ausgearbeitet ist, kann als wissenschaftlich gelten. Von den ersteren können wir einen Teil übernehmen, von den letzteren können wir nur einige technische Hinweise erhalten; wir sollen die Diplomatie sinisieren, wozu wir heute noch nicht in der Lage sind."[138] Offensichtlich kann man heute noch nicht sagen, dass diese Aufgabe erfüllt ist. Die Geschichte der diplomatischen Wissenschaften in den letzten vierzig Jahren der Reform und Öffnung zeigt, dass Wissenschaftler bei ihren Studien über die chinesische Diplomatie unweigerlich den analytischen Rahmen ausländischer internationaler Beziehungen und diplomatischer Theorien heranziehen, während ihre Studien über die chinesische Außenpolitik und diplomatische Praxis noch unerklärliche Ideen und misslungene Prognosen enthalten. Die Praxis der mechanischen Anwendung westlicher Theorien ohne Rücksicht auf die historische und kulturelle Ökologie der chinesischen Gesellschaft ergibt für die Erforschung der chinesischen diplomatischen Theorie nicht viel Sinn. Obwohl einige Wissenschaftler der älteren Generation seit langem vorgeschlagen haben, die Stärken ausländischer Theorien zu übernehmen und ihre Schwächen zu vermeiden,[139] ist dies in der Forschungspraxis schwer zu realisieren; obwohl viele Wissenschaftler davon überzeugt sind, durch ihre harte Arbeit schließlich ein System der diplomatischen Theorie chinesischer Prägung aufbauen zu können,[140] ist die Mission der Sinisierung der diplomatischen Theorie bisher noch nicht erfüllt worden.

Obwohl die Sinisierung der diplomatischen Theorie stets der Leitfaden der Entwicklung der chinesischen Diplomatie ist, gibt es in der akademischen Gemeinschaft immer noch unterschiedliche Ansichten. Einige Wissenschaftler stellen in Frage, ob es notwendig ist, die Sinisierung der diplomatischen Theorie als ein akademisches Ziel anzusehen, weil die Theorie eine Erklärung für ein bestimmtes soziales Phänomen ist und es einfach keine einzigartige Theorie für ein bestimmtes Land gibt. Einige Wissenschaftler argumentieren auch, dass die Diplomatie an sich Wissenschaft

---

[138] Rede von Zhou Enlai bei der Eröffnungssitzung des Außenministeriums der Volksrepublik China. Siehe: Zhou, Enlai: *Ausgewählte diplomatische Schriften* [Zhou Enlai Waijiao Wenxuan]. Beijing: Central Party Literature Press, 1990, S. 1-7.

[139] He, Fang: Große Veränderungen in der Weltlandschaft und Chinas Theorie der internationalen Beziehungen [Shijie Geju de Zhongda Bianhua he Zhongguo de Guoji Guanxi Lilun]. In: Yuan, Ming (Hrsg.): *Herausforderungen um die Jahrhundertwende: Die Entwicklung der Disziplin der internationalen Beziehungen in China* [Kua Shiji de Tiaozhan: Zhongguo Guoji Guanxi Xueke de Fazhan]. Chongqing: Chongqing Publishing House, 1993, S. 18.

[140] Qin, Yaqing: Reflections on the Development of a Chinese Theory of Diplomacy. In: *Foreign Affairs Review*, 2008(1), S. 9-17.

und Kunst ist und dass es kaum notwendig ist, eine chinesische Theorie der Diplomatie zu entwickeln. Unabhängig davon, ob man eine diplomatische Theorie chinesischer Prägung befürwortet oder ablehnt, Hauptsache ist das unterschiedliche Verständnis von diplomatischer Theorie. Manche Wissenschaftler unterscheiden zwischen zwei verschiedenen Auffassungen von Chinesen in Bezug auf die Theorie, nämlich die erklärende Theorie und die leitende Theorie, wobei die diplomatische Theorie im westlichen Diskurs eher erklärend und die im chinesischen Diskurs eher leitend ist.[141] Daher schlug Zhang Qingmin vor, die westliche Diplomatie Theorie und die westlichen diplomatischen Ideen mit denen Chinas seit der Antike zu verbinden, um ein theoretisches System und einen theoretischen Rahmen aus kultureller und philosophischer Sicht zu bilden.[142] Der Kern des Problems ist jedoch die Frage, wie beides miteinander kombiniert werden kann. Darauf hat Zhang Qingmin keine klare Antwort gegeben.

Unabhängig davon, ob man die Sinisierung der diplomatischen Theorie als Ziel vorantreiben will oder nicht, ist die Reaktion auf die verschiedenen Interpretationen der chinesischen Diplomatie durch die internationale Gemeinschaft eine unvermeidbare Frage. Mit dem Aufstieg Chinas auf der Weltbühne haben nicht nur die Industrieländer in Europa und die USA verschiedene Interpretationen der chinesischen Diplomatie vorgelegt, wie die „China-Bedrohungs-Theorie", die „Theorie der Verantwortung Chinas" und das „übersteigertes Selbstbewusstsein Chinas",[143] sondern auch die Nachbarländer und Entwicklungsländer haben Chinas diplomatisches Verhalten auf unterschiedliche Art und Weise interpretiert.[144] Wenn der chinesische Fachkreis der Diplomatie es nicht schafft, eine klare Antwort auf die chinesische diplomatische Praxis auf der Ebene der grundlegenden diplomatischen Theorie zu geben, wird sie ihr Mitspracherecht über diplomatische Theorien und sogar über die chinesische diplomatische Praxis verlieren. In diesem Sinne ist das Vorantreiben der Sinisierung der diplomatischen Theorie eine außenpolitische Aufgabe, das die praktische Orientierung der Diplomatie verbessert, wenn nicht sogar ein akademisches Ziel zur Verbesserung der Erklärungskraft der Theorie.

Die Förderung der Sinisierung der diplomatischen Theorie ist jedoch nicht um der Merkmale willen. Ziel ist es, die chinesische diplomatische Praxis mit der internationalen diplomatischen Theorie zu verbinden und chinesische Weisheit und Lösung zur Erklärung diplomatischer Phänomene darzustellen, indem wir uns auf die Herangehensweise der interpretativen Theorie beziehen, auf der Erklärung diplomatischer Phänomene in der ganzen Welt basieren, die Sinisierung der diplomatischen Theorie auf der Grundlage des Verständnisses der allgemeinen Gesetze der

---

[141] Wang, Jisi: *Rationales Denken in der internationalen Politik* [Guoji Zhengzhi de Lixing Sikao]. Beijing: Peking University Press, 2007, S. 17-19.; Qin, Yaqing: Why Is There No Chinese International Relations Theory?. In: *International Relations of the Asia-Pacific*, 2007(7), S. 313-315.

[142] Zhang, Qingmin: The Position, Object of Study, and Short-term Agenda of Diplomatic Studies in China. In: *International Politics Quarterly*, 2012(4), S. 3-22.

[143] Ikenberry, John: The Rise of China and the Future of the West. In: *Foreign Affairs*, 2008(1), Vol. 87, S. 23-37.; Rice, Condoleezza: Rethinking the National Interest. In: *Foreign Affairs*, 2008(4), Vol. 87, S. 3.

[144] Agarwala, Ramgopal: *The Rise of China - Threat or Opportunity?* (übersetzt von Tao Zhiguo et al.). Taiyuan: Shanxi Economic Publishing House, 2004.

Diplomatie vorantreiben und von dem tiefen Boden der chinesischen Zivilisation als Ganzes ausgehen. Im Einzelnen sollten an zwei Grundrichtungen festgehalten werden.

Erstens muss die Sinisierung der Diplomatie auf den universellen Gesetzen der weltweiten diplomatischen Entwicklung beruhen und darf nicht gegen sie verstoßen. Die Sinisierung der Diplomatie muss in erster Linie die allgemeinen Gesetze der modernen Diplomatie aktiv annehmen und sich ihnen anpassen. Dann sollten wir ein theoretisches System der chinesischen Diplomatie aufbauen, das über den „Westzentrismus" und „Chinazentrismus" hinausgeht.

Von ihrem Wesen her ist die Diplomatie als eine Disziplin mit theoretischem und praktischem Charakter zu betrachten. Sie hat das diplomatische Verhalten und dessen innere Gesetze zum Gegenstand. Obwohl die moderne Diplomatie im Westen entstand und ihren Schwerpunkt auf die westliche diplomatische Praxis legte, war das diplomatische Studium im Westen nicht auf die westlichen Gebiete beschränkt, sondern verbreitete sich mit der globalen Ausbreitung des europäischen internationalen Systems. Die moderne Diplomatie widmet sich dem Studium der allgemeinen Gesetze, die die Entwicklung der Diplomatie in Ländern auf aller Welt bestimmen. Die grundlegenden Konzepte, Prinzipien und Theorien der Diplomatie sind nicht nur in der westlichen diplomatischen Praxis verankert. Um die Sinisierung der Diplomatie zu fördern, müssen wir den Schwerpunkt zwangsläufig auf die diplomatische Praxis Chinas legen und sie als Hauptgegenstand der Untersuchung ansehen, wobei es jedoch zu vermeiden gilt, die Forschung lediglich auf diesen Aspekt einzuschränken. Als ein wichtiger Teil des globalen diplomatischen Systems heute muss die Sinisierung der Diplomatie Chinas zunächst auf dem Studium der universellen Gesetze des globalen diplomatischen Systems beruhen. Dabei muss China die nützlichen Ergebnisse der westlichen Diplomatie heranziehen und übernehmen, anstatt ein neues System zu schaffen, und darf nicht gegen die allgemeinen Regeln der Diplomatie verstoßen, die von der gesamten internationalen Gemeinschaft vereinbart wurden.

Natürlich geht es beim Lernen und Zu Eigen machen von den Gesetzen der westlichen Diplomatie nicht darum, sie dogmatisch zu kopieren, sondern sie wissenschaftlich zu analysieren und die obsoleten Inhalte darin zu beseitigen. Als Beispiel gilt der tief verwurzelte „Eurozentrismus" in der europäischen Diplomatie, der das Völkerrecht, das internationale System und die diplomatische Normen Europas als universelle Werte für die ganze Welt propagiert und sogar Kolonialismus und Imperialismus verbreitet. Ähnlich betont die amerikanische Diplomatie, sich bei diplomatischen Aktivitäten ausschließlich auf die nationale Stärke zu verlassen und verfolgt in der internationalen diplomatischen Praxis eine hegemoniale Strategie. Ferner strebt sie nach Konfrontationen zwischen Allianzen, praktiziert Doppelmoral und die Strategie „Teile und Herrsche". All dies erteilte der internationalen Gemeinschaft viele Lektionen. Als Antwort auf diese Lehren müssen chinesische diplomatische Studien mutig und kritikfähig sein und chinesische Weisheit und Erfahrung in die diplomatische Theorie der Welt einbringen, zu der China durchaus in der Lage ist, einen größeren Beitrag zu leisten. Gleichzeitig ist es wichtig, klar zu machen, dass die westliche Diplomatie Theorie nicht mit der Diplomatie Theorie der Welt gleichzusetzen ist, denn außer ihr gibt es auch Diplomatie Theorien aus der islamischen Welt, Indien, Lateinamerika, Afrika und vielen anderen Ländern, Regionen und Zivilisationen.

Bei der Förderung der Sinisierung der Diplomatie sollten zwei falsche theoretische Tendenzen möglichst vermieden werden: Wir sollten uns weder von westlichen diplomatischen Theorien leiten lassen und in die „westzentrierte Theorie" und den „amerikanischen Exzeptionalismus" verfallen, noch sollten wir die Merkmale und die zentrale Rolle Chinas auf übertriebene Weise betonen und uns im Dschungel des „China-Zentrismus" verirren. Der richtige Weg besteht darin, die Gesetze der Weltdiplomatie mit der chinesischen Zivilisation zu verbinden, die Diplomatie mit einer globalen Perspektive und einem offenen Geist zu erforschen und zu kommentieren und nicht die diplomatische Erfahrung eines einzelnen Landes oder einer Region zum Zentrum der Untersuchung und Nachahmung zu machen.[145] Es gilt, die diplomatische Erfahrung Europas, der USA, der Entwicklungsländer, der neuaufstrebenden Volkswirtschaften und Chinas gleichberechtigt zu betrachten, die chinesische Diplomatie in den Kontext der globalen Diplomatie zu stellen und somit China als normales Forschungsobjekt zu behandeln und es auf eine objektive Weise zu untersuchen. Nur so kann eine echte chinesische diplomatische Theorie entstehen.

Zweitens muss sich die Sinisierung der Diplomatie auf die Gegebenheiten und den Entwicklungsstand Chinas stützen, von den Bedürfnissen des Staates ausgehen und danach streben, eine diplomatische Theorie mit chinesischen Eigenarten sowie einem chinesischen Stil und Charakter zu entwickeln.

Engels sagte: „Das Ausmaß, in dem eine Theorie in einem Land verwirklicht wird, hängt davon ab, inwieweit sie den Bedürfnissen dieses Landes entspricht."[146] Die Entwicklung der chinesischen Diplomatie muss die Staatsbedürfnisse Chinas erkennen und danach streben, diese zu erfüllen. Chinas ist ein großes Land mit einer 5.000 Jahre alten Zivilisation, ein Land, das sich im Kontext der Globalisierung weiterhin schnell entwickelt und eine Bevölkerung von 1,4 Milliarden Menschen hat. In diesem Sinne stellt sich die Frage, welche Rolle China in globalen Angelegenheiten spielen wird, welche Außenpolitik es verfolgen wird und welche Auswirkungen sie auf die Welt haben wird. Die ganze Welt macht sich Gedanken über diese Frage und die diplomatische Theorie Chinas muss sie ebenfalls berücksichtigen und erforschen. Als Xi Jinping, der neu gewählte Generalsekretär des Zentralkomitees der KP Chinas, am 29. November 2012 mit der neuen Zentralen Führungsgruppe die Ausstellung „Der Weg des Wiederauflebens" im Chinesischen Nationalmuseum besuchte, erläutert er: „Das großartige Wiederaufleben der chinesischen Nation zu verwirklichen, ist für die chinesische Nation der größte Traum seit der Neuzeit." Ferner meinte er voller Zuversicht, dass dieser Traum „Wirklichkeit werden wird", was zu heftigen Diskussionen von allen Seiten führte.[147] Am 17. März 2013 erläuterte Xi Jinping in

---

[145] Zhang, Qingmin: The Position, Object of Study, and Short-term Agenda of Diplomatic Studies in China (übersetzt von Tao Zhiguo et al.). In: *The Journal of International Studies*, 2012(4), S. 3-22.
[146] *Karl Marx und Friedrich Engels, Ausgewählte Schriften* (Band 1) [Makesi Engesi Xuanji (Di-Yi Juan)]. Beijing: People's Publishing House, 1995, S. 11.
[147] Li, Bin: *Xi Jinping betonte bei seinem Besuch der Ausstellung „Der Weg des Wiederauflebens", dass wir unbedingt weiterhin auf das Ziel des großartigen Wiederauflebens der chinesischen Nation hinarbeiten müssten, indem wir das Erbe unserer Vorfahren anträten und unseren Nachkommen Perspektiven*

seiner Rede nach seiner Wahl zum Staatspräsidenten auf der ersten Sitzung des XII. Nationalen Volkskongresses den „Chinesischen Traum" weiter: „Die Verwirklichung des chinesischen Traums von der großen nationalen Renaissance besteht darin, das Land reich und stark zu machen, die Nation wiederauferstehen zu lassen und das Volk glücklich zu machen."[148] Des Weiteren ist Xi Jinping der Ansicht, dass wir zur Verwirklichung des Chinesischen Traums am sozialistischen Weg chinesischer Prägung festhalten, das chinesische Nationalgefühl stärken und die Kraft unseres Landes bündeln müssten. Ferner gelte es, den Chinesischen Traum auf die Ebene der nationalen Gesamtentwicklungsstrategie zu heben, ihn mit den Zielen „Zweimal hundert Jahre" zu verbinden und zum Kernkonzept der nationalen Strategie Chinas im neuen Zeitalter werden zu lassen. Deutlich ist, dass der „Chinesische Traum" zum Zentrum der chinesischen Diplomatietheorie geworden ist. Der „Chinesische Traum" bestimmt nicht nur die Richtung der chinesischen Diplomatietheorie, sondern auch den zukünftigen Weg der Diplomatie Chinas.

Der „chinesische Traum" von der Verwirklichung des großartigen Wiederauflebens der chinesischen Nation ist das größte nationale Bedürfnis Chinas im neuen Zeitalter, das das Top-Level-Design der diplomatischen Praxis Chinas widerspiegelt und die mögliche Bildung einer systematischen Diplomatietheorie impliziert. In der langen Geschichte des antiken Chinas hat die chinesische Zivilisation historische Kontinuität und Konsistenz bewahrt, eine einzigartige „Weltsicht" entwickelt[149] und reiche diplpmatische Erfahrungen als Weltmacht gewonnen.[150] China war im Reich der Mitte immer stark und wohlhabend. Gerade diese Großmachtmentalität hat die klassische diplomatische Kultur Chinas in den Beziehungen zur Welt dominiert. In der Neuzeit jedoch, mit dem Aufstieg und der Expansion des Westens, hat China „einen großen Umbruch erlebt, den es seit tausend Jahren nicht gegeben hat", sodass sich sein Verhältnis zur Welt umgekehrt hat. Die Westmächte lauerten China wie gierige Tiger auf, aber die Menschen auf der zentralchinesischen Ebene waren gar nicht imstande, sich gegen die Aggressoren zu verteidigen. China hatte einen schwierigen Prozess erlebt, globalisiert und internationalisiert zu werden.[151] In diesem Prozess gingen die Aussagen wie „Schwache Länder haben keine Rechte in der Diplomatie", „Wer zurückfällt, wird geschlagen" und „Die chinesische Nation gerät in ihre größte Krise" allmählich in die moderne chinesische diplomatische Kultur ein und wurden zu einem kulturellen Anreiz für die revolutionäre Diplomatie. Seit der Reform- und Öffnungspolitik Chinas hörte das Land mit dem „programmatischen Klassenkampf"

---

eröffneten [Xi Jinping zai Canguan "Fuxing zhi Lu" Zhanlan shi Qiangdiao, Chengqianqihou Jiwangkailai Jixu Chaozhe Zhonghua Minzu Weida Fuxing Mubiao Fenyong Qianjin]. Siehe Xinhuanet, Beijing, Stand: 29.11.2012.

[148] Xi, Jinping: *Rede auf der 1. Tagung des XII. Nationalen Volkskongresses* [Zai Di-Shi'er Jie Quanguo Renmin Daibiao Dahui Di-Yi Ci Huiyi shang de Jianghua]. In: *People's Daily*, 18.03.2013.

[149] Zhao, Tingyang: *Das System der Welt: Eine Einführung in die weltinstitutionelle Philosophie* [Tianxia Tixi: Shijie Zhidu Zhexue Daolun]. Nanjing: Jiangsu Education Publishing House, 2005, S. 16-17.

[150] Yan, Xuetong & Xu, Jin: *Thoughts of World Leadership and Implications*. Beijing: World Affairs Press, 2009. S. 261-291.; Chen, Xiangyang: Realistic Kingly Way of Government and Good Neighbor Diplomacy. In: *Journal of Jiangnan Social University*, 2004(4), S. 24-27.

[151] Wu, Xiaochun & Chen, Qi: China in der Neuzeit und die Globalisierung seiner Gesellschaft [Jindai Zhongguo yu Zhongguo Jindai Shehui de Quanqiuhua]. In: *Seeker*, 2006(5), S. 140-142.; Chen, Qianping: Internationalisierung: Eine neue Perspektive auf China in der Neuzeit [Guojihua: Renshi Jindai Zhongguo Xin Shijiao]. In: *Chinese Social Science Today*, 08.04.2015.

auf, verlagerte den Schwerpunkt der Parteiarbeit auf die sozialistische Modernisierung, legte die grundlegende staatliche Politik der Reform und Öffnung fest und betonte, dass „die moderne Welt eine offene Welt ist" und dass „wir alle modernen Technologien der Welt lernen und aufnehmen müssen".[152] So hat sich der Weg des Sozialismus chinesischer Prägung herausgebildet. Sein wichtigstes Merkmal ist die wissenschaftliche, unabhängige, offene, kooperative und gemeinsame Entwicklung.[153] Das übergeordnete Ziel der friedlichen Entwicklung Chinas ist es, nach innen Entwicklung und Harmonie und nach außen Kooperation und Frieden anzustreben. Der „Chinesische Traum" verlangt, dass die Diplomatie Chinas tief im fruchtbaren Boden der chinesischen Zivilisation verwurzelt ist, dass sie in die chinesischen Traditionen integriert ist, dass sie, von den nationalen Bedingungen ausgehend, der chinesische Weisheit und chinesische Lösungen für komplexe internationale und nationale Probleme bietet und eine diplomatische Theorie chinesischer Prägung erforscht. Bei einem Treffen mit US-Präsident Barack Obama betonte Chinas Staatspräsident Xi Jinping, dass „es wichtig ist, sich mit der chinesischen Geschichte seit 1840 auseinanderzusetzen, um die Ideale und den Weg des chinesischen Volkes von heute zu verstehen", und dass „man Chinas Vergangenheit und seine Kultur verstehen muss, um das heutige China zu verstehen und Chinas Zukunft vorherzusagen".[154] Dieses Urteil weist auf die Richtung der Entwicklung der chinesischen Diplomatietheorie hin: China ist ein großes Land mit einer fünftausendjährigen Zivilisation und einem relativ unabhängigen und reifen zivilisatorischen System. Beim Lernen und Annehmen der modernen Diplomatie darf China weder seine alten Vorfahren verlieren noch seine nationalen Wurzeln im Umgang mit auswärtigen Angelegenheiten aufgeben, die durch die traditionelle diplomatische Praxis Chinas entstanden sind. Im Zeitalter der Globalisierung sollte der Fachkreis der diplomatischen Theorie Chinas fest im Boden der chinesischen Zivilisation verwurzelt sein, aktiv innovative Forschung entlang dem Leitfaden der diplomatischen Transformation betreiben und Chinas diplomatische Theorie kontinuierlich zu einer Diplomatietheorie mit chinesischer Prägung, einem chinesischen Stil und chinesischem Ethos ausbauen, um so seinen eigenen Beitrag zur Entwicklung der Weltdiplomatie zu leisten.

IV. Theoretische Innovation der chinesischen Diplomatie und ihre Bedeutung aus globaler Sicht

Mit dem zunehmenden Aufstieg der nationalen Stärke Chinas haben sich die Beziehungen zwischen China und der Welt erheblich verändert. Vor allem seit der Gründung der Volksrepublik China hat sich das chinesische Volk aufgerichtet, ist zu Wohlstand gelangt und erstarkt. Seit dem XVIII. Parteitag der KP Chinas hat die Zentrale

---

152 Leng, Rong & Wang, Zuoling (Hrsgg.): *Die Deng-Xiaoping-Chronik (1975—1997)* (erster Teil) [Deng Xiaoping Nianpu: 1975-1997 (Shang)]. Beijing: Central Party Literature Press, 2004, S. 31 und 86.
153 *Die Friedliche Entwicklung Chinas* [Zhongguo de Heping Fazhan]. Beijing: People's Publishing House, 2011. S. 2-5.
154 *Treffen vom Chinas Staatspräsidenten Xi Jinping und US-Präsidenten Barack Obama auf der Yingtai-Insel in Zhongnanhai* [Xi Jinping tong Meiguo Zongtong Aobama zai Zhongnanhai Kaishi Huiwu]. http://news.xinhuanet.com/2014-11/12/c_1113206992.htm, (Xinhua News Agency, Beijing, 11.11.2014).

Führungsgruppe mit Genosse Xi Jinping als Kern die Gesamtlage im Auge behalten, das große Ganze betrachtet, große Dinge geplant, den großen Trend verfolgt und am vorwärtsstrebenden Geist festgehalten. „Die Welt wie eine Familie", „Frieden als der größte Schatz", „Einklang mit allen Nationen", „Harmonie trotz Unterschieden", „Für die Liebe zu allen und gegen Konflikte" – dies sind die Werte des Friedens, die die Zentrale Führungsgruppe übernommen hat, um die diplomatische Theorie Chinas weiterzuentwickeln. Ferner wurde eine Reihe von Ideen und Konzepte, wie der friedlichen Entwicklung, dem Aufbau internationaler Beziehungen neuer Art, dem Aufbau einer Schicksalsgemeinschaft der Menschheit, dem nationalen Gesamtsicherheitskonzept, der Seidenstraßeninitiative, dem Asiatischen Sicherheitskonzept, dem richtigen Verhältnis von Moral und Profit u. a. bereichert und erweitert. All diese Initiativen sind eindeutig von chinesischer Prägung.

1. Es gilt, die Idee der friedlichen Entwicklung anzureichern und weiterzuentwickeln. Das Festhalten am Weg der friedlichen Entwicklung ist Chinas unerschütterliche Richtung. Angesichts der neuen internationalen Lage betont der Bericht des XVIII. Parteitag der KP Chinas die Notwendigkeit, an einer friedlichen Entwicklung festzuhalten: „Wir müssen an einer Entwicklung auf der Grundlage der Öffnung, der Kooperation und des gemeinsamen Vorteils festhalten. Einerseits müssen wir uns selbst entwickeln, indem wir ein friedliches internationales Umfeld anstreben, andererseits müssen wir den Weltfrieden mit unserer eigenen Entwicklung aufrechterhalten und fördern. Wir müssen die Bereiche gemeinsamer Interessen mit allen Seiten vergrößern und daran arbeiten, eine harmonische Welt von anhaltendem Frieden und gemeinsamer Prosperität zu verwirklichen." Beim 3. Kollektiven Lernen des Politbüros des XVIII. Zentralkomitees der KP Chinas betonte Xi Jinping, dass China unbeirrt den Weg der friedlichen Entwicklung verfolgen und die materiellen und sozialen Grundlagen dafür kontinuierlich stärken sollte.[155] Chinas strategische Chance besteht also nicht nur im „Streben nach einem friedlichen internationalen Umfeld", sondern auch in der „Erhaltung und Förderung des Weltfriedens durch eigene Entwicklung". Dieser Entwicklungspfad hebt gegenseitigen Nutzen und gemeinsames Gewinnen hervor. Gleichzeitig hat Xi Jinping die Idee der friedlichen Entwicklung entfaltet und ist der Ansicht, dass das Festhalten am Weg der friedlichen Entwicklung nicht nur bedeute, dass China unbeirrt diesen Weg beschreiten sollte, sondern dass auch andere Länder denselben Weg gehen sollten, und dass nur dann, wenn alle Länder den Weg der friedlichen Entwicklung beschreiten, denn nur dann könnten sich alle Länder gemeinsam entwickeln und in Frieden miteinander leben. China werde nicht nur mit großer Entschlossenheit die friedliche Entwicklung praktizieren, sondern auch das Modell der friedlichen Entwicklung verteidigen,

---

[155] Xi Jinping betonte beim dritten kollektiven Lernen des Politbüros des Zentralkomitees der KP Chinas, dass die Koordinierung der beiden großen Situationen im In- und Ausland verbessert und die Grundlage für den Weg zu einer friedlichen Entwicklung gestärkt werden muss [Xi Jinping zai Zhonggong Zhongyang Zhengzhiju Di San Ci Jiti Xuexi shi Qiangdiao, Genghao Tongchou Guonei Guoji Liang Ge Daju Hangshi Zou Heping Fazhan Daolu de Jichu]. (Xinhua News Agency, Beijing, 29.01.2013).

eine gemeinsame Entwicklung fördern, das multilaterale Handelssystem schützen und sich an der globalen Wirtschaftsgovernance beteiligen.

2. Es gilt, das Vorantreiben der Fortschritte der Menschheit zu initiieren. Im Juli 2012 betonte Xi Jinping auf dem Weltfriedensforum an der Tsinghua-Universität, dass ein Land bei seiner Entwicklung sowie bei der Gewährleistung seiner Sicherheit und des Wohlergehens seiner Bevölkerung auch anderen Ländern dies ermöglichen müsse.[156] Am 15. November erläuterte Xi Jinping, der neu gewählte Generalsekretär des Zentralkomitees der KP Chinas, in seiner Rede auf der Pressekonferenz des Ständigen Ausschusses des Politbüros des XVIII. Zentralkomitees die Gesamtaußenpolitik Chinas: „Zum einen muss China die Welt besser kennen, zum anderen muss die Welt auch China besser verstehen." Dabei wird der Aufbau neuartiger internationaler Beziehungen der Konsultation und des Dialogs mit dem Verständnis als Kern angestrebt. Am 15. Mai 2014 wies Staatspräsident Xi Jinping anlässlich der Internationalen Freundschaftskonferenz Chinas und des 60. Jahrestags der Gründung der Gesellschaft des Chinesischen Volkes für Freundschaft mit dem Ausland darauf hin, dass „die Freundschaft zwischen den Völkern eine grundlegende Kraft für den Weltfrieden und eine Grundvoraussetzung für eine Win-Win-Kooperation ist und gegenseitiges Vertrauen und Gleichbehandlung die Voraussetzungen für Zusammenarbeit und gegenseitigen Nutzen sind." „Ob es darum geht, den Weltfrieden aufrechtzuhalten oder die gemeinsame Entwicklung aller Länder zu fördern, der Schlüssel liegt darin, allen Völkern die Bedeutung von Frieden und Entwicklung für die Menschheit bewusst zu machen." Die Förderung der nationalen Verjüngung im Inneren, das Festhalten an einer friedlichen Entwicklung im Äußeren, der positive Beitrag zur Förderung des menschlichen Friedens und der Entwicklung durch die Stärkung der freundschaftlichen Beziehungen zwischen dem chinesischen Volk und den Menschen aller Länder sowie durch die Vergrößerung der Interessenschnittmengen aller Länder der Welt sind die Kernelemente von Xi Jinpings Friedensideen.

3. Es gilt, die Idee zum Vorantreiben des Aufbaus neuartiger internationaler Beziehungen hervorzuheben. Am 23. März 2013 meinte Genosse Xi Jinping bei seinem ersten Besuch in Russland seit seiner Amtszeit als Staatspräsident in einer Rede am Moskauer Institut für Internationale Beziehungen: „In dieser Welt hat sich das Ausmaß der gegenseitigen Verbindungen zwischen allen Ländern und ihrer Interdependenz in geradezu beispielloser Form vertieft. Die Menschen leben im gleichen globalen Dorf, im gleichen Raum und in der gleichen Zeit, wo Geschichte auf die Realität der Gegenwart trifft. Es ist eine Schicksalsgemeinschaft entstanden, in der jeder auf jeden angewiesen ist."[157] Dabei wurde das Vorantreiben des Aufbaus neuartiger internationaler Beziehungen mit Zusammenarbeit zum ge-

---

[156] Xi, Jinping: *Frieden und Sicherheit in der Welt mit Zusammenarbeit aufrechterhalten - Rede zur Eröffnung des Weltfriedensforums* [Xieshou Hezuo Gongtong Weihu Shijie Heping yu Anquan]. (Xinhua News Agency, Beijing, 07.07.2012).

[157] Xi, Jinping: *Mit der Zeit Schritt halten und den Weltfrieden vorantreiben* [Shunying Shidai Qianjin Chaoliu Cujin Shijie Heping Fazhan]. In: *People's Daily*, 24.03.2013, S. 2.

meinsamen Nutzen als Kerninhalt betont. Dies ist das erste Mal, dass ein chinesischer Staatsführer auf der internationalen Bühne die Initiative ergreift, den Aufbau internationaler Beziehungen neuer Art zu fördern. Der Bericht des XIX. Parteitags der KP Chinas betonte, dass China dazu bereit ist, die Fahne des Friedens, der Entwicklung, der Zusammenarbeit und der Win-Win-Situation hochzuhalten, an dem außenpolitischen Ziel der Erhaltung des Weltfriedens und der Förderung der gemeinsamen Entwicklung festzuhalten, unbeirrbar die freundschaftliche Zusammenarbeit mit anderen Ländern auf der Grundlage der fünf Prinzipien der friedlichen Koexistenz zu entwickeln und den Aufbau internationaler Beziehungen neuer Art mit gegenseitigem Respekt, Fairness und Gerechtigkeit sowie Zusammenarbeit zum gemeinsamen Nutzen zu fördern.[158] Der Kern der Idee neuartiger internationaler Beziehungen liegt in der Win-Win-Kooperation, durch die eine solide Grundlage für den Frieden geschaffen werden kann.

4. Es gilt, am Vorantreiben des Aufbaus einer Schicksalsgemeinschaft der Menschheit festzuhalten. „Unsere Menschheit hat nur eine Erde." Seit dem XVIII. Parteitag hat die Partei unter der Führung des Zentralkomitees der KP Chinas mit Genosse Xi Jinping als Kern angesichts der sich verändernden internationalen Situation, und auf dem strategischen Höhepunkt der historischen Entwicklung der Menschheit, die wichtige strategische Feststellung getroffen, dass die internationale Gemeinschaft zunehmend zu einer Schicksalsgemeinschaft wird, in der verschiedene Länder ineinander integriert sind. Am 28. September 2015 nahm Staatspräsident Xi Jinping auf der Generaldebatte der 70. UN-Generalversammlung in New York teil und hielt eine wichtige Rede mit dem Titel *Eine neue Partnerschaft zum gegenseitigen Nutzen und eine Zukunftsgemeinschaft der Menschheit*, in der er betonte: „In der heutigen Welt sind alle Länder voneinander abhängig und teilen eine gemeinsame Zukunft. Wir sollten die Ziele und Grundsätze der UN-Charta weiter verfolgen und fördern, ein neues Modell internationaler Beziehungen mit Zusammenarbeit zum gegenseitigen Nutzen als Kerninhalt aufbauen und eine Zukunftsgemeinschaft der Menschheit schaffen." Dabei erläuterte Staatspräsident Xi Jinping den ideologischen Inhalt und die politischen Maßnahmen der Schicksalsgemeinschaft der Menschheit auf fünf Ebenen, nämlich die Politik, Entwicklung, Sicherheit, Zivilisation und Ökologie. Es handelt sich dabei um ein umfassendes Programm zur aktiven Schaffung des Friedens mit starker politischer Vitalität und großer praktischer Machbarkeit.

Zusammenfassend lässt sich sagen, dass nach dem Eintritt des Sozialismus chinesischer Prägung ins neue Zeitalter auch die Großmachtdiplomatie chinesischer Prä-

---

[158] Xi Jinping: Den Entscheidenden Sieg bei der Umfassenden Vollendung des Aufbaus einer Gesellschaft mit Bescheidenem Wohlstand Erringen und um Große Siege des Sozialismus Chinesischer Prägung im Neuen Zeitalter Kämpfen. - Bericht auf dem XIX. Parteitag der Kommunistischen Partei Chinas [Juesheng Quanmian Jiancheng Xiaokang Shehui Duoqu Xin Shidai Zhongguo Tese Shehui Zhuyi Weida Shengli - Zai Zhongguo Gongchandang Di Shijiu Ci Quanguo Daibiao Dahui shang de Baogao]. http://www.xinhuanet.com/politics/19cpcnc/2017-10/27/c_1121867529.htm, (Xinhuanet, 27.10.2017, Abruf am 03.05.2018).

gung eine neue Ära erreicht hat. Das Besondere an der neuen Ära ist, dass China immer mehr in den Mittelpunkt der Weltbühne rückt und immer größere Beiträge für die Menschheit leistet. China wird die strategischen Chancen fest in den Griff bekommen, die Großmachtdiplomatie chinesischer Prägung in die Tat umsetzen, globale Partnerschaften unbeirrt entwickeln, die gemeinsame globale Entwicklung fördern, die Vervollkommnung der Global Governance vorantreiben und mit allen Völkern zusammenarbeiten, um den Aufbau internationaler Beziehungen neuer Art und der Schicksalsgemeinschaft der Menschheit zu fördern und so gemeinsam eine bessere Zukunft für die Menschheit zu schaffen. Angesichts der historischen Veränderungen in den Beziehungen Chinas zur Welt schlägt China einen Weg der Großmachtdiplomatie chinesischer Prägung ein. Die chinesische Diplomatie sollte theoretische und praktische Forschung miteinander verbinden, sich von den falschen Vorstellungen vieler Studien über die Außenbeziehungen und die Außenpolitik befreien, die politische, wirtschaftliche, kulturelle, soziale und institutionelle Funktionsweise der chinesischen Diplomatie erforschen, den Bereich und die Reichweite der diplomatischen Studien weiter ausbauen und allmählich eine Reihe von Strategien und politischen Maßnahmen ausarbeiten, die die Bedürfnisse der nationalen Interessen Chinas widerspiegeln und den Frieden und die Entwicklung der Welt fördern, nämlich einen chinesischen Weg zur Behandlung der Angelegenheiten hinsichtlich der internationalen Beziehungen. Nur wenn sich ein chinesischer Weg der chinesischen Diplomatietheorie herausbildet, kann sich die chinesische Diplomatietheorie in der internationalen akademischen Gemeinschaft wirklich etablieren.

Die Kenntnis und die Auseinandersetzungen der chinesischen Wissenschaftler bezüglich der internationalen Lage seit der Reform- und Öffnungspolitik

Zhou Fangyin[159]

Die internationale Lage ist ein wichtiges und grundlegendes Thema der internationalen Politik. Die Beurteilung der Art und Richtung der internationalen Lage ist für ein Land von Chinas Größe und Entwicklungsstand nicht nur eine theoretische Frage der internationalen Politik, sondern hat auch eine wichtige praktische Bedeutung. Seit den 1980er Jahren, im Hintergrund der Reform- und Öffnungspolitik, haben die chinesischen Experten der internationalen Beziehungen recht eingehende und systematische Analysen und Diskussionen zu den Fragen hinsichtlich der internationalen Lage durchgeführt. Die Art und Weise, wie chinesische Gelehrte, sowie die politischen Entscheider, die internationale Lage wahrgenommen haben, hat auch die chinesische Diplomatie seit der Reform- und Öffnungspolitik tiefgreifend beeinflusst. Wenn man weiß, wie chinesische Wissenschaftler die internationale Lage wahrnehmen und wie sie über ihre Wahrnehmungen debattieren, kann man besser verstehen, wie sie das internationale Umfeld, in dem sie sich befinden, wahrnehmen und auf welche Art und Weise sie über internationale Themen denken.

I. Der Anfang und die Entwicklung der Erkenntnisse chinesischer Gelehrter über die internationale Lage

1. Die Anfangsphase der Diskussion chinesischer Gelehrter über die internationale Lage

1978 begann die chinesische Regierung mit der Umsetzung der Reform- und Öffnungspolitik. Eine der wichtigsten Voraussetzungen dafür war die Vertiefung der Erkenntnisse gegenüber der internationalen Gemeinschaft. Den Statistiken zufolge unternahmen 13 Staatsoberhäupter auf der Ebene der Vizepremiers im Jahr 1978 etwa 20 Reisen und besuchten insgesamt 50 Länder.[160] Die Umsetzung der Reform- und Öffnungspolitik hat das Interesse aller Teile der Gesellschaft an dem Kennenlernen und Verstehen der internationalen Gemeinschaft erhöht.

---

[159] Prof. Zhou Fangyin, Dekan der Fakultät für Internationale Beziehungen der Universität für Auslandsstudien in Guangdong. Der vorliegende Text war ursprünglich in der akademischen Zeitschrift *Quarterly Journal of International Politics* (2017, Nr. 2) veröffentlicht worden, wurde aber für dieses Buch überarbeitet.
[160] Ezra, F. Vogel: *Deng Xiaoping and the Transformation of China* [Deng Xiaoping Shidai] (übersetzt von Feng Keli). Beijing: SDX Joint Publishing Company, 2013, S. 220.

Da die internationale Lage ein sehr wichtiger und grundlegender Faktor ist, der sich auf die zwischenstaatlichen Beziehungen auswirkt, zieht sie zweifellos die Aufmerksamkeit der Forschungsgemeinschaft für internationale Beziehungen auf sich. Dass chinesische Wissenschaftler die internationale Lage in Forschungsarbeiten erörtern, reicht bis in die frühen 1980er Jahre zurück, wenn nicht sogar noch weiter. Ursprünglich verwendeten chinesische Wissenschaftler den Begriff „Lage" in einem ganz anderen Sinne als heute. Im Laufe der Zeit wurden „internationale Lage" und „Weltlage" allmählich zu Begriffen mit relativ stabilen und klaren Bedeutungen.

Der westliche Begriff für internationale Beziehungen, der dem internationalen Muster am nächsten kommt, ist „internationale Struktur", aber das internationale Muster selbst ist ein Konzept mit einer gewissen chinesischen Färbung, die anfangs relativ stark war. Später, als die westliche Theorie der internationalen Beziehungen eingeführt und den chinesischen Gelehrten bekannt wurde, verwendeten sie den Begriff rigoroser, so dass seine Konnotation allmählich stabiler und zielgerichteter wurde, was einen relativ langen und subtilen Entwicklungsprozess durchlief.

Im chinesischen Sprachgebrauch hat das Wort „Lage" (格局 gé jú) die Bedeutung von u. a. Format, Gefüge, Standortverteilung, Situation. Durch die Kombination des Wortes mit „international" kann sich der Begriff sowohl auf die Gesamtstruktur der internationalen Beziehungen beziehen als auch zur Beschreibung der Makrotrends der internationalen Beziehungen auf der Makroebene verwendet werden. Ursprünglich verwendeten manche chinesischen Wissenschaftler die Begriffe „internationale Lage" und „Weltlage" in diesem Sinne.

Die früheste Arbeit über internationale Beziehungen, die den Begriff „Lage" enthält und in der CNKI (China National Knowledge Infrastructure) abrufbar ist, wurde 1979 veröffentlicht.[161] Bei der Erörterung der damaligen Situation in Westeuropa stellte Mei Rong bereits am Anfang seiner Arbeit die Frage: „Wo steht Westeuropa jetzt in der Gesamtlage des internationalen Kampfes?"[162] Zwei Jahre später diskutierten Wu Ren und Zhu Shi jeweils in ihren Beiträgen, ob sich in der internationalen Lage ein „Muster des geeinten Widerstands gegen die Sowjetunion" herausgebildet hatte.[163] Die „Lage", auf das sie sich bezogen, hatte jedoch eine makroskopische Bedeutung im Sinne von Situation, Zustand und Trend. Liang Shoude von der Universität Peking schrieb im Jahr 1986, dass „sich ‚Lage' in der Regel auf ‚Struktur, Muster, Maßstab' beziehen und dass „die internationale politische Lage hauptsächlich die Struktur, der Maßstab und die Wechselbeziehung zwischen den Staaten der Welt ist", wobei er meinte, dass sich in den 1950er Jahren eine Lage herausgebildet habe, in der sich die Vereinigten Staaten und die Sowjetunion gegenübergestanden hätten; in den 1960er und 1970er Jahren habe die Lage der „drei Welten" geherrscht und in

---

[161] Das hängt mit der Aufnahmezeit der chinesischen Artikel von der *National Knowledge Infrastructure* (*CNKI*) zusammen.

[162] Mei, Rong: Die aktuelle Lage in Westeuropa [Dangqian Xi'ou Xingshi]. In: *World Affairs*, 1979(20), S. 1-4.

[163] Wu, Ren: Hat sich ein einheitliches Muster gegen die Sowjetunion herausgebildet? [Lianhe Kangsu de Geju Xingcheng le ma?]. In: *World Affairs*, 1981(2), S. 2-3.; Zhu, Shi: Eine Analyse der Außenpolitik des Kabinetts Suzuki [Lingmu Neige Waijiao Zhengce Pouxi]. In: *Reference Materials on International Issues*, 1981(35), S. 1-8.

den 1980er Jahren sei eine neue Lage aus den Ost-West-Nord-Süd-Beziehungen entstanden.¹⁶⁴

Die Verwendung des Begriffs „Lage" im weiteren Sinne hat sich Mitte bis Ende der 1980er Jahre allmählich verändert. Seitdem tendieren Wissenschaftler dazu, den Begriff „internationale Lage" in einem engeren und strengeren Sinne zu gebrauchen. Chen Lemin, Forscher vom Institut für Europäische Studien der Chinesischen Akademie der Sozialwissenschaften, schrieb 1984 in seinem Artikel, dass „die gegenwärtige Weltlage immer noch ein ‚bipolares' Muster ist" und dass „die Haupttendenz der internationalen Situation in der Zukunft eine angespannte Konfrontation ist", so dass die Begriffe „Weltlage" (世界格局 shì jiè gé jú) und „aktuelle Situation in der Welt" (shì jiè xíng shì) klar und unmissverständlich voneinander unterschieden wurden.¹⁶⁵ Seitdem hat der Begriff „Weltlage", wie er von der Wissenschaft verwendet wird, im Grunde genommen die Bedeutung von „aktueller Situation in der Welt" aufgegeben. Hierbei wird jedoch von einigen Ausnahmen abgesehen. Die Diskussion über die Weltlage hat sich auch auf gezieltere Fragen wie „Bipolarität" oder „Multipolarität" verlagert.

Ji Yin vom Shanghai Institute of International Studies schrieb 1987, dass „die heutige Weltlage mit einem Wort ein schwächer werdendes bipolares und ein sich entwickelndes multipolares Muster ist". „Die Entwicklung der Welt zur Multipolarität ist ein unumkehrbarer historischer Trend, aber der Übergang von einer bipolaren zu einer multipolaren Welt ist ein langfristiger, langsamer Entwicklungsprozess. Die Welt befindet sich derzeit in einer historischen Phase des Übergangs von einer bipolaren zu einer multipolaren Welt".¹⁶⁶ In Ji Yins Ausführungen findet sich vieles, was sich später wie ein Déjà-vu liest, insbesondere der Abschnitt über den Trend zur Multipolarität. Ji Yin zufolge herrschte im militärischen Bereich immer noch ein bipolares Muster vor, im politischen Bereich gab es bedeutende Entwicklungen in Richtung Multipolarität, und im wirtschaftlichen Bereich hatte das multipolare Muster bereits erste Formen angenommen. Einem solchen Ansatz der Ausarbeitung der Weltlage in diversen separaten Bereichen folgten später auch viele Wissenschaftler.

In dieser Zeit gingen chinesische Wissenschaftler von einer multipolaren Entwicklungstendenz aus, allerdings vor dem Hintergrund eines bipolaren Musters. Gleichzeitig herrscht unter ihnen auch ein allgemeines Gefühl der Unzufriedenheit mit dem Begriff „bipolares Muster". Xie Yixian von der China Foreign Affairs University vertrat Mitte bis Ende der 1980er Jahre die Auffassung, dass der „bipolare Ansatz" die grundlegende Situation in der Welt nicht zusammenfassen kann, und dass auch der „multipolare Ansatz" der tatsächlichen internationalen Situation nicht entspricht. Das Problem des Ersteren ist, dass sie die riesige „Mittelzone" nicht berücksichtigt, in der China mit anderen Ländern der „Dritten Welt" gemeinsam enormen

---

¹⁶⁴ Liang, Shoude: Ein paar Gedanken zur aktuellen internationalen politischen Lage [Guanyu Dangqian Guoji Zhengzhi Geju de Ji Dian Sikao]. In: *The Journal of International Studies*, 1986(4), S. 67-70.
¹⁶⁵ Chen, Lemin: Rivalität zwischen den USA und der Sowjetunion und Studien über Westeuropa in den 1980er Jahren [Bashi Niandai de Mei Su Zhengba yu Xi'ou]. In: *Chinese Journal of European Studies*, 1984(3), S. 16-22.
¹⁶⁶ Ji, Yin: Der Status und die Rolle Westeuropas im Kontext der Weltlage [Cong Shijie Geju Kan Xi'ou de Diwei he Zuoyong]. In: *World Affairs*, 1987(8), S. 10.

Einfluss auf die internationalen Angelegenheiten ausüben kann. Dieser Realität kann der „bipolare Ansatz" nicht gerecht werden. Gleichzeitig argumentiert Xie Yixian, dass der „multipolare Ansatz" auch nicht gültig sein könne, da kein anderes Land als die UdSSR ausreiche, um einen Pol zu bilden.[167] Zweifellos hatte Xie Yixian schon damals ein klareres Verständnis des Konzepts der „Pole", aber dass der „bipolare Ansatz" alle wichtigen Tatsachen des internationalen Systems erklären müsse, ist etwas verwirrend. In Wirklichkeit sind die beiden Pole nur der wichtige internationale Kontext, in dem sämtliche Staaten ihre Rollen spielen.

Vor dem Zusammenbruch der Sowjetunion zeigten chinesische Wissenschaftler eine starke Präferenz für die Drei-Welten-Theorie. In Abhandlungen, die sich mit der damaligen internationalen Lage befassten, war es relativ üblich, auf die Drei-Welten-Theorie zu verweisen. Es wurde die Ansicht vertreten, dass sie die Realität der internationalen Kräfte jenseits der beiden Pole und ihre Auswirkungen auf die internationale Gemeinschaft widerspiegeln kann. Ein Teil der Wissenschaftler waren davon überzeugt, dass eine politische Lage aus drei Welten existierten.[168] So war Yu Yuan in seinem Artikel (1987) zum einen der Auffassung, dass es in der frühen Nachkriegszeit grundsätzlich zwei gegensätzliche Lager gab, nämlich das imperialistische Lager unter Führung der USA und das sozialistische Lager unter Führung der UdSSR, und zum anderen, dass sich nach den 1960er Jahren im Wesentlichen ein politisches Drei-Welten-Modell herausgebildet hat. „Dieses Grundmuster ist bis heute unverändert geblieben."[169] Diese Sichtweise betonte insbesondere die wichtige Rolle der „Dritten Welt", zu der auch China gehörte, in der Weltpolitik und war in den 1970er und 1980er Jahren sehr einflussreich. Vor dem Hintergrund dieser Ansicht ging der Ausgangspunkt der chinesischen Wissenschaftler leicht zu einer Betonung des Trends zur Multipolarität über. Tang Jifang von der Universität Lanzhou argumentiert zum Beispiel, dass „die Entwicklung hin zu drei Welten (wenn von einer multipolaren Welt gesprochen wird, dann in diesem besonderen Sinne[170]) das Neue am internationalen Wandel in der Nachkriegszeit ist".[171] Nach der Vorstellung mancher

---

[167] Xie, Yixian: Die Weltlage und die Bi- und Multipolaritätstheorie [Shijie Geju yu "Liangji", "Duoji Shuo"]. In: *World Affairs*, 1987(19), S. 16.

[168] Xie, Yixian: Die Weltlage und die Bi- und Multipolaritätstheorie [Shijie Geju yu "Liangji", "Duoji Shuo"]. In: *World Affairs*, 1987(19), S. 16.; Du, Xiaoqiang: Bipolarität oder Multipolarität? [Shi Liangji haishi Duoji?]. In: *World Affairs*, 1987(14), S. 14-15.; Han, Chaodong: Die Weltlage nach dem Zerfall der Sowjetunion [Sulian Jieti hou de Shijie Geju]. In: *Future and Development*, 1992(2), S. 26-28.; Zhang, Maiqiang: Über die Phasen der Entwicklung der Weltpolitischen Lage nach dem Zweiten Weltkrieg [Lun Zhanhou Shijie Zhengzhi Geju Yanbian de Fenqi]. In: *Journal of Anhui University* (Philosophy and Social Sciences Edition), 1994(2), S. 57-62.

[169] Yu, Yuan: Analyse der Dynamik der Entwicklung der Weltpolitischen Lage nach dem Zweiten Weltkrieg [Qianxi Zhanhou Shijie Zhengzhi Geju Yanbian de Dongyin]. In: *World Economics and Politics*, 1987(2), S. 42-45.

[170] Hier meinte die Autorin, dass die USA und die Sowjetunion zu der ersten Welt gehören. Zu der zweiten Welt hätten die westeuropäischen Länder, Japan und andere Industrieländer gezählt, zu der dritten Welt die Entwicklungsländer in Asien, Lateinamerika und Afrika. - von dem Übersetzer.

[171] Tang, Jifang: Veränderungen und Entwicklungstendenzen der internationalen Beziehungen in den vierzig Jahren nach dem Zweiten Krieg - ein Überblick über einige Ansichten in westlichen Schriften [Zhanhou Sishi Nian Guoji Guanxi de Bianhua he Fazhan Qushi - Jianping Xifang Lunzhu zhong de Yixie Guandian]. In: *Journal of Lanzhou University*, 1985(2), S. 15-22.

Wissenschaftler in der damaligen Zeit setzte sich die multipolare Welt aus drei Welten zusammen, die sich auf je einer Seite befanden. Dies ist ein wichtiger Unterschied zu dem, was nach den 1990er Jahren über Multipolarität gesagt wurde.

Die Präferenz chinesischer Wissenschaftler für ein multipolares System wurde bereits in der Anfangsphase der Diskussion über die internationale Lage deutlich. Zum einen waren sie gerne bereit, die verschiedenen politischen Maßnahmen in Bezug auf den Trend zur Multipolarität zusammenzufassen und ineinander zu integrieren, zum anderen betrachteten sie die Multipolarität auch als einen potenziell wünschenswerten Zustand auf der Werteebene. 1987 schrieb Du Xiaoqiang: „Der Bipolarismus stellt die Ideologie in den Vordergrund, während der Multipolarismus die nationale Unabhängigkeit und Souveränität betont. [...] Der Bipolarismus stellt die nationale Macht eines Landes in den Vordergrund, weil er glaubt, dass internationale Politik ‚Machtpolitik' ist und dass die mächtigen Staaten ihre Stärke ausnutzen und willkürlich handeln können, während der Multipolarismus besagt, dass das Verhalten der Staaten gemeinsamen moralischen Erwägungen und der Achtung der international anerkannten Grundsätze Rechnung tragen muss. [...] Der Bipolarismus betont die militärische Stärke, während der Multipolarismus großen Wert auf die wirtschaftliche, wissenschaftliche und technologische Stärke und die freundschaftlichen Beziehungen legt und die Bedeutung der friedlichen Entwicklung der Nationen betont. [...] Der Bipolarismus spiegelt die strategischen Interessen der beiden Supermächte wider, der Multipolarismus die Interessen der Mehrheit der Länder auf der Welt."[172]

Du Xiaoqiangs Argument spiegelt deutlich die Denkweise vieler chinesischer Wissenschaftler der internationalen Beziehungen in den 1980er Jahren wider, die die internationale Lage nicht nur als Ausdruck einer objektiven materiellen Machtstruktur ansahen, sondern ihr viele Wertorientierungen gaben, die sie nicht gehabt hatte. „Der Bipolarismus repräsentiert die strategischen Interessen der beiden Supermächte, während der Multipolarismus die der meisten Länder widerspiegelt." – Insbesondere diese Ansicht hat das Urteil der Wissenschaftler über die internationale Lage direkt mit ihrem Standpunkt über den staatlichen Interessen verknüpft. Gleichzeitig spiegelte sie auch die Tendenz der damaligen chinesischen Gelehrten in internationalen Fragen wider, den Ist- und Soll-Zustand miteinander zu vermischen. Wenn man eine solche Logik annimmt, dann scheint es so, als wären chinesische Wissenschaftler dazu verpflichtet, die „multipolare Theorie" zu unterstützen. Wie Du Xiaoqiang in demselben Artikel schreibt, „ist die ‚multipolare Theorie' sowohl eine Einschätzung der objektiven Situation als auch ein klarer Vorschlag hinsichtlich der internationalen Politik. Sie spiegelt unsere Unterstützung und Zustimmung zum multipolaren Trend wider".[173]

In den 1980er Jahren stand diese Multipolarität objektiv in hohem Maße in Übereinstimmung mit Chinas allgemeinem Ziel, „sich auf den wirtschaftlichen Aufbau zu konzentrieren", sowie mit seiner internationalen Politik, sich der Hegemonie

---

[172] Du, Xiaoqiang: Bipolarität oder Multipolarität? [Shi Liangji haishi Duoji?]. In: *World Affairs*, 1987(14), S. 14-15.
[173] Du, Xiaoqiang: Bipolarität oder Multipolarität? [Shi Liangji haishi Duoji?]. In: *World Affairs*, 1987(14), S. 14-15.

entgegenzustellen und dem wirtschaftlichen Aufbau in seiner diplomatischen Arbeit zu dienen. Wenn Multipolarität tatsächlich ein Entwicklungstrend in der internationalen Gemeinschaft war, dann befanden sich Chinas Reform und Öffnung in einem relativ günstigen internationalen Umfeld.

2. Die Ansichten chinesischer Wissenschaftler über die internationale Lage während der Wende am Ende des Kalten Krieges

Vom Fall der Berliner Mauer 1989 bis zum Zusammenbruch der Sowjetunion Ende 1991 hat sich die internationale Lage in nur zwei Jahren grundlegend verändert; von dem bipolaren Muster des Kalten Krieges zu einem Muster mit nur einer Supermacht. Man kann sagen, dass dies eine der bedeutendsten Veränderungen in der internationalen Lage seit Gründung der Volksrepublik China ist. Dieser Wandel hat unter chinesischen Wissenschaftlern große Aufmerksamkeit und Diskussionen ausgelöst. Ihr Verständnis hinsichtlich dieses Wandels und der internationalen Lage in der Folgezeit ist durch folgende Aspekte gekennzeichnet.

(1) Besonderer Nachdruck wird auf die Bedeutung wirtschaftlicher Faktoren gelegt. Ab der zweiten Hälfte der 1980er Jahre wurde die Hervorhebung der Bedeutung wirtschaftlicher Faktoren immer lauter. Chinesische Wissenschaftler waren sich einig, dass es im internationalen System einen grundsätzlichen Trend gegeben habe, nämlich „den Trend zur Abnahme der Priorität von Politik und Militär und zur weiteren Verlagerung des Schwerpunkts der internationalen Beziehungen auf die wirtschaftliche Dimension".[174] Der Zusammenbruch der Sowjetunion sei als Ergebnis einer Überbetonung militärischer Faktoren und des Kampfes um Hegemonie auf Kosten der wirtschaftlichen Entwicklung gesehen worden.[175] Zum einen spiegelte dies die Art und Weise wider, wie chinesische Wissenschaft-

---

[174] Liu, Shizhuo: Darstellung der grundlegenden Tendenzen der gegenwärtigen internationalen politischen und wirtschaftlichen Entwicklungen [Shishu Dangdai Guoji Zhengzhi yu Jingji Fazhan de Jiben Qushi]. In: *LINGDAO ZHIYOU*, 1989(5), S. 45-48.

[175] Auf der Jahreskonferenz der Chinesischen Gesellschaft für die Geschichte der internationalen kommunistischen Bewegungen im Oktober 1992 fassten die anwesenden Wissenschaftler die wichtigsten Lehren aus dem Zerfall der Sowjetunion für China zusammen. Die erste Lehre lautet: „Wir müssen uns auf den wirtschaftlichen Aufbau konzentrieren, uns um die Entwicklung der sozialen Produktivkräfte bemühen und die wachsenden materiellen und kulturellen Bedürfnisse des Volkes befriedigen." Siehe Wang, Youqun & Hu, Hao: Eine korrekte Zusammenfassung der Ursachen und Lehren aus dem Zerfall der Sowjetunion - Rückblick auf die Jahreskonferenz 1992 der chinesischen Gesellschaft für die Geschichte der internationalen kommunistischen Bewegungen [Zhengque Zongjie Sulian Jieti de Yuanyin he Jiaoxun - Zhongguo Guoji Gongyunshi Xuehui 1992 Nian Nianhui Shuping]. In: *Issues of Contemporary World Socialism*, 1992(4), S. 79-82. Siehe auch Luo, Zhaohong: Eine kurze Diskussion über die wirtschaftlichen Ursachen des Zerfalls der Sowjetunion [Lüeyi Sulian Jieti de Jingji Yuanyin]. In: *Journal of East China Normal University* (Humanities and Social Sciences), 1994(5), S. 18-19.; Song, Kaiwen: Die Bedeutung des guten wirtschaftlichen Aufbaus im Lichte des Zerfalls der Sowjetunion und der dramatischen Veränderungen in Osteuropa [Cong Sulian Jieti he Dong'ou Jubian Kan Gaohao Jingji Jianshe de Zhongyaoxing]. In: *Journal of Wuhan Education Institute* (Philosophy and Social Sciences), 1992(4), S. 31-34.

ler Lehren aus wichtigen internationalen Ereignissen gezogen hatten, zum anderen wurde dadurch die Betonung wirtschaftlicher Faktoren objektiv auf ein höheres Niveau gehoben.

Diese verallgemeinerte Denkweise, die zur besonderen Hervorhebung der Wirtschaftsfaktoren tendierte, wurde sowohl von der Reform- und Öffnungspolitik beeinflusst, die China seit 1978 energisch verfolgt, insbesondere von der Leitideologie des „wirtschaftlichen Aufbaus als Zentrum", als auch von der marxistischen Auffassung des historischen Materialismus, wonach die Produktivkräfte der entscheidende Faktor für die Entwicklung der menschlichen Gesellschaft sind.

1992 legte Deng Xiaoping in seiner historischen Südlichen Rede als Antwort auf die damals in China herrschende Kontroverse über den Entwicklungsweg die Kriterien zur Beurteilung all unserer Arbeit vor, ob sie die Entwicklung der Produktivkräfte der sozialistischen Gesellschaft, die Stärkung der umfassenden nationalen Macht eines sozialistischen Landes und die Anhebung des Lebensstandards des Volkes begünstigt (die dreifache Begünstigung). Auf diese Weise wurde das Kriterium der Produktivität auf ein höheres Niveau gehoben, was auch eine gewisse Auswirkung darauf hatte, dass chinesische Gelehrte die Bedeutung wirtschaftlicher Faktoren bei der Beurteilung der internationalen Lage betonten.

Die Betonung wirtschaftlicher Faktoren hat ihre Berechtigung, weil die wirtschaftliche Stärke immer als eine wichtige Dimension bei der Messung der umfassenden Stärke von Großmächten gilt. Im Vergleich zu Wissenschaftlern in anderen Ländern haben chinesische Wissenschaftler jedoch eine ungewöhnliche Betonung auf wirtschaftliche Faktoren als einen Faktor mit hoher Entscheidungskraft in der internationalen Lage gelegt, während der Stellenwert militärischer Faktoren deutlich unterschätzt wurde. In gewisser Weise bildete diese Denkweise auch eine gewisse ideologische und konzeptionelle Grundlage für die langjährige Umsetzung der Politik, sein Licht unter den Scheffel zu stellen.[176]

Infolgedessen betrachteten chinesische Wissenschaftler die internationale Lage eher aus einer wirtschaftlichen Perspektive, wenn sie ihre Eigenschaften analysierten, so dass die von ihnen behauptete internationale Lage in Wirklichkeit die internationale Wirtschaftslage war. Diese Tendenz führte dazu, dass viele Wissenschaftler bis zu einem gewissen Grad die Tatsache übersahen, dass die Vereinigten Staaten nach dem Ende des Kalten Krieges in Bezug auf ihre militärische Macht und ihre Gesamtstärke relativ stark geworden sind. Die Präferenz für eine wirtschaftliche Perspektive führte auch dazu, dass der Diskurs und die Behauptungen chinesischer Wissenschaftler über die Multipolarität der internationalen Lage von den späten 1980er Jahren bis zum Beginn des 21. Jahrhunderts, unter unterschiedlichen und sich verändernden Strukturen internationaler Machtkontraste, im Allgemeinen sehr stabil geblieben sind.

---

[176] Der Kern der strategischen und taktischen Richtlinie „sein Licht unter den Scheffel stellen" war zum einen die wirtschaftliche Entwicklung und zum anderen der Einsatz wirtschaftlicher Mittel zur Lösung von Problemen in anderen Bereichen, die so genannte „Wirtschaft für Politik". Diese Richtlinie räumte der wirtschaftlichen Entwicklung insgesamt ein übergeordnetes Gewicht in der nationalen Strategie ein.

(2) Eine objektive Folge des Zusammenbruchs der Sowjetunion war der zunehmende Stellenwert der Vereinigten Staaten im internationalen System. Vor diesem Hintergrund tendierten amerikanische Wissenschaftler dazu, sich häufiger mit dem unipolaren Muster auseinanderzusetzen.[177] Chinesische Wissenschaftler hingegen haben den relativen Anstieg des wirtschaftlichen Status von Ländern und zwischenstaatlichen Organisationen wie Japan und der EU stärker in den Vordergrund gerückt und damit eine ganz andere, mitunter diametral entgegengesetzte Sichtweise auf denselben Wandel in der internationalen Lage entwickelt als ihre amerikanischen Fachkollegen.

Von 1991 bis 1995 wurde das Stichwort „Unipolarität" nur in einigen wenigen Abhandlungen chinesischer Wissenschaftler in akademischen Zeitschriften über internationale Beziehungen verwendet. Diese wenigen Artikel waren sogar noch weitestgehend gegen die „unipolare Theorie" gerichtet. Darin geht es vor allem um die Herausforderungen und Schwierigkeiten, mit denen die Vereinigten Staaten konfrontiert sind.[178]

1991 schrieb Fu Yaozu von der China Foreign Affairs University, dass sich ein zweiter Wendepunkt in der internationalen Lage nach dem Zweiten Weltkrieg abzeichnete, eine Entwicklung von einer bipolaren amerikanisch-sowjetischen Lage zu einer multipolaren. Der Hauptgrund dafür bestehe darin, dass Westeuropa und Japan in den vorangegangenen 30 Jahren die Konfrontation zwischen den Vereinigten Staaten und der Sowjetunion genutzt hatten, um ihre wichtigsten menschlichen und materiellen Ressourcen der wirtschaftlichen Entwicklung und den neuen Technologien zu widmen und eine Entwicklungsstrategie zu finden, die ihren eigenen nationalen Bedingungen entsprach, und ihre Wirtschaft und Technologien schneller zu entwickeln als die Vereinigten Staaten und die Sowjetunion. In Bezug auf die Wirtschaftsindikatoren wie Außenhandel, Goldreserven und ausländische Direktinvestitionen sind die USA nicht mehr allein führend, und „die kapitalistische Welt hat sich zu einem Triumvirat aus den USA, Japan und Westeuropa zusammengeschlossen".[179]

---

[177] Vgl. Nye Jr., Joseph S.: *Bound to Lead: The Changing Nature of American Power*. New York: Basic Books, 1990.; Krauthammer, Charles: The Unipolar Moment. In: *Foreign Affairs*, No. 1, 1990/1991(1), Vol. 70, S. 23-33.; Layne, Christopher: The Unipolar Illusion: Why New Great Powers Will Rise. In: *International Security*, 1993(4, Frühling), Vol. 17, S. 5-51. Im Gegensatz zu den beiden anderen Wissenschaftlern vertrat Layne die Auffassung, dass der Zerfall der Sowjetunion eine Veränderung des internationalen Systems von einem bipolaren zu einem unipolaren Muster bedeutete, aber er meinte, dass sich das internationale System von 2000 bis 2010 zu einem multipolaren System umwandeln würde. Diese Ansicht war der der damaligen chinesischen Wissenschaftler recht ähnlich, aber Layne betonte die Rolle der Logik der Ausbalancierung und nicht die wirtschaftlichen Faktoren, die nach der Ansicht vieler chinesischen Wissenschaftler das Ergebnis dieser Veränderung waren.

[178] Yuan, Shengyu: Von „Nullpolarität" bis zur „Multipolarität" - Hundert Denkschulen zur Internationalen Lage [Cong "Wuji" dao "Duoji" - Baijia Lun Geju]. In: *World Economics and Politics*, 1991(9), S. 19-23.; Wang, Haihan: US Global Strategy Faces Serious Challenges. In: *International Studies*, 1992(4), S. 19-24.; Xi, Runchang: Gründe und Aussichten für die Neuausrichtung der Globalen Strategischen Prioritäten der USA [Meiguo Quanqiu Zhanlüe Zhongdian Tiaozheng de Yuanyin ji qi Qianjing]. In: *World Economics and Politics*, 1994(11), S. 49-52.; De, Lin: Großmachtbeziehungen nach dem Kalten Krieg [Lengzhan hou de Daguo Guanxi]. In: *World Economics and Politics*, 1994(6), S. 39-44.

[179] Fu, Yaozu: Analyse der Umwandlung der Internationalen Lage und deren Entwicklungsrichtung [Shilun Guojijeju de Yanbian ji Zouxiang]. In: *Journal of Foreign Affairs College*, 1991(1), S. 71-78.

Wenn man dieser Ansicht folgt, sollte sich China die Erfahrungen Westeuropas und Japans während des Kalten Krieges zunutze machen. In gewissem Sinne sollte China nicht nur im Bereich der wirtschaftlichen Entwicklung von Westeuropa und Japan lernen, sondern auch in Bezug auf ihre Außenpolitik, die sich entschieden gegen die Praxis des Militarismus gewandte hatte.

Song Baoxian von den China Institutes of Contemporary International Relations schrieb 1991, dass „die Welt heute in der Tat durch die Koexistenz einer unipolaren und einer multipolaren Welt gekennzeichnet ist", aber er betonte zudem, dass „in Zukunft der unipolare Charakter der Welt allmählich schwächer und der multipolare dementsprechend stärker wird".[180] Die Schwächung der einen und die Stärkung der anderen Seite sei der unvermeidliche Trend der Multipolarität. In der Zeit, in der sich die unipolare Welt herausbildete, hielt er an diesem ungewöhnlichen Standpunkt fest, was die Denkweise mancher chinesischer Gelehrter und ihre Sichtweise hinsichtlich der internationalen Lage deutlich widerspiegelt.

Wei Lin vom Institut für Weltwirtschaft und Politik an der Chinesischen Akademie der Sozialwissenschaften zufolge haben „die gegenwärtigen Veränderungen [...] der Beherrschung des Weltgeschehens durch eine oder zwei Großmächte ein Ende gesetzt, und das System der internationalen Beziehungen ist damit in eine neue historische Phase eingetreten". Seiner Ansicht nach bedeutet der Zusammenbruch der Sowjetunion keine weitere Aufwertung des Status der Vereinigten Staaten, sondern eine Demonstration der bemerkenswerten Bedeutung wirtschaftlicher Faktoren. Dies zeigt: „Beim Übergang von einem bipolaren Muster, das auf strategischer Notwendigkeit beruht, zu einem multipolaren Muster, das durch wirtschaftlichen Wettbewerb gekennzeichnet ist, wird die Bedeutung von wirtschaftlichen und wissenschaftlichen Faktoren zunehmend die von militärischen Faktoren überwiegen."[181]

Im Jahr 1991, als sich das internationale System von bipolar zu unipolar wandelte, herrschte unter den chinesischen Wissenschaftlern im Bereich der internationalen Beziehungen die allgemeine Auffassung, dass die internationale Lage durch einen verstärkten Trend zur Multipolarität gekennzeichnet war. Eine solche systematische Wahrnehmung ist zweifellos stark von der Art und Weise geprägt, wie chinesische Wissenschaftler die internationale Situation betrachten, nämlich eine starke Betonung der wirtschaftlichen Faktoren, der Rolle des Gesetzes der ungleichmäßigen Machtentwicklung und der Bewegung eines Staates zwischen Boom- und Krisenphasen. Sie tendieren dazu, die Entwicklung der internationalen Lage mit einem Zeithorizont von einem Jahrzehnt oder mehreren Jahrzehnten zu betrachten, teilweise mit einem gewissen Grad von Wunschdenken.

(3) Nach dem Ende des Jahres 1991 wurde die internationalen Lage von chinesischen Wissenschaftlern als „eine Supermacht und viele andere Mächte" definiert. Zum einen wurde mit dieser Formulierung die objektive Tatsache anerkannt, dass es damals nur eine Supermacht im internationalen System gab, zum

---

[180] Song, Baoxian: Der beschleunigte Übergang der Welt zur Multipolarität [Shijie Jiasu xiang Duojihua Zhuanbian]. In: *World Affairs*, 1991(21), S. 5.
[181] Wei, Lin: Die Historische Wende in der Weltlandschaft [Lun Shijie Geju de Lishixing Zhuanzhe]. In: *Peace and Development*, 1991(2), S. 7-16.

anderen wurde die Existenz mehrerer Mächte unterstrichen, mit dem Unterton, dass die Vereinigten Staaten zwar die einzige Supermacht waren, ihre Fähigkeit zur Dominanz des internationalen Systems aber auf lange Sicht abnehmen würde. Dieser relativ starke und beständige Glaube an den Trend zur Multipolarität in der internationalen Lage hat in gewissem Maße den Optimismus unter den Wissenschaftlern hinsichtlich der Frage geweckt, wie China eine aktive Rolle in der internationalen Gemeinschaft spielen sollte, so dass sie nicht mit konzentrierter Kraft erforschen mussten, wie China mit dem möglichen Aufkommen des stärkeren Drucks durch den Hegemon in einem unipolaren System umgehen soll.

Der Begriff „eine Supermacht und viele andere Mächte" tauchte 1991 allmählich auf,[182] setzte sich unter chinesischen Wissenschaftlern schnell durch, blieb relativ lange in Gebrauch. Auch heute wird er noch von vielen verwendet, obwohl sich das Machtgefüge der wichtigsten Länder der Welt im Laufe der Zeit recht komplex verändert hat. Als ein Fachbegriff wird seine Stabilität in der Verwendung mit der des Begriffs „Multipolarität" vergleichbar (siehe Abbildung 1).

Der Begriff „eine Supermacht und viele andere Mächte" spiegelt die objektive Tatsache wider, dass es ein gewisses Machtgefälle zwischen den stärkeren Ländern im internationalen System gibt, und lässt gleichzeitig den chinesischen Gelehrten mehr Spielraum für Interpretationen. Man kann entweder diesen Ausdruck als eine konkrete Manifestation der Multipolarität betrachten, weil „viele Mächte" tatsächlich existieren und sich weiterentwickeln, oder man kann ihn auch als eine andere Bezeichnung für Unipolarität verstehen, weil es nur „eine Supermacht" gibt. Ferner kann man ihn sich auch als eine Übergangsform des internationalen Systems beim Übergang von einem bipolaren zu einem multipolaren Muster vorstellen.[183]

---

[182] Zu den Artikeln in der früheren Zeit gehören Wang, Ling: Eine vorläufige Studie über die amerikanische „neue Weltordnung" und die zukünftige „neue internationale Ordnung" [Meiguo "Shijie Xin Zhixu" he Weilai "Guoji Xin Zhixu" Chutan]. In: *Global Review*, 1991(15), S. 3-5.; Liu, Tongshun: Der Wandel der Weltlage und die Merkmale des Gegenwärtigen Wechsels zwischen der Alten und der Neuen Lage [Shijie Geju de Zhuanhuan he Dangqian Xinjiu Geju Jiaoti Shiqi de Tedian]. In: *Global Review*, 1992(2), S. 13-14.; Liu, Shan: Die sich verändernde Weltlage und die Außenbeziehungen Chinas [Zhuanhuan zhong de Shijie Geju yu Wo Guo Duiwai Guanxi]. In: *Foreign Affairs Review*, 1992(4), S. 1-3.; usw.

[183] He, Fang: Multipolarität oder „eine Supermacht, viele große Mächte"? [Shi Duojihua haishi "Yichao Duoqiang"]. In: *World Affairs*, 1998(17), S. 20-22.

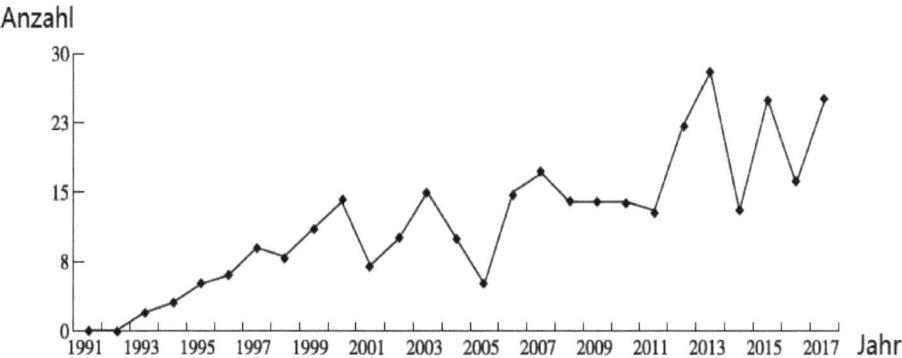

Abb.1: Die Anzahl der Beiträge auf CNKI, in denen das Schlagwort „eine Supermacht und viele Mächte" erscheint

(4) Das Verständnis mancher Wissenschaftler vom Prozess des Machtwechsels im internationalen System ist von einer gewissen deterministischen Sichtweise geprägt. Nach Ansicht von Wang Huaining vom Institut für Weltwirtschaft und Politik der Chinesischen Akademie der Sozialwissenschaften wurden die gewaltigen Veränderungen in der politischen und wirtschaftlichen Landschaft der Welt in den späten 1980er und frühen 1990er Jahren nicht durch bestimmte Zufallsfaktoren und unerwartete Ereignisse verursacht, sondern waren die unvermeidliche Folge des langfristigen Ungleichgewichts in der politischen und wirtschaftlichen Entwicklung der Länder in der Nachkriegszeit. „Verschiedene Zufallsfaktoren und unerwartete Ereignisse haben zwar die Veränderungen beschleunigt und verlangsamt, konnten aber den Verlauf und die Richtung der Veränderungen in der politischen und wirtschaftlichen Landschaft der Welt nicht ändern." Er ist eindeutig der Meinung, dass es eine stabile Richtung des Wandels gibt, nämlich die Multipolarität. Seiner Ansicht nach ist das bipolare Muster mit dem Zusammenbruch der Sowjetunion zu Ende gegangen, aber „anstatt dass die Vereinigten Staaten die Welt als einzige hegemoniale Macht beherrschen, hat sich ein neues Triumvirat herausgebildet, nachdem Japan und Deutschland ihre Hauptkonkurrenten geworden sind".[184]

In ähnlicher Weise argumentieren Li Jingyu und Wang Yingshu von der Pädagogischen Hochschule Liaoning, dass „das zusammengesetzte Muster der heutigen Welt mit historischer Zwangsläufigkeit entstanden ist, während das Jalta-System schon immer den Stempel der Künstlichkeit trug, so dass sein Zerfall nur eine Frage der Zeit

---

[184] Wang, Huaining: Einige Überlegungen zur Untersuchung der weltweiten politischen und wirtschaftlichen Lage [Guanyu Yanjiu Shijie Zhengzhi yu Jingji Geju de Ji Dian Sikao]. In: *World Economics and Politics*, 1993(7), S. 1-4.

ist". Des Weiteren meinen sie, dass „das Thema der heutigen Welt Frieden und Entwicklung ist und dass niemand diesen großen und allgemeinen Trend der Zeit umkehrt".[185] Die deterministischen Untertöne, die in einem solchen endgültigen Urteil über die künftigen Veränderungen in der internationalen Lage enthalten sind, liegen gewissermaßen auf der Hand.

In den 1990er Jahren waren diese Sichtweise des wirtschaftlichen Determinismus und die extreme Betonung der Rolle wirtschaftlicher Faktoren in der sich verändernden internationalen Lage in den 1990er Jahren unter chinesischen Wissenschaftlern im Bereich der internationalen Beziehungen weit verbreitet. Die Wirtschaft ist daher zur wichtigsten Perspektive geworden, aus der chinesische Wissenschaftler die internationale Lage betrachteten. Eine solche Perspektive führte, wenn sie mit der Diplomatie assoziiert wurde, zu einer besonderen Betonung der Bedeutung der wirtschaftlichen Beziehungen zwischen den Staaten. Des Weiteren wird ebenfalls großer Wert auf die wirtschaftlichen Eigenschaften und den wirtschaftlichen Wert diplomatischer Aktivitäten gelegt.

Während der gesamten 1990er Jahre hatten chinesische Wissenschaftler im Bereich der internationalen Beziehungen ein allgemein starkes Vertrauen in den Trend zur Multipolarität in der internationalen Lage, das auf der Betonung der wichtigen Rolle wirtschaftlicher Faktoren beruhte. In den Clinton-Jahren erlebte die US-Wirtschaft jedoch ein neues wirtschaftliches Zeitalter mit hohem Wachstum und niedriger Inflation. Begünstigt durch den „Information Superhighway" und andere Maßnahmen der Clinton-Regierung, die die High-Tech-Industrie fördert, wuchs die US-Internetindustrie in rasantem Tempo. Im Gegensatz dazu schnitten Westeuropa und Japan in diesem Sinne nicht sehr gut ab. Das Wirtschaftswachstum von Japan stagnierte in gewissem Maße. So wurde zu diesem Zeitpunkt auch auf wirtschaftlicher Ebene die faktische Unterstützung für den multipolaren Trend in erheblichem Maße geschwächt. Zusammen mit der militärischen Macht und Hegemonie, die die USA im Kosovo-Krieg demonstrierten, hatte dieser globale Zustand einen gewissen Einfluss auf das Vertrauen und den Optimismus der chinesischen Gelehrten in die Multipolarität um die Jahrhundertwende.[186]

3. Der 11. September und die Erkenntnisse der chinesischen Gelehrten über die internationale Lage

Die Terroranschläge am 11. September 2001 haben die internationale Landschaft nicht wesentlich verändert, aber sie hatten erhebliche Auswirkungen auf die globale Strategie und die Außenpolitik der Vereinigten Staaten, der einzigen Supermacht in

---

[185] Li, Jingyu & Wang, Yingshu: Eine Untersuchung der Komplexität der heutigen Weltlage [Dangdai Shijie Geju Fuhexing Kaoxi]. In: *Europe*, 1995(5), S. 53-59.

[186] Liang, Shoude: Die neue US-Hegemonie in der multipolaren internationalen Lage [Guoji Geju Duojihua zhong de Meiguo Xin Baquan]. In: *The Journal of International Studies*, 1999(4), S. 10-14.; Li, Jingzhi: On Various Interpretations of the Setup of the World. In: *Teaching and Research*, 2000(2), S. 43-48.; Wang, Gonglong: Der Widerspruch zwischen multipolaren und unipolaren Tendenzen in den internationalen Beziehungen [Guoji Guanxi zhong Duojihua Qushi yu Danji Qingxiang de Maodun]. In: *Red Flag Manuscript*, 2000(9), S. 27-29.; Chen, Yue: Understanding Tendency of Multipolarity in Post Cold War Era. In: *Teaching and Research*, 2001(4), S. 53-56

dem internationalen System. Dies hat in gewissem Maße den Verlauf der internationalen Lage seither beeinflusst. „Diese Ereignisse haben auch unter chinesischen Wissenschaftlern zu einer Diskussion über die internationale Lage beigetragen.

Vor den Terroranschlägen hatten sich die Erkenntnisse der chinesischen Gelehrten von der internationalen Lage im Großen und Ganzen auf „eine Supermacht und viele andere Mächte" geeinigt.

Nach dem 11. September vertraten die meisten chinesischen Wissenschaftler die Auffassung, dass dieses Ereignis selbst nicht ausreiche, um die internationale Lage zu verändern. Yan Xuetong vom Institut für Internationale Studien an der Tsinghua-Universität meinte, dass sich die internationale Lage ohne einen groß angelegten Krieg nicht verändern wird und dass die Terroranschläge am 11. September keine Auswirkungen auf das Gleichgewicht der Kräfte hatten.[187] Li Qingfu von der Fakultät für Sozialwissenschaften der Universität Jinan war der Meinung, dass der 11. September zwar die ganze Welt schockiert und den aktuellen Zustand der Welt dramatisch verändert hat, aber „die ursprüngliche internationale Lage hat sich dadurch nicht verändert". Was sich daraus gebildet habe, sei eine Lage mit „unipolarer Kontrolle von den USA und Beschränkungen von mehreren Mächten", aber die Beschränkungen seien sehr begrenzt, während die unipolare Kontrolle offensichtlich sei.[188] Laut Qian Wenrong vom Zentrum für Weltstudien der Nachrichtenagentur Xinhua hat sich nach den Terroranschlägen am 11. September das Weltmuster „eine Supermacht mit vielen anderen Mächten" zwar nicht grundlegend geändert, aber das Kräfteverhältnisse entwickeln sich eindeutig zugunsten der westlichen Welt. Die Position der „einen Supermacht", nämlich der USA, wurde erheblich gestärkt. Er war jedoch der Ansicht, dass die Stärkung der globalen strategischen Position der USA und die Tendenz zur Unipolarität nicht das Verschwinden der Tendenz zur Multipolarität bedeutet, geschweige denn eine unipolare Welt, wie die Amerikaner behaupten. Er hob insbesondere die Tendenz des wachsenden strategischen Konflikts zwischen den USA und Europa hervor.[189]

Mit der Förderung des Krieges gegen den Terrorismus sind viele Wissenschaftler der Ansicht, dass das westliche System in eine neue Periode der Expansion eingetreten ist und dass das frühere relative Gleichgewicht zwischen der „einen Supermacht" und den „vielen anderen Mächten" in der internationalen Landschaft bis zu einem gewissen Grad zerbrochen ist und sich zugunsten der „einen Supermacht" verschiebt. Jedoch sind viele von ihnen davon überzeugt, dass eine solche Dynamik auf Dauer nicht aufrechtzuerhalten ist. Dies entspricht weitgehend den seither stattfindenden Entwicklungen und reflektiert die Denkweise chinesischer Gelehrter.[190]

---

[187] Yan, Xuetong: Der rote Faden im Chaos des multipolaren Prozesses [Duojihua Jincheng Hundun zhong de Zhuxian]. In: *Outlook*, 2002(37), S. 20-21.
[188] Li, Qingfu: Die Internationale Landschaft nach den Terroranschlägen am 11. September 2001 ["9·11" Shijian hou de Guoji Geju]. In: *Journal of Jinan University*, 2002(12), S. 5-6.
[189] Qian, Wenrong: Veränderungen in den Beziehungen zwischen den Großmächten nach den Terroranschlägen am 11. September 2001 und deren Auswirkungen auf die Internationale Lage ["9·11" hou de Daguo Guanxi Bianhua ji qi dui Guoji Geju de Yingxiang]. In: *The Contemporary World*, 2002(6), S. 4-6.
[190] Chu, Yun: Analyse Chinas internationalen Umfelds [Woguo Mianlin de Guoji Huanjing Fenxi]. In: *Study Monthly*, 2002(11), S. 19-20.

Im Großen und Ganzen waren chinesische Wissenschaftler zu dieser Zeit recht scharfsinnig, wenn es um die Urteile über die internationale Lage ging, und ihre Einschätzungen über den Verlauf der Beziehungen zwischen den Staaten waren genauer als zuvor. Sie waren bereits imstande, eine klare Unterscheidung zwischen den Eigenschaften der internationalen Lage und den wichtigen internationalen Ereignissen zu treffen, was eine deutliche Niveau-Erhebung ihrer theoretischen und politischen Analyse widerspiegelt.

II. Kontroverse der chinesischen Wissenschaftler hinsichtlich der internationalen Lage

Chinesische Wissenschaftler mögen im Allgemeinen keine offenen Debatten, wenn es um politische Themen geht.[191] Dies hat zur Folge, dass in öffentlich veröffentlichten akademischen Artikeln nur selten direkte, ausführliche und gründliche Debatten über unterschiedliche Standpunkte zu finden sind. Da die internationale Lage von 1985 bis 2017 einen recht komplexen Entwicklungsprozess durchlaufen hat, haben die Wissenschaftler angesichts der gleichen Lage tatsächlich unterschiedliche Ansichten. Diese Meinungsverschiedenheiten haben sich manchmal als Kontroverse in akademischen Diskussionen gezeigt. Zu den wichtigsten gehören die Folgenden.

1. Das Ende der Endphase des Kalten Krieges?

Eine große Anzahl der chinesischen Wissenschaftler ist der Ansicht, dass es nach 1991 eine Übergangszeit in der internationalen Lage gab, und einige haben den Begriff „Endphase des Kalten Krieges" gewählt.[192] Konzeptionell ist diese Phase ein recht allgemeiner Begriff, der keinen klaren Hinweis auf die Art der internationalen Lage gibt und somit eine vereinfachte Bezeichnung ist. Mit diesem Konzept lassen sich unterschiedliche Wahrnehmungen und Visionen der Zukunft mit einbeziehen. In der akademischen Gemeinschaft gibt es jedoch unterschiedliche Auffassungen darüber, wie lange diese Übergangszeit dauern wird, wann sie enden wird und in welche Richtung sie sich entwickelt.

Im Jahr 1999 vertrat Pang Zhongying vom China Institute of International Studies (CIIS) die Auffassung, dass die „Endphase des Kalten Krieges" zu Ende gegangen sei. Das wichtigste Symbol ihres Endes sei die Beschleunigung der „Globalisierung".

---

[191] Es stimmt zwar, dass bei politischen Konferenzen oder internen Treffen oft unterschiedliche Ansichten und Ideen zum Ausdruck gebracht und politische Debatten, manchmal sogar heftig, geführt werden, aber in der Öffentlichkeit erwähnten chinesische Wissenschaftler andere bei Widerlegungen selten namentlich, besonders ungern tun sie das mit öffentlichen Schriften. Im Gegensatz dazu äußern sie ihre unterschiedlichen Ansichten und Ideen auf eine relativ euphemistische Weise.

[192] Früher wurde der Begriff in folgenden Abhandlungen verwendet: Liu, Ming: Analyse mehrerer Merkmale in der Endphase des Kalten Krieges [Shilun Lengzhan hou Shidai de Ji Ge Tezheng]. In: *Quarterly Journal of Shanghai Academy of Social Sciences*, 1993(2), S. 101-108.; Wang, Hongzhou: Die Vereinigten Staaten und der asiatisch-pazifische Raum in der Endphase des Kalten Krieges [Lengzhan hou Shidai de Meiguo yu Yatai Diqu]. In: *Social Sciences Abroad*, 1993(5), S. 16-20.; Wang, Rixiang: Neue Trends in der Entwicklung Regionaler Gruppierungen der Weltwirtschaft in der Endphase des Kalten Krieges [Lengzhan hou Shidai Shijie Jingji Quyu Jituanhua Fazhan de Xin Qushi]. In: *International Review*, 1993(3), S. 19-22.

Er meinte, dass die „Endphase des Kalten Kriegs" nicht in das neue Jahrhundert übertragen werden könne und solle. Das Jahr 1999 sollte daher als das Jahr ihres Endes angesehen werden. Was die Bedeutung des Endes dieser Phase in der internationalen Ordnung angeht, so bedeutet es nach Ansicht von Pang erstens, dass die USA als einzige Supermacht ihren Gesamteinfluss auf die internationalen Angelegenheiten verstärkt haben. „In absehbarer Zukunft wird es weder Länder noch Organisationen aus Ländern geben, die die Sicherheit der USA bedrohen können". Zweitens bedeute dies, dass sich die globale Homogenität, die durch US-amerikanische und europäische Standards definiert wird, ausweiten und verstärken werde und dass die USA zum Anführer der „neuen Weltordnung", zum Machtausgleicher und Regelsetzer würden. Im Gegensatz dazu müssten die Entwicklungsländer der Realität ins Auge sehen, das internationale System und die vom Westen festgelegten internationalen Regeln akzeptieren und einen Entwicklungsweg finden, indem sie sich an die wirtschaftliche Globalisierung anpassen.[193] In gewisser Weise lassen sich aus Pang Zhongyings Ansichten schlussfolgern, dass die internationale Lage in eine neue Phase eingetreten ist, die vom Westen, insbesondere den Vereinigten Staaten, dominiert wird.

Während die meisten weiterhin an der multipolaren Sichtweise festhalten, haben eine Reihe chinesischer Wissenschaftler kontroverse Artikel verfasst. Li Bin vom Fachbereich Politik und Verwaltung der Universität Nanjing hat in einem Artikel zwar Pang Zhongyings Ansicht über die Eigenschaften der Weltordnung nach dem Kalten Krieg im Allgemeinen zugestimmt, aber mit Pangs Vorschlägen über Chinas Antwortstrategie war er nicht einverstanden. Pang rief hervor, dass Chinas Führungsrolle in der internationalen Gemeinschaft betont und seine Rolle in der Welt gestaltet werden sollte. Li argumentierte dagegen, dass Chinas nationale Macht zwar beträchtlich gewachsen sei, sich aber aufgrund der Besonderheiten seines Gesellschaftssystems und seiner Ideologie sowie der Merkmale eines Landes von großer geopolitischer Bedeutung in einer Position befinde, in der es umgestaltet oder potenziell belagert wird. In diesem Zusammenhang sollte China eine diplomatische Strategie verfolgen, deren Ziel es ist, auf der Grundlage seiner Zurückhaltung auch etwas bewirken zu können.[194]

Auf Lis Artikel folgte eine noch direktere Anfechtung von Pangs These durch Zhang Zhizhou vom Institut für Internationale Studien der Fremdsprachenuniversität Peking. Er stellte nicht die Schlussfolgerungen von Pang in Frage, sondern lediglich die Grundlage, auf der Pang seine Schlussfolgerungen präsentierte. Laut Zhang sollte das Ende der Endphase des Kalten Kriegs grundsätzlich darin bestehen, dass die Hauptmerkmale der Endphase verschwunden sind und sich die Hauptmerkmale des neuen Zeitalters, das sich von dieser Endphase unterscheidet, etabliert haben. Die Endphase des Kalten Kriegs zeichnete sich durch zweierlei aus, nämlich die Unordnung und die Unsicherheit. Bis zum Jahr 2000 hatten diese beiden grundlegenden

---

[193] Pang, Zhongying: Das Ende der „Zeit nach dem Kalten Krieg" und Chinas Antwort ["Lengzhan hou" de Zhongjie yu Zhongguo de Huiying]. In: *World Economics and Politics*, 1999(9), S. 5-10.
[194] Li, Bin: Die Weltordnung in der „Zeit nach dem Kalten Krieg" und die Diplomatie Chinas im Neuen Jahrhundert - Diskussion mit Pang Zhongying ["Lengzhan hou" Shijie Zhixu yu Xin Shiji Zhongguo Waijiao - Yu Pang Zhongying Shangque]. In: *World Economics and Politics*, 2000(1), S. 76-79.

Merkmale jedoch ihre beherrschende Stellung und ihren Einfluss verloren und waren durch neue, gegensätzliche Merkmale ersetzt worden. Des Weiteren argumentierte Zhang Zhizhou dagegen, dass die Aussage von Pang, dass „die Endphase des Kalten Kriegs nicht in das neue Jahrhundert übertragen werden kann und soll", ein emotionales Urteil sei und nicht als akademisches Kriterium zur Beurteilung der internationalen Lage verwendet werden könne. Außerdem könne die Beschleunigung der Globalisierung nicht als Kennzeichen des Endes der Endphase betrachtet werden.[195] Im Großen und Ganzen gilt dies als eine Debatte akademischer Prägung.

Demgegenüber argumentiert Li Qingjin von der Pädagogischen Universität Peking, dass der Begriff „Ende der Endphase des Kalten Kriegs" selbst schon fragwürdig sei. Seiner Ansicht nach wird die internationale Übergangsordnung noch eine relativ lange Zeit fortbestehen, und eine stabile hegemoniale Ordnung, die sich auf die Großmacht der Vereinigten Staaten stützt, hat sich noch nicht etabliert. Das Machtgleichgewicht zwischen den verschiedenen Seiten ist unausgewogen und befindet sich noch immer im Wandel und in der Anpassung. Ein wirksamer Grundsatz der Kohärenz zwischen den Großmächten wurde noch nicht aufgestellt.[196] Insgesamt präsentiert Li ein ganz anderes Verständnis hinsichtlich der sich verändernden Eigenschaften des internationalen Systems als Pang.

Insgesamt haben sich die chinesischen Wissenschaftler, die sich mit internationalen Beziehungen befassen, auf unterschiedlichen Perspektiven mit Pangs Sicht über das Ende der Endphase des Kalten Krieges auseinandergesetzt, was zweifellos zu einem besseren Verständnis hinsichtlich der Veränderungen in der internationalen Lage sowie deren operativen Merkmale beitrug. Ferner spiegelte dies wider, dass ihre Erkenntnisse über die internationale Lage reicher, vielfältiger und akademischer geworden sind.

2. Multipolarität und ihre Kontroverse

(1) Allgemeiner Optimismus bezüglich der Multipolarität

Ein auffälliges Phänomen in den Diskussionen chinesischer Wissenschaftler über die internationale Lage ist die anhaltende Betonung des Trends zur Multipolarität. Seit Mitte der 1980er Jahre hat sich die internationale Lage von einem bipolaren zu einem unipolaren Muster gewandelt. Unter dem unipolaren Muster hat sie Prozesse und Dynamiken durchlaufen, wie die Entstehung und Konsolidierung des unipolaren Musters, den Aufstieg Chinas und der massiven neu aufstrebenden Volkswirtschaften. In den letzten vier Jahrzehnten hat die internationale Lage ziemlich komplexe Veränderungen erlebt, aber die Betonung der Multipolarität durch chinesische Wissenschaftler hat sich über einen relativ langen Zeitraum stabil gehalten.

---

[195] Zhang, Zhizhou: Wie lässt sich das Ende der „Zeit nach dem Kalten Krieg" bestimmen? [Ruhe Rending "Lengzhan hou" de Zhongjie?]. In: *World Economics and Politics*, 2000(2), S. 70-74.

[196] Li, Qingjin: Ist die „Zeit nach dem Kalten Krieg" vorbei? - Die Gegenwärtige Internationale Lage und Chinas Politik [Lengzhan hou Shidai Zhongjie le ma? - Dangqian de Guoji Zhixu yu Zhongguo de Zhengce]. In: *World Economics and Politics*, 2000(2), S. 75-80.

Nach dem Ende des Kalten Krieges waren amerikanische Wissenschaftler allgemein der Ansicht, dass die Welt in ein unipolares System eingetreten war und beschäftigten sich mit der Stabilität des unipolaren Systems und den Gründen, warum andere Länder nicht gegen die USA kämpfen.[197] Chinesische Wissenschaftler haben den enormen Machtvorteil, den die USA in den 1990er Jahren hatten, weitestgehend vernachlässigt und sind im Allgemeinen recht zuversichtlich, was die Aussicht auf Multipolarität angeht. Beispielsweise vertrat Wang Chongjie von der Nachrichtenagentur Xinhua im Jahr 1997 die Ansicht, dass „das multipolare Muster der Welt in etwa einem Jahrzehnt Gestalt annehmen kann".[198] Xi Runchang vertrat 1998 die Auffassung, dass der Prozess der Multipolarität „kurz nach dem Jahr 2020" für abgeschlossen erklärt würde.[199] 1999 meinte He Fang vom Institut für Japanstudien der Chinesischen Akademie der Sozialwissenschaften, dass sich die Welt in einer Phase der Entwicklung von einem bipolaren zu einem multipolaren Muster befinde und dass sich das neue Muster schätzungsweise um das Jahr 2010 herum fertig herausbilden werde. Das heißt, dass die Herausbildung nur noch etwa 10 Jahre dauern werde.[200] Qiao Mu, Doktorand am Institut für Internationale Studien der Tsinghua-Universität, vertrat 2002 die Ansicht, dass das multipolare Muster in den nächsten zwei bis drei Jahrzehnten entstehen könne.[201] In Anbetracht der Tatsache, dass chinesische Wissenschaftler im Allgemeinen nur ungern konkrete Prognosen über die Zukunft erstellen, ist es ein recht seltenes Phänomen, dass sie es wagen, so klare Vorhersagen über den Zeitpunkt des Eintreffens des multipolaren Musters zu treffen, was ihr sehr starkes Vertrauen in ihre eigenen Schlussfolgerungen zu jener Zeit widerspiegelte.

Der Frage, woher dieses Vertrauen kommt, sollte eine gewisse Beachtung geschenkt werden. Dafür gibt es folgende Gründe:

Erstens hatten viele Wissenschaftler am Anfang der Diskussion über Multipolarität keine klare Vorstellung davon, was „Pol" bedeutet und was ein „Pol" in der Multipolarität ist. Daher haben sie diesen Begriff nicht genau definiert, so dass es keine klaren Kriterien für seine Bestimmung gab. Wang Weiping von der Parteischule des Provinzkomitees Sichuan der KP Chinas schrieb 1988, dass der Begriff „Pol" derzeit keine genaue und einstimmig akzeptierte Definition hat. In der „bipolaren Theorie" und „multipolaren Theorie" sei die Bedeutung des Begriffs „Pol" unter-

---

[197] Wohlforth, William C.: The Stability of a Unipolar World. In: *International Security*, 1999(1), Vol. 24, S. 5-41.; Ikenberry, G. John (Hrsg.). *America Unrivaled: The Future of the Balance of Power*. Ithaca, N.Y.: Cornell University Press, 2002.; Ikenberry, G. John et al.: Unipolarity, State Behavior, and Systemic Consequences. In: *World Politics*, 2009(1), Vol. 61, S. 1 (Behavior) und 27 (Sysmetic).

[198] Wang, Chongjie: Tendenz der Multipolarität in der Welt - Geschichte, aktuelle Situation und Aussichten [Shijie Duojihua de Qushi - Lishi, Xianzhuang he Qianjing]. In: Editorial Department of *Contemporary World* (Hrsg.): *Entwicklungsrichtung der Großmacht* [Daguo Zouxiang]. Beijing: The Contemporary World Press, 1997, S. 32.

[199] Xi, Runchang: Einige Beobachtungen zum aktuellen Stand der Multipolarität sowie zur neuen Landschaft und ihren Trends [Dui Duojihua yu Xin Geju Xianzhuang ji qi Qushi de Ruogan Kanfa]. In: *International Review*, 1998(5), S. 9-12.

[200] He, Fang: Multipolarität oder „eine Supermacht, viele große Mächt" [Shi Duojihua haishi "Yichao Duoqiang"]. In: *World Affairs*, 1998(17), S. 20-22.

[201] Qiao, Mu: Multi-polarization: An Unchangeable Trend. In: *Contemporary Asia-Pacific Studies*, 2002(6), S. 10-13.

schiedlich. Der „Pol" im „Bipolarismus" sei das Machtzentrum, das die globale Situation in erheblichem Maße beeinflussen könne. Er schließe die anderen Pole aus und stehe ihnen gegenüber. Der „Multipolarismus" hingegen betrachte die „Pole" als relativ unabhängige Machtzentren, in denen die Macht „im Sinne von militärischer Macht, wirtschaftlicher Macht, politischem Einfluss oder umfassender nationaler Stärke" verstanden werden könne.[202] Wenn der Begriff „Pol" in der bipolaren und multipolaren Theorie nach unterschiedlichen Kriterien gemessen werden sollen, führt dies auf der theoretischen Ebene leicht zu Schwierigkeiten und Verwirrungen. Tatsächlich hatte Chen Lemin bereits 1984 eine klarere Vorstellung von der Definition des „Pols". Er war der Ansicht, dass ein „Pol", wenn er seinen Namen verdiene, in Bezug auf seine militärische Stärke etwa gleichwertig mit anderen „Polen" sein sollte. Des Weiteren müsse er in der Lage sein, mit eigener Stärke die Entwicklung der internationalen Situation zu beeinflussen. Andernfalls könne es sich nicht um einen „Pol" handeln. Das Konzept des „Pols" beruhe vor allem auf dem Vergleich der tatsächlichen Stärke und seines praktischen Einflusses.[203] Laut Pan Wei von der Universität Peking ist die Anzahl der „Pole" eine Frage der Systemebene der internationalen Beziehungen und er betont deutlich, dass es sich bei „Polen" nicht um Ländergruppen, sondern um einzelne Länder handelt. Der Aufstieg eines Landes zum „Pol" erfordert eine militärische, wirtschaftliche und politische Macht mit internationalem Einfluss.[204] Im Allgemeinen sind Wissenschaftler, die ab den 1990er Jahren in das Fachgebiet der internationalen Beziehungen eingetreten sind, mit dem Konzept des „Pol" vertrauter, weil sie von der westlichen Theorie der internationalen Beziehungen beeinflusst waren. Es stellte sich aber immer noch die Frage, ob Ländergruppen als die grundlegenden konstituierenden Einheiten des „Pols" angesehen werden können.

Zweitens betonten viele chinesische Wissenschaftler besonders die Bedeutung ökonomische Faktoren und neigten dazu, die internationale Lage anhand der wirtschaftlichen Dimension zu beurteilen. Nach Ansicht von Li Bin von der Universität Nanjing ist der wichtigste Faktor, der zu Veränderungen in der internationalen Lage führt, das weltweite Ungleichgewicht in der wirtschaftlichen Entwicklung, da die Wirtschaft die wichtigste Grundlage für die Gesamtstärke eines Landes sei.[205] Die Betonung wirtschaftlicher Faktoren war seit Mitte bis Ende der 1980er Jahre ein gängiges Phänomen unter chinesischen Wissenschaftlern im Bereich der internationalen Beziehungen. Einige von ihnen tendierten sogar dazu, die internationale Lage ausschließlich anhand von BIP-Vergleichen zwischen den Ländern zu analysieren.

---

[202] Wang, Weiping: Polkonzepte und Polkonzeptfolgen in den internationalen Beziehungen [Guoji Guanxi zhong de Ji Gainian yu Ji Gainian Xulie]. In: *Theory and Reform*, 1988(2), S. 55-56.

[203] Chen, Lemin: Westeuropa und die Rivalität zwischen den USA und der Sowjetunion in den 1980er Jahren [Bashi Niandai de Mei Su Zhengba yu Xi'ou]. In: *Chinese Journal of European Studies*, 1984(3), S. 16-22.

[204] Pan, Wei: Die Ebenen der internationalen politischen Studien und das Studium der Weltlage [Guoji Zhengzhi Yanjiu de Cengci yu Shijie Geju de Yanjiu]. In: *World Economics and Politics*, 1992(2), S. 36-40.

[205] Li, Bin: Der Wandel der internationalen Lage aus der Perspektive der wirtschaftlichen Entwicklung [Cong Jingji Fazhan Kan Dangjin Guoji Geju de Bianhua]. In: *Chinese Journal of European Studies*, 1996(5), S. 28-34.

(Manche von ihnen berücksichtigten auch das Pro-Kopf-BIP.) Die Dynamik der Weltwirtschaft in den 1980er und 1990er Jahren veranlasste viele Wissenschaftler zu der Annahme, dass sich die Wirtschaftsmacht der Vereinigten Staaten, Westeuropas und Japans rasch näherte und somit die wirtschaftlichen Grundlagen der Multipolarität gefestigt wurden. Diese wirtschaftliche Lage hat sich jedoch inzwischen verändert, so dass das Vertrauen in die wirtschaftliche Dimension in Bezug auf den multipolaren Trend geschwächt wurde.

Schließlich stehen diese Ansichten der Wissenschaftler im Einklang mit der Position der chinesischen Regierung in Bezug auf die Makroebene. So wies der ehemalige chinesische Präsident Jiang Zemin in einer Rede in Pakistans Parlamentsgebäude am 2. Dezember 1996 darauf hin, dass „der Trend zur Multipolarität, mit dem Aufstieg einer großen Zahl von Entwicklungsländern als wichtiges Merkmal, wie ein reißender Strom ist, den nichts aufzuhalten vermag".[206] Die positive Unterstützung und der Optimismus der chinesischen Regierung in Bezug auf die Multipolarität haben in gewissem Maße auch einen größeren Einfluss auf die Ansichten von Wissenschaftlern gehabt. Deren Wahrnehmungen und die Haltung der Regierung haben sich möglicherweise gegenseitig verstärkt.

Obwohl die Befürwortung der Multipolarität in der chinesischen Wissenschaft der internationalen Beziehungen zum Mainstream gehört, war sie nicht unumstritten und wurde auch in Frage gestellt. Manchmal kam es sogar zu direkten Auseinandersetzungen.

(2)   Die Debatte von 2000 bis 2001: Ist Multipolarität ein Trend?

Um die Jahrhundertwende haben chinesische Wissenschaftler allmählich neue Erkenntnisse über die Frage von Unipolarität und Multipolarität gewonnen. 1999 schrieb Yang Mian, dass sich die Welt zwar schließlich in Richtung Multipolarität bewegen würde, „der Prozess ihrer Verwirklichung jedoch weitaus komplizierter und mühsamer ist, als wir uns vorgestellt haben". Zwei Fragen, die vorrangig zu bedenken seien sind, ob sich die USA nach dem Kalten Krieg zurückgezogen hätte, und ob Europa und Japan ein Gegengewicht zu den USA bilden könnten.[207] Yangs Aussage stellte den Trend zur Multipolarität in gewisser Weise in Frage. Eine solche Überlegung erschien nicht selten, aber zu dieser Zeit waren chinesische Wissenschaftler im Allgemeinen nicht der Meinung, dass eine unipolare Welt tatsächlich existiere, sondern betonten vielmehr, dass die USA versuchten, die Errichtung einer unipolaren Welt voranzutreiben. So argumentierte beispielsweise Chen Yue von der Chinesischen Volksuniversität, dass „die von den USA nach dem Kalten Krieg verfolgte Weltstrategie eine hegemoniale Strategie war, die eine unipolare Vorherrschaft in der Welt anstrebte".[208] Dies war eine relativ verbreitete Ansicht.

---

[206]   Jiang, Zemin: Gute Nachbarschaft für künftige Generationen, gemeinsame Bemühung um eine bessere Zukunft [Shidai Mulin Youhao, Gongchuang Meihao Weilai]. In: *People's Daily*, 03.12.1996.
[207]   Yang, Mian: Unipolarität versus Multipolarität [Danji yu Duoji]. In: *World Affairs*, 1999(14), S. 26.
[208]   Chen, Yue: Grundlegende Merkmale und Trends der Aktuellen Internationalen Lage [Dangqian Guoji Geju de Jiben Tedian he Fazhan Qushi]. In: *Red Flag Manuscript*, 1999(14), S. 25-28.

Im Jahr 2000 schrieb Zhou Fangyin von China Institutes of Contemporary International Relations einen Artikel, in dem er die damals weit verbreitete Behauptung eines multipolaren Trends in Frage stellte. In Bezug auf die damaligen Ansichten chinesischer Wissenschaftler zur Multipolarität meinte er, dass „diejenigen, die über den Trend zur Multipolarität sprechen, sich selten mit den Gründen für die Existenz des Trends sowie die Erscheinungsformen des Trends und seine Messkriterien eingehend befassen", und wandte sich gegen die Begründung der Multipolarität, dass „Frieden und Entwicklung Hauptthema der Zeit geworden sind". Zhou schlug ein Kriterium vor, um das Vorhandensein des multipolaren Trends zu prüfen: „Eine Grundvoraussetzung für den multipolaren Trend ist, dass sich das Machtgefälle zwischen der einen Supermacht und den anderen Mächten im Laufe der Zeit verringern soll." Sein Vorhandensein ist dann fraglich, wenn sich nach 10, 20 oder noch mehr Jahren das relative Machtgefälle nicht wesentlich verringert, oder sogar vergrößert. Auf der Grundlage der Daten in den 20 Jahren davor bezweifelte er die Existenz eines multipolaren Trends in der damaligen Zeit und argumentierte weiter, dass die Zukunftsaussichten der Multipolarität nicht von der Entwicklung Japans und Deutschlands, sondern von der Chinas und Russlands abhängen: „Wenn nur eines der beiden Länder, China und Russland, in der Lage ist, seine rasante Entwicklung langfristig aufrechtzuerhalten und den Abstand zu den Vereinigten Staaten allmählich zu verkleinern, dann wird sich in einigen Jahrzehnten ein neues bipolares (kein multipolares!) Weltmuster herausbilden".[209] Im Nachhinein betrachtet waren Zhous Ansichten pragmatisch und in gewisser Weise auch vorausschauend.

Mit einer recht unverblümten Sprache stellte Zhou damals die Existenz eines multipolaren Trends in Frage. Später widerlegte Qiao Mu in seinem Artikel die Ansichten von Zhou. Bereits am Anfang seines Artikels wurde betont, dass sich der Trend zu einer multipolaren Welt nicht ändern wird. Dies sei das grundlegende Urteil über die internationale Lage, das auf der Zentralen Konferenz für Wirtschaftsarbeit Ende November 2001 gefällt wurde. Dieses Urteil sei ein realistischer Leitfaden für uns, um die Entwicklungsrichtung der Welt richtig zu verstehen. Nach Qiaos Ansicht besteht ein wichtiger Fehler in Zhous Sichtweise darin, dass er die Europäische Union nicht berücksichtigt, sondern nur einzelne Länder in der EU zum Vergleich mit den USA auswählt hatte, und so zu dem Schluss gekommen war, dass die Multipolarität noch in weiter Ferne liege. Allerdings hat das Bruttosozialprodukt der EU das der Vereinigten Staaten schon längst übertroffen. Qiao vertrat die Auffassung, dass die EU nicht nur einer der künftigen Multipole, sondern auch ein Vorreiter auf dem Weg zur Multipolarität sei.[210]

Diese Meinungsverschiedenheit spiegelt einen Unterschied in der grundlegenden Maßeinheit für die internationale Lage wider. Laut Qiao Feng kann der „Pol" in der multipolaren Periode, anders als in der bipolaren Periode, ein Land oder eine zwischenstaatliche Organisation sein, wie z. B. die EU. Der Unterschied zwischen den

---

[209] Zhou, Fangyin: Clusteranalyse der internationalen Lage [Dui Guoji Geju de Julei Fenxi]. In: *Contemporary International Relations*, 2000(12), S. 40-43.

[210] Qiao, Mu: Multi-polarization: An Unchangeable Trend [Duojihua Qushi Buhui Gaibian]. In: *Contemporary Asia-Pacific Studies*, 2002(6), S. 10-13.

Schlussfolgerungen von Qiao und Zhou ist zum großen Teil auf diese Ansicht zurückzuführen. Auf dieser Grundlage ist Qiao der Ansicht, dass „das multipolare Muster nicht in weiter Ferne liegt. [...] Es wird sich wahrscheinlich in den nächsten 20 bis 30 Jahren herausbilden".[211] Qiaos Ansicht könnte aber einen wichtigen Punkt auf einem anderen Aspekt ignoriert haben, nämlich, dass die EU zu jenem Zeitpunkt in Bezug auf die Machtverhältnisse eigentlich schon ziemlich nahe an den USA lag, wenn man sie als eine Einheit betrachtet. In diesem Sinne wäre die damalige Situation eine bipolare Situation gewesen, in der die USA und die EU dominierten. Ein weiterer Machtzuwachs der EU wäre nicht unbedingt zum Nutzen der Multipolarität. Dieses Argument ließ Qiaos Ansicht problematisch erscheinen.

(3)   Die Zeit nach der Finanzkrise: Multipolarität oder Bipolarität?

Die Wirtschaftsstärke Chinas hat sich kontinuierlich erhöht. Während viele westliche Länder nach 2008 in die Finanzkrise gerieten und das Wirtschaftswachstum über viele Jahre hinweg nur schleppend vorankam, ist die Position Chinas in der Weltwirtschaft gestiegen. 2010 hatte China Japan hinsichtlich des Gesamtwirtschaftsvolumens überholt und hat seither den Abstand zu Japan rapide vergrößert, so dass das Gesamtwirtschaftsvolumen Chinas im Jahr 2015 das 26-fache Japans erreichte.

Gleichzeitig verringerte China allmählich das Gefälle des Gesamtwirtschaftsvolumens zwischen ihm und den USA. 1991 betrug das BIP Chinas nur 6 % des BIP der USA. 2006 hat China die Differenz schon auf 20 % verkleinert. Von 1991 bis 2006 ist Chinas Wirtschaft zwar rasch gewachsen, aber dieses Wachstum hatte keine offensichtlichen Auswirkungen auf die internationale Lage. Zwei Jahre später, im Jahr 2008, erreichte Chinas BIP 30 Prozent des BIP des Vorreiters, im Jahr 2010 40 %, 2012 50 %, 2015 60 %, und 2017 betrug das chinesische BIP bereits 67 % des BIP der USA.[212] Die Auswirkungen eines solchen Machtwechsels sind deutlicher geworden.

Vor diesem Hintergrund meinte Yan Xuetong 2013, dass sich die internationale Lage gerade von einer Supermacht zu einer Bipolarität entwickle, und argumentierte, dass sich bis Ende 2023 ein bipolares Muster herausbilden werde, bei dem China den anderen Pol bilde, auch wenn China bis dahin in Bezug auf die Gesamtstärke immer noch einen gewissen Abstand zu den USA haben werde.[213] Bereits 2011 vertrat Yan die Ansicht, dass sich die internationale Lage zu einer Bipolarität wandele.[214] Dies hat in chinesischen akademischen Kreisen der internationalen Beziehungen eine Debatte darüber ausgelöst, ob die internationale Landschaft eher multipolar oder bipolar ausgerichtet ist.

---

211   Qiao, Mu: Multi-polarization: An Unchangeable Trend [Duojihua Qushi Buhui Gaibian]. S. 10-13.
212   http://data.worldbank.org/, (World Bank Database).
213   Yan, Xuetong: Inertia of History - China and the World in the Next Ten Years. Beijing: China CITIC Press, 2013, Kap. 1.
214   Yan, Xuetong: Die Umwandlung von „einer Supermacht, vielen großen Mächten" zu „zwei Supermächten und vielen anderen Mächten" ["Yichao Duoqiang" Kaishi xiang "Liangchao Duoqiang" Yanbian]. In: *Global Times*, 30.12.2011.

Als Antwort auf Yan Xuetongs Ansicht lassen sich die meisten chinesischen Wissenschaftler nicht auf eine direkte Auseinandersetzung mit ihr ein, sondern versucht eher weiter hervorzuheben, dass Multipolarität der grundlegende Trend bleibt.

Cui Liru von den China Institutes of Contemporary International Relations äußerte großes Vertrauen in die Multipolarität. Er argumentiert sogar, dass „die Welt bereits in ein multipolares Zeitalter eingetreten ist und das multipolare Muster heute eine Realität in der internationalen Politik geworden ist". Der Verweis darauf, dass die Welt in ein multipolares Zeitalter eingetreten sei, beruhe auf der Tatsache, dass das unipolare Muster nicht mehr existiere. Was er mit dem Fehlen eines unipolaren Musters meint, ist, dass die Fähigkeit und der Wille der USA, ihre Macht als zentrale Kraft zur Beherrschung der internationalen Angelegenheiten einzusetzen, stark geschwächt wurde. Der Kern des multipolaren Musters ist die „Dezentrierung" bzw. die „De-Hegemonisierung" der Vereinigten Staaten.[215] Obwohl Cuis Argumentation der Ansicht von Yan Xuedong widersprach, beruhten diese beiden unterschiedlichen Auffassungen jedoch auf einer Untersuchung des Machtwechsels im internationalen System und der Umgestaltung der Beziehungen zwischen den einflussreichen Staaten.

Wu Zhicheng von der Zhou Enlai School of Government an der Nankai-Universität vertritt die Auffassung, dass sich das internationale System insgesamt im Übergang zur Multipolarität befinde. „Die Machtverhältnisse zwischen den Staaten, insbesondere zwischen den Großmächten, haben nicht wesentlich verändert." Die Herausbildung eines neuen multipolaren Systems werde ein langfristiger, schrittweiser und komplexer historischer Prozess sein.[216] Zheng Yu vom Institut für Russische, Osteuropäische und Zentralasiatische Studien der Chinesischen Akademie der Sozialwissenschaften hatte zwar eine differenziertere Sichtweise, aber keine unterschiedliche Auffassung von der Existenz eines multipolaren Trends. Er argumentierte, dass die internationale Lage nach dem Zusammenbruch der Sowjetunion eine typische unipolare Welt sei. Die globale Finanzkrise von 2008 habe das Ende der soliden unipolaren Welt markiert, gefolgt von der Beschleunigung des multipolaren Trends unter einer locker unipolaren Struktur.[217]

Chen Zhimin von der School of International Relations and Public Affairs an der Fudan-Universität widersprach Yan Xuetongs Ansichten. Er argumentierte, dass die Welt immer multipolarer wird, was der Realität unserer Zeit entspräche. Die Multipolarität der Welt umfasst drei Dimensionen: die Multipolarität der wirtschaftlichen Macht, der militärischen Stärke und der konzeptionellen Kraft. Die wirtschaftliche Multipolarität hat sich weitgehend herausgebildet, der Trend zur militärischen Multipolarität ist weniger erkennbar und die Diversifizierung der konzeptionellen Kraft ist parallel dazu im Gange. Chen räumte ein, dass Chinas Gesamtwirtschaftsvolumen das der USA im Jahr 2030 übertreffen könne, die Multipolarität aber in absehbarer

---

[215] Cui, Liru: The Evolution of International Configuration and the Construction of the Order in the Multi-Polar Era (First Part). In: *Contemporary International Relations*, 2016(1), S. 1-5.
[216] Wu, Zhicheng: International Order in the Process of Multi-polarization. In: *Contemporary International Relations*, 2014(7), S. 11-13.
[217] Zheng, Yu: The Strengthening of World Multi-Polarization Trend and Sino-Russia Relations. In: *Russian, East European & Central Asian Studies*, 2015(5), S. 41-45.

Zukunft, zumindest bis 2020 das Hauptmerkmal der Welt sein würde, aufgrund von drei Faktoren: Erstens werde das Pro-Kopf-BIP Chinas bis dahin immer noch deutlich unter dem der USA liegen; zweitens würden China und die USA im Jahr 2030 bezüglich der umfassenden nationalen Stärke keinen großen Vorteil gegenüber anderen Regionen und Ländern wie Europa und Indien haben; und schließlich werde sich die Macht von Staaten auf nichtstaatliche Akteure verlagern.[218]

In einer Abhandlung haben Xue Fukang vom Chinesischen Reform- und Öffnungsforum und Xiao Feng vom China Center for Contemporary World Studies (CCCWS) der Abteilung für Internationale Verbindungen des Zentralkomitees der KP Chinas direkt die Ansichten von Yan Xuetong widerlegt. Xue Fukang sprach sich klar gegen die Aussicht auf „Bipolarität" aus und argumentierte, dass diese weder notwendig noch möglich ist. Es ist darauf hinzuweisen, dass die bipolare Welt, auf die sich Xue bezieht, nicht nur die gegensätzlichen Machtverhältnisse, sondern auch staatliche Verhaltensmuster umfasst. Er argumentierte, dass in einer bipolaren Welt die Staaten zwei Lager mit sehr unterschiedlichen Philosophien unter der Führung Chinas bzw. der USA bilden würden, die an allen Fronten miteinander konkurrieren und sich sogar gegenseitig konfrontieren würden, mit der Aussicht auf einen eventuellen Showdown. Es lässt sich schlussfolgern: „Solange China nicht die Führung übernimmt, kann die künftige Welt nicht bipolar, sondern nur multipolar sein".[219] Das bedeutet, dass die Welt bei gleicher Struktur der Machtverhältnisse ein anderes Muster entwickeln wird, wenn China eine andere Politik wählt. Dies spiegelt die Erkenntnisse einiger Wissenschaftler über die internationale Lage wider, insbesondere die unterbewusste Wahrnehmung, dass eine bipolare Lage einen Kalten Kriege wie die Rivalität zwischen den Vereinigten Staaten und der ehemaligen Sowjetunion bedeutet. Eine solche Sichtweise übertreibt tatsächlich das Ausmaß, in dem die internationale Lage das Verhalten der mächtigsten Staaten einschränkt. Sollte sich in Zukunft eine bipolare Weltlage herausbilden, könnte sich das Verhältnis zwischen den Großmächten an den beiden Polen stark von den Beziehungen zwischen den USA und der Sowjetunion während des Kalten Krieges unterscheiden.

Xiao Feng war der Ansicht: Die Vereinigten Staaten haben ihre Unfähigkeit bei vielen Angelegenheiten in der großen Welt gezeigt; die Europäische Union wird nicht zerfallen; Russland entspricht mit seiner Stärke im Militär- und anderen Bereichen immer noch einem „Pol"; die Dynamik der aufstrebenden Volkswirtschaften und der Mehrheit der Entwicklungsländer lassen sich nicht ignorieren. Aus diesen Gründen „ist der allgemeine Trend der Multipolarität in der Welt nicht grundlegend geändert". Trotz seiner eindeutigen Fortschritte sei China gemessen an der umfassenden Stärke noch weit davon entfernt, das zweitmächtigste Land der Welt zu sein, und es sei äußerst unwahrscheinlich, dass sich bis 2020 ein bipolares Verhältnis zwischen China und den USA herausbilden würde. Diese Ansicht unterscheidet sich nicht wesentlich von der der meisten Wissenschaftler, die vorher eine multipolare Position vertreten haben. Er meinte jedoch auch, dass sich die „Pole" in der Weltlage auf die wichtigsten

---

[218] Chen, Zhimin: Governance Models of a Multipolar World. In: *World Economics and Politics*, 2013 (10), S. 4-23.
[219] Xue, Fukang: Polarisierung: Unnötig und Unmöglich [Liangjihua: Wu Biyao ye wu Keneng]. In: *World Affairs*, 2012(23), S. 45.

Machtgruppen in der Welt beziehen und dass die Zahl der „Pole" der der Machtgruppen in der Welt entspräche, was wiederum den Begriff der „Pole" verwischt. Nach einer solchen Definition war das, was während des Kalten Krieges tatsächlich existierte, aufgrund der Bewegung der Blockfreien Staaten mit großer Wahrscheinlichkeit kein bipolares Muster mehr. Was jetzt existiere, sei nicht mehr ein multipolarer Trend, sondern eine tatsächliche multipolare Welt. Xiao Feng vertritt die Auffassung, dass sich ein „Pol" in Yan Xuetongs „Bipolarität zwischen China und den USA" nur auf den „dominanten Teil" einer Machtgruppe oder den „Kopf" einer Landesgruppe beziehen. Die „Bipolarität" enthalte tatsächlich zwei Landesgruppen mit der Führung von China und den USA. Dies widerspricht Yan Xuetongs „Pol-Konzept" und gilt als eine andere Definition vom „Pol" in der „bipolaren" und „multipolaren" Theorie.[220]

Unter dem Gesichtspunkt der nationalen Interessen und der außenpolitischen Strategie, war Xiao Feng der Ansicht, dass die bipolare Theorie in einer multipolaren Welt unrealistisch sei und wahrscheinlich nicht die Anerkennung der anderen Weltmächte finden könne, sondern nur dazu diene, Zwietracht zwischen China und anderen großen Ländern zu säen. China habe gar nicht die Kraft dazu, einer der „zwei Pole" zu werden. Selbst wenn China sie hätte, würde es sich niemals zu einem solchen „Pol" werden lassen. China wolle im Interesse seines eigenen Aufstiegs und seiner Entwicklung lieber „ein Pol in einer multipolaren Welt" sein, als die anderen „Pole" hinter sich zu lassen, „ein Pol in einer bipolaren China-USA-Welt" zu werden und den Vereinigten Staaten konkurrierend gegenüberzustehen. Ein bemerkenswerter Aspekt von Xiaos Sichtweise ist, dass er die internationale Lage eher aus der Perspektive der eigenen politischen Entscheidungen des Landes als aus der Perspektive des objektiven Machtkontrasts und der Struktur der Beziehungen zwischen den Großmächten versteht und auf dieser Grundlage erörtert, ob die internationale Lage tendenziell bipolar oder multipolar ist. Seiner Ansicht nach kann sich China, selbst wenn es ein mit den USA vergleichbares Machtniveau erreicht, immer noch entschließen, nicht zu einem „Pol in einem bipolaren Muster" zu werden, so dass die internationale Lage nicht aus zwei Polen besteht. Dies ist eine etwas andere Denkweise als die der amerikanischen und vieler chinesischer Wissenschaftler. Gleichzeitig vertritt er die Auffassung, dass die bipolare Theorie unter dem Gesichtspunkt der nationalen Interessen zu Spannungen zwischen China und anderen einflussreichen Ländern (wahrscheinlich vor allem Russland, Indien und den europäischen Ländern) führen wird, was wiederum bedeutet, dass chinesische Wissenschaftler die „bipolare Sichtweise" auch mit Rücksicht auf die diplomatische Strategie nicht unterstützen sollten.

Ren Weidong von China Institutes of Modern International Relations ist einer der wenigen Wissenschaftler, die die „bipolare Theorie" befürworten, aber seine tatsächlichen Ansichten und seine Logik unterscheiden sich stark von denen von Yan Xuetong. Er argumentierte, dass die Welt zunehmend polarisiert wird. „Auf der einen Seite stehen die hegemonialen Staaten und ihre themenspezifischen Gefolgsstaaten, auf der anderen Seite die große Zahl von Ländern, die von Hegemonie bedroht sind,

---

[220] Xiao, Feng: Wird die „multipolare Welt" zur „China-USA-bipolaren Welt"? - Ein Gespräch mit Professor Yan Xuetong [Duoji Shijie jiang Zouxiang "Zhong Mei Liangji" ma? - Yu Yan Xuetong Jiaoshou Shangque]. In: *TONGZHOU GONGJIN*, 2016(11), S. 38-41.; Xiao, Feng: Is the Multi-Polarity World Turning Into a China-US Bipolar One?. In: *Contemporary World*, 2016(10), S. 72-75.

unter hegemonialer Unterdrückung leiden und ihre Unabhängigkeit und Autonomie fordern und verteidigen." Der Grundwiderspruch im neuen bipolaren Muster sei der zwischen Hegemonie und Unabhängigkeit.[221] Bei der Auseinandersetzung mit der internationalen Lage verwendete er eine etwas andere Perspektive und ein anderes Konzept als Yan und andere Wissenschaftler. Aus akademischer Sicht dürfte es für Professor Yan schwierig sein, einer solchen Auffassung zuzustimmen.

Nach der globalen Finanzkrise im Jahr 2008 wurden in der chinesischen Gemeinschaft für internationale Beziehungen eine Reihe von Artikeln veröffentlicht und vielfältige akademische Ansichten zu Themen wie Unipolarität, Bipolarität und Multipolarität entwickelt. Allerdings haben sich alle Parteien, die unterschiedliche Ansichten vertreten, nicht bewusst auf eine zielgerichtete Debatte eingelassen und sind, mit nur wenigen Ausnahmen, in der Regel bei der Äußerung ihrer Ansichten etwas selbstreferenziell geblieben.

III. Das Verhältnis zwischen wissenschaftlichen Perspektiven und politischen Ansichten

1. Die akademische Kenntnis der internationalen Lage ist von großer politischer Bedeutung

Die Kenntnis der internationalen Lage ist nicht nur eine akademische Diskussion, sondern spielt auch eine wichtige Rolle bei politischen Entscheidungen. Diese politische Bedeutung spiegelt sich vor allem in den folgenden Aspekten wider.

(1) Die Kenntnis der internationalen Lage ist ein wichtiges Element, vielleicht sogar das wichtigste Element, um das internationale Umfeld zu erkennen, in dem sich das eigene Land befindet. Nach Ansicht des strukturellen Realismus ist in einem Zustand der Anarchie das Machtgefälle zwischen den Großmächten ein Schlüsselelement für die Struktur des internationalen Systems, das eine sehr starke bindende Wirkung auf das Verhalten der jeweiligen Staaten hat. Nach Ansicht von Strukturrealisten wie Waltz kann ein Land, das eine falsche Vorstellung von der internationalen Lage entwickelt und auf dieser Grundlage eine falsche Politik betreibt, unter dem Druck struktureller Entscheidungen unter sehr ernste Folgen leiden.[222]

(2) Die besondere Beschaffenheit der internationalen Struktur stellt ein ziemlich realistisches Hindernis für den Aufstieg Chinas dar. Um das Jahr 2000 glaubten die chinesische Regierung und der Wissenschaftskreis, dass es eine Phase der strategischen Gelegenheit für den Aufstieg Chinas gab, die auf einem relativ günstigen internationalen Umfeld beruhte. Der Trend zur Multipolarität und Globali-

---

[221] Ren, Weidong: Die Welt bildet ein neues bipolares Muster [Shijie zheng Xingcheng Xinde Liangji Geju]. In: People's Daily Overseas Edition. 16.04.2013, S. 6.
[222] Waltz, Kenneth: Theory of International Politics. Reading, Massachussetts: Addison-Wesley Publishing Co., 1979.

sierung sei ein grundlegendes Merkmal dieses internationalen Umfelds gewesen. Nach 2010 haben chinesische Wissenschaftler allmählich anerkannt, dass das damalige internationale Umfeld für den Aufstieg Chinas nicht sehr günstig war, da China, anders als die meisten anderen Länder in der Geschichte, in einem unipolaren System aufstieg. Ein wesentliches Merkmal dieses Systems ist, dass kein einzelnes Land in der Lage ist, ein Gegengewicht zu den USA zu bilden. In einem unipolaren System befinden sich die USA im sichersten Zustand und können einen größeren Einfluss auf den Ausgang internationaler Angelegenheiten ausüben. Gleichzeitig verringert das unipolare System die systemischen Einschränkungen, denen die USA unterliegen, erweitert ihre Handlungsfreiheit und erhöht die Schwierigkeit und die Kosten von Kontrollen und Ausgleichen der USA durch andere Staaten.[223]

Die besondere Machtstruktur im unipolaren System schafft besondere Schwierigkeiten für den Aufstieg von Großmächten. Der Effekt, der durch das unipolare System verursacht wird, schränkt die Handlungsfreiheit der anderen Großmächte erheblich ein und erhöht deutlich ihre Schwelle, die dominierende Macht zu kontrollieren.[224] In einem unipolaren System fehlt es an ausreichenden äußeren Einschränkungen für die größte Macht, so dass sich ihre revisionistischen Motive verstärken und sie zur übermäßigen Expansion tendiert.[225] Darüber hinaus ist die Hegemonialmacht, deren grundlegendes Ziel die Hegemonialherrschaft ist, am empfindlichsten und am wenigsten tolerant gegenüber anderen Großmächten und will sie am liebsten unter Kontrolle stellen.[226] Nach 2011 treiben die USA weiterhin die Strategie der „Asia-Pacific Rebalance" sowie die Leitgedanken des im Dezember 2017 veröffentlichten Berichts über ihre nationale Sicherheitsstrategie voran, in dem sowohl China als auch Russland als die größten Sicherheitsbedrohungen für die USA genannt wurden.[227] In dem Bericht zur nationalen Verteidigungsstrategie, den der US-Verteidigungsministerium im Januar 2018 veröffentlichte, wurde China als „strategischer Konkurrent" bezeichnet.[228] Dies hat das aufstrebende China zweifellos unter enormen strategischen Druck gesetzt, nicht nur durch die Veränderungen in der US-Politik, sondern auch durch das objektive Machtgefälle zwischen China und den USA.

---

[223] Pape, Robert A.: Soft Balancing against the United States. In: *International Security*, 2005(1), Vol. 30, S. 11.; Ikenberry, John et al.: *Introduction: Unipolarity, State Behavior, and Systemic Consequences*, In: Ikenberry, John et al. (Hrsgg.): *International Relations Theory and the Consequences of Unipolarity* (Kap. 1), Cambridge: Cambridge University Press, 2012, S. 1-27.; Wohlforth, William C.: The Stability of a Unipolar World. In: *International Security*, 1999(2), Vol. 24, S. 5-41.

[224] Liu, Feng: System Effect and State Behavior under Unipolarity: An Analysis of China's Strategic Choice. In: *Chinese Journal of European Studies*, 2011(2), S. 15-29.

[225] Ikenberry, John et al.: Introduction: Unipolarity, State Behavior, and Systemic Consequences, In: Ikenberry, John et al. (Hrsgg.): *International Relations Theory and the Consequences of Unipolarity* (Kap. 1), Cambridge: Cambridge University Press, 2012, S. 23-24.; Liu, Feng: Benefits Distribution and International Order: Adjustment and Transformation. In: *Foreign Affairs Review*, 2015(5), S. 46-62.

[226] Jia, Qingguo: Chancen und Herausforderungen: Eine unipolare Welt und Chinas friedliche Entwicklung [Jiyu yu Tiaozhan: Danji Shijie yu Zhongguo de Heping Fazhan]. In: *The Journal of International Studies*, 2007(4), S. 57.

[227] National Security Strategy of the United States of America. The White House, 12.2017, S. 25.

[228] Summary of the 2018 National Defense Strategy of the United States of America. Department of Defense of the United States of America, 01.2018, S. 2.

(3) Ein wichtiges Ziel der Kenntnis der internationalen Lage ist es, die objektiv existierende Lage besser für die eigene Entwicklung zu nutzen und die eigene Rolle in der internationalen Gemeinschaft besser zu spielen. Seit 1972, als sich die Beziehungen zwischen China und den Vereinigten Staaten verbesserten und das berühmte große Dreieck während des Kalten Krieges bildeten, hat die chinesische Regierung großen Wert darauf gelegt, den von der internationalen Lage gebotenen Entwicklungsspielraum zu nutzen und sich zu bemühen, die Schwierigkeiten und Herausforderungen zu vermeiden, die durch die Entwicklung der internationalen Lage entstehen.

Auf ihrer Kenntnis der Entwicklung der internationalen Lage beruhend, hat die chinesischen Regierung die strategisch günstige Periode für die Entwicklung des Landes hervorgehoben. Das spiegelt einerseits ihr klares politisches Bewusstsein wider, die vom internationalen System gebotenen strategischen Entwicklungschancen voll ausschöpfen zu wollen, und andererseits ein gewisses Gefühl der Dringlichkeit, nämlich die Befürchtung, dass China einem noch größeren Druck auf seine zukünftige Entwicklung ausgesetzt sein könnte, wenn das Land die Zeit der strategischen Chancen nicht voll ausschöpft.

Im Bericht auf dem XV. Parteitag der KP Chinas im Jahr 1997 hob Jiang Zemin, der damalige Generalsekretär des Zentralkomitees, hervor, dass „die weltweite wissenschaftlich-technische Revolution in vollem Gange ist und die Wirtschaft weiter wächst, was uns günstige äußere Bedingungen verschafft". „Ob wir diese historische Chance ergreifen können oder nicht, ist eine der wichtigsten Fragen, die den Erfolg oder Misserfolg der Revolution und des Aufbaus bestimmen."[229] Im Jahr 2002 wurde im Bericht auf dem XVI. Parteitag deutlich unterstrichen, dass „die ersten beiden Jahrzehnte des 21. Jahrhunderts angesichts der Gesamtsituation eine bedeutende strategisch günstige Periode für die Entwicklung Chinas darstellen, die es fest zu ergreifen gilt und in der Großes geleistet werden kann."[230] Im Jahr 2007 stellte der Bericht auf dem XVII. Parteitag den Inhalt von Chinas strategisch günstiger Entwicklungsphase vollständig dar, indem er feststellte: „Die Welt erfährt derzeit weitreichende und tiefgreifende Veränderungen, und das heutige China durchläuft gleichzeitig weitreichende und tiefgreifende Reformen. Die Chancen sind so groß wie nie zuvor, die Herausforderungen auch, aber die Chancen überwiegen die Herausforderungen. Die ganze Partei muss diese wichtige strategische Gelegenheit ergreifen und gut nutzen.[231] Der Bericht auf dem XVIII. Parteitag 2012 betonte noch: "Wenn man die internationalen und nationalen Trends betrachtet, befindet sich Chinas Entwicklung immer noch in einer Phase wichtiger strategischer Chancen, die einen großen Unterschied machen können. Wir sollten die Veränderungen in der Bedeutung und

---

[229] *Jiang Zemin, Ausgewählte Werke* (Band 2) [Jiang Zemin Wenxuan (Di Er Juan)]. Beijing: People's Publishing House, 2006, S. 3-4.
[230] *Jiang Zemin, Ausgewählte Werke* (Band 3) [Jiang Zemin Wenxuan (Di-San Juan)]. Beijing: People's Publishing House, 2006, S. 542.
[231] *Hu Jintao, Gesammelte Werke* (Band 2) [Hu Jintao Wenxuan (Di-Er Juan)]. Beijing: People's Publishing House, 2006, S. 613.

den Bedingungen der wichtigen strategischen Gelegenheitsperiode richtig einschätzen, die Chancen voll nutzen, die Herausforderungen ruhig angehen, in Zukunft die Oberhand gewinnen und sicherstellen, dass das ehrgeizige Ziel des Aufbaus einer gemäßigt wohlhabenden Gesellschaft in allen Aspekten bis 2020 erreicht wird."[232] Der Bericht auf dem XIX. Parteitag 2017 wies darauf hin, dass „die Situation im In- und Ausland derzeit tiefgreifende und komplexe Veränderungen durchläuft und Chinas Entwicklung sich immer noch in einer wichtigen Periode voller strategischer Chancen befindet, mit einer sehr vielversprechenden Zukunft und sehr ernsten Herausforderungen".[233] Daraus lässt sich ableiten, dass die chinesische Führung über einen relativ langen Zeitraum hinweg ein einheitliches Verständnis der strategisch günstigen Entwicklungsphase hatte. Aber das dahinterstehende Risikobewusstsein ist seit 2007 deutlich gestiegen und wurde in den letzten Jahren besonders deutlich.

2. Die langfristige Festhaltung der chinesischen Regierung an der Multipolarität in der internationalen Lage

Seit Mitte der 1980er Jahre hat die chinesische Regierung die Existenz des multipolaren Trends nie öffentlich geleugnet, aber ihr Vertrauen in diesen Trend hat auch geschwankt.

Deng Xiaoping wies 1990 in einem Vortrag darauf hin: „Unabhängig davon, ob die Welt dreipolig, vierpolig oder fünfpolig sein wird, wird die Sowjetunion immer noch einer der Multipole sein, gleichgültig wie sehr sie geschwächt ist und selbst wenn sich einige ihrer Republiken zurückziehen. China ist auch einer der Multipole und sollte sich nicht selbst klein machen."[234] Diese Passage wird seither von vielen Wissenschaftlern als Grundlage für die Behauptung verwendet, dass China als ein Pol gilt. Obwohl Deng Xiaoping den Begriff „Multipolarität" nicht verwendete, meinte er damit, dass die künftige Welt vielleicht drei-, vier- oder fünfpolig sein würde. Zumindest würde es drei Pole geben, so dass eine multipolare Lage herrschen würde. Wenn die Zukunft der Welt definitiv multipolar sei, dann müsse der Trend zur Multipolarität schon vorher bestanden haben.

Im August 1998 ist Jiang Zemin, der damalige Generalsekretär des Zentralkomitees der KP Chinas, auf der Neunten Arbeitskonferenz der diplomatischen Vertretungen besonders auf die Fragen der Multipolarität und der wirtschaftlichen Globalisierung in der Welt eingegangen. Er betonte, dass „sich die Weltlage immer schneller in Richtung Multipolarität entwickelt". Der derzeitige Trend zur Multipolarität sei vor dem Hintergrund des Endes des Kalten Krieges, der Deeskalation der internationalen Situation und der wachsenden Macht des Friedens in der Welt entstanden,

---

[232] Bericht *von Hu Jintao auf dem XVIII. Parteitag der KP Chinas* [Hu Jintao zai Dang de Shibada shang de Baogao]. In: *Hu Jintao, Gesammelte Werke* (Band 3) [Hu Jintao Wenxuan (Di-San Juan)]. Beijing: People's Publishing House, 2006, S. 625.

[233] Xi Jinping: Den entscheidenden Sieg bei der umfassenden Vollendung des Aufbaus einer Gesellschaft mit bescheidenem Wohlstand erringen und um große Siege des Sozialismus chinesischer Prägung im neuen Zeitalter kämpfen - Bericht auf dem XIX. Parteitag der Kommunistischen Partei Chinas. http://www.xinhuanet.com/politics/19cpcnc/2017-10/27/c_1121867529.htm, (Xinhuanet, Abruf am 27.10.2017).

[234] *Deng Xiaoping, Ausgewählte Werke* (Band 3) [Deng Xiaoping Wenxuan (Di-San Juan)]. Beijing: People's Publishing House, 1993, S. 353.

„was die tiefgreifenden Veränderungen in den internationalen Beziehungen und den Fortschritt der Zeit widerspiegelt".[235] Auf der Zentralen Wirtschaftskonferenz ein Jahr später sagte Jiang Zemin: „Der Trend zur Multipolarität in der Welt wird sich weiterentwickeln. [...] Die endgültige Herausbildung eines multipolaren Musters wird ein langfristiger Prozess voller komplexer Kämpfe sein, aber diese historische Richtung ist unumkehrbar."[236] Zu diesem Zeitpunkt war das Vertrauen der chinesischen Führung in die Multipolarität deutlich stärker als in den frühen 1990er Jahren, als Deng Xiaoping seine Ansicht äußerte. Die Erklärung von 1999 war jedoch weniger positiv und optimistisch als die von 1998, in der die „sich beschleunigende" Entwicklung in Richtung Multipolarität durch einen „sich fortsetzenden" Prozess ersetzt wurde. Dementsprechend wurde die Multipolarität als „langfristiger Prozess mit komplexen Kämpfen" angesehen.

Die chinesische Regierung war sich dessen bewusst, dass die USA nach den 1990er Jahren ihre Rolle als Nummer eins im internationalen System weiterhin verstärkt haben. In derselben Rede auf der Arbeitskonferenz der diplomatischen Vertretungen 1998 wies Generalsekretär Jiang Zemin darauf hin, dass „die Vereinigten Staaten versuchen, eine unipolare Welt zu schaffen, in der sie allein das internationale Geschehen beherrschen werden". Sie würden für einen beträchtlichen Zeitraum einen erheblichen Vorteil in politischer, wirtschaftlicher, technologischer und militärischer Hinsicht behalten. Infolgedessen „wird in absehbarer Zeit der Widerspruch zwischen Unipolarität und Multipolarität stärker hervortreten".[237] Auch der ehemalige Staatspräsident Hu Jintao meinte 2003, dass sich die Welt in Richtung Multipolarität bewege, aber „der Widerspruch und der Kampf zwischen Unipolarität und Multipolarität werden immer intensiver". Einige Länder (gemeint sind die USA) verfolgten eine Politik der Macht und des Unilateralismus und befänden sich inmitten einer neuen Runde der strategischen Expansion.[238] Dies spiegelt eine klare Erkenntnis wider, dass die Unipolarität in der Weltlandschaft ebenfalls stark ausgeprägt ist, was zur Folge hat, dass die Dynamik der Multipolarität vor größeren Herausforderungen steht. Im August 2006 sagte Hu Jintao in seiner Rede auf der Konferenz des Zentralkomitees der KP Chinas für Auswärtige Angelegenheiten, dass „sich die internationale Lage noch immer in einer wichtigen Phase des Übergangs zur Multipolarität befindet". Das Wort „noch" ist hier sehr bezeichnend. Die chinesische Regierung ist der Ansicht, dass die Multipolarität zwar einen Rückschlag erlitten hat, aber immer noch als Trend existiert und nicht verschwunden ist. In diesem Zusammenhang „wird sich die Multipolarität der Welt weiterhin auf verschlungenen Pfaden bewegen".[239]

Im Allgemeinen wurde im offiziellen Diskurs der chinesischen Regierung nach 2000 weiterhin die Ausdrucksweisen wie „unumkehrbare Multipolarisierung der

---

[235] Jiang Zemin, Ausgewählte Werke (Band 2). S. 195-197.
[236] Jiang Zemin, Ausgewählte Werke (Band 2). S. 422.
[237] Jiang Zemin, Ausgewählte Werke (Band 2). S. 195-196.
[238] Hu Jintao, Gesammelte Werke (Band 2). S. 88.
[239] Hu Jintao, Gesammelte Werke (Band 2). S. 503-504.

Welt" verwendet.[240] Diese Betonung schwächte sich jedoch in einem gewissen Zeitraum allmählich ab, was zweifellos untrennbar auf den starken Status der USA in der internationalen Politik zurückzuführen ist. 2007 brach in den USA die Subprime-Hypothekenkrise aus, die zu einer weltweiten Finanzkrise führte. Der Ausbruch der Finanzkrise löste erneut eine breite Debatte darüber aus, ob sich die USA im relativen Niedergang befinden. Unabhängig vom Ausmaß des Niedergangs der USA in der Zukunft bedeutet dies zumindest eine nicht unerhebliche Aufweichung ihres unipolaren Status. Im Juli 2009 wies Hu Jintao auf der elften Arbeitssitzung der Diplomaten im Ausland darauf hin, dass „die internationalen Kräfteverhältnisse historische Veränderungen erleben, sodass die Aussichten für die Multipolarisierung in der Welt klarer geworden sind".[241] Dies zeigt, dass sie das Vertrauen der chinesischen Regierung in die Multipolarität wiederhergestellt und gestärkt hat. Im Gegensatz dazu hat der Bericht auf dem XVIII. Parteitag im Jahr 2012 zum Thema Multipolarität nicht besonders betont und enthielt lediglich die Formulierung: „Die Multipolarisierung der Welt, die wirtschaftliche Globalisierung, die Informatisierung der Gesellschaft und die Zunahme der kulturellen Vielfalt schreiten unaufhaltsam voran."[242] Während der Amtszeit des Generalsekretärs Xi Jinping wird dieser Ausdruck weiter benutzt.[243] Im November 2014 stellte Xi Jinping auf der Konferenz des Zentralkomitees der KP Chinas über auswärtige Angelegenheiten, an der die sieben Mitglieder des Ständigen Ausschusses gemeinsam teilnahmen, in seiner Rede fest: „Wir müssen die Komplexität der sich fortwährend entwickelnden internationalen Lage in unsere Analyse einbeziehen, uns jedoch bewusst bleiben, dass der Trend zur Multipolarisierung der Welt anhalten wird."[244] Im Oktober 2017 stellte der Bericht des XIX. Parteitags fest, dass „sich die Multipolarisierung der Welt, die wirtschaftliche Globalisierung, die kulturelle Vielfalt und die Informatisierung der Gesellschaft fortschreitend entwickelt haben", eine Aussage, die im Wesentlichen mit der des Berichts des XVIII. Parteitags übereinstimmt.[245]

So lässt sich herausfinden, dass die chinesische Regierung zwar seit langem an dem Begriff „Multipolarität" festhält, aber auch tiefe und pragmatische Erkenntnisse über die internationale Lage erlangt hat. Sie vertritt stets die Ansicht, dass es im Interesse Chinas liegt, die Multipolarität in der internationalen Lage zu fördern.

Auf der Zentralen Konferenz für Wirtschaftsarbeit im November 1999 meinte Jiang Zemin, dass „der Übergang zur Multipolarität dem gemeinsamen Willen und den Interessen aller Völker der Welt entspricht" und dass „nur ein Gleichgewicht der

---

[240] Hu Jintao, Gesammelte Werke (Band 2). S. 649.
[241] *Hu Jintao,* Gesammelte *Werke* (Band 3) [Hu Jintao Wenxuan (Di San Juan)]. S. 234.
[242] Hu Jintao, Gesammelte Werke (Band 3). S. 650.
[243] Siehe: *Xi* Jinping: *China Regieren*. Beijing: Foreign Languages Press, 2014, S. 271-278.
[244] Staatspräsident Xi Jinping nimmt an der zentralen Arbeitskonferenz für auswärtige Angelegenheiten teil und hält eine wichtige Rede. 29. 11. 2014. http://news.xinhuanet.com/politics/2014-11/29/c_1113457723.htm, (Xinhuanet, Abruf am 30.11.2014).
[245] Xi Jinping: Den entscheidenden Sieg bei der umfassenden Vollendung des Aufbaus einer Gesellschaft mit bescheidenem Wohlstand erringen und um große Siege des Sozialismus chinesischer Prägung im neuen Zeitalter kämpfen - Bericht auf dem XIX. Parteitag der Kommunistischen Partei Chinas. http://www.xinhuanet.com/politics/19cpcnc/2017-10/27/c_1121867529.htm, (Xinhuanet, Abruf am 27.10.2017).

Kräfte aller Länder die Stabilität der Welt ermöglicht".[246] Aus dieser Perspektive beruht die Auffassung der chinesischen Regierung von Multipolarisierung als Entwicklungstrend nicht nur auf ihren Erkenntnissen über die Entwicklung der objektiven Kräfteverhältnisse, sondern auch auf ihren eigenen Interessen. Daher ist China bereit, diesen Trend mit eigener Kraft zu fördern. Ähnliche Ansichten wurden auch von Hu Jintao wiederholt geäußert, z. B. im August 2003 auf dem Kleinen Symposium der Diplomaten im Ausland: „Die Förderung der Multipolarität der Welt, die Demokratisierung der internationalen Beziehungen und die Diversifizierung der Entwicklungsmodelle entsprechen nicht nur den grundlegenden Interessen unserer Nation, sondern auch den Interessen der Menschen in der ganzen Welt." „Je rasanter sich der Multipolarisierungstrend entwickelt, desto mehr Handlungsspielraum haben wir."[247]

Obwohl die Wirtschaftsstärke Chinas drastisch zunahm hat und sich die Diskussionen der internationalen Gesellschaft über den Aufstieg Chinas schnell vermehrten, trat die chinesische Regierung im Allgemeinen gegen die Ansichten wie die „bipolare Theorie" auf. Dies spiegelte sich 2009 deutlich in Chinas Haltung gegenüber dem sogenannten "Co-Governance-Argument" wider, wie Hu Jintao der elften Arbeitssitzung der Diplomaten im Ausland im Juli 2009 erklärte, dass „wir die Ansichten wie dem ‚Co-Governance-Argument' nicht zustimmen können, weil sie dem Multipolarisierungstrend in der Welt zuwiderlaufen und mit Chinas unabhängiger und selbstständiger Außenpolitik des Friedens unvereinbar sind".[248]

3. Verschiedene Beziehungen zwischen wissenschaftlichen Ansichten und Regierungspositionen

Es ist schwierig, eine endgültige Schlussfolgerung über das Verhältnis zwischen akademischen Ansichten und den Positionen und politischen Vorstellungen der Regierungen in Bezug auf die internationale Lage zu ziehen. Feng Huiyun und He Kai gehen davon aus, dass es vier mögliche Beziehungen gibt, nämlich: Wissenschaftler als kognitive Gemeinschaft, die die Außenpolitik beeinflusst; Wissenschaftler als Ratgeber, die verschiedene politische Optionen für die Regierungsabteilungen zur Auswahl stellen; Wissenschaftler als Signalsender, die externe Reaktionen auf politische Veränderungen abschätzen sollen, bevor neue politische Maßnahmen eingeführt werden; und Wissenschaftler als Spiegel, deren wechselnde Ansichten die Veränderungen in der Regierungspolitik widerspiegeln.[249] Die sich wandelnden Ansichten der Wissenschaftler können als Spiegel für die Veränderungen in der Regierungspolitik genutzt werden. In den Diskussionen und Debatten chinesischer Wissenschaftler über die internationale Lage bestehen alle drei Beziehungen in unterschiedlichem Maße, mit Ausnahme der dritten.

---

[246] Jiang Zemin, Ausgewählte Werke (Band 2). S. 422-423.
[247] Hu Jintao, Gesammelte Werke (Band 2). S. 88 und 93.
[248] Hu Jintao, Gesammelte Werke (Band 3). S. 238.
[249] Feng, Huiyun & He, Kai: Why Chinese IR Scholars Matter?. In: *The Griffith-Tsinghua Project "How China Sees the World" Working Paper Series*, 2016(1), S. 1-17.

Was das Verhältnis zwischen den Ansichten der Wissenschaftler und dem Standpunkt der Regierung betrifft, so können wir im Großen und Ganzen die folgenden Aspekte schlussfolgern.

Erstens ist klar, dass die Kenntnis der internationalen Lage durch chinesische Wissenschaftler im Großen und Ganzen mit den Ansichten der chinesischen Regierung übereinstimmt. Wurden die Ansichten der Wissenschaftler durch die Behauptungen der Regierung beeinflusst, oder haben die letzteren den wissenschaftlichen Konsens der akademischen Gemeinschaft angenommen? In diesem Beitrag wird die Vermutung geäußert, dass die Ansichten der Regierung einen größeren Einfluss auf die der Wissenschaftler ausgeübt haben könnten. Denn wenn es die Ansichten von Wissenschaftlern gewesen wären, die die Ansicht der Regierung über die internationale Lage beeinflusst hätten, wäre es wahrscheinlicher, dass in einem sich verändernden internationalen Umfeld die Ansichten auseinandergingen, und dass die verschiedenen Ansichten ausführlicher artikuliert und diskutiert würden, wobei eine von ihnen von der Regierung vorgezogen würde. Die Realität ist, dass in verschiedenen internationalen Hintergründen, wie in der bipolaren Situation, in der unipolaren Phase, in der weiteren Expansion der US-Macht und im relativen Niedergang der US-Macht der multipolare Trend immer die vorherrschende Ansicht chinesischer Wissenschaftler über die internationale Lage war, weil dieser Trend die Behauptung war, die die chinesische Regierung seit den späten 1980er Jahren konsequent unterstützt hat. Seit Ende 1991 hat die chinesische Regierung zu keinem Zeitpunkt die Auffassung des bipolaren oder unipolaren Systems anerkannt, so dass es verständlich ist, dass die Anzahl der Abhandlungen, die eine bipolare oder unipolare Welt befürworten, in der chinesischen Akademie sehr gering und deren Anteil extrem niedrig ist.

In gewisser Weise stellt die Beständigkeit und Langfristigkeit der Behauptung der chinesischen Regierung für Multipolarität einen wichtigen Hintergrund für die chinesischen Wissenschaftler bei der Analyse der internationalen Lage dar. Die konsequente Unterstützung und die positiven Äußerungen der akademischen Gemeinschaft zum Trend der Multipolarität haben möglicherweise auch das Urteil der Regierung in gewissem Maße beeinflusst und ihr Vertrauen in die Multipolarität gestärkt. In diesem Sinne haben sich die akademischen Ansichten und die Behauptungen der Regierung über einen gewissen Zeitraum hinweg gegenseitig gestärkt, besonders in den 1990er Jahren. Der Nachteil dieser gegenseitigen Einflüsse war, dass sie es den Wissenschaftlern erschwerten, umfassender und mutiger über die internationale Lage zu forschen.

Zweitens können die Überlegungen von Wissenschaftlern zur Multipolarität, einschließlich der Erkundung und Befürwortung alternativer Entwicklungsmöglichkeiten zur Multipolarität, dazu beitragen, die Kenntnis der Regierungen über die damit verbundenen Fragen zu stärken und zu vermeiden, dass sie in stereotypes Denken verfallen.[250] Um die Qualität der politischen Entscheidungen zu verbessern, ist

---

[250] Über die Stereotype der chinesischen Wissenschaftler der internationalen Beziehungen siehe Xu, Jin & Du, Zheyuan: Die Stereotypen Denkweisen in den Studien zur chinesischen Außenpolitik Überdenken [Fansi Zhongguo Waijiao Zhengce Yanjiu zhong de Siwei Dingshi]. In: *Quarterly Journal of International Politics*, 2014(3), S. 1-32.

es von Belang, dass die Wissenschaftler an ihren eigenen Ansichten festhalten und die Pluralität der Perspektiven bewahren. Dies hilft dabei, die politischen Entscheidungsoptionen der Regierung zu bereichern und die Bandbreite ihres politischen Denkens zu erweitern. Es ist erwähnenswert, dass die chinesische Regierung recht offen ist, was den Zugang zu den relevanten Informationen angeht, und dass die Ansichten chinesischer wie auch ausländischer Wissenschaftler bei der Analyse und Beurteilung der internationalen Lage schnell in das Blickfeld der chinesischen Regierung gelangen können. Wie bereits erwähnt, war sich die chinesische Regierung in den Jahren 1998-1999 durchaus des Versuchs der USA bewusst, eine unipolare Welt aufzubauen. Diese Besorgnis wurde in der Anfangsphase des Anti-Terror-Krieges in den Jahren 2001-2003 noch verstärkt, aber die chinesische Regierung hat ihre Bemühungen um eine multipolare internationale Lage nie aufgegeben. Anders ausgedrückt: Während die chinesische Regierung an der Multipolarität festhält, ist sie sich der verschiedenen Entwicklungen und Trends in der internationalen Lage, die der Multipolarität widersprechen, durchaus bewusst.

Drittens haben chinesische Wissenschaftler seit der zweiten Hälfte der 1980er Jahre bei der Einschätzung der internationalen Lage einen Trend zur Multipolarität beibehalten, und diese gängige Auffassung hat sich seither nicht wesentlich geändert. Ein wichtiger Grund dafür liegt darin, dass sie dazu neigen, die Entwicklung der internationalen Lage auf einer langen Zeitskala zu betrachten, indem sie einen zehn-, zwanzig- oder noch längeren Zeithorizont für die Analyse der zukünftigen Entwicklung des internationalen Systems zugrunde legen und stets der langfristigen Tendenz eine große Bedeutung beimessen, anstatt lediglich die aktuelle Situation im Lichte der vorherrschenden Machtvergleiche zu untersuchen. Der lange Zeithorizont, die gewissen Einflüsse der Sichtweise des dialektischen Materialismus über das Gesetz der Einheit, des Umschlagens und der Entwicklungsspirale der Gegensätze sowie Lenins Verständnis der ungleichmäßigen Entwicklung der Länder lassen die Wissenschaftler die Nachteile und Rückschläge im Prozess der Multipolarisierung auf eine eher gelassene Weise betrachten. Wenn es Schwierigkeiten gibt, meinen sie normalerweise, dass die Multipolarität ein langer und komplexer Prozess ist und dass es Schwankungen geben kann, die aber keinen Einfluss auf die allgemeine Richtung der Entwicklung haben.[251] In dieser Hinsicht ähneln sich die Denkweisen der chinesischen Wissenschaftler und der Regierung weitgehend: Die Regierung muss sich zwar zeitnäher als die Wissenschaftler mit der unmittelbaren Situation befassen, sie tritt aber dafür ein, die aktuelle Situation auf der Grundlage langfristiger Entwicklungstrends zu erkennen, nämlich „das Nahe aus der Ferne zu betrachten".

---

[251] Chen, Qi: Die Einheit von Vorwärtsbewegung und Rückschlägen [Qianjinxing he Quzhexing de Tongyi]. In: *Leading Journal of Ideological & Theoretical Education*, 2011(11), S. 15-18.; Zhang, Jianxin: Multipolarität ist ein großer historischer Prozess [Duojiahua Shi Yige Weida de Lishi Jincheng]. In: *Pacific Journal*, 2003(1), S. 42-48.; Qian, Wenrong: Multipolarization Is an Objective Tendency in the Development of Today's World Structure. In: *Peace and Development*, 2003(3), S. 16-18. Qiu, Shi: Die Multipolarität weltweit entwickelt sich in Windungen und Wendungen [Shijie Duojihua zai Quzhe zhong Fazhan]. In: *QIUSHI*, 2004(2), S. 12-15.; Hu, Shan: Die Multipolarität weltweit entwickelt sich in Windungen und Wendungen. [Shijie Duojihua zai Quzhe Zhong Fazhan]. In: *XUEXI DAOBAO*, 2005(4), S. 48-50.; Wu, Zhicheng: Das internationale System befindet sich noch im Prozess der Multipolarisierung [Guoji Tixi Rengran Chuyu Duojihua Jincheng zhong]. In: *Contemporary International Relations*, 2014(7), S. 11-13.

Viertens ist die Multipolarität ein Trend, den die chinesische Regierung seit langem bekräftigt. Dass die Multipolarität von Wissenschaftlern breit diskutiert und interpretiert wird, sieht die Regierung auch gerne. Es ist aber eher unwahrscheinlich, dass die Regierung die Verbreitung einer solchen Sichtweise absichtlich gefördert hat. Aus dem vorigen Teil wird deutlich, dass die Wissenschaftler die Existenz multipolarer Tendenzen tatsächlich offen in Frage stellen und diskutieren können. Nur sind die Gegenansichten lange Zeit nicht zum Mainstream geworden.

Interessant ist auch, dass chinesische Wissenschaftler vor allem in den 1990er Jahren dazu tendierten, die Rolle wirtschaftlicher Faktoren bei der Forschung über die internationale Lage zu unterstreichen. Im Gegensatz dazu war sich die chinesische Regierung der potenziell hohen Bedeutung militärischer Faktoren viel stärker bewusst und hat die militärische Modernisierung weiterhin aktiv gefördert. Auf der erweiterten Sitzung der Militärkommission im Juni 1985 betonte Deng Xiaoping, dass die vier Modernisierungen nach Prioritäten geordnet werden müssen und dass der wirtschaftliche Aufbau zuerst voranzutreiben ist, während das Militär „noch einige Jahre durchhalten muss".[252] Aber es handelt sich dabei um eine etappenweise politische Maßnahme für einen bestimmten historischen Zeitraum. Im September 1995 wies Jiang Zemin in seiner Rede auf dem 5. Plenum des XIV. Zentralkomitees der KP Chinas darauf hin, dass die strategische Politik der aktiven Verteidigung umgesetzt werden muss. „Die Verteidigungs- und Notfallkampffähigkeit unserer Armee unter Einsatz moderner Technologien, insbesondere der Hochtechnologie, müssen verbessert werden." Es gelte auch, die wissenschaftliche Forschung im Bereich der Landesverteidigung zu verstärken, den Modernisierungsgrad der Ausrüstung der Armee zu erhöhen und die Fähigkeit zum Wechsel zwischen dem friedlichen und kriegerischen Zustand zu verbessern.[253] Im Oktober 2001 schlug Jiang Zemin in einer wichtigen Rede vor der Armee vor, dass „die Stärkung unserer nationalen strategischen Fähigkeiten dringend als ein wichtiges Thema untersucht werden muss", und dass strategische Fähigkeiten „die Gesamtsumme aller Kräfte sind, die ein Land mobilisieren kann, wenn es eine Kriegshandlung ausführen muss". Dabei spiele die militärische Stärke eine zentrale Rolle.[254] Dies zeigt die große Bedeutung, die dem militärischen Faktor beigemessen wurde. Nach der Krise in der Taiwan-Straße im Jahr 1996 hat die chinesische Regierung das Tempo der militärischen Modernisierung deutlich erhöht, was Hand in Hand mit Chinas Streben nach einer multipolaren internationalen Lage ging. Im Gegensatz dazu ist die Wahrnehmung der chinesischen Wissenschaftler hinsichtlich der internationalen Beziehungen in einer bestimmten Phase etwas zurückgeblieben.

---

[252] Deng Xiaoping, Ausgewählte Werke (Band 3). S. 126-129.
[253] *Jiang* Zemin, *Ausgewählte Werke* (Band 1) [Jiang Zemin Wenxuan (Di Yi Juan)]. Beijing: People's Publishing House, 2006, S. 473.
[254] Jiang Zemin, Ausgewählte Werke (Band 2). S. 356-357.

IV. Schlusswort

In den vierzig Jahren seit der Reform- und Öffnungspolitik hat die internationale Lage eine Reihe wichtiger Veränderungen erfahren, darunter die Bewegung von einer bipolaren in eine unipolare Welt. In der unipolaren Phase haben sich die weitere Expansion und den relativen Rückgang der US-Macht sowie der Aufstieg der Schwellenländer ereignet. Im gleichen Zeitraum verfassten chinesische Wissenschaftler eine große Anzahl von Abhandlungen über die internationale Lage, wobei sie sehr ausführlich und detailliert auf diese Thematik eingegangen sind. Im Laufe dieser Diskussionen hatten die Wissenschaftler eine Reihe unterschiedlicher Auffassungen von dem Konzept der „internationalen Lage". Manchmal bedeutete es etwas Ähnliches wie die internationale Struktur in der westlichen Theorie der internationalen Beziehungen, manchmal die internationale Struktur plus die strategischen Beziehungen zwischen den wichtigsten Staaten. In der Anfangsphase der Diskussion wurde es auch grob mit einem Verständnis der allgemeinen Eigenschaften der internationalen Struktur gleichgesetzt. Die Wissenschaftler haben auch unterschiedliche Auffassungen vom Konzept der „Pole", die eine wichtige Grundlage der internationalen Lage bilden. Einige haben den „Pol" streng im Sinne des strukturellen Realismus definiert, andere haben Machtzentren mit Polen gleichgesetzt. Einige argumentierten, dass die Grundeinheit eines „Pols" ein Staat ist, während andere meinten, dass auch eine Ländergruppe die Einheit eines „Pols" sein könne. Im Laufe der Zeit haben sie sich aber allmählich auf die Konnotationen der internationalen Lage und Struktur geeinigt. Dies spiegelt den großen Einfluss der westlichen Theorie der internationalen Beziehungen, insbesondere der realistischen Theorie, auf die chinesischen Wissenschaftler wider. Dieser Wandel ist auch das Ergebnis eines Prozesses der zunehmenden akademischen Normativität.

Über einen relativ langen Zeitraum hinweg haben chinesische Wissenschaftler in ihren Abhandlungen zum Thema der internationalen Lage im Allgemeinen den Trend zur Multipolarität unterstützt, selbst wenn sie komplexe Veränderungen erfahren hat. Dies hängt eng damit zusammen, dass chinesische Wissenschaftler der Rolle wirtschaftlicher Faktoren große Bedeutung beimaßen und die wirtschaftliche Interdependenz und die Entwicklung der Globalisierung konsequent hervorhoben. Weil sie ihre theoretische Forschung vertieft und ihren Konsens über grundlegende Konzepte gefestigt haben, wurde die Uneinigkeit unter ihnen über die verschiedenen Entwicklungstrends in der internationalen Lage, insbesondere die Debatte über bipolare und multipolare Trends, immer mehr zu einer Frage, wie die Machtgegensätze zwischen den Großmächten im internationalen System genauer zu verstehen sind. Zum Beispiel wurde darüber diskutiert, ob die USA langfristig einen relativen Niedergang erleben werden und ob China eines der stärksten und einflussreichsten Staaten weltweit werden kann. Bei der Auseinandersetzung mit der internationalen Lage werden sich chinesische Wissenschaftler zunehmend auf empirische Fragen und die empirische Analyse der Realität fokussieren als auf theoretische oder konzeptionelle Fragen.

Mit dem Amtsantritt der Trump-Administration im Jahr 2017 hat sich in den Beziehungen zwischen den USA und China eine neue Dynamik entwickelt. Manche meinten, dass beide Länder in eine Phase des strategischen Wettbewerbs eingetreten sind.[255] Da die USA ihre strategische Positionierung gegenüber China geändert haben, haben die Spannungen in den Beziehungen zwischen den USA und China zugenommen, was den strategischen Druck auf die aufstrebende Volksrepublik deutlich erhöht hat. In Bezug auf die internationale Lage wird die Neuausrichtung der nationalen Strategie der USA (deren wichtiges Ziel darin bestehen dürfte, zu verhindern, dass sich die künftige internationale Lage zum Nachteil der USA entwickelt) erhebliche Auswirkungen auf das internationale Umfeld Chinas haben, selbst wenn sich die derzeitige internationale Lage noch nicht grundsätzlich verändert hat. Das bedeutet, dass die Beziehungen zwischen beiden Seiten selbst in ein und demselben internationalen Kontext sehr unterschiedlich sein können. Unter diesem Gesichtspunkt ist die Wechselwirkung zwischen der internationalen Lage und dem Verhalten der Staaten ein Thema, das in Zukunft weiter zu untersuchen ist.

---

[255] Sun, Xuefeng: China's Security Strategy in the Age of Strategic Competition between China and the United States. In: *Journal of Strategy and Decision-Making*, 2018(2), S. 26-39.

Der Wandel des internationalen Systems und die Rolle Chinas darin

Liu Feng[256]

Das internationale System legt das grundlegende Umfeld und die Zwänge für die Interaktion der Akteure in den internationalen Beziehungen fest. Die Richtung, das Tempo und der Weg seiner Anpassung haben tiefgreifende Auswirkungen auf den allgemeinen Zustand der internationalen Beziehungen. Seit dem 21. Jahrhundert entwickeln sich die Wirtschaft und Politik der einflussreichsten Länder der Welt ungleich, ferner beschleunigen sich der relative Aufstieg und Niedergang von Schwellenländern und traditionellen Machtzentren, was dazu führt, dass sich das internationale System seit dem Ende des Kalten Krieges inmitten relativ bedeutender Veränderungen nach dem Kalten Krieg befindet. Obwohl es inzwischen schon zehn Jahre her ist, sind die Auswirkungen auf das internationale System noch immer präsent. Sie werden das Verhalten und die Interaktionsmuster zwischen aufstrebenden und traditionellen Kräften weiterhin beeinflussen. Das Jahr 2018 markiert den 40. Jahrestag der Reform- und Öffnungspolitik Chinas. Gerade die Umsetzung dieser grundlegenden nationalen Politik hat zur rasanten Entwicklung der chinesischen Wirtschaft und zum Aufstieg der umfassenden nationalen Stärke beigetragen. In diesem Prozess haben sich auch die Beziehungen Chinas zum internationalen System grundlegend verändert. Die Umsetzung der Reform- und Öffnungspolitik selbst leitete den Prozess der vollständigen Integration Chinas in das internationale Wirtschaftssystem ein. Nach dem Jahr 2008 begann China, mit anderen neu aufstrebenden Ländern gemeinsam die Veränderungen im internationalen System voranzutreiben.

Das internationale System ist in der Regel durch allgemeine Kontinuität und einzelnen Wandel gekennzeichnet. Seine Kernelemente weisen ein hohes Maß an Stabilität und Kontinuität auf, während sich seine bestimmten Aspekte leicht oder erheblich verändern. Natürlich kann die Variabilität des Systems zu bestimmten Zeiten über die Kontinuität hinausgehen und zu Transformationen und Fluktuationen im System führen. Seit langem basiert die Diskussion über das internationale System im Fachgebiet der internationalen Beziehungen auf dem Zustand oder der Struktur des Systems, und die Struktur basiert in der Regel auf der „Polarität", nämlich der Zahl der Großmächte im System, die hinsichtlich der umfassenden Stärke gleich sind oder nahe beieinanderliegen. Diese Herangehensweise erfasst zwar einen wichtigen Aspekt des internationalen Systems und hat den Vorteil der Einfachheit und Klarheit, lässt aber die anderen grundlegenden Komponenten des Systems außer Acht und gibt das grundlegende Bild des Systems nicht genau wieder. Vor diesem Hintergrund wird dieser Artikel, basierend auf einem kurzen Überblick und einer Bewertung der

---

[256] Liu, Feng: Professor an der Zhou Enlai School of Government an der Nankai-Universität in Tianjin. Der vorliegende Text war ursprünglich in der akademischen Zeitschrift *Foreign Affairs Review*, 2013(2), veröffentlicht worden und wurde für dieses Buch überarbeitet.

bestehenden Urteile zum Systemwandel, die grundlegenden Bestandteile des internationalen Systems untersuchen und auf dieser Grundlage Chinas Rolle bei der Förderung friedlicher Veränderungen im internationalen System erörtern.

I. Bereits bestehende Urteile über die Umstrukturierung des internationalen Systems

Das internationale System, in dem wir heute leben, wird oft als das „System nach dem Ende des Kalten Kriegs" bezeichnet. Es ist allgemein anerkannt, dass die Vereinigten Staaten seit mehr als 20 Jahren nach dem Ende des Kalten Krieges die einzige Supermacht im internationalen System sind und versuchen, ihre unipolare Hegemonie beizubehalten, während gleichzeitig eine Reihe von nächstmächtigen Ländern und aufstrebenden Kräften ihre eigene Entwicklung beschleunigen und den multipolaren Prozess auf der Welt fördern. Ferner traten im internationalen System einige wichtige Ereignisse mit systemischen Auswirkungen ein, die sich unmittelbar auf die Stabilität und Kontinuität des Systems auswirken – vor allem die Ereignisse des 11. September 2001 und die zwischen 2007 und 2008 ausgebrochene globale Finanzkrise. Diese Ereignisse führten jedoch nicht zu einem Zusammenbruch oder einer grundlegenden Veränderung des bestehenden Systems. Seit dem Ende des Kalten Krieges wird in politischen und akademischen Kreisen innerhalb und außerhalb Chinas stets eine heftige Debatte über den Zustand des internationalen Systems geführt, wobei eine Reihe repräsentativer Ansichten hinsichtlich der „Unipolarität", „Multipolarität", „eine Supermacht, viele andere Mächte" usw. entstanden und kein Konsens zu diesem Thema erzielt wurde. Im Zusammenhang mit den sich beschleunigenden Veränderungen im internationalen System werden auch die bereits bestehenden Urteile angepasst und aktualisiert. In diesem Artikel gilt es, die aktuellen Grundeinschätzungen zur Umstrukturierung der internationalen Lage zu sortieren und zu bewerten, um einen soliden Ausgangspunkt für eine vertiefende Auseinandersetzung über das internationale System zu finden.

1. Unipolarität, geschwächte Unipolarität und der Fortbestand des internationalen Systems

In internationalen, insbesondere in den US-amerikanischen Fachkreisen, herrscht die Auffassung vor, dass die internationale Struktur nach dem Kalten Krieg immer ein von den USA dominiertes unipolares System sei. Ein grundlegendes Merkmal des Systems sei, dass die Vereinigten Staaten an der Spitze des internationalen Machtgefüges stünden und keine Großmacht in der Lage sei, einzeln oder mit anderen gemeinsam als grundlegendes Merkmal des Systems, mit den USA zu konkurrieren. Charles Krauthammer, ein amerikanischer neokonservativer Kolumnist, prägte am Ende des Kalten Krieges den Begriff des „unipolaren Moments" (unipolar moment);[257] die „unipolare Stabilitätstheorie" von William Wohlforth argumentierte systematisch für die unipolare Ansicht und verteidigte sie. Wohlforth meinte, dass

---

[257] Krauthammer, Charles: The Unipolar Moment. In: *Foreign Affairs*, 1990(1), Vol. 70, S. 23-33.

der unipolare Status nicht nur der Realität entspräche, sondern auch stabiler und dauerhafter als der bipolare oder multipolare Status sei, was im Gegensatz zu unseren früheren Auffassungen steht.[258]

Seit dem Ausbruch der weltweiten Finanzkrise im Jahr 2008 ist jedoch die Frage, ob sich die Vereinigten Staaten im Niedergang befinden, stets Gegenstand vieler Diskussionen.[259] Obwohl zahlreiche Wissenschaftler nach wie vor die Meinung vertreten, dass sich die grundlegende Eigenschaft des gegenwärtigen internationalen Systems, das unipolar und von den Vereinigten Staaten dominiert ist, nicht ändern wird, gibt es zwei unterschiedliche Ansichten über die Entwicklungsrichtung dieses Systems, nämlich die „Aufrechterhaltung" und die „Schwächung" der Unipolarität. Nach der Theorie der „Aufrechterhaltung der Unipolarität" hat sich das unipolare System nicht wesentlich verändert, sondern sogar weiter konsolidiert. Wissenschaftler, die diese Ansicht vertreten, führen eine Reihe von Argumenten für die anhaltende Stärke der Vereinigten Staaten an, wie z. B. die Tatsache, dass ihre Wirtschaftskraft und ihre militärische Macht unübertroffen bleiben. Ferner seien ihr politischer Einfluss und ihre kulturelle Anziehungskraft weiterhin stabil. Nach dem 11. September 2001 hätten die USA ihre Präsenz in vielen Regionen der Welt durch mehrere Kriege verstärkt. Sie seien strategisch überlegen und besser in der Lage, das Auftauchen regionaler Herausforderer zu verhindern. Im Gegensatz zu der traditionellen Auffassung, dass die Hegemonie der USA einer Kontrolle unterliege, hätten sich keine Kräfte herausgebildet, die die Kräfte der USA ausbalancieren könnten. Es gebe auch keine Anzeichen dafür, dass sie entstehen würden.[260] Wissenschaftler, die für die „Schwächung der Unipolarität" plädieren, argumentieren dagegen, dass das unipolare System zwar kurzfristig nicht verändert werden kann, aber nicht mehr so stabil ist wie am Ende des Kalten Krieges oder zu Beginn des 21. Jahrhunderts. Es werde sich in Zukunft in ein bipolares oder multipolares System verwandeln.[261] Dieses Argument unterstützt de facto die Ansicht der Multipolarität und des Multipolarisierungsprozesses.

---

[258] Wohlforth, William C.: The Stability of a Unipolar World. In: *International Security*, 1999(1, Summer), Vol. 29, S. 5-41.; Jia, Qingguo: Chancen und Herausforderungen: Eine unipolare Welt und Chinas friedliche Entwicklung [Jiyu yu Tiaozhan: Danji Shijie yu Zhongguo de Heping Fazhan]. In: *World Economics and Politics*, 2007(4), S. 51-64.; Song, Wei: International Financial Crisis and American Unipolar Status: Contemporary State of U. S. National Power, Domestic Institution and International Strategic Adjustment. In: *The Journal of International Studies*, 2010(5), S. 31-39.

[259] Über die zwei unterschiedlichen Ansichten siehe Joffe, Josef: The Default Power: The False Prophecy of America's Decline. In: *Foreign Affairs*, 2009(5), Vol. 88, S. 21-35.; Rachman, Gideon: American Decline: This Time It's for Real. In: *Foreign Policy*, 2011(Jan./Feb.), Vol. 184. S. 59-65.

[260] Brooks, Stephen G. & Wohlforth, William C.: *World out of balance: International Relations and the Challenge of American Primacy*. Princeton, NJ: Princeton University Press, 2008.; Brooks, Stephen G. & Wohlforth, William C.: The Rise and Fall of Great Powers in the 21st Century: China's Rise and the Fate of America's Global Position. In: *International Security*, 2015-16(3), Vol. 40, S. 7-53.

[261] Layne, Christopher: The Unipolar Illusion: Why New Great Powers Will Rise. In: *International Security*, 1993(4), Vol. 17, S. 5-51.; Layne, Christopher: The Unipolar Illusion Revisited: The Coming End of The United States' Unipolar Moment. In: *International Security*, 2006(2), Vol. 31, S. 7-41.; Layne, Christopher. The Unipolar Exit: Beyond the Pax Americana. In: *Cambridge Review of International Affairs*, 2011(2), Vol. 24, S. 149-164.

2. Multipolarität/Multipolarsierung und die Neugewichtung des internationalen Systems

Die Ideen der „Multipolarität/Multipolarisierung" und „eine Supermacht, viele andere Mächte" sind im chinesischen akademischen Fachkreis seit den 1990er Jahren weit verbreitet und bilden die Grundlage für Chinas offizielle Beurteilung der internationalen Lage. In der Tat ist Multipolarität/Multipolarisierung nicht nur in China, sondern auch in den politischen Kreisen vieler Länder wie Frankreich, Deutschland und Russland eine beliebte und befürwortete Ansicht. Die Kritik des ehemaligen französischen Außenministers Hubert Védrine an der „Hypermacht" ist repräsentativ und wird oft zitiert. „Wir können keine Welt akzeptieren, die politisch unipolar und kulturell homogen ist. Wir können auch das unilaterale Verhalten der Vereinigten Staaten, der einzigen Supermacht, nicht akzeptieren. Aus diesem Grund müssen wir für eine multipolare, pluralistische und multilaterale Welt kämpfen", sagte er.[262] Einige prominente Wissenschaftler haben auch argumentiert, dass die internationale Landschaft nach dem Kalten Krieg nicht einfach unipolar, sondern eher komplex sei, wie Samuel Huntington, der die Ansicht eines „uni-multipolaren" Systems vertrat, und Joseph Samuel Nye Jr., der argumentierte, dass das internationale System in drei Dimensionen, nämlich im Militär, in der Wirtschaft und in transnationale Beziehungen unterschiedliche Pole aufweise.[263]

Nach dieser Ansicht ist das internationale System zu einem multipolaren System mit mehreren potenziellen Machtzentren geworden, oder es befindet sich gerade auf dem Weg dorthin. Die Entwicklung dieser Machtzentren hat die USA daran gehindert, eine unipolare Vorherrschaft zu erlangen, und hat die internationale Machtverteilung wieder in ein relatives Gleichgewicht gebracht. Diese Sichtweise hat sich fast zeitgleich mit der Theorie des „unipolaren Moments" herausgebildet und stand der Theorie der „unipolaren Stabilität" stets kritisch gegenüber. Zum Beispiel wurde die Vorstellung, dass die Unipolarität der USA die Stabilität des internationalen Systems für lange Zeit aufrechterhalten kann, von Christopher Layne als „unipolare Fantasie" bezeichnet. Er weist darauf hin, dass sich die Machtverteilung im internationalen System aufgrund des Wettbewerbsdrucks der Großmächte und der ungleichen Entwicklungsdynamik ständig ändere und die weniger starken Mächte wieder zu den stärksten gehören können, sodass die unipolare Hegemonie der USA unhaltbar wird.[264] Im Fachkreis herrscht jedoch nach wie vor Uneinigkeit darüber, welche Länder oder Ländergruppen in einer multipolaren Welt zu „Polstaaten" werden können. Joseph Nye vertritt die Auffassung, dass das internationale System in der militärischen Dimension unipolar und in der wirtschaftlichen Dimension mit den USA, Europa, Japan und China multipolar ist, während in der Dimension der transnationalen Beziehungen eine Zersplitterung der Macht besteht, sodass die Anzahl der

---

[262] Védrine, Hubert: *Into the Twenty-First*. Speech at the opening of a conference hosted by the Institut Français des Relations Internationales (IFRI) in Paris, 03.11.1999.

[263] Huntington, Samuel P.: The Lonely Superpower. In: *Foreign affairs*, 1999(2), Vol. 78, S. 35-49.; Nye, Joseph S.: *Understanding International Conflicts: An Introduction to Theory and History* (übersetzt von Zhang Xiaoming). Shanghai: Shanghai People's Publishing House, 2005, S. 305-307.

[264] Layne, Christopher. The Unipolar Illusion Revisited: The Coming End of the United States' Unipolar Moment. (S. 7).

Pole nicht zu bestimmen ist.[265] Laut Barry Buzan bilden außer den USA auch Westeuropa, Russland, Japan und China Machtzentren in der Welt.[266] Einige chinesische Wissenschaftler hoben hervor, dass die Schwellenländer, wie die BRICS-Staaten als Vertreter, eine wichtige Stütze des multipolaren Trends werden.[267]

3. Auf dem Weg zur Bipolarität?

Zwischen Unipolarität und Multipolarität gibt es einen bipolaren Status, wie die Vereinigten Staaten und die ehemalige Sowjetunion während des Kalten Kriegs. Einige Wissenschaftler sind der Ansicht, dass sich das gegenwärtige internationale System in Richtung Bipolarität bewegt, wobei die USA und China die beiden Pole in der zukünftigen Welt bilden. Der Grund hierfür liege darin, dass die starke Aufstiegsdynamik Chinas und der offensichtliche Niedergang Westeuropas und Japans in den letzten zehn Jahren verhindert haben, dass sie die zukünftigen Machtzentren werden. Yan Xuetong ist beispielsweise der Ansicht, dass mit dem anhaltenden Niedergang Europas und Japans das Muster „eine Supermacht, viele andere Mächte" nicht mehr aufrechtzuerhalten sei und der Trend des internationalen Systems in Richtung der Vorherrschaft zweier Supermächte, der Vereinigten Staaten und Chinas, geht.[268] Øystein Tunsjø hingegen ist der Ansicht, dass das bipolare System in Ostasien bereits eine Tatsache sei.[269]

Die Konzepte wie „G2" (China und die USA) sowie „Chimerica" sind eine Anerkennung der Entwicklung des internationalen Systems in Richtung Bipolarität/Bipolarisierung. Das Konzept der G2 geht auf den berühmten internationalen Wirtschaftswissenschaftler C. Fred Bergsten zurück.[270] Laut Bergsten sind die USA und China zwei große Volkswirtschaften der Welt, die größten Handelspartner des Gegenübers und die größten Emittenten von Treibhausgasen, weswegen sie jeweils als das größte Industrieland mit hohem Einkommen und das größte Schwellenland gel-

---

[265] Nye, Joseph S.: What New World Order?. In: *Foreign Affairs*, 1992(2), Vol. 71, S. 83-96.; Nye, Jr, Joseph S.: *Power in the Global Information Age: From Realism to Globalization*. London: Routledge, 2004, S. 6, 38 und 98.

[266] Buzan, Barry: *The United States and the Great Powers: World Politics in the Twenty-first Century* (übersetzt von Liu Yongtao). Shanghai: Shanghai People's Publishing House, 2010.

[267] Jin, Canrong & Liu, Shiqiang: Abschied vom westlichen Zentrismus - eine Reflexion über die aktuelle internationale Landschaft und ihre Richtung [Gaobie Xifang Zhongxin Zhuyi - Dui Dangqian Guoji Geju ji qi Zouxiang de Fansi]. In: *International Review*, 2010(2).; Zhang, Jianxin: Der Aufstieg der Großmächte und die Transformation des Weltsystems - eine Perspektive der Weltsystemtheorie [Daguo Jueqi yu Shijie Tixi Bianqe - Shijie Tixi Lilun de Shijiao]. In: *International Review*, 2011(2).; Yu, Sui: *Die Weltlage heute ist immer noch multipolar* [Dangjin Shijie Geju Reng Cheng Duojihua]. In: *Chinese Social Science Today*, 17.08.2012, S. A7.

[268] Yan, Xuetong: *Von „einer Supermacht, vielen anderen Mächten" zu zwei Supermächten aus China und den USA: der Niedergang der Multipolarität* [Yichao Duoqiang Zouxiang Zhong Mei Liangchao, Duojihua Shiwei]. In: *Global Times*, 30.12.2011.; *Der Aufstieg Chinas schafft eine neue Weltlage mit „zwei Supermächten, vielen anderen Mächten"* [Zhongguo Jueqi Dizao "Liangji Duoqiang Shijie" Xin Geju]. http://www.guancha.cn/multiple-pattern-super-country/2012_01_13_64307.shtml, (Guancha.cn).

[269] Tunsjø, Øystein: *The Return of Bipolarity in World Politics: China, the United States, and Geostructural Realism*. New York: Columbia University Press, 2018.

[270] Chu, Guofei & Chen, Wenxin: G-2: Origin and Feasibility. In: *Contemporary International Relations*, 2009(6).

ten. Da die derzeitige Rolle Chinas in internationalen Angelegenheiten seinem wirtschaftlichen Status nicht angemessen sei, sollten die USA China mit einer pragmatischeren, offeneren und proaktiveren Einstellung dabei unterstützen, eine bedeutendere Rolle in der Weltwirtschaft zu verschaffen. Ferner gelte es für die USA, mit China einen Block aus zwei Nationen zu bilden, um die globale wirtschaftliche Führung zu teilen.[271] Das von dem Historiker Niall Ferguson und dem Wirtschaftswissenschaftler Moritz Schularick geprägtes Konzept „Chimerica" bezieht sich darauf, dass die exportorientierte Wirtschaftsentwicklung Chinas und der übermäßige Konsum der USA die internationale Wirtschaftsordnung hergestellt haben, weswegen die beiden Staaten eine symbiotische wirtschaftliche Interessengemeinschaft sind.[272] Die Konzepte wie „G2", „China-USA-Governance-Gemeinschaft" und „Chimerica" haben jedoch viel Kritik auf sich gezogen. Die Auseinandersetzung zwischen China und den USA in den letzten Jahren über zahlreiche Themen, wie die Reform des Weltwirtschaftssystems, den Kampf gegen den Klimawandel und gegen die Verbreitung von Massenvernichtungswaffen, den bilateralen Handel und den Währungsumlauf haben gezeigt, wie groß die Kluft zwischen diesen Vorstellungen und der Realität ist.

4. Eine Welt ohne Pole?

Neben den Untersuchungen des Zustands des internationalen Systems, die sich auf die Anzahl und Entwicklungstendenz der Pole beziehen, haben einige Wissenschaftler die Bedeutung der „Pole" für die Veränderungen im Gefüge des internationalen Systems bestritten.[273] So hat Richard N. Haass das Konzept „die Ära der Nichtpolarität" (the age of nonpolarity) vorgeschlagen, in dem er argumentierte, dass das Hauptmerkmal der internationalen Beziehungen im 21. Jahrhundert die Umwandlung in „Nichtpolarität" sein würde, d.h. dass die Welt nicht mehr aus einem, zwei oder mehreren Polen bestünden. Mit anderen Worten: Die Welt würde nicht mehr von einem oder zwei oder mehreren Staaten geführt, sondern von einer Vielzahl von Akteuren, die unterschiedliche Befugnisse haben und ausüben. Im Zusammenhang mit dem Niedergang der Vereinigten Staaten würde die internationale Machtstruktur stärker zersplittert, sodass es schwierig würde, ein klares Machtzentrum zu finden, in dem mehrere Mächte, Regionalmächte und nichtstaatliche Akteure zusammenarbeiten und sich gegenseitig beeinflussen würden.[274] Wie ein Wissenschaftler meinte, sei das wesentliche Merkmal der „Ära der Nichtpolarität" ein dezentralisiertes multipolares internationales System, das auf eine dramatische Vermehrung von Machtzentren mit

---

[271] Bergsten, C. Fred: A Partnership of Equals: How Washington Should Respond to China's Economic Challenge. In: *Foreign Affairs*, 2008(4), Vol. 87, S. 57-69.

[272] Ferguson, Niall & Schularick, Moritz: Chimerical? Think Again. In: *The Wall Street Journal*, 05.02.2007, S. 1-4.; Ferguson, Niall & Schularick, Moritz: "Chimerica" and the Global Asset Market Boom. In: *International Finance*, 2007(3), Vol. 10, S. 215-239.; Ferguson, Niall & Schularick, Moritz: The End of Chimerica. In: *International Finance*, 2011(1, Frühling), Vol. 14, S. 1-26.

[273] Schweller, Randall L.: Entropy and the Trajectory of World Politics: Why Polarity Has Become Less Meaningful. In: *Cambridge Review of International Affairs*, 2010(1), Vol. 23, S. 145-163.

[274] Haass, Richard N.: The Age of Nonpolarity: What Will Follow US Dominance. In: *Foreign Affairs*, 2008(3), Vol. 87, S. 44-56. Ein ähnliches Konzept ist das der „Apolarität" von Niall Ferguson, siehe Ferguson, Niall: A World Without Power. In: *Foreign Policy*, 2004(Juli/August), Vol. 143, S. 32-39.

unterschiedlichen, aber wirksamen Hebelwirkungen zurückzuführen sei.[275] Laut Amitav Acharya sei die Weltordnung im 21. Jahrhundert weder eine multipolare Welt noch eine Einzelordnung, sondern eine pluralistische und zusammengesetzte Welt, deren grundlegende Merkmale die vielfache Moderne, innerliche Verflechtung und gegenseitige Abhängigkeit seien.[276]

Aus den obigen Ausführungen wird deutlich, dass die akademische Gemeinschaft den Begriff „Pol" als grundlegendes Konzept für die Bestimmung der internationalen Struktur übernommen hat, die Beurteilung des Pols unterscheidet sich aber stark von einer Denkschule zur anderen. Die Unstimmigkeiten sind hauptsächlich darauf zurückzuführen, dass nicht zwischen der aktuellen Situation und dem Trend, dem Ist- und Idealzustand unterschieden wird. Die ursprüngliche Bedeutung des Begriffs „Pol" ist eindeutig: Er bezieht sich auf die gleich starken Großmächte im internationalen System. Die Anzahl der Pole im System wird durch die Anzahl der Großmächte bestimmt. Dennoch vermittelt die bloße Betrachtung der Anzahl der Pole kein vollständiges und genaues Bild des grundlegenden Zustands des internationalen Systems. Ferner ist es auch nicht möglich, aus der Betrachtung dieser einen Variable allein eindeutige Schlussfolgerungen über die Ergebnisse internationaler Angelegenheiten und das Verhalten von Staaten zu ziehen. Die Frage, welcher Zustand des internationalen Systems mit größerer Wahrscheinlichkeit stabil bleiben wird, ist bekanntlich seit langem ein heiß diskutiertes Thema im Fachkreis der internationalen Beziehungen, wobei es sowohl der multipolaren, als auch der bipolaren und unipolaren Stabilitätstheorie nicht an Befürwortern und Gegnern mangelt.[277] Darüber hinaus besteht kein Konsens darüber, ob die Bündnisse zwischen den Großmächten durch gegenseitige Ausbalancierung oder das Führer-Anhänger-Verhältnis stabilisiert werden.[278] In der Tat spiegelt der „Pol" nur eine der grundlegenden Komponenten des internationalen Systems wider, nämlich die Machtverteilung im System. Ohne die anderen konstituierenden Elemente ist es nicht möglich, den grundlegenden Zustand des internationalen Systems zusammenzufassen und seine Veränderungs- und Entwicklungsrichtung zu beurteilen. Angesichts dessen ist es notwendig, tatkräftig über die grundlegenden Elemente des internationalen Systems zu forschen.

---

[275] Khripunov, Igor: Emerging Balance of Power: Residual Unipolarity, Shaky Multipolarity, and Untested Nonpolarity. In: *Russian Studies*, 2008(6), S. 30-37.

[276] Acharya, Amitav: *The End of American World Order* (übersetzt von Yuan Zhengqing und Xiao Yingying). Shanghai: Shanghai People's Publishing House, 2017.

[277] Vertreter der multipolaren Stabilitätstheorie sind vor allem die traditionellen Realisten wie Hans, Morgenthau und Morton, Kaplan, siehe Morgenthau, Hans J.: *Politics Among Nations: Struggle for Power and Peace* (7. Edition, übersetzt von Xu Xin et al.). Beijing: Peking University Press, 2006.; Kaplan, Morton A.: *System and Process in international Politics* (übersetzt von Jiang Zhiyue). Shanghai: Shanghai People's Publishing House, 2008. Einer der Vertreter der bipolaren Stabilitätstheorie ist Kenneth N. Waltz, siehe Waltz, Kenneth N.: The Stability of a Bipolar World. In: *Daedalus*, 1964(3), Vol. 93, S. 881-909.; Waltz, Kenneth N.: The Origins of War in Neorealist Theory. In: *The Journal of Interdisciplinary History* 1988(4), Vol. 18, S. 615-628. Wie im obigen Text erwähnt, ist der größte Unterstützer der unipolaren Stabilitätstheorie William Wohlforth, siehe Wohlforth, William C.: The Stability of a Unipolar World. In: *International Security*, 1999(1), Vol. 24, S. 5-41.

[278] Zur Auseinandersetzung mit dieser Frage siehe Liu, Feng: Great-Power Balancing Debates and Developments. In: *Foreign Affairs Review*, 2010(2).

II. Die Grundelemente des internationalen Systems

Das internationale System, in dem wir uns heute befinden, basiert auf der Interaktion zwischen Akteuren, wobei die souveränen Staaten die wichtigsten Einheiten darstellen. Bevor souveräne Staaten zu den Hauptakteuren des Systems wurden, traten im globalen und regionalen System verschiedene politische Einheiten wie Stämme, Stadtstaaten, feudale Vasallenstaaten und Imperien auf, deren Interaktionen ähnliche Merkmale aufwiesen wie die Beziehungen zwischen souveränen Staaten.[279] Seit der Gründung der europäischen Nationalstaaten im 17. Jahrhundert hat sich das Modell des souveränen Staates als politische Einheit allmählich auf eine globale Ebene ausgedehnt und wurde zur wichtigsten konstituierenden Einheit des internationalen Systems im wahrsten Sinne des Wortes. Dieser Zustand hat sich bis zum heutigen Tag gehalten, denn souveräne Staaten sind legitime Gewaltmonopole, die Garanten für Sicherheit und die Objekte der persönlichen Loyalität. Die grundlegenden Bestandteile des internationalen Systems werden durch die Interaktion zwischen den Staaten, insbesondere den Großmächten, geformt. Die relativ stabile Kombination dieser Elemente über einen bestimmten Zeitraum hinweg beeinflusst die Art und Weise, wie sich die Staaten sowie die nichtstaatlichen Akteure verhalten und miteinander interagieren.

Die konstituierenden Elemente des internationalen Systems werden in verschiedenen Theorieschulen der internationalen Beziehungen unterschiedlich definiert: Der Realismus betont die Machtverteilung zwischen den Großmächten;[280] der Liberalismus konzentriert sich sowohl auf die Machtstruktur als auch auf den Prozess der Interaktion, der vor allem durch die Interdependenz und die internationale Ordnung beeinflusst wird;[281] der Konstruktivismus definiert die Struktur des internationalen Systems anhand des Kultursektors und der gemeinsamen Teilung des Wissens;[282] in der marxistischen Theorie ist der Kern der internationalen Struktur das Eigentum an den Produktionsmitteln und die internationale Arbeitsteilung;[283] die britische Schule neigt dazu, das Konzept der „internationalen Gesellschaft" anzuwenden und argumentiert, dass das internationale System zu einer Reihe von gemeinsamen Interessen, Regeln, Normen und Werten führt.[284] Klar ist, dass diese Theorien im Interesse des Aufbaus einer allgemeinen Theorie und ihrer jeweiligen akademischen Position sehr abstrakte und vereinfachte Verallgemeinerungen über die konstituierenden Elemente des internationalen Systems vorgenommen haben. Sie versuchten, aus der komplexen Realität ein bestimmtes Element zu extrahieren, das angeblich für die theoretische Argumentation am wichtigsten ist, um eine einfache theoretische Struktur und eine universelle Erklärungskraft zu erreichen. Wenn wir

---

[279] Gilpin, Robert G.: *The Richness of the Tradition of Political Realism.* In: Keohane, Robert O. (Hrsg.): *Neorealism and Its Critics.* New York: Columbia University Press, 1986, S. 304-305.
[280] Waltz, Kenneth N.: *Theory of International Politics.* In: Reading, MA: *Addison-Wesley,* 1979, S. 99-101.
[281] Nye, Joseph S. Jr.: Neorealism and Neoliberalism. In: *World Politics,* 1988(2), Vol. 40, S. 235-251.
[282] Wendt, Alexander. *Social Theory of International Politics.* Cambridge: Cambridge University Press, 1999, S. 189-190.
[283] Wallerstein, Immanuel: *The Modern World-System* (I, II und III, übersetzt von Luo, Rongqu). Beijing: Higher Education Press, 1998.
[284] Bull, Hedley: *The Anarchical Society: A Study of Order in World Politics.* New York: Macmillan international Higher Education, 2012, Kap. 1.

jedoch unseren Blick auf spezifische Realitäten der internationalen Politik richten und versuchen, den Zustand des internationalen Systems in einer bestimmten historischen Phase zu erfassen, reicht es eindeutig nicht aus, Informationen lediglich aus einem Aspekt zu erhalten. Zum Beispiel beruhte das Koordinierungssystem der Großmächte im Europa des 19. Jahrhunderts sowohl auf Machtpolitik als auch auf der Verkörperung bestimmter gemeinsamer Normen. Natürlich lässt sich auch kein ganzheitliches Bild des internationalen Systems erhalten, wenn wir die vielen Faktoren, die in den oben genannten Theorien genannt werden, einfach überlagern. Daher müssen wir auch die notwendige Verfeinerung und Typologie vornehmen, indem wir bestimmte Kernelemente organisch kombinieren und ein grundlegendes Koordinatensystem des internationalen Systems konstruieren, um die Grundform und die Merkmale der verschiedenen historischen Phasen darzustellen.

In einigen Studien wurde versucht, die bestehenden Theorien zu resümieren. So argumentierten Li Shaojun et al., dass sich die jeweils vom Realismus, liberalen Institutionalismus und Konstruktivismus beleuchtete Macht, Ordnung und Einstellung auf unterschiedliche Konnotationen des internationalen Systems beziehen;[285] Qin Yaqing definierte die konstituierenden Elemente des internationalen Systems mit drei Aspekten, nämlich der Systemstruktur, -ordnung und -kultur;[286] Chen Hanxi und Xiao Huanrong verstanden die internationale Struktur anhand von drei Dimensionen: Machtverteilung, internationale Ordnung und gemeinsame Einstellung;[287] Yan Xuetong wies darauf hin, dass das internationale System aus drei Elementen bestünde: internationale Akteure, internationale Normen und die internationale Lage.[288] Diese verschiedenen Auffassungen des internationalen Systems fassen die Kernelemente der gängigen Systemtheorien wie Liberalismus, Realismus und Konstruktivismus zusammen. Solche Resümees bleiben jedoch unzureichend, weil die internationale Ordnung vom liberalen Institutionalismus sowie die Systemkultur bzw. die gemeinsamen Einstellungen vom Konstruktivismus keine unabhängigen Bestandteile des internationalen Systems sind. Was das internationale System betrifft, so sind solche „Elemente" zu allgemein. Sie umfassen verschiedene Aspekte, wie internationalen Organisationen, Regeln und Praktiken, die als eigenständige Akteure in den internationalen Beziehungen fungieren oder als Grundsätze, die das Verhalten sowohl staatlicher als auch nichtstaatlicher Akteure bestimmen können. Außerdem ist die zunehmende Institutionalisierung des internationalen Systems nur ein Phänomen der letzten Jahrzehnte und kann nicht seine historische Gestalt abdecken. In Bezug auf gemeinsame Einstellungen und die Systemkultur sind die Definitionen vom Konstruktivismus, insbesondere von Alexander Wendts systemischen

---

[285] Li, Shaojun & Xu, Longdi: International Systems and China's Foreign Strategic Choices. In: *Foreign Affairs Review*, 2007(5), S. 24-30.

[286] Qin, Yaqing: Continuation and Evolution of the International System. In: *Foreign Affairs Review*, 2010(1), S. 1-13.; Qin, Yaqing: International Society as a Process: Institutions, Identities, and China's Peaceful Rise. In: *The Chinese Journal of International Politics*, 2010(2), Vol. 3, S. 129-153.

[287] Chen, Hanxi & Xiao, Huanrong: On the Concept of International Political Structure. In: *Foreign Affairs Review*, 2009(4).

[288] Yan, Xuetong: The Shift of World Center and the Change of the International System. In: *Journal of Contemporary Asia-Pacific Studies*, 2012(6), S. 13.

Konstruktivismus zu abstrakt. Sie gelten als eine „große kulturelle Kategorie"[289] und können nicht auf die Realität der internationalen Beziehungen angewandt werden, da die konzeptionellen Faktoren, die von den Staaten in ihren Interaktionen berücksichtigt werden, keine abstrakten Kulturen wie Hobbessche, Lockesche und Kantsche Kultur sind, sondern die spezifischen Ideologien und Werte des anderen Staates. Ausgehend von den internationalen politischen Realitäten der Neuzeit und in Verbindung mit den einschlägigen Diskursen der Theorie der internationalen Beziehungen werden im vorliegenden Text die Grundelemente des internationalen Systems in drei Dimensionen unterteilt, nämlich die Machtstruktur, das Interessenmuster und die Einstellungsverteilung.

Unter der Machtstruktur versteht man die Verteilung und den Kontrast der Kräfte im internationalen System. Sie bildet die materielle Grundlage des Systems. In der realistischen und insbesondere der strukturrealistischen Theorie ist die Kräftestruktur das wichtigste Kernelement des internationalen Systems, das seinen Grundzustand und die Interaktionsmuster der internationalen Akteure bestimmt. Das Stärkegefüge hat zwei grundlegende Dimensionen: erstens die Verteilung der Stärke, die durch die Anzahl der Pole bestimmt wird, und zweitens den Kontrast und die Kluft zwischen den Großmächten hinsichtlich ihrer Stärke. Bei der ersten Dimension handelt es sich um eine statische Einschätzung der Stärke, da die Anzahl der Pole über einen langen Zeitraum relativ stabil ist, während die Einschätzung der zweiten Dimension dynamischer ist, da es bei einer bestimmten Anzahl der Pole quantitative Veränderungen hinsichtlich ihrer Stärke gibt, was zu einer Änderung der Rangfolge der großen Mächte führen kann. Gerade diese Akkumulation quantitativer Veränderungen kann zu qualitativen Veränderungen (Veränderungen der Pole selbst) führen.

Je nach der Anzahl der Pole kann das internationale System grob als multipolares, bipolares und unipolares System usw. bezeichnet werden. Im multipolaren System gibt es drei oder mehr Großmächte, die sich im internationalen System im Wesentlichen die Waage halten und sich gegenseitig in die Schranken weisen; im bipolaren System gibt es zwei Großmächte, die deutlich stärker sind als die anderen, die sich im Wesentlichen die Waage halten und keinen überwältigenden Vorteil gegenüber der anderen verschaffen können; im unipolaren System nimmt eine Supermacht zu einem bestimmten Zeitpunkt in der Geschichte eine absolut dominante Stellung ein, und die anderen Staaten können nicht mit ihr konkurrieren. In Bezug auf den Machtunterschied zwischen zwei Staaten ziehen es einige Wissenschaftler vor, die absoluten Differenzen bei den wichtigsten Machtindikatoren, wie Wirtschaft und Militär, zu berechnen, während andere dazu tendieren, den Quotienten aus beiden Staaten zu ermitteln. Berechnet man beispielsweise die absolute Differenz im Pro-Kopf-BIP zwischen China und den USA, so stieg dieser zwischen 1991 und 2011 von 37.300 auf 41.600 US-Dollar, während das Verhältnis zwischen den beiden Ländern von 67:1 auf 9:1 schrumpfte.[290] Da die Machtunterschiede zwischen Ländern

---

[289] Qin, Yaqing: Continuation and Evolution of the International System. In: *Foreign Affairs Review*, 2010(1), S. 5.
[290] In der Debatte über den Niedergang der USA und den Aufstieg Chinas betont Micheal, Beckley, dass die Vergrößerung des absoluten Unterschieds des Pro-Kopf-BIP und der Verteidigungsausgaben

relativ sind, ist die Berechnung gemäß den Quotienten zweifelsohne die vernünftigere Lösung, wenn wir das Machtgefälle zwischen Ländern hinsichtlich der Wirtschaft, des Militärs usw. vergleichen.

Das Interessenmuster bezieht sich auf die Vereinbarungen, die die Akteure in den internationalen Beziehungen über die grundlegenden Regeln für die Verteilung und den Ausgleich von Interessen in der internationalen Politik, Wirtschaft und Sicherheit getroffen haben. Aus relativ klaren Vereinbarungen über die Verteilung von Interessen bildet sich eine bestimmte internationale Ordnung. Das Interessenmuster ist eine weitere wichtige Dimension des internationalen Systems, denn Veränderungen im Machtgefüge erfordern zwangsläufig Anpassungen der Interessenstruktur, die sich jedoch nicht von selbst ergeben, sondern das Ergebnis ständiger Kämpfe und Spiele sind. Das Interessenmuster spiegelt sich in den Bereichen Politik, Sicherheit und Wirtschaft wider. In der Sicherheitssphäre dreht sich die Interessenverteilung zwischen den Großmächten um territoriale Vereinbarungen, die Anwendung von Gewalt, den Besitz von Atomwaffen und die Beilegung internationaler Streitigkeiten und Konflikte; in der Politiksphäre stehen die diplomatische Anerkennung, der Status der Großmächte und die ständige Mitgliedschaft im UN-Sicherheitsrat im Mittelpunkt; in der Wirtschaftssphäre manifestiert sich die Interessenverteilung im Status der internationalen Arbeitsteilung, im Recht, die Regeln des internationalen Handels festzulegen, sowie in der Macht und der Rolle in der internationalen Wirtschaftsordnungsstruktur. Die Verteilung der Interessen im wirtschaftlichen Bereich spiegelt sich im Status der internationalen Arbeitsteilung, im Regelsetzungsrecht hinsichtlich des internationalen Handels sowie in der Macht und der Rolle in der internationalen wirtschaftlichen Governance-Struktur wider.

Historisch gesehen besteht eine wichtige Ursache für Unstimmigkeiten in der Macht- und Interessenverteilung im internationalen System darin, dass die Großmächte, die ihre Macht und ihren Einfluss verloren haben, nicht bereit sind, ihre dominante Position in der ursprünglichen Interessenverteilung aufzugeben. Dies führt oft weiterhin zu internationalen Konflikten und sogar Kriegen.[291] Vor dem Kalten Krieg wurde das internationale System meist durch große Kriege verändert, und die Neuverteilung der Interessen nach dem Krieg legte in der Regel das Interessenmuster der Großmächte für die folgenden Jahrzehnte fest. Das internationale System kann als äußerer Ausdruck der Interessenstruktur betrachtet werden. Insbesondere die Stellung und der Einfluss des Staates in institutionellen Rahmenvereinbarungen ist ein wichtiger Aspekt der Interessenverteilung. Die institutionelle Festlegung der Interessenverteilung ist jedoch vor allem eine Erfahrung, die nach dem Zweiten Weltkrieg gemacht wurde. Davor wurde die Umverteilung der Interessen nach gro-

---

zwischen den USA und China darauf hindeutet, dass sich die USA nicht im Niedergang befinden, während Joshua R. Itzkowitz Shifrinson das relative Verhältnis dieser beiden Indikatoren in unmittelbarer Nähe angibt. Joshua Ritzkowitz Shifrinson hält dem entgegen, dass die relativen Verhältnisse der beiden Indikatoren näher beieinander liegen. Siehe Beckley, Michael. China's Century? Why America's Edge Will Endure. In: *International Security*, 2011(3), Vol. 36, S. 41-78.; Beckley, Michael & Itzkowitz, Joshua R.: Correspondence: Debating China's Rise and US Decline. In: *International Security*, 2012(3), Vol. 37, S. 13.

[291] Powell, Robert: Stability and the Distribution of Power. In: *World Politics*, 1996(2), Vol. 48, S. 239-267.

ßen Kriegen hauptsächlich anhand von internationalen Konferenzen und diplomatischen Abstimmungen zwischen den Großmächten geregelt. Erst nach dem Zweiten Weltkrieg wurde im internationalen System unter amerikanischer Vorherrschaft bei der Verteilung der Interessen und der Wiederherstellung der Ordnung auf formellere, internationale und institutionelle Vereinbarungen zurückgegriffen.[292] Da sich in den letzten Jahrzehnten der Hauptwettbewerb zwischen den Staaten von der territorialen Rivalität auf die wirtschaftliche Entwicklung verlagert hat, und auch aufgrund der ungleichen wirtschaftlichen Beziehungen zwischen Industrie- und Entwicklungsländern, haben sich die Widersprüche bei der Umverteilung von Vorteilen auf den Bereich der internationalen wirtschaftlichen Governance konzentriert, in dem die Entwicklungsländer danach streben, vollwertige und gleichberechtigte Partner im internationalen Wirtschaftssystem zu werden. Sie haben ihre Forderungen nach einer Umverteilung der Interessen am lautesten vorgetragen.[293]

Die Einstellungsverteilung bezieht sich auf die Grundtypen und den gegensätzlichen Einfluss der vorherrschenden Werte und Verhaltensnormen im internationalen System. Mit dem Aufkommen des Konstruktivismus wird der Rolle konzeptioneller Faktoren wie Kultur und Normen in den internationalen Beziehungen zunehmende Aufmerksamkeit geschenkt. Unter den konstituierenden Elementen des internationalen Systems haben konzeptionelle Faktoren schon immer eine wichtige Rolle gespielt. In bisherigen Studien wurden verschiedene Begriffe für die grundlegenden konzeptionellen Faktoren in der internationalen Gesellschaft entwickelt, wie internationale Verhaltensnormen, internationale soziale Werte und internationale Normen.[294] In diesem Artikel wird davon ausgegangen, dass es zwei grundlegende Dimensionen für die Einstellungsverteilung gibt: erstens die Kräfteverhältnisse zwischen den grundlegenden Werten (Ideologien) in der internationalen Gesellschaft, insbesondere der Charakter und Gehalt der vorherrschenden Ideologien; und zweitens die vorherrschenden Normen und Verhaltensnormen, die die internationale Gesellschaft führt. Erstere steuern das Bewusstsein der internationalen Gesellschaft und bestimmen weltweit die politischen und wirtschaftlichen Systeme und Entwicklungsmodelle der Länder; letztere regeln das Verhalten der internationalen Akteure und sind die tiefere Manifestation der Interessenverteilung auf der Einstellungsebene.

Dominante Einstellungen entstehen im Zusammenhang mit einer bestimmten Machtstruktur und entwickeln sich als Reaktion auf Veränderungen in dieser Machtstruktur weiter. Klar ist, dass sich der Wandel der dominanten Einstellung nach ihrer Entstehung, ebenso wie der der Interessenstruktur, nicht von selbst vollzieht und gewisse Verzögerungen und Verwerfungen aufweisen kann. Jedoch kann der Prozess

---

[292] Ikenberry, John G.: *After Victory: Institutions, Strategic Restraint, and the Rebuilding of Order After Major Wars*. Princeton, NJ: Princeton University Press, 2000.

[293] Philip, Nel untersucht die Bemühungen der Schwellenländer um eine Umverteilung der Vorteile und um Anerkennung ihrer Identität im globalen politischen und wirtschaftlichen System am Beispiel von Brasilien, Indien und Südafrika, siehe Nel, Philip: Redistribution and Recognition: What Emerging Regional Powers Want. In: *Review of International Studies*. 2010(4), Vol. 36, S. 951-974.

[294] Zu einer relativ umfassenden Zusammenfassung und Analyse siehe Xu, Jin: The Development of International Society and the Establishment of its Core Values. In: *Journal of International Security Studies*, 2008(5), S. 1-8.

des Wettbewerbs und des Kampfes um die Vorherrschaft zwischen verschiedenen Wertvorstellungen auch zu internationalen Konflikten und Krisen führen oder diese verstärken, wie der Kampf zwischen konservativen und liberalen Staaten im Europa des 19. Jahrhunderts und zwischen liberalen und kommunistischen Staaten während des Kalten Krieges deutlich gezeigt hat.[295] Die Entwicklung spezifischer Normen des internationalen Verhaltens (wie souveräne Gleichheit, Freihandel, Bedingungen für die Anwendung von Gewalt, Streitbeilegung, Verbreitung von Kernwaffen usw.) ist eng mit dem Wettbewerb um internationale Vorherrschaft verbunden.[296]

Zusammenfassend werden in dieser Arbeit die grundlegenden konstituierenden Elemente des internationalen Systems in drei Dimensionen definiert: Kräftestruktur, Interessenmuster und Einstellungsverteilung. Die vorliegende Identifizierung der Elemente stellt in folgender Hinsicht eine erhebliche Verbesserung gegenüber der bisherigen Forschung dar: Erstens wird klargestellt, dass die Kräftestruktur sowohl aus der Verteilung als auch aus dem Kontrast der Kräfte besteht, was die Unzulänglichkeiten der Erörterung der internationalen Struktur allein aus der Perspektive der Pole ausgleicht. Zweitens wird betont, dass die internationale Ordnung nicht eines der Elemente des internationalen Systems sein kann. Sie ist höchstens eine (aber keine einzigartige oder spezifische) Erscheinungsform der Interessenverteilung. Drittens geht die Definition von Einstellungen über die abstraktere und etwas engere Formulierung des Konstruktivismus hinaus und unterscheidet auch zwischen Ideologien und internationalen Verhaltensnormen, was der internationalen politischen Realität eher entspricht. Was das Verhältnis zwischen den drei grundlegenden Elementen betrifft, so ist die Veränderung der Kräftestruktur der Ausgangspunkt für die Umgestaltung des internationalen Systems, denn diese Veränderung macht die Anpassung des Musters der Interessenverteilung notwendig. Nur wenn die Verteilung der Interessen besser mit der Kräftestruktur übereinstimmt, kann das internationale System stabil bleiben und die Anpassung das Ende einer Phase erreichen. Die vorherrschenden Werte verändern sich noch langsamer, bieten aber eine tiefere Grundlage für die Aufrechterhaltung und Stabilität des Systems. Die vorherrschenden Werte bestätigen teilweise die Interessenverteilung und bringen das Verhalten der Staaten weitgehend in Einklang mit der Kräftestruktur.

III. Die grundlegenden Merkmale der Transformation des internationalen Systems

Angetrieben durch wirtschaftliches Wachstum, technologische Innovation und Veränderungen in den strategischen Beziehungen zwischen den Staaten befindet sich das internationale System stets in einem Zustand der Kontinuität und des Wandels, die sich jedoch gegenseitig bedingen. Kontinuität ist das vorherrschende Merkmal

---

[295] Kagan, Robert: *The World America Made*. New York: Alfred A. Knopf, 2012, S. 74.; Melvyn, Lerner P.: Wie begann der Kalte Krieg? [Lengzhan Shi Ruhe Kaishi de?]. In: Li, Danhui (Hrsg.): *Code War International History Studies* (übersetzt von Chen Qian und Chen Zhihong). Shanghai: East China Normal University Publishing House, 2004, S. 105.

[296] Yan, Xuetong: Entwicklung der Internationale Führung und internationaler Normen [Guoji Lingdao yu Guoji Guifan de Yanhua]. In: *Quarterly Journal of International Politics*, 2011(1).

des internationalen Systems für die meiste Zeit; nur, wenn sich das System in einer Übergangsphase befindet, wird der Wandel das vorherrschendes Merkmal des Systems, das seine Kontinuität ablöst. Eine Untersuchung der Veränderungen in den drei Hauptkomponenten des internationalen Systems in den letzten 20 Jahren zeigt, dass es nach dem Ende des Kalten Krieges immer noch seine grundlegende Kontinuität beibehält und sich der Wandel noch im Stadium der Akkumulation quantitativer Veränderungen befindet.

Erstens herrscht im derzeitigen internationalem System in Bezug auf die Kräftestruktur immer noch ein klares unipolares Muster oder das Muster der „einen Supermacht und vielen anderen Großmächte". Gleichzeitig verringert sich der Machtabstand zwischen einigen nächstmächtigen Ländern und den Vereinigten Staaten allmählich, während sich die Reihenfolge solcher Länder und ihrer Kräfteverhältnisse erheblich verändert haben, was zu Veränderungen im internationalen Machtvergleich führt.

Die Anzahl der „Pole" im System ist nach der gängigen akademischen Definition das Hauptkriterium für die Bestimmung der Kräftestruktur. Nach diesem Maßstab ist das System heute weitestgehend unipolar, da die USA nach wie vor an der Spitze der Kräftepyramide des internationalen Systems stehen und die wichtigsten Bestandteile ihrer Stärke wie wirtschaftliche, militärische und technologische Stärke denen der nächstmächtigen Länder weit überlegen sind. Selbst wenn man auch über die materielle Macht hinaus die soziale Macht betrachtet, wie etwa den politischen Einfluss und die kulturelle Anziehungskraft, sind andere Länder kaum mit den Vereinigten Staaten vergleichbar. Ferner fehlt den weniger mächtigen Ländern der Wille, die USA einzeln oder gemeinsam herauszufordern, denn eine beträchtliche Anzahl von ihnen sind Verbündete, strategische Partner oder Anhängerstaaten. Natürlich bevorzugen viele Wissenschaftler den Ausdruck „eine Supermacht, viele andere Mächte", der darauf hindeutet, dass auch die weniger mächtigen Länder eine wichtige Rolle auf der internationalen Bühne spielen.

Sowohl die „unipolare" als auch die „eine Supermacht, viele andere Mächte"-Formulierung spiegeln nur die statische Stärkestruktur im internationalen System wider, während die dynamische Stärkestruktur eine Untersuchung der sich verändernden Reihenfolge und der Machtgefälle zwischen den Großmächten erfordert. Es ist allgemein bekannt, dass die Messung und der Vergleich nationaler Stärke schon immer als eine akademische Herausforderung im Fachkreis der internationalen Beziehungen gelten. Obwohl einige Forscher ausgefeilte „Gleichungen der Landesstärke" entwickelt haben, die versuchen, die Unterschiede der Stärke zwischen den Ländern zu berechnen, erschweren die Probleme bei der Auswahl, Zuweisung und Gewichtung der Variablen eine präzise Messung der Stärke eines Landes sowie seiner Unterschiede zu anderen Ländern.[297] Da wirtschaftliche Stärke die Grundlage für andere materielle Kräfte ist, können wir auf der Grundlage der wirtschaftlichen Entwicklungsdynamik der einzelnen Länder die vorläufige Schlussfolgerung ziehen, dass sich die Machtkluft zwischen China und den USA verringert hat, während sich

---

[297] Über die Auseinandersetzung mit der Begrenztheit der „Gleichung der nationalen Stärke" siehe Song, Wei: Analysis and Prediction of International Structures: A Review of Existing Methodology and Empirical Studies. In: *World Economics and Politics*, 2011(8), S. 97-111.

die Machtklüfte zwischen den USA und manchen anderen Ländern wie Großbritannien, Frankreich, Deutschland und Japan vergrößert haben. Des Weiteren wurden diese vier Länder, die früher an der Spitze der Machtrangliste standen, nacheinander von China überholt. Dieser Trend wird zumindest von den Wirtschaftsaggregaten und Militärausgaben widergespiegelt.

Die rasante Entwicklung der neu aufstrebenden Volkswirtschaften seit der Wende zum 21. Jahrhundert ist ebenfalls ein wichtiger Faktor, der die allmähliche Veränderung des internationalen Kräfteverhältnisses beeinflusst. In den letzten Jahren sind die neu aufstrebenden Volkswirtschaften stets schneller gewachsen als die Industrieländer, und insbesondere die BRICS-Länder haben einen bedeutenden Beitrag zum globalen Wirtschaftswachstum geleistet und ihre Stelle in der Welt in Bezug auf die Wirtschaftsaggregate weiter erhöht, wobei ihr Anteil an der Weltwirtschaft von 17 % im Jahr 2000 auf 25,7 % im Jahr 2010 gestiegen ist. In den letzten zwei Jahren kam es jedoch in einigen BRICS-Ländern sowie in anderen Schwellenländern zu einem wirtschaftlichen Abschwung und sozialen Unruhen.

Zweitens: Was das Interessenmuster betrifft, so wird die internationale politische, wirtschaftliche und sicherheitspolitische Ordnung seit langem von den westlichen Industrieländern unter Führung der Vereinigten Staaten dominiert, die bei der Verteilung der internationalen Interessen einen absoluten Vorteil haben. Nach der Finanzkrise haben sich die Mitsprache und Vertretung der neu aufstrebenden Volkswirtschaften bis zu einem gewissen Grad verbessert, müssen sich aber weiterhin um die Wahrung ihrer legitimen Interessen bemühen.

Das derzeitige Verteilungsmuster der Interessen hat sich hauptsächlich während des Kalten Krieges herausgebildet und erfuhr kurz nach dem des Kalten Krieges aufgrund der Veränderung der internationalen Lage eine Anpassung zugunsten der Vereinigten Staaten. Im wirtschaftlichen Bereich sind die USA, die europäischen Großmächte und die Industrieländer wie Japan im internationalen Handels- und Finanzsystem im Vorteil. Im Zuge der Globalisierung werden immer mehr Entwicklungsländer und -regionen in die internationale Arbeitsteilung einbezogen, doch die Industrieländer haben seit jeher eine beherrschende Stellung im internationalen industriellen Transfer inne und genießen daher den größten Teil der Vorteile, die die internationale Arbeitsteilung mit sich bringt.

Die absolute Dominanz der Industrieländer in der internationalen Verteilung des Nutzens ist vor allem auf ihre Dominanz über das internationale Handelssystem und die internationale Finanzordnung zurückzuführen, die die Regeln des internationalen Handelsspiels bestimmen und auch den Mechanismus der Nutzenverteilung dominieren. Vor der Weltwirtschaftskrise 2007 war die Gruppe der Acht (G8) die wichtigste Plattform für die globale Wirtschaftspolitik in den Industrieländern, und internationale Wirtschaftsregime wie die Weltbank (WB) und der Internationale Währungsfonds (IWF) wurden ebenfalls von den USA und Europa beherrscht. Nach dem Ausbruch der globalen Finanzkrise begann eine Umstrukturierung der internationalen wirtschaftlichen Governance-Mechanismen, wobei die Gruppe der Zwanzig (G20) zur wichtigsten Plattform für die Diskussion über die internationale Wirtschaftsordnung wurde und die Stimmrechte der Industrie- und Entwicklungsländer in internationalen Wirtschaftsorganisationen neu verteilt wurden. Auf dem G20-Gipfel in Pittsburgh 2008 wurde eine Reform der Anteile und Stimmrechte der Weltbank und des IWF zugesagt. 2010 wurde ein Reformpaket für den IWF verabschiedet, das vorsieht, dass die Industrieländer mehr als 6 % der IWF-Anteile an die Schwellen- und Entwicklungsländer übertragen, während die europäischen Länder, die 9 der 24 Sitze im Exekutivdirektorium innehaben, 2 Sitze an die Schwellenländer abtreten, sodass der Anteil Chinas von 3,72 % auf 6,39 % stieg, womit es nach den USA und Japan der drittgrößte Anteilseigner des IWF ist. Im Rahmen des Reformpakets der Weltbank übertrugen die Industrieländer insgesamt 3,13 % ihrer Stimmrechte auf die Entwicklungsländer, wodurch sich die Gesamtstimmrechte der Entwicklungsländer von 44,06 % auf 47,19 % erhöhten, während Chinas Stimmrechte in der Weltbank von 2,77 % auf 4,42 % stiegen, sodass es zum drittgrößten Aktionär der Weltbank wurde. Diese Reformen spiegeln die starke Forderung der neu aufstrebenden Länder und Entwicklungsländer wider, ihre Stimme und Vertretung zu stärken und in gewissem Maße das extreme Missverhältnis zwischen ihrer relativen Position in der Weltwirtschaft und ihrem Anteil an Weltwirtschaftsorganisationen zu korrigieren.[298] Allerdings übersteigt derzeit der Anteil und das Stimmrecht einiger Industrieländer in internationalen Wirtschaftsorganisationen immer noch bei weitem ihre wirtschaftliche Stärke und ihren wirtschaftlichen Status, weswegen die Entwicklungsländer immer noch um eine gleichberechtigte Mitsprache und Vertretung gegenüber den Industrieländern kämpfen müssen.

Drittens: Was die Einstellungsverteilung betrifft, ist der Liberalismus zur vorherrschenden Ideologie im internationalen System geworden, während Demokratie, Menschenrechte und Rechtsstaatlichkeit zu den vorherrschenden Normen in der internationalen Gemeinschaft geworden sind. Dies ist auf die vorherrschende Machtposition der westlichen Länder und die Bemühungen der Vereinigten Staaten und ihrer Verbündeten zurückzuführen, die demokratische Einstellung nach dem Kalten Krieg durch Mittel wie bewaffnete Intervention, Wirtschaftshilfe und ideologische Unterwanderung auszuweiten.

Die vorherrschenden Werte in der heutigen internationalen Gemeinschaft wurden hauptsächlich von westlichen Staaten geprägt. Obwohl diese Ideologien und Werte in universellen Konzepten ausgedrückt werden, spiegeln ihre spezifischen Inhalte die Wünsche der dominierenden Großmacht und ihrer Anhängerstaaten wider. Im Zeitalter der Globalisierung haben westliche Länder wie die USA eine beherrschende Stellung im Bereich der Informationsverbreitung inne. Sie nutzen die Annehmlichkeiten der High-Tech-Mittel, um ihre eigenen Werte, Ideologien und sozialen Kulturen in der Welt zu verbreiten und die Legitimität und Rationalität der westlichen kulturellen Werte zu verkünden. Gleichzeitig unternehmen sie viele abfällige Angriffe auf nicht-westliche Werte und schränken den Lebensraum nicht-westlicher Werte und Ideologien ein. Auch bei der Festlegung und Umsetzung internationaler Normen nehmen sie eine mächtige Position ein. Dies lässt sich von der Infragestellung von Souveränitätsnormen und der Förderung von Menschenrechtsnormen in

---

[298] Xie, Shiqing: IMF Reform of Quota and Voting Shares. In: *International Economic Review*, 2011(2), S. 126.

der Zeit nach dem Kalten Krieg beweisen, in der westliche Länder die Souveränität von Entwicklungsländern mit einer Reihe von Ideen und Theorien von humanitären Interventionen bis hin zur „Schutzverantwortung" untergraben haben.

Die Konfrontation zwischen westlichen und nicht-westlichen Ideologien besteht fort, und die Industrieländer wie die USA und manche europäischen Länder haben andere Standards und Diskurse als Entwicklungsländer in den Bereichen Souveränität, Menschenrechte, Gewaltanwendung und anderen Normen des internationalen Verhaltens. Es ist bemerkenswert, dass die von den USA vertretenen Grundwerte eine starke Anziehungskraft in der internationalen Gemeinschaft ausüben und von vielen Ländern anerkannt und befolgt werden. Dies geschieht zum einen aufgrund ihrer großen umfassenden Landesstärke und zum anderen, weil die von den USA vertretenen Werte in vielen Ländern innenpolitische Resonanz gefunden haben. In einigen Ländern und Regionen hat die Konfrontation zwischen den verschiedenen Ideologien sogar zu sozialen Unruhen und Ausschreitungen geführt, die ihren Entwicklungsprozess und ihre Stabilität wesentlich beeinträchtigen.

Zusammenfassend lässt sich sagen, dass die grundlegenden Merkmale des internationalen Systems heute ein beträchtliches Maß an Kontinuität und Stabilität bewahren, sodass sich das System immer noch in einer Phase der beschleunigten Akkumulation quantitativer Veränderungen befindet. Die grundlegende Umgestaltung des internationalen Systems in der Zukunft hängt von den gemeinsamen Veränderungen und der grundlegenden Umgestaltung von Kernelementen wie der Kräftestruktur, dem Interessenmuster und der Einstellungsverteilung ab.

IV. Der Aufstieg Chinas und der Wandel des internationalen Systems

Seit dem 21. Jahrhundert ist Chinas eigene Entwicklung eine der wichtigsten Triebkräfte für die Transformation und den Wandel des internationalen Systems. Ferne ist sie auch der Faktor, der zu den größten Veränderungen in der zweiten Dimension der Kräftestruktur (der wirtschaftlichen Stärke) geführt hat. Der weitere Aufstieg Chinas und seine Rolle im etablierten System unterliegen jedoch auch dem Druck und den Beschränkungen, die sich aus den Eigenschaften der verschiedenen Dimensionen des Systems ergeben. Im Grunde genommen ist der Aufstieg einer Großmacht ein interner Entwicklungsprozess, der von internen Faktoren wie der Nachhaltigkeit des Wachstums, der Effizienz der politischen und wirtschaftlichen Institutionen und der Stabilität der sozialen Ordnung bestimmt wird. Die Richtung, der Weg und sogar das Ergebnis des Aufstiegs einer Großmacht sind jedoch auch stark von den Eigenschaften, Merkmalen und Entwicklungstendenzen des internationalen Systems abhängig. Dies liegt vor allem daran, dass der Aufstieg einer Großmacht unweigerlich eine Herausforderung, eine Veränderung oder sogar einen Umsturz der etablierten Kräftestruktur mit sich bringt, und dass die Veränderung dieser Kräftestruktur wiederum das Interessenmuster und die Einstellungsverteilung zwischen der aufsteigenden und der dominierenden Macht verändern wird.

Die allgemeine Kontinuität und die beschleunigten Veränderungen im internationalen System haben China enorme Chancen für seine friedliche Entwicklung und seinen außenpolitischen Dienst eröffnet, aber auch grundlegende Einschränkungen auferlegt. In den vergangenen zwei Jahrzehnten haben Chinas Strategien für die innere Entwicklung und die außenpolitischen Angelegenheiten die Merkmale und Trends des internationalen Systems in vollem Umfang berücksichtigt und Chancen genutzt, um seine eigene Stärke zu verbessern, seinen internationalen Einfluss proaktiv auszuweiten und zu einer bedeutenden Kraft auf der internationalen Bühne zu werden. Obwohl in der Außenwelt Kontroversen aller Art über die Entwicklung Chinas herrschen, zeigt die Tatsache, dass China zur zweitgrößten Volkswirtschaft der Welt aufgestiegen ist, die außergewöhnlichen Leistungen Chinas in seiner eigenen Entwicklung. Wir können Chinas Entwicklung und Aussichten im gegenwärtigen internationalen System in drei Dimensionen untersuchen, nämlich seiner Rolle, seiner nationalen Stärke und seinem internationalen Status.

1. Chinas Rolle im internationalen System

Chinas Entwicklung wird durch das Umfeld und die Bedingungen des internationalen Systems eingeschränkt. Dies liegt vor allem darin, dass China mit einer internationalen Wirtschafts-, Politik- und Sicherheitsordnung konfrontiert ist, die von westlichen Ländern unter Führung der Vereinigten Staaten dominiert wird. Im Zuge seiner Auseinandersetzung mit dem bestehenden System hat Chinas internationale Rolle einen bemerkenswerten Wandel erfahren, da es seine Identität bei der Interaktion mit der Welt allmählich anpasst. Was den Prozess der Interaktion Chinas mit dem internationalen System angeht, so hat sich China allmählich von einem Kritiker, Widerständler und Revolutionär des bestehenden Systems zu einem Teilnehmer, Nutznießer und Verteidiger gewandelt.

In den letzten Jahren hat der Fachkreis zahlreiche Debatten über Chinas Beziehungen zum internationalen System vorgenommen, wobei der Frage nach der Rolle Chinas besondere Aufmerksamkeit geschenkt wurde. In westlichen politischen und akademischen Kreisen wird häufig die Sorge geäußert, dass China, sobald es mächtig ist, zu einem revolutionären Staat wird, der den Status quo ändert und beim Umgang mit seinen internationalen Beziehungen eine offensive strategische Haltung einnimmt. Daher dreht sich die Debatte um die Frage, ob China den Status quo verändert oder ihn stattdessen aufrechterhält, und ob es ein offensiver oder ein defensiver Staat ist.[299]

Trotz aller Debatten sind sich die chinesischen Spitzenpolitiker der Frage nach Chinas Rolle durchaus bewusst. Seit Beginn der Reform- und Öffnungspolitik ist sich die chinesische Führung bewusst, dass sich China, angesichts der von den Vereinigten Staaten dominierten liberal-kapitalistischen Weltwirtschaftsordnung, dem System anschließen muss, anstatt es abzulehnen, um seine eigene Entwicklung anzustreben. China hat erkannt, dass es sich für seine Entwicklung und sein Wachstum in

---

[299] Shambaugh, David: China or America: Which is the Revisionist Power?. In: *Survival*, 2001(3), Vol. 43, S. 25-30.; Johnston, Alastair Lain: Chinas Ansatz für die internationale Ordnung [Zhongguo dui Guoji Zhixu de Taidu]. In: *Quarterly Journal of International Politics*, 2005(2), S. 26-67.; Pu, Xiaoyu: *Rebranding China: Contested Status Signaling in the Changing Global Order*. Stanford, CA: Stanford University Press, 2018.

das bestehende System integrieren muss, um dessen günstige Bedingungen und Faktoren zu nutzen. Ferner hat es sich aktiv an der internationalen Arbeitsteilung beteiligt, wobei es am unteren Ende der globalen Wertschöpfungskette begann und sich allmählich auf das mittlere und obere Ende ausdehnte, um seine Position im System der internationalen Arbeitsteilung zu verbessern. Heute hat China die aktuelle internationale Ordnung relativ umfassend angenommen und ist bereits in das internationale System integriert. In ihren politischen Erklärungen hat die chinesische Regierung auch ihren Standpunkt zur Rolle Chinas im internationalen System deutlich gemacht: China wird die Strategie der friedlichen Entwicklung verfolgen und unbeirrt am Weg der friedlichen Entwicklung festhalten. China ist dazu bereit, „eine friedliche und gemeinsame Entwicklung aktiv anzustreben, das multilaterale Handelssystem aufrechtzuerhalten und sich am weltwirtschaftlichen Regieren zu beteiligen".[300]

Chinas Rolle befindet sich noch im Anpassungsprozess, und in der kommenden Zeit wird es sich von einem vollwertigen Teilnehmer am internationalen System zu einem progressiven Reformer wandeln. In den letzten 20 Jahren hat sich China für eine Reform des internationalen Systems eingesetzt, auch wenn es sich dabei meist nur um einen Slogan und eine diplomatische Haltung gehandelt hat, da die Umsetzung der Reform im internationalen System eine starke Landesstärke als Triebkraft und Mittel erfordert. Die chinesische Regierung hat stets betont, dass die bestehende internationale Ordnung von Natur aus irrationale und ungerechte Aspekte hat, zumal sie die dominante Stellung der entwickelten westlichen Länder bei der Verteilung der Vorteile und der Festlegung von Regeln widerspiegelt, was mit Chinas eigener Position als Entwicklungsland unvereinbar ist. Mit der ständigen Erhöhung Chinas Stärke werden die Beschränkungen, die sich aus den unvernünftigen Aspekten der bestehenden Ordnung ergeben, für seine eigene Entwicklung und die Ausweitung seines internationalen Einflusses immer deutlicher zutage treten. Dementsprechend wird die Motivation Chinas, ein breiteres Spektrum von Kräften zur Reform der bestehenden Ordnung zu vereinen, immer stärker. Sein Handeln wird auch stetig intensiver.

2. Die Entwicklung Chinas nationaler Stärke

Dank einer deutlichen Verlagerung seines strategischen Schwerpunkts als Reaktion auf die veränderte internationale und innenpolitische Lage hat sich China bei der Beteiligung am internationalen System erheblich entwickelt. In den letzten 20 Jahren hat China an dem strategischen Ansatz „völliger Konzentration auf den Aufbau und die Entwicklung des Landes" festgehalten und danach gestrebt, seine wirtschaftliche und umfassende nationale Stärke zu verbessern.

Im ersten Jahrzehnt des 21. Jahrhunderts hat Chinas Wirtschaft die traditionellen Wirtschaftsmächte wie Italien, Frankreich, Großbritannien, Deutschland und Japan überholt und ist zur zweitgrößten Volkswirtschaft der Welt aufgestiegen. Von

---

[300] Siehe: *Rede vom Generalsekretär Xi Jinping beim 3. kollektiven Lernen des Politbüros des XVIII. ZK der KP Chinas am 28. Januar 2013 über das unbeirrte Festhalten an dem friedlichen Entwicklungsweg* [Zhonggong Zhongyang Zongshuji Xi Jinping zai 2013 Nian 1 Yue 28 Ri Shiba Jie Zhonggong Zhongyang Zhengzhiju jiu Jiandingbuyi Zou Heping Fazhan Daolu Jinxing Di-San Ci Jiti Xuexi shi de Jianghua]. http://politics.people.com.cn/n/2013/0130/c1001-20367778.html, (People.cn).

2003 bis 2011 wuchs Chinas Wirtschaft mit einer durchschnittlichen jährlichen Rate von 107 %, während sich die Weltwirtschaft im gleichen Zeitraum durchschnittlich um 39 % erhöht. Der Anteil der chinesischen Gesamtwirtschaft an der Weltwirtschaft stieg von 4,4 % im Jahr 2002 auf rund 10 % im Jahr 2011. 2007 übertraf der Beitrag Chinas zum Weltwirtschaftswachstum erstmals den der Vereinigten Staaten und setzte sich an die Spitze der Weltwirtschaft. 2010 waren es bereits mehr als 20 %.[301] Im Jahr 2016 betrug das BIP Chinas 11,2 Billionen US-Dollar, was 14,9 % der Weltwirtschaft entspricht.[302]

Die enormen Erfolge Chinas in relativ kurzer Zeit haben viele Wissenschaftler zu der Ansicht veranlasst, dass China zur „Nummer zwei" auf der Welt geworden ist.[303] Jedoch ignoriert eine solch optimistische Einschätzung der Macht Chinas weitgehend die Tatsache, dass nationale Stärkevergleiche auf einer Kombination von zahlreichen Indikatoren beruhen. Die umfassende Landesstärke wird anhand einer Kombination von Indikatoren wie Ressourcenausstattung, Wirtschaftsstärke, militärische Macht, politische Kapazität und innerer Zusammenhalt gemessen. Obwohl die Wirtschaftsstärke ein wesentlicher Bestandteil der umfassenden nationalen Stärke ist, spiegeln Wirtschaftsaggregate die Rangfolge der Wirtschaftsstärke eines Landes nicht genau wider. Es müssen Faktoren wie Pro-Kopf-Wohlstand, Wissenschaft und Technologie sowie Innovationskapazität berücksichtigt werden. Gleichzeitig kann die Überbetonung der Tatsache im außenpolitischen Dienst, dass China zur „Nummer zwei" auf der Welt geworden ist, zu größeren Besorgnissen und Erwartungen seitens der Außenwelt führen. Denn diese Betonung bedeutet, dass China sich von anderen nächstmächtigen Ländern distanziert und in Opposition zu den USA stellt. Das kann auch dazu führen, dass andere Länder einen größeren Beitrag und eine größere Verantwortung von China auf der internationalen Bühne erwarten.

Bei aller Betonung der zunehmenden Landesstärke Chinas müssen wir die Probleme und Zwänge der chinesischen Entwicklung nüchtern betrachten, insbesondere die ungleiche wirtschaftliche und soziale Entwicklung, den geringen Beitrag des wissenschaftlichen und technologischen Fortschritts zum Wirtschaftswachstum und die hohen Umweltkosten für die wirtschaftliche Entwicklung. Bei vielen internationalen Angelegenheiten hat China stets seinen Status als Entwicklungsland hervorgehoben, was eine vernünftige Einschätzung ist, die auf einer Bewertung der eigenen Entwicklungsphase und des eigenen Entwicklungszustandes sowie auf einem Vergleich seiner Landesstärke mit der vieler anderer großer Länder beruht.

---

[301] *Neue Sprünge im neuen Jahrhundert, Neuer Weg schreibt Neues Kapitel - Eine Reihe von Berichten über die Errungenschaften der wirtschaftlichen und sozialen Entwicklung vom XVI. bis zum XVIII. Parteitag der KP Chinas (Teil 1)* [Xin Shiji Shixian Xin Kuayue Xin Zhengcheng Puxie Xin Pianzhang - Cong Shiliuda dao Shibada Jingji Shehui Fazhan Chengjiu Xilie Baogao zhi Yi]. http://www.stats.gov.cn/tjfx/ztfx/sbdcj/t20120815_402827873.htm, (Staatlichen Amtes für Statistik der Volksrepublik China).

[302] *Neues Konzept Führt zu Neuer Normalität, Neue Praxis schreibt Neues Kapitel - Errungenschaften der wirtschaftlichen und sozialen Entwicklung seit dem XVIII. Parteitag der KP Chinas (Teil 1)* [Xin Linian Lingdao Xin Changtai Xin Shijian Puxie Xin Pianzhang - Dang de Shibada Yilai Jingji Shehui Fazhan Chengjiu Xiliezhi Yi]. http://www.stats.gov.cn/ztjc/ztfx/18fzcj/201802/t20180212_1583222.html, (Staatlichen Amtes für Statistik der Volksrepublik China).

[303] Yan, Xuetong: The Shift of World Center and the Change of the International System. In: *Journal of Contemporary Asia-Pacific Studies*, 2012(6), S. 4-21.; Liu, Jiangyong: World Structure and China's Peripheral Security. In: *World Economics and Politics*, 2013(6), S. 4-24.

3. Die Verbesserung Chinas internationalen Status

Mit dem Anstieg der nationalen Stärke wurde auch Chinas internationaler Status und Einfluss gestärkt. In der Weltwirtschaft hat China zunehmend an Bedeutung gewonnen. Die Außenwelt schenkt China deutlich mehr Aufmerksamkeit, sodass die Häufigkeit des Themas China von Tag zu Tag zunimmt. Obwohl es viele verschiedene Perspektiven, Stimmen und Positionen zu China gibt und in manchen Ländern die „China-Bedrohungs-Theorie" immer noch öffentlich propagiert wird, ist die Tatsache, dass Chinas internationaler Einfluss zugenommen hat, nicht zu ignorieren oder zu umgehen.

Ferner wird China zu einem immer wichtigeren und sogar unverzichtbaren Faktor für die Entwicklung der Weltlage. Sowohl die Industrieländer und aus ihnen bestehenden zwischenstaatliche Organisationen wie die Vereinigten Staaten und die Europäische Union als auch die neu aufstrebenden Volkswirtschaften und Entwicklungsländer wollen die Zusammenarbeit mit China vertiefen und die Koordination mit China verstärken. Die Bedürfnisse nach Chinas Kraft und die Bereitschaft, darauf zurückzugreifen, hat in allen Bereichen erheblich zugenommen, wobei Chinas Stimme und Einfluss in wichtigen internationalen Fragen wie der globalen Wirtschaftspolitik, der Umwelt und dem Klimawandel zunehmen - ein Phänomen, das vor mehr als einem Jahrzehnt noch unvorstellbar gewesen wäre.

Die Spielräume Chinas hinsichtlich der Außenbeziehungen haben sich vergrößert, die Themenbereiche seiner Beteiligung an internationalen Angelegenheiten wurden erweitert, und die Art und Weise, wie es mit der Außenwelt in Kontakt tritt, hat sich erheblich verbessert. Chinas Außenbeziehungen haben sich auf die ganze Welt ausgedehnt, seine wirtschaftlichen und politischen Kontakte haben sich erweitert, und es hat sich auch umfassend an internationalen und regionalen Angelegenheiten beteiligt, indem es eine konstruktive Rolle bei der Friedenssicherung, Terrorismusbekämpfung, Nichtverbreitung von Kernwaffen, Piraterierbekämpfung usw. gespielt hat. Ob in multilateralen internationalen Institutionen wie der Welthandelsorganisation, der Weltbank und dem Internationalen Währungsfonds oder im Zusammenspiel mit regionalen Kooperationsmechanismen wie der ASEAN und der Asiatisch-Pazifischen Wirtschaftskooperation, China hat einen wichtigen Beitrag zur Förderung der aktiven Teilnahme und Zusammenarbeit geleistet. Chinas Positionen und Ideen werden auch in wichtigen internationalen Fragen wie der Reform der Vereinten Nationen und des internationalen Finanzsystems, den Verhandlungen über den Klimawandel und den Lebensmittel- und Energiefragen ernst genommen.

Im Großen und Ganzen sind Chinas internationaler Status und Einfluss sowohl im In- als auch im Ausland hinter den Erwartungen zurückgeblieben. Die internationale Gemeinschaft, sowohl die Industrie- als auch die Entwicklungsländer, erwartet von China, dass es mehr internationale Verantwortung übernimmt. Da sich Chinas nationale Interessen regional und global ausweiten, erwartet die chinesische Bevölkerung auch, dass die Regierung Chinas Interessen aktiver und selbstbewusster verteidigt. Angesichts dessen muss sich China von seiner bisherigen reaktiven und defensiven diplomatischen Strategie abwenden und proaktiv an internationale Angelegenheiten herangehen. Abgesehen von der Beteiligung an der tiefgreifenden Reform des multilateralen Handelssystems und des globalen wirtschaftlichen Governance-Systems muss China auch seine Fähigkeit zur Gestaltung der globalen und regionalen politischen und sicherheitspolitischen Architektur verbessern.

V. Chinas Rolle bei der Förderung der friedlichen Transformation des internationalen Systems

Vom Kalten Krieg bis zur Zeit nach dem Kalten Krieg hat das internationale System eine große friedliche Transformation durchlaufen. Aber wird es auch nach dem Kalten Krieg eine friedliche Transformation von der Phase der US-geführten Welt zum „postamerikanischen Zeitalter" erreichen? Wie kann China im Prozess der Transformation seine eigene Identität genau definieren, seine Strategie entsprechend anpassen und sich daran zu beteiligen? In den letzten Jahren fanden im theoretischen Bereich der internationalen Beziehungen zahlreiche Diskussionen zu diesen Fragen statt.

Wie ein friedlicher Machtübergang und Systemwechsel erreicht werden kann, ist eine theoretische Herausforderung. Die Aussichten für eine friedliche Transformation sind nach Ansicht vieler theoretischer Schulen nicht pessimistisch. Beispielsweise sagen die Machtübergangstheorie (power transition theory, PTT) von A. F. Kenneth Organski, die hegemoniale Kriegstheorie von Robert Gilpin, die Theorie der weltpolitischen Zyklen von Geroge Modelski und der offensivere Neorealismus von John Mearsheimer alle voraus, dass eine dramatische Machtübergabe im internationalen System die Wahrscheinlichkeit von Kriegen und Konflikten erhöhen werden.[304] Sie unterscheiden sich nur in ihrer Einschätzung, ob Konflikte in erster Linie von den bestehenden oder den aufstrebenden Mächten ausgelöst werden. Auch wenn einige Theoriezweige wie der Liberalismus, der Konstruktivismus und die Englische Schule (auch liberaler Realismus) theoretische Möglichkeiten für einen friedlichen Systemwandel bieten, setzt dies voraus, dass die aufstrebenden Mächte die von den dominierenden Mächten geschaffenen Institutionen und Normen akzeptieren und sich ihnen unterwerfen.[305]

In der Geschichte der internationalen Beziehungen gibt es nicht viele Fälle von friedlichen Transformationen im internationalen System. Einige Fälle, die als „friedlich" bezeichnet werden, sind in der Tat fragwürdig. Die unter europäischen und amerikanischen Wissenschaftlern so beliebte friedliche Machtübergabe zwischen Großbritannien und den USA fand beispielsweise zur Zeit der beiden Weltkriege

---

[304] Siehe jeweils Organski, Abramo F. K. & Kugler, Jacek: *The War Ledger*. Chicago: University of Chicago Press, 1980.; Gilpin, Robert: *War and Change in World Politics* (übersetzt von Song Xinning). Shanghai: Shanghai People's Publishing House, 2007.; Modelski, George: *Long Cycles in World Politics*. Seattle: University of Washington Press, 1987.; Mearsheimer, John J.: *The Tragedy of Great Power Politics* (übersetzt von Wang Yiwei und Tang Xiaosong). Shanghai: Shanghai People's Publishing House, 2008.

[305] Ikenberry, G. John: The Rise of China and the Future of the West - Can the Liberal System Survive?. In: *Foreign Affairs*, 2008(1), Vol. 87, S. 23-37.; Legro, Jeffrey W.: What China will Want: The Future Intentions of a Rising Rower. In: *Perspectives on Politics*, 2007(3), Vol. 5, S. 515-534.; Buzan, Barry: China in International Society: Is "Peaceful Rise" Possible?. In: *The Chinese Journal of International Politics*, 2010(1), Vol. 3, S. 5-36.

statt. Obwohl es keine direkten bewaffneten Konflikte zwischen den beiden gab, hatten die beiden Weltkriege Großbritannien von einer Weltmacht zu einem nächststärken Land geschwächt, sodass Großbritannien nach dem Ende des Zweiten Weltkriegs nicht mehr in der Lage war, mit den USA um die Vorherrschaft zu konkurrieren.[306] Das Ende des Kalten Krieges führte beispielsweise zu einem Machtwechsel zwischen den USA und der UdSSR: Der Zusammenbruch der Sowjetunion machte die Vereinigten Staaten zur alleinigen Supermacht, aber der Preis für diesen Machtwechsel war der Zusammenbruch einer der Supermächte und ihr Rückzug aus dem Kreis der stärksten Länder. Kurz gesagt, es gab in diesen außergewöhnlichen Fällen eindeutige Gewinner und Verlierer, wobei die Hegemonialmacht und die aufstrebenden Länder weder Rechte und Vorteile teilten noch auf der konzeptionellen Ebene miteinander in Frieden lebten.

Wie bereits erwähnt, beginnt der Wandel im internationalen System mit einer Verschiebung der Stärkestruktur, gefolgt von einer Anpassung der Interessenstruktur und Einstellungsverteilung. Die Hauptschwierigkeit bei einer friedlichen Transformation des Systems liegt nicht in der Veränderung der Stärkestruktur, sondern in der Notwendigkeit der Anpassung der Letzteren, die diese Transformation mit sich bringt. Das heißt, wenn sich das Kräfteverhältnis zwischen den Großmächten ändert, werden sich die Interessen der aufsteigenden Mächte zwangsläufig entsprechend ihrem Stärkezuwachs ausweiten, und diese ausgeweiteten Interessen weisen in der Regel Elemente auf, die mit den Interessen der dominierenden Mächte kollidieren; auch im Bereich der Werte und internationalen Normen wird es Widersprüche und Konflikte zwischen den aufsteigenden und den dominierenden Mächten geben. Diese unterschiedlichen Einstellungen werden ebenfalls miteinander konkurrieren. Diese mehrfache Transformation von Macht, Interessen und Einstellungen verläuft nicht unbedingt harmonisch, sondern ist eher ein Prozess voller Wettbewerb und Konflikte. Eine friedliche Transformation im internationalen System bedeutet, dass Veränderungen in diesen Dimensionen einerseits die Interessen und Normen der etablierten Mächte nicht direkt untergraben dürfen, andererseits den Interessen und normativen Bestrebungen der aufstrebenden Mächte entgegenkommen können. Daher liegt der Schlüssel zum einen in der Mäßigung der Anforderungen der aufstrebenden Mächte, deren umfassende Stärke sich erhöht haben, zum anderen auch in der Annahme ihrer Ideologien und Werte. Diese Aussicht hängt natürlich ganz von der Interaktion zwischen den etablierten und den aufstrebenden Mächten ab und nicht lediglich von dem Verhalten einer der beiden Seiten.

Im Fachkreis wird der Aufstieg Chinas und seine Interaktion mit dem internationalen System sehr unterschiedlich wahrgenommen. Bei den Hauptkontroversen handelt es sich in erster Linie um folgende Dimensionen: Ist China ein „entwickeltes Land" bzw. eine „Weltmacht" oder ein „Entwicklungsland" bzw. eine „mittelständige

---

[306] In einigen Studien wurde versucht, den friedlichen Machtwechsel in Großbritannien und den USA im Sinne einer konstruktivistischen kulturellen Identität zu verstehen, aber eine solche Interpretation ignoriert eindeutig die Logik der Machtpolitik. Mehr darüber siehe Feng, Yongping: Der Wandel der Identität: Der friedliche Machtwechsel in Großbritannien und den USA [Rentong Bianqian: Ying Mei Quanli de Heping Zhuanyi]. In: *Quarterly Journal of International Politics*, 2005(3), S. 21-43.

Macht"? Ist China, was die Entwicklungsrichtung betrifft, eine Wirtschaftsgroßmacht oder auch eine politische Großmacht (eine umfassende Großmacht)? Tendiert China in Bezug auf seine strategischen Absichten dazu, den Status quo zu verändern oder beizubehalten? Ist China, was sein strategisches Verhalten angeht, ein offensiver oder ein defensiver Staat?[307] Diese Dichotomien beziehen sich auf die zentrale Frage nach Chinas Rolle bei der Transformation des internationalen Systems, d.h. soll China ein Bewahrer, ein Reformer oder ein Revolutionär sein? Es ist zwar einfach und unkompliziert, seine Rolle anhand einer Reihe von gegensätzlichen Konzepten zu definieren, aber die Entweder-Oder-Philosophie spiegelt kaum die inhärente Komplexität und Dynamik der Interaktion Chinas mit dem internationalen System wider. Was ihren historischen Prozess angeht, so hat sich China schrittweise von einem Revolutionär zu einem Teilnehmer, einem Nutznießer und einem Verteidiger des bestehenden Systems gewandelt. Heute hat China die aktuelle internationale Ordnung relativ umfassend angenommen und ist bereits in das internationale System integriert.[308]

Im Zuge seiner aktiven Integration in das internationale System hat China seine Entwicklungsmöglichkeiten gewonnen und seine eigene Stärke verbessert. Seine kontinuierliche Entwicklung war eine wichtige Triebkraft bei der Umstrukturierung des internationalen Systems. Natürlich kann man auch feststellen, dass China gegenüber den verschiedenen Dimensionen der etablierten internationalen Ordnung auch unterschiedliche Haltung einnimmt. Es hat sogar Vorbehalte gegenüber einigen Aspekten des multilateralen Handelssystems und des Systems der globalen wirtschaftlichen Governance, in die es am stärksten integriert ist, und beteiligt sich viel weniger an der Gestaltung globaler oder regionaler politischer und sicherheitspolitischer Governance-Rahmenwerke als im Bereich der wirtschaftlichen Governance. Dies liegt sowohl an Chinas aktiven Entscheidungen und Überlegungen als auch an seiner passiven Akzeptanz oder seinem Widerstand. China ist nicht gerade ein aktiver Verfechter des etablierten Systems, da es eindeutig fehlerhaft, in mancher Hinsicht unlogisch und nicht fair ist. China ist ein großes Land, das die Reform des Status quo im internationalen System vorantreiben will.[309] Ob aus der Perspektive seiner eigenen

---

[307] Zu relevanten Kontroversen und Bemerkungen siehe Shambaugh, David: China or America: Which is The Revisionist Power?. In: *Survival*, 2001(3), Vol. 43, S. 25-30.; Johnston, Alastair Lain: Chinas Ansatz für die internationale Ordnung [Zhongguo dui Guoji Zhixu de Taidu]. In: *Quarterly Journal of International Politics*, 2005(2), S. 26-67.; Feng, Huiyun: Defensive strategische Kultur Chinas [Fangyuxing de Zhongguo Zhanlüe Wenhua]. In: *Quarterly Journal of International Politics*, 2005(2), S. 1-23.; Li, Shaojun: China's Dual – Identity Dilemma and Its Countermeasures. In: *World Economics and Politics*, 2012(4), S. 4-20.; Yan, Xuetong: The Shift of World Center and the Change of the International System. In: *Journal of Contemporary Asia-Pacific Studies*, 2012(6), S. 4-21.; Niu, Xinchun: China soll sich nicht beeilen, um eine globale politische Macht zu werden [Zhongguo Bubi Jizhe Dang Quanqiu Zhengzhi Daguo]. In: *Global Times*, 22.02.2013.

[308] Das Weißbuch *Chinas Friedliche Entwicklung* hat diesen Punkt deutlich behauptet. Siehe: *Chinas Friedliche Entwicklung* [Zhongguo de Heping Fazhan]. http://www.gov.cn/jrzg/2011-09/06/content_1941204.htm, (Die Zentrale Volksregierung Chinas, 09.2011).; Siehe auch: *Rede vom Generalsekretär Xi Jinping beim 3. Kollektiven Lernen des Politbüros des XVIII. ZK der KP Chinas am 28. Januar 2013 über das unbeirrte Festhalten an dem friedlichen Entwicklungsweg.* [Zhonggong Zhongyang Zongshuji Xi Jinping zai 2013 Nian 1 Yue 28 Ri Shiba Jie Zhonggong Zhongyang Zhengzhiju jiu Jiandingbuyi Zou Heping Fazhan Daolu Jinxing Di San Ci Jiti Xuexi shi de Jianghua]. http://politics.people.com.cn/n/2013/0130/c1001-20367778.html, (People.cn).

[309] Ren, Xiao: *China: A Reform-Minded Status-Quo Power?*.http://www.eastasiaforum.org/2012/05/16/china-a-reform-minded-status-quo-power/, (In: East Asia Forum, 16.05.2012).

Entwicklungsbedürfnisse oder der Erwartungen der internationalen Gemeinschaft, China sollte sich um eine schrittweise Reform des internationalen Systems bemühen, um eine friedliche Transformation des Systems zu erreichen. Nach der vorliegenden Analyse der grundlegenden konstituierenden Elemente des internationalen Systems sollte sich China bei seiner Beteiligung am internationalen System und seiner Förderung des friedlichen Systemwandels auf das Vorantreiben der positiven Veränderungen dieser grundlegenden Elemente konzentrieren.

Erstens muss China das Ausmaß und die Geschwindigkeit seines Wirtschaftswachstums beibehalten, gleichzeitig aber auch seine umfassende Stärke verbessern, um die Stärkestruktur im System weiter in Richtung einer ausgewogenen Entwicklung voranzutreiben. Wenn man anerkennt, dass die nationale Stärke ein zentrales Element der internationalen Politik und Ökonomie und ein grundlegendes Mittel zur Erreichung nationaler Ziele bleibt, dann ist es sicher, dass die nächststärken Länder nur dann die Initiative im internationalen Wettbewerb ergreifen können, wenn sie die Geschwindigkeit und das Ausmaß ihres Aufstiegs beibehalten oder sogar noch steigern. Obwohl China zur zweitgrößten Volkswirtschaft der Welt aufgestiegen ist, ist der Abstand zu den USA immer noch riesig. Darüber hinaus ist das gesamte Wirtschaftsvolumen nur eine der wichtigen Komponenten der umfassenden Stärke eines Landes. Neben dem Wirtschaftswachstum muss China auch die Qualität seiner Wirtschaft verbessern, sich Zugang zu den großen Waren- und Finanzmärkten verschaffen und die fortgeschrittene wissenschaftlich-technische Innovations- und Forschungsfähigkeit beherrschen, damit die kontinuierliche Verbesserung seiner nationalen Stärke mehr Unterstützung erhalten kann.

China muss auch seine militärische Stärke, die politischen Fähigkeiten seiner Regierung, seinen inländischen Zusammenhalt und seinen Einfluss in der internationalen Politik erhöhen, genauer gesagt, seine umfassende Stärke verbessern. Es wurde argumentiert, dass China für eine beträchtliche Zeit eine „globale Wirtschaftsmacht" bleiben sollte, statt eine „politische Macht" oder „militärische Macht" zu werden.[310] Allerdings kann sich kein Land im internationalen System allein auf seine Wirtschaftskraft verlassen, um seinen Status als starkes Land zu erreichen und aufrechtzuerhalten, denn der Wettbewerb zwischen den Ländern ist ein Wettbewerb um die umfassende Stärke. Nur durch ihre Verbesserung kann China die Stärkestruktur des Systems weiter in Richtung einer ausgewogenen Entwicklung vorantreiben. Es ist festzustellen, dass das internationale System heute unausgewogen ist, und dieses Ungleichgewicht hat dazu geführt, dass es das Verhalten einiger Staaten nicht ausreichend einschränken kann. Die Entwicklung der eigenen Stärke Chinas hat auch einigen Entwicklungsländern die Möglichkeit gegeben, sich weiter zu entwickeln, und diese aufstrebenden Kräfte sind eine wichtige Garantie für die Entwicklung einer relativ ausgewogenen Stärkestruktur im internationalen System und für die Fairness des Systems.

Zweitens muss China auf der Grundlage seiner sich verbessernden Stärke mit anderen Schwellenländern zusammenarbeiten, um eine angemessene Anpassung

---

[310] Niu, Xinchun: China soll sich nicht beeilen, um eine globale politische Macht zu werden [Zhongguo Bubi Jizhe Dang Quanqiu Zhengzhi Daguo]. In: *Global Times*, 22.02.2013.

der Interessenverteilung im internationalen System zu fördern, damit es den grundlegenden Anforderungen der neu aufstrebenden großen Länder gerecht werden kann. In dem Maße, wie Chinas umfassende Stärke und sein internationaler Status weiter zunehmen, werden seine Beteiligung an internationalen Angelegenheiten und seine Einflüsse darauf zwangsläufig umfassender und weitreichender sein als je zuvor, was zwangsläufig eine größere Entscheidungsbefugnis in den internationalen Wirtschafts-, Politik- und Sicherheitssystem erfordert. China muss nicht nur seine Forderungen hinsichtlich der Reform der globalen Wirtschaftsordnung deutlich machen und eine wohlwollende Reform fördern, sondern sollte auch eine aktive Rolle in der globalen und vor allem regionalen Sicherheitsordnung spielen. Dafür gilt es, mehr Verantwortung in Fragen der regionalen Sicherheit, der internationalen Friedenssicherung, der Nichtverbreitung von Kernwaffen und der Umweltpolitik zu übernehmen und ein günstiges internationales Sicherheitsumfeld zu gestalten. Um die Interessen der traditionellen Großmächte, insbesondere der dominierenden Mächte, nicht direkt herauszufordern, kann China natürlich auch seine Interessen in Bezug auf bestimmte Fragen mit anderen Schwellenländern in Einklang bringen, gemeinsame Ziele festlegen und eine relativ enge gemeinsame Front bilden, um die Anpassung der Interessenverteilung in bestimmten Bereichen zu erleichtern.

Da die USA die Partei mit der überlegenen Machtposition sind, hängen die Aussichten auf eine friedliche Transformation des internationalen Systems nicht nur von Chinas Entwicklungsweg und internationaler Rolle ab, sondern auch und vor allem von der Haltung und Position der USA gegenüber Chinas Aufstieg. Im Gegensatz zu der Auffassung einiger Wissenschaftler sind die Irrungen und Wirrungen in der chinesisch-amerikanischen Beziehung nicht auf falsch eingeschätzte Absichten oder den Mangel an dem gegenseitigen strategischen Vertrauen zurückzuführen, sondern vielmehr auf reale Widersprüche und Konflikte in den Interessen, zumal die USA der Aufstieg und die Entwicklung Chinas als eine Bedrohung für ihre Hegemonie betrachten. China möchte nicht zum Herausforderer des bestehenden internationalen Systems und der Vorherrschaft der USA werden und ist bereit, die Gesamtlage der amerikanisch-chinesischen Beziehungen im Auge zu behalten, die notwendigen Kompromisse einzugehen und Zurückhaltung zu üben, kann aber nicht erwarten, dass ein grenzloser Kompromiss und Rückzug die wohlwollende Entwicklung der amerikanisch-chinesischen Beziehungen erfolgreich vorantreiben können. Es kommt viel mehr darauf an, die USA zuwohlwollenden Reaktionen und Interaktionen zu veranlassen. Zu diesem Zweck müssen China und die USA zusammenarbeiten, um neue gemeinsame Interessen zu finden, internationale Regeln gemeinsam einzuhalten, den Austausch zwischen den beiden Ländern in verschiedenen Bereichen und auf verschiedenen Ebenen zu verstärken, einen Krisenwarnmechanismus einzurichten und den Umgang mit Differenzen zu verbessern.

Schließlich muss China einen positiven Wandel in den vorherrschenden Konzepten des internationalen Systems vorantreiben, indem es universell akzeptierte Werte und Normen annimmt und gleichzeitig pluralistische und integrative Werte fördert, um die Unterstützung der schwächeren Gruppen der internationalen Gemeinschaft zu gewinnen.[311] Im heutigen internationalen System dominiert eine Reihe liberaler Ideologien, die von den USA und anderen westlichen Ländern gefördert werden. Zudem wird die Norm der Souveränität zunehmend durch Normen wie Menschenrechte und Neo-Interventionismus interferiert. Diese liberalen Werte und Normen enthalten zwar einige wichtige universelle Komponenten, sind aber von Natur aus exklusiv und behandeln andere Ideologien und Werte als fremd, weswegen sie von mächtigen Staaten mit Hilfe ihres Reichtums und ihrer Macht zwangsläufig verbreitet werden. Allerdings teilen nicht alle Menschen in allen Ländern und Regionen diese Ideologien. In der nicht-westlichen Welt gibt es breite Gruppen, deren Ideologien benachteiligt werden. In diesem Zusammenhang sollte China die Legitimität universeller Werte anerkennen und gleichzeitig die inklusive und pluralistische Koexistenz der vielfältigen Ideologien fördern, um die ideologische Zustimmung und Unterstützung von mehr Ländern zu gewinnen. Selbstverständlich muss die Förderung eines positiven Wandels der Werte und Normen auf internationaler Ebene auf den Eigenschaften eines Landes und auf seine inneren Elemente beruhen, die das Land exportieren kann.[312] Das bedeutet auch, dass China Werte und Normen entwickeln muss, die von der internationalen Gemeinschaft an- und übernommen werden können.

Angesichts der Forderungen der internationalen Gemeinschaft nach einer stärkeren Rolle Chinas und insbesondere der Kritik und des Drucks seitens westlicher Länder sollte China der internationalen Gemeinschaft seine Fähigkeiten und seinen Willen verdeutlichen und seine Bereitschaft zeigen, sich an der Bereitstellung globaler öffentlicher Güter zu beteiligen, soweit es dazu in der Lage ist. Die Typen und der Umfang der globalen öffentlichen Güter, die China bereitstellt, sowie die Art und Weise der Bereitstellung sollten Chinas eigener Stärke sowie dem wirtschaftlichen Aufbau und der sozialen Entwicklung des Landes zu Gute kommen. Gleichzeitig sollte sich die Bereitstellung globaler öffentlicher Güter auf Bereiche konzentrieren, die von allgemeinem internationalem Interesse sind, vor allem auf die Aufrechterhaltung einer friedlichen und stabilen internationalen und regionalen Ordnung (Friedenssicherung, Krisenmanagement und Konfliktlösung), auf die Stabilität und Fairness des Freihandelssystems (Einhaltung der Freihandelsgrundsätze, Stabilisierung des Finanzsystems) und auf die Aufrechterhaltung der Offenheit und Sicherheit der globalen Gemeinschaftsgüter (z. B. der Hohen See, des Weltraums usw.). Insbesondere muss China eine aktive Rolle in der globalen und regionalen Sicherheitsgovernance spielen, indem es mehr Verantwortung für die Themen wie regionale Sicherheit, internationale Friedenssicherung, Nichtverbreitung von Kernwaffen und Umweltsanierung übernimmt und ein für das Land günstiges internationales Sicherheitsumfeld gestaltet.

---

311 Zhang Xiaoming weist darauf hin, dass die Ideen Chinas ein Konzept vom „pluralistischen Frieden" verkörpern würden, in dessen Mittelpunkt die Anerkennung des kulturellen Pluralismus und der Vielfalt der Entwicklungsmodelle stehe. Dieses Konzept solle von benachteiligten Gruppen in der internationalen Gemeinschaft unterstützt werden können. Siehe Zhang, Xiaoming: A Rising China and Normative Changes in International Society. In: *Foreign Affairs Review*, 2011(1), S. 46-47.
312 Xu, Jin: How Nations Construct the International Norms: A Research Agenda. In: *International Forum*, 2007(5), S. 7-12.

Insgesamt war die rasante Entwicklung Chinas seit der Reform- und Öffnungspolitik, insbesondere im letzten Jahrzehnt, einer der Hauptfaktoren für die Transformation des internationalen Systems. Die Dauerhaftigkeit und die Wahrscheinlichkeit einer friedlichen Transformation hängen von der gesunden Interaktion Chinas mit den dominierenden Ländern im System sowie mit den anderen aufstrebenden Ländern ab. Des Weiteren hängt sie auch mit Chinas eigenen innen- und außenpolitischen Anpassungen und Kooperationen zusammen. Als aktiver Teilnehmer am internationalen System und fortschrittlicher Reformer muss sich China stärker an der Governance des internationalen Systems beteiligen, seine eigenen Interessen mit denen der größeren Gemeinschaft verbinden und sich für seine internationalen Rechte und Interessen einsetzen, die seiner umfassenden Stärke entsprechen, und gleichzeitig internationale Verantwortung übernehmen, die ihnen angemessen ist. Zweifellos stellt die Förderung einer friedlichen Transformation im internationalen System durch die eigene Entwicklung höhere Anforderungen an Chinas diplomatische Philosophie, Strategie und Mechanismen und erfordert zwangsläufig das entsprechende Niveau der innenpolitischen institutionellen Vorkehrungen und des Kapazitäten Aufbaus.

Freisetzung Chinas Aufrichtigkeitssignale und strategische Anpassung der chinesischen Diplomatie

Yin Jiwu[313]

Ein wichtiges Element der chinesischen Außenpolitik und des chinesischen Diskurses ist es, der Welt gegenüber Chinas Ehrlichkeit in den diplomatischen Beziehungen zu signalisieren, z.B. wie China seine diplomatischen Beziehungen entwickelt und die dabei entstandenen Probleme löst. Sowohl auf der politischen als auch auf der diskursiven Ebene können wir eine Fülle von ethischen Elementen der Aufrichtigkeit Chinas finden. Von den „Fünf Prinzipien der friedlichen Koexistenz" bei der Gründung der Volksrepublik über das „Neue Sicherheitskonzept" und die „Harmonische Welt" bis hin zur „richtigen Anschauung von Moral und Profit" seit dem Ende des Kalten Krieges, all dies stellt dar, dass Chinas Grundhaltung gegenüber der Welt wichtige moralische und ordnungsbezogene Anforderungen beinhaltet.[314] Das zentrale Thema Chinas diplomatischer Strategie in den letzten vierzig Jahre seit der Reform- und Öffnungspolitik war die Entwicklung seiner Beziehungen mit der internationalen Gemeinschaft. Traditionell diente die chinesische Diplomatie dazu, ein günstiges internationales Umfeld für seine wirtschaftliche Entwicklung zu schaffen, aber es darf nicht übersehen werden, dass die chinesische Diplomatie auch sehr wichtige nicht-materielle Motivationen, Ziele und Strategien verfolgt.[315] Im Gegensatz zu der Vielfalt der Außenpolitik und des außenpolitischen Diskurses Chinas sind die Analysen des außenpolitischen Diskurses, insbesondere der moralischen und kulturellen Dimension, in der chinesischen Außenpolitikforschung sehr limitiert.[316] Der vorherrschende realistische Ansatz konzentriert sich auf Kernfaktoren wie Chinas Macht und Interessen an sich, das Machtgefüge zwischen China und anderen relevanten Staaten sowie die widersprüchlichen Interessen zwischen ihnen. Die Wissenschaftler argumentieren, dass Moral entweder nur ein diskursiver Deckmantel für

---

[313] Yin Jiwu, Professor der Fakultät für Internationale Beziehungen an der Renmin-Universität von China. Der vorliegende Beitrag wurde ursprünglich in *Foreign Affairs Review* (2015, Nr. 3) veröffentlicht.
[314] Mierzejewski, Dominik: From Pragmatism to Morality: The Changing Rhetoric of the Chinese Foreign Policy in the Transitional Period. In: Guo, Suijian & Guo, Baogang (Hrsgg.): *Thirty Years of China-US Relations: Analytical Approaches and Contemporary Issues*. New York: Lexington Books (2010): S. 175-195.
[315] Yin, Jiwu: Großmachtdiplomatie chinesischer Prägung betont immaterielle Faktoren [Zhongguo Tese Daguo Waijiao Tuxian Fei Wuzhixing Yinsu]. In: *Chinese Social Science Today*, 08.04.2015.; Yin, Jiwu: Die Entwicklung von Chinas diplomatischer Strategie und die Rolle der immateriellen Faktoren seit der Reform- und Öffnungspolitik [Gaigekaifang Yilai Zhongguo Waijiao Zhanlüe de Yanbian yu Fei Wuzhixing Yinsu de Zuoyong]. http://theory.gmw.cn/2018-06/12/content_29250046.htm, (gmw.cn, Kanal der Theorien, abrum am 12.06.2018).
[316] Robinson, Thomas W. & Shambaugh, David L. (Hrsgg.): *Chinese Foreign Policy: Theory and Practice*. Oxford: Oxford University Press, 1995.; Ross, Robert S: *New Directions in the Study of China's Foreign* Policy. Stanford, CA: Stanford University Press, 2006.

Machtpolitik sei oder überhaupt keinen signifikanten Einfluss auf die internationalen Beziehungen habe.³¹⁷ Der kulturelle Ansatz hingegen vertritt die Auffassung, dass der Einfluss moralischer und kultureller Faktoren auf die chinesische Diplomatie tatsächlich existiere. Die meisten bereits vorhandenen Studien über den kulturellen Weg konzentrieren sich auf die friedliche Tradition der chinesischen Diplomatie, ihre Einstellungen von Moral und Ordnung und die Auswirkungen einiger Merkmale der chinesischen Kultur auf die Entwicklung seiner Außenbeziehungen und der Streitbeilegung.³¹⁸ Kurz gesagt, die vorhandenen Studien haben nicht systematisch analysiert, wie China in seinen Außenbeziehungen seine Aufrichtigkeit gegenüber der Welt zum Ausdruck bringt, und folglich auch nicht, warum China der Welt seine Aufrichtigkeit signalisiert, und welche grundlegenden Motive und strategischen Überlegungen dahinterstehen. Was sind die Merkmale von Chinas Aufrichtigkeitssignalen im Vergleich zum Exzeptionalismus der USA, der sowohl die idealistische Diplomatie als auch das Profitstreben betont? Und schließlich: Warum haben Chinas Aufrichtigkeitssignale in bestimmten Bereichen und zu bestimmten Zeiten die gewünschte Wirkung erzielt, während sie in anderen Fällen keine positive Wirkung hatten? Die obengenannten Fragen bilden die Grundlagen, die die vorliegende Arbeit aufnehmen und anschließend analysieren wird. Alles in allem wird versucht, zunächst eine deskriptive Analyse durchzuführen, um die Ebenen und Kanäle zu sortieren, über die China seine Aufrichtigkeitssignale gibt. Ziel ist es, ein klares Bild über die Tatsachen solcher Signale in Chinas Außenbeziehungen zu vermitteln. Ferner wird anhand einer kurzen vergleichenden Fallstudie ein neuer Erklärungsrahmen entwickelt, der zeigt, dass strategische Unstimmigkeiten oder Widersprüche wichtige Faktoren sind, die sich negativ auf die Wirksamkeit von Chinas Aufrichtigkeitssignale auswirken. Die Schlussfolgerungen dieses Textes verdeutlichen auch die Pluralität und Komplexität der Hauptakteure und Zuschauer in Chinas Außenbeziehungen und bieten einige theoretische und politische Hinweise darauf, wie China seine Beziehungen zur internationalen Gemeinschaft im neuen Zeitalter handhabt.

I. Ausdrucksebenen Chinas Aufrichtigkeitssignale

Mit der Vertiefung der Interaktion zwischen China und der restlichen Welt ist die Differenzierung der Hauptakteure, Themen und Interessen in Chinas Diplomatie immer deutlicher geworden, d.h. sie weisen einerseits einen globalen und pluralisti-

---

317 Mearsheimer, John J.: The Gathering Storm: China's Challenge to US Power in Asia. In: *The Chinese Journal of International Politics*, 2010(3), Vol. 5, S. 381-396.; Mearsheimer, John J. & Alterman, Glenn: *The Tragedy of Great Power Politics*. New York: Norton, 2001; Organski, A. F. K.: *World Politics*. New York: Alfred A. Knopf, 1968.; Chan, Steve: *China, the US and the Power-Transition Theory: A Critique*. New York: Routledge, 2007.

318 Johnston, Alastair Iain: *Cultural Realism: Strategic Culture and Grand Strategy in Chinese History*. Princeton, NJ: Princeton University Press, 1995.; Johnston, Alastair Iain: Cultural Realism and Strategy in Maoist China. In: Katzenstein, Peter J. (Hrsg.): *The Culture of National Security: Norms and Identity in World Politics*. New York: Columbia University Press, 1996, S. 216-268.; Wang, Yuan-Kang: *Harmony and War: Confucian Culture and Chinese Power Politics*. New York: Columbia University Press, 2011.; Feng, Huiyun: *Chinese Strategic Culture and Foreign Policy Decision-Making: Confucianism, Leadership and War*. New York: Routledge, 2007.

schen Charakter auf, werden andererseits auch zunehmend von den Interessen verschiedener Akteure und Sektoren beeinflusst.[319] So hat die Freisetzung der Aufrichtigkeitssignale Chinas in seinen Außenbeziehungen seit dem Ende des Kalten Krieges auch eine Reihe von Merkmalen gezeigt, z.B. variierte der Status der Aufrichtigkeit von Periode zu Periode, die Hauptakteure waren unterschiedlich, und die Abwägungen zwischen Aufrichtigkeit und strategischer Entschlossenheit, militärische Stärke zu zeigen, waren für verschiedene Themenbereiche unterschiedlich.

Aufrichtigkeit (Treue und Glauben) ist kein zentrales Konzept in der traditionellen Analyse der internationalen Beziehungen, weil sich die internationale Gemeinschaft insofern grundlegend von der nationalen Gesellschaft unterscheidet. Genauer gesagt unterscheidet die strukturelle Anarchie, die in der internationalen Gemeinschaft herrscht, die Regeln der zwischenstaatlichen Interaktion von denen der nationalen Gesellschaft. Da die staatlichen Akteure in der internationalen Gemeinschaft von einer Reihe der Faktoren wie anarchischen Strukturen, strategischem Wettbewerb und nationalen Interessen angetrieben werden, gilt strategische Täuschung eher als eine angeborene, evolutionäre Präferenz.[320] Auf der Grundlage kultureller und moralischer Perspektiven, einschließlich rationaler Perspektiven, gibt es jedoch auch bestimmte Gründe, für die Betonung von Aufrichtigkeit und deren Einhaltung hinsichtlich der zwischenstaatlichen Beziehungen zu sprechen. So können beispielsweise aufrichtige Absichten von Staaten, auch wenn sie kurzfristig nicht zur Maximierung der eigenen Interessen beitragen und sogar zu deren Lasten gehen könnten, langfristig die gegenseitigen Interessen fördern, wenn sie von der anderen Seite erwidert werden. In diesem Zusammenhang wird der Begriff „Aufrichtigkeitssignal" im vorliegenden Text als eine Reihe von rhetorischen und verhaltensbezogenen Signalen, mit denen ein Staat seine eigenen guten Absichten sowie den guten Willen und die Vertrauenswürdigkeit seines Handelns gegenüber anderen Staaten oder der internationalen Gemeinschaft zum Ausdruck bringt. Diese Definition umfasst sowohl die traditionelle moralische Dimension der Aufrichtigkeit, d.h. die Ehrlichkeit und den guten Willen der Absichten, als auch den „Kreditspielraum" des Rationalismus, nämlich die Integrität des Staates und seine Glaubwürdigkeit. Speziell in der chinesischen Diplomatie umfasst die Konnotation des Aufrichtigkeitssignals die aufrichtigen Absichten, den Wunsch zur Zusammenarbeit, die Übernahme von Verantwortung und die Wahrung der nationalen Glaubwürdigkeit. Seine Schwerpunkte liegen in den Konnotationen von Frieden, Ehrlichkeit, Kooperation und Verantwortung.

Signalisierung bedeutet die absichtliche Übermittlung von Botschaften durch einen Akteur in dem Versuch, den Empfänger dazu zu bringen, eine bestimmte Bedeutung zu erfassen, zu verstehen und anzunehmen. „Signale sind sämtliche beobachtbaren Merkmale, die ein Akteur absichtlich zeigt, um die Wahrscheinlichkeit

---

[319] Wang, Yizhou: *Creative Involvemet: The Evolution of China's Global Role*. Beijing: Peking University Press, 2013.; Shambaugh, David L.: *China Goes Global: The Partial Power*. Oxford: Oxford University Press, 2013.

[320] Dank an Pu Xiaoyu für diesen Kommentar. Mehr über nationales Impression-Management und strategische Täuschung siehe Jervis, Robert: *The logic of images in international relations*. New York: Columbia University Press, 1989.

zu verändern, dass der Empfänger einen bestimmten Sachverhalt oder ein bestimmtes ‚Ereignis' veranlasst".[321] Im Allgemeinen werden zwischenstaatliche Signale vor allem auf der Diskurs- oder Verhaltensebene freigesetzt. Signale unterscheiden sich von herkömmlichen Informationen dadurch, dass letztere eher sachliche Darstellungen sind, während erstere eine starke motivierende Dimension aufweisen. Jervis unterscheidet zwischen Signalen und Indizien (signals / indices).[322] Von der Bedeutung her ist das Signalisieren eng mit dem Versprechen verbunden, das durch entsprechende Strategien eines Staates zugesichert wird. Aus diesem Grund ist das Versprechen eines Staates eher ein Signal. Ausgehend von der obigen Analyse ist das wichtigste Kriterium für die Identifizierung von Chinas Aufrichtigkeitssignalen, dass China durch Signale auf der Diskurs- und Verhaltensebene versucht, der internationalen Gemeinschaft oder den relevanten Akteuren seine aufrichtigen Absichten und Bestrebungen zu vermitteln. Aufrichtigkeitssignale können wiederum auch mit strategischer Täuschung und Cheap Talk in Verbindung gebracht werden. Sie können von Staaten zur Erreichung anderer strategischer Ziele eingesetzt werden, z.B. zum Übertünchen von Feindseligkeiten, zur Schaffung eines positiven Images und zur Erlangung des strategischen Vorteils. Auf diese Weise können Aufrichtigkeitssignale auch als Mittel zur Erreichung verschiedener strategischer Ziele in strategischen Spielen eingesetzt werden.

Auf der Grundlage der prozeduralen Unterschiede bei ihren Trägern, Formen und Kanälen werden Chinas Aufrichtigkeitssignale nach außen mittels verschiedener Aspekte wie Politik (Diskurs), Verhalten und Interaktion kategorisiert, um ihre vielfältigen Ebenen und Kanäle deutlicher herauszuarbeiten. Dies wird uns auch dabei helfen, den mehrdimensionalen Gehalt von Chinas Aufrichtigkeitssignalen zu klären. Aufrichtigkeitssignale werden vor allem durch Reden und Verhalten ausgedrückt. Auf der diskursiven Ebene werden Chinas Aufrichtigkeitssignale durch offizielle außenpolitische Texte sowie durch politische Erklärungen und Stellungnahmen bei internationalen Anlässen (oder diplomatische Erklärungen bei offiziellen Anlässen im Inland) geäußert. Auf der Verhaltensebene konzentriert sich China zum einen darauf, die Glaubwürdigkeit seines Handelns aufrechtzuerhalten, zum anderen auch darauf, die Glaubwürdigkeit seines Handelns auf verschiedene Weise zu erhöhen (z.B. dadurch, dass es seine Vorteile überlässt, seinen guten Willen zeigt oder die Kosten bei Verstößen erhöht). Zusammengefasst und analysiert werden im vorliegenden Text die beiden grundlegenden Kanäle, über die China seine Aufrichtigkeit nach außen signalisiert, sowie die Faktoren, die die Wirksamkeit seiner Signale beeinflussen.

1. Die politische Zusicherung

Seit der Reform- und Öffnungspolitik Chinas hat sich mit der Anpassung der chinesischen Außenstrategie, d.h. dem Wechsel des Hauptthemas der Zeit von Revolution

---

[321] Gambetta, Diego: Codes of the Underworld: How Criminals Communicate. Princeton, NJ: Princeton University Press, 2009.
[322] Jervis, Robert: *The Logic of Images in International Relations*. New York: Columbia University Press, 1989, S. 18-19.

und Krieg zu Frieden und Entwicklung, auch die Grundachse der chinesischen Außenpolitik verändert. Die Integration Chinas in die internationale Gemeinschaft, die Beteiligung an internationalen Regeln und die Einhaltung der internationalen Ordnung waren in den letzten 40 Jahren das Arbeitsprinzip der chinesischen Außenpolitik. Kurz gesagt, China will das etablierte internationale System nicht herausfordern.[323] Ob in Bezug auf die Identität, die tatsächlichen politischen Anpassungen oder die Verhaltensformung, China will der internationalen Gemeinschaft, insbesondere den großen westlichen Ländern und den Nachbarländern, eine Geste der friedlichen Entwicklung präsentieren.

Erstens: Aufrichtigkeit bezüglich des Friedens. Seit dem Ende des Kalten Krieges ist Chinas Außenpolitik auf das Streben nach Frieden und Entwicklung ausgerichtet. Insbesondere mit dem Wachstum Chinas umfassender nationaler Stärke und seinem rasanten Wirtschaftswachstum ist die „China-Bedrohungs-Theorie" aufgekommen. Aus diesem Grund wurde in den Berichten der drei Parteitage der KP Chinas seine Entschlossenheit betont, den Weg des Friedens und der Entwicklung zu verfolgen. Gleichzeitig hat China seit Beginn des 21. Jahrhunderts zwei Weißbücher zur friedlichen Entwicklung herausgegeben. Beide haben betont, dass Chinas Entwicklung für kein Land eine Bedrohung darstellt und dass China stets eine Haltung des Friedens und des Dialogs zur Lösung internationaler Streitigkeiten einnimmt. China hat der Welt wiederholt erklärt, „dass die friedliche Entwicklung für China eine strategische Entscheidung ist, um die umfassende Modernisierung zu verwirklichen, dem Volk Wohlstand und dem Land Stärke zu bringen und einen größeren Beitrag zum Fortschritt der Weltzivilisation zu leisten. China wird unbeirrt den Weg der friedlichen Entwicklung gehen".[324] Darüber hinaus hat sich die chinesische Regierung stets das Banner gegen Hegemonismus und Machtpolitik hochgehalten. Als Reaktion auf die Unsicherheit und sogar Angst der internationalen Gemeinschaft vor Chinas Absichten wegen seiner wachsenden Stärke hat die chinesische Regierung in offiziellen Regierungsdokumenten wiederholt hervorgehoben, dass China niemals einen Hegemonieanspruch erheben wird.

Zweitens: Aufrichtigkeit bezüglich der Zusammenarbeit. Die Entwicklung kooperativer Beziehungen zu allen Ländern der Welt ist seit dem Kalten Krieg ein Grundprinzip der chinesischen Außenpolitik. Auf globaler Ebene ist China aktiv in die internationale Gemeinschaft integriert, beteiligt sich an verschiedenen internationalen Institutionen und Organisationen und spielt dort eine immer wichtigere Rolle. Beim institutionellen Aufbau in internationalen Organisationen hat China zunächst den Grundsatz der Beteiligung, der Integration und des Aufbaus verfolgt, bevor es nach Möglichkeiten suchte, eine größere Rolle zu spielen. Dies unterscheidet sich deutlich von der Betonung des Aufbaus einer neuen internationalen politischen

---

[323] Qin, Yaqing: National Identity, Strategic Culture, and Security Interests: Three Hypotheses on the Interaction between China and the International Community. In: *World Economics and Politics*, 2003(1), S. 10-15.

[324] *China's Peaceful Development*. 09.2011.; *Chinas Weg zu einer friedlichen Entwicklung*. 12.2005. Diese zwei Weißbücher sind die offiziellen Verpflichtungen und politischen Erklärungen Chinas gegenüber der Welt.

und wirtschaftlichen Ordnung, wie sie bis zur Jahrhundertwende bestand.[325] In den letzten Jahren, als Chinas Status und Rolle in der Global Governance zunahm, hat es seinen institutionellen Aufbau gefördert und damit effektivere Governance-Plattformen geschaffen, indem es eine Reihe regionaler internationaler Organisationen gründete, wie z. B. die Shanghaier Organisation für Zusammenarbeit (SCO), die BRICS und die Asiatische Infrastrukturinvestitionsbank (AIIB). Darüber hinaus hat China seit Mitte/Ende der 1990er Jahre „Partnerschaftsdiplomatie" verschiedener Art verfolgt, bei der der Schwerpunkt auf dem Aufbau verschiedener kooperativer oder strategischer Partnerschaften mit verschiedenen Ländern lag. Der Aufstieg der partnerschaftlichen Außenpolitik deutet darauf hin, dass China keine traditionelle Bündnis- und Konfrontationspolitik verfolgt, sondern vielmehr eine neue Form der chinesischen außenpolitischen Zusammenarbeit und Strategie im neuen Zeitalter.[326] Bis Ende 2014 hatte China verschiedene Formen von Partnerschaften mit mehr als 70 Ländern und verschiedenen regionalen Organisationen auf der ganzen Welt geschlossen und damit ein globales Partnerschaftsnetz gebildet.[327]

Drittens: Aufrichtigkeit bezüglich der Verantwortung. Seit den 1990er Jahren bemüht sich die chinesische Diplomatie um den Aufbau einer verantwortungsvollen Großmachtperspektive.[328] Diese verantwortungsbewusste Perspektive hat sich auf verschiedene Ebenen manifestiert. Auf globaler Ebene hat China beispielsweise gezeigt, dass es einen aktiven Beitrag zu Frieden und Entwicklung in der Welt leistet, vor allem, was seine Aufrichtigkeit bei der Lösung globaler Probleme angeht. Auf regionaler Ebene hat China eine aktive Rolle für den regionalen Frieden und die regionale Stabilität gespielt, indem es verschiedene regionale internationale Organisationen oder Institutionen gegründet und positive Kooperationsbeziehungen mit den relevanten Ländern in der Region entwickelt hat. In Nordostasien hat China den Mechanismus der Sechs-Parteien-Gespräche als eine positive Initiative zur Aufrechterhaltung von Frieden und Sicherheit in Nordostasien initiiert. In Südostasien hat China seine Beziehungen zu ASEAN aktiv ausgebaut, indem es über verschiedene Kanäle wie Gipfeltreffen, wirtschaftliche Zusammenarbeit und den Aufbau von Institutionen seinen Respekt für die Rolle von ASEAN als regionaler Führungsmacht zum Ausdruck gebracht und seine Bereitschaft bekundet hat, multilaterale internationale Normen akzeptieren und einen kooperativen Ansatz zur Beilegung einschlägiger regionaler Streitigkeiten zu verfolgen. Beispielsweise hat China im Jahr 2002 die De-

---

[325] Alastair, I. Johnston: Social States: China in International Institutions, 1980-2000. Princeton, NJ: Princeton University Press, 2008.; Wang, Yizhou (Hrsg.): Construction in Contradiction: A Multiple Insight into Relationship Between China and Key International Organazations. Beijing: China Development Press, 2003.

[326] Zhang, Yunling (Hrsg.): *China and Its Neighbors: Making New Partnership*. Beijing: Social Sciences Academic Press, 2008.

[327] Wang Yi: China verfolgt einen neuen Ansatz, der Partnerschaft statt Allianzen befürwortet, und erweiterte seinen „Freundeskreis" immer mehr [Zhongguo Zouchu Jieban bu Jiemeng de Xin Lu, Pengyouquan yuelai yue Da]. http://www.fmprc.gov.cn/mfa_chn/zyxw_602251/t1243585.shtml, (Außenministerium der Volksrepublik China, Abruf am 08.03.2015).

[328] Medeiros, Evan S. & Fravel, M. Taylor: Chinas New Diplomacy. In: *Foreign Affairs*, 2003(6), Vol. 82, S. 22-35.; Li, Baojun & Xu, Zhengyuan: China's Self-identity Construction as a Responsible Power in the Post-cold War Era. In: *Teaching and Research*, 2006(1), S. 49-50.

klaration über das Verhalten der Parteien im Südchinesischen Meer (DOC) und anderer internationaler Abkommen unterzeichnet, durch die sein eigenes Verhalten gebunden ist. China hat auch bei verschiedenen Anlässen betont, dass Chinas Frieden und Entwicklung ein Beitrag zur internationalen Gemeinschaft sind, nämlich die Bedeutung seiner eigenen Stabilität. „China exportiert weder Revolution noch Armut und Hunger."

Viertens: Moralische Aufrichtigkeit. Ausgehend von Chinas traditionellem Status als Großmacht und der 5000-jährigen kulturellen Tradition der chinesischen Nation, insbesondere dem durch das historische Tributsystem verinnerlichten Gefühl der moralischen Überlegenheit, lässt sich in der chinesischen Außenpolitik ein traditionelles Element der moralischen Überlegenheit beobachten, das einen chinesischen Exzeptionalismus manifestiert.[329] Die zugrundeliegende politische Implikation des chinesischen Exzeptionalismus besteht darin, dass sich die Politik Chinas von der traditionellen Großmachtpolitik und Hegemonialpolitik unterscheidet und dass China in Bezug auf Moral, Politik, Ethik und Ordnung Rücksicht auf seinen eigenen historischen Ruhm und seinen aktuellen Status nimmt.[330] Seit dem XVIII. Parteitag der KP Chinas hob das Land den Aufbau einer neuen Art Beziehungen zwischen großen Ländern sowie das Festhalten an einem neuartigen Verhältnis von Moral und Profit hervor, was die Unterschiede zwischen den neuen Ideen der chinesischen Diplomatie und den Ideen des Westens zeigt. Im Gegensatz zur westlichen Gruppenkultur, die auf den Prinzipien von Differenz und Kategorisierung beruht, vertritt die chinesische Diplomatie beispielsweise die Idee einer Schicksalsgemeinschaft der Menschheit und bietet eine andere kulturelle, moralische und normative Grundlage für globalen Pluralismus und Inklusion. Daher verfolgt China einen einzigartigen Weg der friedlichen Entwicklung, der nicht auf eigennützigen Interessen und strategischen Erwägungen beruht, sondern tiefgreifende moralische und statusfördernde Motive hat. Die moralische Aufrichtigkeit geht Hand in Hand mit dem Interessenprinzip in der chinesischen Diplomatie.

2. Aufrechterhaltung des Kredits

Die Aufrechterhaltung einer guten Kreditwürdigkeit ist eine der gängigsten Methoden, um die Aufrichtigkeit, das Vertrauen oder die Glaubwürdigkeit eines Individuums oder eines Landes zu zeigen. Dies gilt als die grundlegende theoretische Erwartung der Theorie des früheren Verhaltens, die auf früheren Verhaltensweisen und deren Aufzeichnungen beruht.[331] Die Betonung und das Beharren auf der eigenen Aufrichtigkeit sind seit der Gründung der Volksrepublik China stark von dieser Theorie des früheren Verhaltens geprägt, was sich darin widerspiegelt, dass China in Bezug auf seine Strategien, seine Politik und sein Verhalten auf die Auswirkungen sei-

---

[329] Zhang, Feng: The Rise of Chinese Exceptionalism in International Relations: In: *European Journal of International Relations*, 2013(2), Vol. 19, S. 305-328.

[330] Yan, Xuetong: Ancient *Chinese Thought, Modern Chinese Power*. Princeton, NJ: Princeton University Press, 2011.

[331] Aarts, Henk et al.: Predicting Behavior from Actions in the Past: Repeated Decision Making or a Matter of Habit?. In: *Journal of applied social psychology*, 1998(15), Vol. 28, S. 1355-1374.

nes gegenwärtigen Handelns auf die Zukunft achtet. China neigt dazu, eine Zeitauffassung der Langfristigkeit zu vertreten, indem es zum Beispiel behauptet, dass es „konsequent", „nach wie vor", „seit jeher" oder „für immer" an einem Prinzip festhält oder es ablehnt.

Erstens: Zurückstellung. Was die Beilegung von Streitigkeiten angeht, so betont China immer wieder seine Aufrichtigkeit bei der friedlichen Beilegung von Streitigkeiten sowie die Zurückhaltung und Toleranz in seinem Verhalten.[332] Des Weiteren ist ein sehr wichtiger Aspekt des strategischen Denkens Chinas die Zurückstellung von Differenzen. Falls die Zeit und die Bedingungen für eine Einigung nicht reif sind, zieht es China vor, die Differenzen beiseitezulegen oder sich mit der Aufrechterhaltung des Status quo abzufinden, unabhängig davon, ob dies China oder der anderen Streitpartei zugutekommt.[333] Diese strategische Tendenz der Zurückstellung zeigt sich in Chinas Umgang mit Grenz- und maritimen Streitigkeiten, im Aufbau der diplomatischen Beziehungen zwischen China und anderen Ländern und in seinem Umgang mit den Beziehungen zwischen Großmächten und der regionalen Sicherheit. Dies wird aus dem Aspekt der „Beibehaltung der Unterschiede" in der politischen Erklärung „Gemeinsames betonen und Differenzen zurückstellen" deutlich, in der China die Bereitschaft bekräftigt, Differenzen in Problembereichen, in denen Meinungsverschiedenheiten und Streitigkeiten bestehen, nicht unbedingt zu lösen. Seit dem Ende des Kalten Krieges verfolgt China die Strategie, die Frage der Souveränität im Südchinesischen Meer zurückzustellen – eine Politik, die den umfassenderen Interessen Chinas an der Entwicklung wirtschaftlicher Kooperationsbeziehungen mit den betreffenden Ländern in Südostasien dient.[334] Seit der Verschärfung der territorialen Streitigkeiten Chinas mit den betroffenen Ländern im Jahr 2009 haben die verstärkten Bemühungen Chinas, seine Rechte proaktiv zu verteidigen, auch negative Bewertungen über Chinas Diplomatie und sein Image von manchen Ländern außerhalb der Region ausgelöst. Dieses Dilemma zeigt, dass Chinas eigene langjährige Äußerung aufrichtiger Signale der Zusammenarbeit nicht mit einem stabilen guten Image belohnt wurde, sondern stattdessen eine höhere Erwartung vom Status quo bei den betroffenen Ländern hervorgerufen hat. Folglich hat China die Gestaltung seiner Nachbarschaftsdiplomatie und Großmachtdiplomatie angepasst, indem es mehr Gewicht auf die richtige Anschauung von Moral und Profit und die neuen Prinzipien der Nachbarschaftsdiplomatie gelegt hat.

Zweitens: gegenseitiger wirtschaftlicher Nutzen. Mit der rasanten wirtschaftlichen Entwicklung Chinas spielt die Wirtschaftsdiplomatie eine immer wichtigere Rolle im Gesamtkonzept der Diplomatie Chinas, dass auch die Prioritäten für die Entwicklung der Außenbeziehungen Chinas bestimmt. Was die Demonstration von Aufrichtigkeit angeht, so ist die Wirtschaftsdiplomatie für China zu einem Mittel gewor-

---

[332] Das heißt aber nicht, dass China auf Gewaltanwendung verzichtet.
[333] Zurückstellung *von Differenzen und gemeinsame Erschließung* [Gezhi Zhengyi Gongtong Kaifa]. http://www.fmprc.gov.cn/mfa_chn/zyxw_602251/t1243585.shtml, (Außenministerium der Volksrepublik China, Abruf am 04.03.2014).
[334] Fravel, M. Taylor: China's Strategy in the South China Sea. In: *Contemporary Southeast Asia*, 2011(2), Vol. 33, S. 292-319.

den, um strategische Beschwichtigungen oder einen strategischen Austausch zu betreiben. Wenn es um die Beziehungen mit Großmächten oder Regionen wie den USA und Europa geht, hat sich die wirtschaftliche Zusammenarbeit oft zu einem Motor für die Entwicklung der bilateralen Beziehungen entwickelt. Während der Wirtschaftskrise in Europa und den USA unterzeichneten chinesische Staatsoberhäupter bei ihrem Besuch in der Regel große Aufträge, wie etwa im Februar 2009, als Ministerpräsident Wen Jiabao Europa besuchte und Aufträge im Wert von 15 Milliarden US-Dollar mitbrachte. Als Präsident Hu Jintao im Januar 2011 die USA besuchte, unterzeichneten China und die USA Aufträge für wirtschaftliche und handelspolitische Kooperationen im Wert von rund 45 Milliarden US-Dollar.[335] Bei der Entwicklung von Beziehungen zu kleineren Nachbarländern ist die Wirtschaftsdiplomatie oder Gegenseitigkeit ebenfalls eines der wichtigsten Instrumente in Chinas Bestreben, gute Beziehungen mit ihnen zu entwickeln. Als Reaktion auf die anhaltenden Provokationen der Philippinen und Vietnams im Südchinesischen Meer bestanden die politischen Strategien der chinesischen Regierung beispielsweise nicht darin, vollständige militärische und diplomatische Eindämmung, Zwang oder Abschreckung umzusetzen, sondern die Staatsführer der Philippinen und Vietnams einzuladen, China zu besuchen und wirtschaftliche Kooperationspläne in den nächsten fünf Jahren zu unterzeichnen.[336] Für China ist die Reaktion auf die strategischen Provokationen der betroffenen Kleinstaaten durch wirtschaftliche Entwicklung und Zusammenarbeit ein gängiger Weg bezüglich der Sicherheit und Governance in seiner Nachbarschaft geworden.

Drittens: Einhaltung an dem Grundsatz der Nichteinmischung. In seinem internationalen Verhalten und seiner globalen Politik bleibt China den traditionellen Fünf Prinzipien der friedlichen Koexistenz und insbesondere seinem Konzept der nationalen Souveränität verpflichtet. Bei der Schlichtung von Streitigkeiten in anderen Regionen der Welt und den innenpolitischen Unruhen in den betroffenen Ländern hat sich China stets bemüht, sich nicht in die inneren Angelegenheiten anderer Länder einzumischen. Ob im UN-System oder in regionalen Sicherheitsmechanismen, China legt großen Wert darauf, die Entscheidungen der Bevölkerung der betreffenden Länder zu respektieren und diplomatische Beziehungen zu den amtierenden Regierungen aufrechtzuerhalten.[337] Dieses Festhalten an traditionellen Prinzipien zeigt Chinas Respekt vor der Entwicklung anderer Länder und seine Einstellung zur koordi-

---

[335] *USA: China und USA unterzeichneten einen Auftrag über 200 Flugzeuge im Gesamtwert von 45 Milliarden US-Dollar* [Mei Cheng Zhong Mei Qianshu 450 Yi Meiyuan Dingdan Zhongfang Gou 200 Jia Feiji]. http://mnc.people.com.cn/GB/13770892.html, (Abruf am 04.03.2014).; *Wen Jiabao bringt Aufträge im Wert von 15 Milliarden Dollar nach Europa* [Wen Jiabao Dai Gei Ouzhou 150 Yi Meiyuan Dingdan]. http://style.sina.com.cn/news/2009-02-04/141533111.shtml, (Abruf am 04.03.2014).

[336] Beispielsweise unterzeichneten China und Vietnam am 11. Oktober 2011 *den Fünfjahres-Entwicklungsplan für die wirtschaftliche und handelspolitische Zusammenarbeit zwischen China und Vietnam*, und der philippinische Präsident unterzeichnete am 30. August 2011 bei seinem China-Besuch *den Fünfjahres-Entwicklungsplan für die wirtschaftliche und handelspolitische Zusammenarbeit zwischen China und den Philippinen*. 2016 überstieg das bilaterale Handelsvolumen zwischen China und Vietnam sowie zwischen China und den Philippinen 60 Milliarden US-Dollar.

[337] Wuthnow, Joel: Chinese diplomacy and the UN Security Council: Beyond the Veto. New York: Routledge, 2013.

nierten und friedlichen Lösung regionaler Fragen. Dies hat einen interessenfördernden Aspekt, aber noch wichtiger ist, dass China an seiner eigenen Philosophie, Prinzip und Verhaltensweise festhält. Im Umgang mit den Unruhen im Nahen Osten und Nordafrika, die Abspaltung des Südsudan und dem Bürgerkrieg in dem ehemaligen Jugoslawien hat sich China an seine eigenen Prinzipien der Nichteinmischung in innere Angelegenheiten gehalten. Dieses Festhalten an traditionellen Konzepten zeigt, dass China im Sinne der internationalen Werte und Ethik die Souveränität anderer Länder respektiert und Werte wie Frieden und Konsultation anstrebt.[338] Trotz der Kritik der internationalen Öffentlichkeit und des Verlustes eigener Interessen kann Chinas Bestehen auf diesem strategischen Verhalten und konzeptionellen Modell als langfristige Verteidigung des eigenen Wertesystems und als Entschlossenheit zur Durchsetzung der eigenen Interessen betrachtet werden.

3. Faktoren, die Einfluss auf den Ausdruck der Aufrichtigkeitssignale nehmen

Ausgehend von einer rationalistischen Analyse darf das Signal eines Akteurs, das an die internationale Gemeinschaft oder einen anderen relevanten Akteur gesendet wird, nicht billig wirken, sondern sollte kostspielig scheinen, damit es überzeugend sein kann.[339] Wenn Chinas Signale der Aufrichtigkeit kostspielig sind, bedeutet dies nach dieser theoretischen Logik, dass die politischen Maßnahmen und Handlungen Chinas, die gegen seine Verpflichtung zur Aufrichtigkeit verstoßen, kostspielig sein müssen, entweder in Bezug auf Wirtschaft (materielle Interessen), Politik (z.B. innenpolitische Instabilität und Risiken in der politischen Karriere der Staatsführer usw.) oder die Identität und Emotion auf der Landesebene (z.B. Gesichtsverlust in der internationalen Gemeinschaft und Schädigung des eigenen Images).

Erstens: die Auswirkungen der wirtschaftlichen Verflechtung. Mit der Integration Chinas in das internationale Wirtschaftssystem, d.h. nach dem Beitritt zur WHO, ist die chinesische Wirtschaft rasch gewachsen und verfügt seit dem 21. Jahrhundert über eine hohe Wachstumsrate von über 8 %. Dementsprechend sind die wirtschaftlichen Beziehungen Chinas zu den westlichen Großmächten und den umliegenden Ländern immer enger geworden, sodass ihre wirtschaftliche Interdependenz zugenommen hat.[340] Seit 2010 ist China zum wichtigsten Handelspartner der ASEAN ge-

---

[338] Der Pressesprecher des Außenministeriums hat wiederholt den Grundsatz der Nichteinmischung in innere Angelegenheiten als konsequente Position betont, siehe Li, Hak Yin & Zheng, Yongnian: Re-interpreting China's Non-intervention Policy towards Myanmar: Leverage, Interest and Intervention. In: *Journal of Contemporary China*. 2009(61), Vol. 18, S. 617-637. Über die Überlegungen chinesischer Wissenschaftler zum Grundsatz der Nichteinmischung in innere Angelegenheiten siehe Wang, Yizhou: *Creative Involvement A New Orientation in China's Diplomacy*. Beijing: Peking University Press, 2011.

[339] Fearon, James D.: Signaling Foreign Policy Interests: Tying Hands versus Sinking Costs. In: *Journal of Conflict Resolution*, 1997(1), Vol. 41, S. 68-90.

[340] Song, Guoyou: Die wirtschaftliche Verflechtung zwischen den USA und China und ihre strategischen Grenzen [Zhong Mei Jingji Xianghu Yilai jiqi (Zhanlüe) Xiandu]. In: *Contemporary International Relations*, 2017(5), S. 58-64.; Ding, Dou: Die Interdependenz der chinesisch-japanischen Wirtschaftsbeziehungen und ihre sensiblen Themen [Zhong Ri Jingji Guanxi de Xianghu Yicun ji qi Minganxing Wenti]. In: *Pacific Journal*, 2005(7), S. 47-53.

worden. Ferner steht China in einem immer engeren wirtschaftlichen Zusammenhang mit Japan und Südkorea, und der Handel zwischen China und den USA ist bereits zu einem wichtigen Bestandteil des US-Außenhandels geworden. Aus diesen Zahlen wird deutlich, dass China sowohl mit den Großmächten als auch mit den umliegenden Ländern eine starke gegenseitige Abhängigkeit eingegangen ist. Diese wirtschaftliche Abhängigkeit hat sich sehr positiv auf die Sendung der Aufrichtigkeitssignale Chinas und deren Effekt ausgewirkt. Besonders hat sie eine gute bildende Wirkung auf die positiven strategischen Schritte Chinas in Bezug auf den Frieden, die Zusammenarbeit und andere Aspekte. Die Aufrichtigkeitssignale Chinas werden von den verschiedenen Akteuren, die sich jeweils mit China in einer voneinander abhängigen Wirtschaftsstruktur befinden, unterschiedlich wahrgenommen, weil die Empfindlichkeit und Verwundbarkeit der jeweiligen Wirtschaftsstruktur unterschiedlich sind.[341] Hinzu kommt, dass selbst die politischen Entscheidungen innerhalb Chinas unterschiedlich empfindlich auf die wirtschaftliche Verflechtung reagieren. All dies kann zu einer gewissen Unsicherheit in der internationalen Gemeinschaft in Hinsicht auf die Frage führen, inwieweit diese wirtschaftliche Verflechtung die strategischen Schritte Chinas tatsächlich einschränken kann, d.h. ob sie eine praktische Manifestation des guten Willens erreichen kann. So kann die wirtschaftliche Interdependenz zwischen China und Japan aufgrund historischer Faktoren und der Realität des strategischen Wettbewerbs nicht so wirksam sein, um Chinas Aufrichtigkeit zu signalisieren, wie die wirtschaftliche Interdependenz zwischen China und den USA.

Neben der wirtschaftlichen Interdependenz ist die Beziehung Chinas zum bereits etablierten System ein wichtiger Faktor. Die strategische Kooperation Chinas mit den USA ist einer der zentralen Faktoren, die Chinas außenpolitische Strategie beeinflussen. Nach dem Kalten Krieg haben China und die USA mehrere Runden des strategischen Wettbewerbs und Krisenphase durchlaufen, wobei sie sich von strategischen Partnern zu strategischen Konkurrenten entwickelt haben, nämlich zu einem Zustand, in dem sie „weder Feinde noch Freunde" sind.[342] Der Faktor der strukturellen Zusammenarbeit zwischen China und den USA hat sich deutlich positiv auf Chinas Aufrichtigkeitssignale ausgewirkt und Chinas guten Willen in Bezug auf die Zusammenarbeit zwischen beiden Seiten und auf die regionalen Fragen glaubwürdiger gemacht, denn Chinas Anwendung von Gewalt und strikten politischen Maßnahmen wird durch seine strategische Partnerschaft mit den USA begrenzt. China und die USA haben nur geringe Ähnlichkeiten in ihren Wertesystemen und teilen nur begrenzte strategische Interessen. Trotzdem haben die wirtschaftliche Verflechtung

---

[341] Über die Unterschiede zwischen Verwundbarkeit und Sensibilität siehe Keohane, Robert O. & Nye, Joseph S.: *Power and Interdependence* (übersetzt von Men Honghua). Beijing: Peking University Press, 2002.

[342] Suettinger, Robert L.: *Beyond Tiananmen: The Politics of US-China Relations 1989-2000*. Washington, DC: Brookings Institution Press, 2004.; Swaine, Michael D. et al. (Hrsgg.): *Managing Sino-American Crises: Case Studies and Analysis*. Washington, DC: Carnegie Endowment for International Peace, 2006.; Li, Wei & Zhang, Zhexin: Ein neuer Typus der Beziehungen zwischen den USA und China in einer Zeit des strategischen Wettbewerbs [Zhanlüe Jingzheng Shidai de Xinxing Zhong Mei Guanxi]. In: *Quarterly Journal of International Politics*, 2015(1), S. 25-53.

zwischen China und den USA, insbesondere der Austausch zwischen der chinesischen und der US-amerikanischen Gesellschaft (u. a. in den Bereichen soziale Interaktion, Bildung und Einwanderung) sowie die Tatsache, dass China der größte ausländische Eigentümer von US-Staatsanleihen ist, positiv zu den Aufrichtigkeitssignalen Chinas in den jeweiligen Fragen beigetragen. Natürlich sind die USA und China keine uneingeschränkten strategischen Verbündeten, und die inhärente enge Abhängigkeit zwischen den USA und China üben nicht in allen Problembereichen positive Einflüsse auf Chinas Aufrichtigkeitssignale aus. Zu Beginn der Amtszeit Trumps hatte die US-Regierung China als strategischen Konkurrenten positioniert, und als Reaktion darauf traten die Beziehungen zwischen den USA und China in eine neue Phase des Wettbewerbs ein. In dieser Phase änderte sich die Bedeutung der traditionellen Themen in Bezug auf die Beziehungen zwischen den USA und China. So war beispielsweise der Wettbewerb im ideologischen Bereich nicht mehr der wesentlichste, sondern nur noch ein Teil des strategischen Wettbewerbs der USA mit China, während jetzt der Wettbewerb im Bereich der Wirtschaft und des Handels sowie der Wettbewerb um strategische Vorteile im Vordergrund stehen.[343] In einer Zeit des umfassenden strategischen Wettbewerbs sind Chinas Aufrichtigkeitssignale erneut großen Herausforderungen ausgesetzt, und aufgrund der Disparität zwischen beiden Seiten hinsichtlich ihrer strukturellen Machtpositionen muss China mehr Kosten und Ressourcen aufwenden, um sein früheres Image der Aufrichtigkeit aufrechtzuerhalten.

Zweitens ist die Art und Weise, wie die Gründe hinter den Aufrichtigkeitssignale Chinas verstanden werden, der psychologische Mechanismus, der darüber entscheidet, ob die Signale kostbar und effektiv sind. Die Aufrichtigkeitssignale im Wirtschaftsbereich werden einfacher von der anderen Seite angenommen, da die Kosten eines Verstoßes in wirtschaftlicher Hinsicht direkt sichtbar sind und Chinas eigenen Interessen extrem schaden könnten. Im Gegensatz dazu dürften die politischen Kosten sowie die Identitätskosten die Aufrichtigkeitssignale weniger stark beeinflussen.[344] Daher können folgende wichtigste Faktoren dazu beitragen, dass China kostspielige Aufrichtigkeitssignale nach außen sendet: 1. Erhöhung der Auslandsinvestitionen Chinas; 2. die verstärkte Präsenz wirtschaftlicher Interessen Chinas in verschiedenen Ländern und Regionen; 3. verstärkte soziale und wirtschaftliche Kontakte und Koexistenz mit den relevanten Ländern. Theoretisch könnte Chinas Aufrichtigkeit durch solche kostspieligen Signale gebunden sein, aber in der Realität sind wirtschaftliche Interessen oft umfassenden nationalen Strategien sowie politischen Bedürfnissen untergeordnet, sodass wirtschaftliche Verluste die Absicht und

---

[343] *National Security Strategy of the United States of America.* The White House, Dez. 2017, hattps://www.whitehouse.gov/wp-content/uploads/2017/12/NSS-Final-12-18-2017-0905.pdf, (Abruf am 05.01.2018).

[344] Die Beziehung zwischen den chinesischen Spitzenpolitikern und der öffentlichen Meinung ist im Wesentlichen eine Frage ihrer Kontrolle politischer und sozialer Risiken. Dies ist auch eng mit dem heute so populären Begriff der „Audience Cost eines souveränen Staates" verbunden. Mehr einschlägige Studien darüber siehe Weeks, Jessica L.: Autocratic Audience Costs: Regime Type and Signaling Resolve. In: *International organization*, 2008(1), Vol. 53, S. 35-64.; Tomz, Michael R. & Weeks, Jessica L.: Public Opinion and the Democratic Peace. In: *American Political Science Review*, 2013(4), Vol. 107, S. 849-865.; Shirk, Susan L.: *China: Fragile Superpower*. Oxford: Oxford University Press, 2008.

Herangehensweise Chinas nicht immer auf gleiche Weise beeinflussen. Der erste Faktor besteht darin, ob die Signale wertig sind. In manchen bestimmten Bereichen beruht das außenpolitische Entgegenkommen Chinas oder seine Zurückhaltung auf der Tatsache, dass seinen eigenen Interessen geschadet wird. Ziel ist es, die Gesamtlage zu bewahren und die bilateralen Beziehungen auszubauen. Wenn die Verluste Chinas einen hohen Grad an Glaubwürdigkeit haben, dann hat die Aufrichtigkeit Chinas in Bezug auf die gemeinsame Zusammenarbeit und Entwicklung ebenfalls einen hohen Grad an Glaubwürdigkeit. Entscheidend für ein teures Aufrichtigkeitssignal ist, dass es hohe Kosten hat und diese Kosten von der anderen Seite richtig eingeschätzt werden können. Der zweite Faktor besteht darin, dass ein solch teures Aufrichtigkeitssignal Chinas von Rationalisten oft als eine strategische Handlung wahrgenommen werden. Es kann passieren, dass Chinas politische Eide und sein gutes Verhalten wegen falscher Zuschreibungen oder der Innenpolitik anderer Länder nicht von der internationalen Gemeinschaft in vollem Umfang anerkannt und respektiert werden. Der dritte Faktor ist strukturell. Er beruht auf Machtasymmetrien zwischen großen und kleinen Staaten. Hegemonialmächte und aufstrebende Volkswirtschaften werden Aufrichtigkeitssignale sowie deren Gründe unterschiedlich interpretieren. Dabei achten die ersteren mehr auf die ansteigende Stärke der letzteren, während die letzteren eher ihren eigenen guten Willen betonen.[345]

Im Gegensatz zu dem, was Rationalisten als „teure Signale" ansehen, ist eine der mikroskopischsten Ebenen oder Kanäle bei der Diskussion über Chinas Aufrichtigkeitssignal die Forschung über das Phänomen, dass die chinesischen Staatsführer ihre persönlichen Beziehungen zu den Führern oder politischen Persönlichkeiten anderer Länder besonders betonten.[346] Der Aufbau und die Pflege von Beziehungen gelten in der chinesischen politischen Kultur als eine wichtige Form zur Informationsübermittlung, Vertiefung von Freundschaften und Lösung von Problemen. Dies spiegelt auch die chinesische Kultur wider. Seit der Gründung der Volksrepublik China haben die Staatsführer großen Wert darauf gelegt, persönliche Beziehungen zu führenden Persönlichkeiten anderer Länder und zu prominenten Persönlichkeiten der Gesellschaft auf verschiedenen Ebenen aufzubauen. Was besonders hervorzuheben ist, ist, dass China laut Statistiken der *People's Daily* zwischen 1949 und 2010 insgesamt 601 pro-chinesischen Persönlichkeiten aus asiatischen, afrikanischen und lateinamerikanischen Ländern sowie aus Europa und Amerika den Titel „alte Freunde des chinesischen Volkes" verliehen hat.[347] In seinen Beziehungen zu

---

[345] Tang, Shiping & Qi, Dapeng: Sino-centrism and US-centrism in China's Foreign Policy Discourse. In: *World Economics and Politics*, 2008(12), S. 62-70.

[346] Jüngste Entwicklungen in der kognitiven Neurowissenschaft legen nahe, dass persönliche Kontakte und Interaktionen eine wichtige Grundlage für die Beurteilung von Vertrauen und Aufrichtigkeit zwischen Nationen sind, und dass in vielen Fällen rationale und teure Signale keine Rolle spielen und persönliche Kontakte als entscheidend angesehen werden. Zu mehr relevanten *Forschungsstudien siehe* Hall, Todd & Yarhi-Milo, Keren: The Personal Touch: Leaders' Impressions, Costly Signaling, and Assessments of Sincerity in International Affairs. In: *International Studies Quarterly*, 2012(3), Vol. 56, S. 560-573.; Holmes, Marcus: The Force of Face-to-Face Diplomacy: Mirror Neurons and the Problem of Intentions. In: *International Organization*, 2013(4), Vol. 67, S. 829-861.

[347] Zhang, Qingmin & Li, Minkui: An Analytical Study of the Ideological Sources of Chinese Conduct. In: *Foreign Affairs Review*, 2011(4), S. 3-20.; Fang, Kecheng: Wer sind die „alten Freunde des chinesischen Volkes"? [Shui Shi "Zhongguo Renmin de Lao Pengyou"?]. In: *Southern Weekly*, 03.03.2011.

den Großmächten, wie den Vereinigten Staaten, legt China auch großen Wert darauf, durch persönliche und private Kontakte Beziehungen aufzubauen oder bereits bestehende Beziehungen zu erweitern. Der Schwerpunkt der vorliegenden Untersuchung liegt auf der Erörterung der grundlegenden Wege und Kanäle, über die China seinen guten Willen gegenüber der internationalen Gemeinschaft und den betreffenden Ländern demonstriert. Theoretisch sind persönliche Beziehungen ein grundlegender Kanal für den Aufbau von Vertrauen und die Darstellung von Aufrichtigkeit. Gleichzeitig gelten sie auch als ein Mittel zur Entwicklung nationaler Beziehungen. Insgesamt wurde in Chinas Außenbeziehungen während des Kalten Krieges Signale zur Zusammenarbeit und zu anderen Zwecke eher durch persönliche Beziehungen nach außen hin ausgedrückt, während sich die chinesische Diplomatie nach dem Kalten Krieg mehr in Richtung Institutionalisierung bewegt hat.[348] In diesem Text wird nicht detailliert auf solche mikro-persönlichen Kanäle als eine grundlegende Form der Signalisierung eingegangen.

II. Die Wirksamkeit von Chinas außenpolitischen Aufrichtigkeitssignalen: Eine fallbezogene Analyse

Der vorliegenden Text wählt Fälle der chinesischen Diplomatie seit dem Ende des Kalten Krieges als konkrete empirische Fakten aus, um die Auswirkungen von Chinas Aufrichtigkeitssignalen nach außen zu analysieren. Auf der Grundlage der Vergleichbarkeit der Fälle und dem Prinzip, Fälle gemäß den unabhängigen Variablen zu wählen, werden die Beziehungen zwischen China und ASEAN sowie zwischen China und den USA als zwei Fallgruppen festgelegt. Vor allem die Beziehungen zwischen China und ASEAN sowie zwischen China und den USA sind die „repräsentativen Fälle",[349] in denen Chinas Aufrichtigkeitssignale nach außen und deren Auswirkungen getestet werden können. Aufgrund des enormen Machtgefälles zwischen China und ASEAN sind Chinas Aufrichtigkeitssignale theoretisch gesehen zu schwach und unwirksam, während sie in den Beziehungen zwischen China und den USA, einem aufstrebenden Land und einer Supermacht, eher für strategisch und taktisch gehalten werden. Kurz gesagt, diese beiden Fälle entsprechen eher der Erwartung der Rationalisten, die die moralischen Faktoren wie Glaubwürdigkeit vernachlässigen. Im folgenden Text wird analysiert, warum Chinas eigene Aufrichtigkeit (Frieden, Kooperation und guter Wille) in den letzten 20 Jahren nach dem Ende des Kalten Krieges in bestimmten Phasen von der anderen Seite anerkannt wurde (gleichgültig, ob diese Anerkennung strategisch oder identitätsbezogen ist), während sich die bilateralen Beziehungen zu anderen Zeiten nicht reibungslos entwickelt haben, unter der Bedingung, dass sich Chinas politische Eide und Glaubwürdigkeit nicht grundlegend geändert haben. Im schlimmeren Fall werden sogar die friedlichen Absichten Chinas von

---

[348] Ein sehr typisches Beispiel dafür ist, dass China den internationalen Freund Edgar Snow eingeladen hatte, auf dem Tiananmen-Torturm an den Feierlichkeiten zum Nationalfeiertag 1970 teilzunehmen, und veröffentlichte anschließend ein Foto dieses Ereignisses in der *People's Daily*. Die USA griffen jedoch dieses Signal der Zusammenarbeit nicht rechtzeitig auf.

[349] George, Alexander L. & Bennett, Andrew: *Case Studies and Theory Development in the Social Sciences.* Cambridge, MA: MIT Press, 2005.

der anderen Seite falsch wahrgenommen. Es wird die Ansicht vertreten, dass auch das Wachstum Chinas eigener Macht und Stärke sowie die Veränderung der Strategie und der Innenpolitik anderer Länder als wichtige, konkurrenzbezogene Einflussvariablen gelten.

1. Die Beziehung zwischen China und der ASEAN

Erst nach dem Ende des Kalten Krieges nahm China offizielle diplomatische Beziehungen mit der ASEAN auf. Am Anfang war die Entwicklung der Beziehungen mit der ASEAN in den Gesamtrahmen der multilateralen Nachbarschaftskooperation Chinas eingebunden.[350] Weil die ideologischen Unterschiede während des kalten Kriegs negative Einflüsse auf Chinas Beziehungen zu Südostasien genommen hatten und die wirtschaftlichen Beziehungen zwischen China und ASEAN bei und kurz nach dem Kalten Krieg relativ schwach waren, verlief die die Entwicklung von Chinas Beziehungen mit der ASEAN in der Anfangsphase nicht reibungslos. Insbesondere in den 1990er Jahren gab es in Südostasien einen weit verbreiteten „Markt" für die Theorie der „chinesischen Gefahr". Die meisten ASEAN-Länder, von der Regierung bis zur Gesellschaft, standen dem Zuwachs der Landesstärke Chinas und seinen strategischen Absichten skeptisch und ablehnend gegenüber. Ferner bestand einer der größten Konflikte in den Territorialstreitigkeiten zwischen China und vielen ASEAN-Ländern.[351] So waren beispielsweise China und die Philippinen 1994 in einen Konflikt um Hoheitsgewässer verwickelt. Auf der Grundlage schwacher historischer Grundlagen, ideologischer Unterschiede und nationaler Heterogenität sowie des Einflusses externer Faktoren wie der USA entwickelte sich die Beziehung Chinas mit der ASEAN in den 1990er Jahren von einem niedrigen Ausgangspunkt aus.[352] China hat seine Beziehungen zur ASEAN allmählich ausgebaut und verbessert, indem es den bilateralen Austausch schrittweise vertiefte und sich aktiv an den regionalen Kooperations- und Sicherheitsmechanismen der ASEAN beteiligte. Bei der Entwicklung seiner Beziehungen mit der ASEAN hat China sowohl auf politischer Ebene als auch auf der Verhaltensebene große Aufrichtigkeit und guten Willen bewiesen, indem es beispielsweise seine Verantwortung trug, die Führungsposition von ASEAN hervorhob und die bilaterale Zusammenarbeit in Wirtschaft und Handel energisch ausbaute. Besonders zu betonen ist, dass China dabei sein eigenes Verhalten beschränkte. In den folgenden wichtigen Ereignissen oder Zeitpunkten hat China durch seine Aufrichtigkeitssignale oder sein Verhalten eine positive Antwort von der ASEAN-Seite erhalten, sodass die Entwicklung der kooperativen Beziehungen zwischen beiden Seiten reibungsloser wurde und sich das gegenseitige politische und strategische Vertrauen

---

[350] Jiang, Zhaijiu: Beweggründe für die multilaterale regionale Sicherheitskooperation Chinas [Zhongguo Diqu Duobian Anquan Hezuo de Dongyin]. In: *Quarterly Journal of International Politics*, 2006(1), S. 1-27.
[351] Tang, Shiping et al.: Eine Studie über die Politik der Nachbarländer gegenüber China nach dem Kalten Krieg [Lengzhan hou Jinlin Guojia dui Hua Zhengce Yanjiu]. Beijing: World Affairs Press, 2005.
[352] Cao, Yunhua & Tang, Chong: *New China-ASEAN Relations*. Beijing: World Affairs Press, 2005.; Zheng, Xianwu: On China - ASEAN Integrated Security Cooperation. In: *Contemporary International Relations*, 2012(3), S. 47-53.

verbesserte. Dies gilt als ein typisches Beispiel für Chinas erfolgreiche Nachbarschaftsdiplomatie.

Erstens: Verantwortungsbewusstes Verhalten während der Finanzkrise zwischen 1997 und 1998. Die 1997 in Südostasien ausgebrochene Finanzkrise war ein fataler Schlag für das ostasiatische Modell, das zuvor von der internationalen Gemeinschaft anerkannt worden war. Die Wirtschaftslage in den südostasiatischen Ländern war zerrüttet und die meisten von ihnen litten unter der Erschütterung der Finanzkrise. Die internationalen Organisationen und westlichen Industrieländer haben als Reaktion auf diese Krise eine kalte Hilfspolitik verfolgt, wobei die meisten Hilfsangebote wirtschaftliche Unterstützungen und Rettungsmaßnahmen mit politischen Bedingungen verbanden. Die Wirtschaftskrise hat auch Chinas Wirtschaft einigermaßen geschadet, da der Handel und die gegenseitigen Investitionen zwischen China und der ASEAN gerade erst begonnen hatten, und Chinas eigene Wirtschaftskraft in den 1990er Jahren bei weitem nicht so groß war wie die der zweitgrößten Volkswirtschaft der Welt heute. Daher hatte das Land selbst zu dieser Zeit auch mit größeren Schwierigkeiten zu kämpfen. China ging jedoch verantwortungsbewusst mit der Finanzkrise in Südostasien um, indem es erklärte, dass es den RMB nicht abwerten werde, und indem es sein Möglichstes versuche, um der Wirtschaft der südostasiatischen Länder bei der Erholung von der Krise durch bedingungslose Hilfe und wirtschaftliche Zusammenarbeit zu helfen. Chinas verantwortungsvolles Handeln in der südostasiatischen Finanzkrise fand die einhellige Zustimmung der ASEAN-Länder und legte den Grundstein für die erfolgreiche Entwicklung der Beziehungen zwischen China und der ASEAN seit dem Jahr 2000, und die in den 1990er Jahren vorherrschende Theorie der „chinesischer Gefahr" wurde durch die Theorie der „Chancen dank China" und der „chinesischen Verantwortung" ersetzt.[353]

Zweitens: Zurückhaltung in Fragen konkurrierender Interessen wie in dem Problem Südchinesischen Meer. Das Problem Südchinesisches Meer hat komplexe historische Faktoren und reale Interessenkonflikte. Seit den 1980er Jahren hält sich China an den von Deng Xiaoping aufgestellten Grundsatz der „Zurückstellung von Differenzen und gemeinsamen Erschließung" und hat so einen friedlichen Zustand mit den wichtigsten Streitparteien der ASEAN aufrechterhalten.[354] Von den 1990er Jahren bis etwa 2010 hielt China an diesem Grundsatz fest und versuchte, freundschaftliche Beziehungen zu ASEAN und anderen relevanten Ländern zu pflegen. Gleichzeitig unterzeichnete China nach Konsultationen und Verhandlungen mit der

---

[353] Wang, Zichang: *The Dynamics and Regional Cooperation in East Asia.* Beijing: China Social Sciences Press, 2003. S. 163-173.; Ravenhill, John: Is China an Economic Threat to Southeast Asia?. In: *Asian Survey*, 2006(5), Vol. 46, S. 653-674.

[354] Deng Xiaopings Lösung „Zurückstellung von Differenzen und gemeinsame Erschließung" wurde zunächst auf die Frage der Diaoyu-Inseln zwischen China und Japan angewandt, und dann, im Zuge der maritimen Streitigkeiten Chinas mit südostasiatischen Ländern über das Südchinesische Meer, vertrat Deng Xiaoping systematisch seine Idee über die „Zurückstellung von Differenzen und gemeinsame Erschließung unter der Voraussetzung, dass China die Souveränität besitzt" in Bezug auf das Problem über den Nansha-Archipel, als er im Juni 1986 und im April 1988 die philippinischen Staatspräsidenten empfing. Meiner Ansicht nach ist „China besitzt die Souveränität" ein einseitiger Konsens. Warum muss China die Meeresgebiete gemeinsam mit anderen Ländern entwickeln, wenn sie China gehören? Siehe Außenministerium und Parteidokumenten-Forschungsbüro der KP Chinas (Hrsg.): *Die Deng-Xiaoping-Chronik (1975—1997)* (zweiter Teil) [Deng Xiaoping Nianpu: 1975-1997 (Xia)]. Beijing: Central Party Literature Press, 2004, S. 1122 und 1227.

ASEAN die Deklaration über das Verhalten der Parteien im Südchinesischen Meer (DOC) im Jahr 2002 und trat 2003 dem Vertrag über Freundschaft und Zusammenarbeit in Südostasien bei.[355] Obwohl diese internationalen Verträge nicht grundsätzlich bindend sind, hat China mit ihrer Unterzeichnung eine kostspielige Beschränkung seines eigenen Verhaltens für die internationale Öffentlichkeit eingeführt und damit eine teure Signalgrundlage für die Zustimmung der ASEAN geschaffen. Sowohl in Bezug auf internationale Abkommen als auch auf Chinas eigene praktische Maßnahmen hat China ein hohes Maß an Selbstbeschränkung bewiesen, sodass Chinas Signale des guten Willens in dieser Dimension besser durch die Entwicklung des politischen Vertrauens zwischen China und ASEAN belohnt wurden.

Drittens: Hervorhebung der Führungsposition der ASEAN bei der regionalen Zusammenarbeit. Als Vorreiter der südostasiatischen Integration hat die ASEAN ihre eigenen auffällige Merkmale. Zum Beispiel besteht die Hauptfunktion von ASEAN in der wirtschaftlichen Integration, während die politische und sicherheitsbezogene Integration schwächer ist. Vor allem im Sicherheitsbereich ist die ASEAN stets von der strategischen Zusammenarbeit und vom Schutz der USA abhängig. Ein weiteres wichtiges Merkmal ist, dass die ASEAN von einer kleinen Gruppe aus den ASEAN-Ländern geführt wird. Obwohl die ASEAN aktiv Beratungsmechanismen mit großen Ländern wie China, den USA und Japan entwickelt hat, wie die sehr aktiven „10+1" und „10+3" Mechanismen, wird der Entwicklungsprozess der ASEAN von den 10 Mitgliedsstaaten geführt.[356] Die Herausbildung dieser Führungsposition war ein wichtiger Katalysator für die Entwicklung von ASEAN. Beim Ausbau der Beziehung zu ASEAN hat China von Anfang an die eigene Führungsposition von ASEAN respektiert und gewahrt. China hat nicht versucht, den Integrationsprozess von ASEAN aktiv zu beeinflussen und zu kontrollieren. Darüber hinaus hat China seine wirtschaftliche Zusammenarbeit mit der ASEAN im Rahmen des „10+1"-Mechanismus und der Gipfeltreffen zwischen beiden Seiten intensiviert. Durch den Respekt vor der Führungsposition der ASEAN-Länder wurde Chinas Aufrichtigkeit beim Streben nach Status und Befugnissen von der ASEAN anerkannt und belohnt. Infolgedessen wurde auch behauptet, dass die Entwicklung der Beziehungen Chinas zu ASEAN, insbesondere die Zunahme des politischen Vertrauens eng mit dem „Komfort" in den Beziehungen zwischen beiden Seiten zusammenhängt.[357]

Viertens: aktives Vorantreiben der Entwicklung der bilateralen Wirtschafts- und Handelsbeziehungen. Seit den 1990er Jahren haben die Wirtschafts- und Handelsbeziehungen zwischen China und der ASEAN kontinuierlich zugenommen. Bis heute ist China der wichtigste Handelspartner der ASEAN, und die Freihandelszone zwischen China und der ASEAN nimmt Gestalt an. Im Zuge der regionalen Zusammenarbeit in Ostasien hat sich ein doppelter Mechanismus herausgebildet, nämlich

---

[355] Cao, Yunhua: Aufbau einer Partnerschaft der guten Nachbarschaft und des gegenseitigen Vertrauens für das 21. Jahrhundert - Kritik an Chinas Beitritt zum „Vertrag über Freundschaft und Zusammenarbeit in Südostasien" [Jianli mianxiang 21 Shiji de Mulin Huxin Huoban Guanxi - Ping Zhongguo Jiaru "Dongnanya Youhao Hezuo Tiaoyue"]. In: *Southeast Asian Studies*, 2004(6), S. 4-9.

[356] Yu, Changsen: The Role of ASEAN in the Process of Asia Pacific Multilateral Security Cooperation. In: *Foreign Affairs Review*, 2007(4), S. 59-66.

[357] Ji, Ling: Out-of-balance Of the Power Structure and Psychological Expectation: The Issue of Trust in China-ASEAN Relations. In: *Southeast Asian Affairs*, 2012(1), S. 37-46.

ein wirtschaftlicher und handelspolitischer Kooperationsmechanismus zwischen China und ASEAN und ein sicherheitspolitischer Kooperationsmechanismus zwischen ASEAN und den USA. Das heißt, dass die ASEAN wirtschaftlich auf China und sicherheitspolitisch auf die USA angewiesen ist. Bei seinen aktiven Bemühungen um den Ausbau der Wirtschafts- und Handelskooperation mit der ASEAN arbeitet China stets auf der Grundlage der Grundprinzipien der „harmonischen Nachbarschaft" und „der Förderung des Wohlstands der Nachbarländer" mit der ASEAN auf nationaler, provinzieller und städtischer Ebene zusammen. Am 1. Januar 2010 trat die Freihandelszone zwischen sechs ASEAN-Staaten und China in Kraft.[358] Die wirtschaftliche und handelspolitische Zusammenarbeit Chinas mit der ASEAN ist nicht an jeglichen politischen Vorbedingungen oder anderen restriktiven Faktoren geknüpft.

Im Großen und Ganzen hat China selbst sehr aufrichtige Schritte in Form von politischer Stellungnahme, Verhaltensbeschränkungen und kostspieligen Signalen für die Entwicklung seiner Beziehungen zu ASEAN unternommen. Diese Aufrichtigkeitssignale haben große Anerkennung gefunden und dazu geführt, dass sich die Beziehung zwischen beiden Seiten relativ reibungslos entwickelt. Als einzige Veränderung gilt, dass die Entwicklung der Beziehungen zwischen China und Südostasien seit 2009 in eine komplexe Abwärtsspirale geraten ist.[359] Der Hauptgrund dafür, dass China seit 2009 mit den Philippinen und Vietnam wegen des Problems des Südchinesischen Meeres aneinandergeraten ist, liegt darin, dass die betroffenen Länder den Status quo in Frage gestellt und das stillschweigende Einverständnis „Zurückstellung von Differenzen und gemeinsamen Erschließung" gebrochen haben, während sich die USA und manche andere Länder ebenfalls als „Rückkehrer in den asiatisch-pazifischen Raum" ausgegeben haben, um diesen Ländern den Rücken zu stärken. China hat trotz seiner wachsenden nationalen und militärischen Stärke seine bisherige Politik und sein Verhalten auf Regierungsebene nicht geändert, aber das nationalistische Gefühl auf gesellschaftlicher Ebene ist stärker geworden, sodass die Widersprüche in der bisherigen Strategie und die Schwächen der teuren Signale sich abzuzeichnen begannen. Aufgrund einer Reihe von Faktoren haben Chinas ursprüngliche Aufrichtigkeitssignale in Sicherheitsfragen, wie dem Problem des Südchinesischen Meeres, an Wirksamkeit verloren, und die Sicherheitslage in Chinas umliegenden Regionen ist immer kritischer geworden. Im Oktober 2013 berief das Politbüro des Zentralkomitees eine Arbeitssitzung über die Nachbarschaftsdiplomatie ein, ein beispielloser Schritt, der eine Anpassungsphase in Chinas Nachbarschaftsdiplomatie markierte und deren grundlegende Richtlinien festlegte, nämlich „Festhaltung an der Freund- und Partnerschaft mit den Nachbarländern und an den Prinzipien der harmonischen, friedlichen Nachbarschaft und der Förderung des Wohlstands der Nachbarländer, sowie Hervorhebung der Idee der Freundschaft, der Aufrichtigkeit, des

---

[358] Siehe Website der China-ASEAN-Freihandelszone: http://www.cn-asean.org/default.aspx.
[359] Hinsichtlich der aktuellen Reflexionen über Chinas Nachbarschaftsdiplomatie siehe Zhou, Fangyin: Der Aufstieg Chinas, die sich verändernde Landschaft Ostasiens und die Richtung der ostasiatischen Ordnung [Zhongguo Jueqi, Dongya Geju Bianqian yu Dongya Zhixu de Fazhan Fangxiang]. In: *Contemporary Asia-Pacific Studies*, 2012(5), S. 4-32.; Chen, Qi & Guan, Chuanjing: Politische Anpassungen und neue Konzepte in Chinas Nachbardiplomatie [Zhongguo Zhoubian Waijiao de Zhengce Tiaozheng yu Xin Linian]. In: *Contemporary Asia-Pacific Studies*, 2014(3), S. 4-26.

gegenseitigen Nutzens und der Toleranz".³⁶⁰ Bei den vielen territorialen Streitigkeiten und Reibungen mit den Philippinen und Vietnam im Gebiet des Südchinesischen Meeres hat Chinas seine eigenen Interessen gut geschützt, weil die Stärke und Bereitschaft Chinas, seine territoriale Souveränität zu verteidigen, zugenommen haben. Wegen den Veränderungen bei der Intervention extraterritorialer Mächte und in der Innenpolitik der streitenden Länder haben sich die Beziehungen Chinas zu denen verbessert. Ein typisches Beispiel ist die reibungslose Entwicklung der chinesisch-philippinischen Beziehungen in der Amtszeit der Duterte-Regierung.

2. Die Beziehung zwischen China und den USA

Wie bereits erwähnt, haben China und die USA seit dem Ende des Kalten Krieges in der Tat eine Art Beziehung zwischen einem aufstrebenden Land und einer Hegemonialmacht gebildet. Als aufstrebende Volkswirtschaft ist China in seiner Entwicklung, wie auch in seiner diplomatischen Praxis, mit der Frage konfrontiert, wie es auf die etablierte Hegemonialmacht reagieren soll. In den traditionellen Theorien über die Änderung der bestehenden hegemonialen Verhältnisse werden die Existenz und die Rolle der Aufrichtigkeitssignale nach außen kaum anerkannt.³⁶¹ China legt großen Wert auf den neuartigen nationalen Entwicklungsweg, und noch größeren Wert auf seine Absicht, sich friedlich zu entwickeln, und auf den praktischen Einfluss der traditionellen Hegemonie auf seine Außenpolitik. In jüngster Zeit hat China seine Ideen zum Aufbau der neuartigen Beziehungen zwischen großen Ländern geäußert. All dies deutet darauf hin, dass Chinas Entwicklung das etablierte System nicht bedrohen wird. Insbesondere hat China gegenüber den USA seinen Wunsch nach Frieden, Zusammenarbeit und den bilateralen Beziehungen neuer Art in Bezug auf die strategischen Absichten und strategische Unterstützung zum Ausdruck gebracht.

Erstens geht es um die Aufrichtigkeit der Zusammenarbeit. Die USA hatten in den Außenbeziehungen Chinas stets sehr hohe Priorität. Seit Aufnahme diplomatischer Beziehungen zwischen China und den USA verfolgte Deng Xiaoping eine Politik der aktiven Zusammenarbeit mit ihnen. Die 1980er Jahre waren die Flitterwochen in der Entwicklung der chinesisch-amerikanischen Beziehung. Aufgrund einer Reihe von Problemen verhängte aber die westliche Welt, allen voran die USA, eine strategische Blockade gegen China, sodass die Beziehungen zwischen China und den USA einen Tiefpunkt erreichten. Die chinesische Diplomatie durchlief dementsprechend eine Phase der Schwierigkeiten und der Anpassung. Als Antwort darauf stellte Deng Xiaoping folgende strategische und taktische Richtlinien auf: mit kühlem Kopf beobachten, die eigenen Frontlinien sichern, besonnen reagieren, unser Licht unter den Scheffel stellen und den rechten Augenblick abwarten, sich nicht exponieren und unser Möglichstes tun. In Bezug auf die Beziehungen mit den USA hat China folgende Richtlinien vorgeschlagen: das gegenseitige Vertrauen stärken, Probleme abbauen,

---

360 *Xi Jinping: Das Bewusstsein für eine Schicksalsgemeinschaft sollte in den Nachbarländern Wurzeln schlagen* [Xi Jinping: Rang Mingyun Gongtongti Yishi zai Zhoubian Guojia Luodi Shenggen]. http://www.fmprc.gov.cn/mfa_chn/zyxw_602251/t1093113.shtml, (Abruf am 25.10.2013).
361 Mearsheimer, John: The Gathering Storm: Chinas Challenge to US Power in Asia, S. 381-396.; Organski, A. F. K.: *World Politics*.; Chan, Steve: *China, the US and the Power Transition Theory*.

die Zusammenarbeit erweitern und nicht auf Konfrontationen gehen.[362] Die frühen und mittleren 1990er Jahre waren eine Zeit der Konfrontation zwischen den USA und China, mit strategischen Proben wie der Krise auf der Taiwan-Straße. Erst mit dem Besuch von Präsident Clinton im Jahr 1998 wurde ein Gesamtbild der Entwicklung der chinesisch-amerikanischen Beziehungen im neuen Zeitalter geschaffen. Mit der Verschlechterung der Lage auf der Taiwan-Straße und der Verschärfung der strategischen Konkurrenzen zwischen beiden Ländern erlebten die chinesisch-amerikanische Beziehung zum Zeitpunkt des Amtsantritts der Regierung George W. Bush im Jahr 2001 erneut eine Phase sehr angespannter strategischer Rivalität. 2001 wurden die USA jedoch vom internationalen Terrorismus angegriffen, was zu einem grundlegenden Wandel in der globalen strategischen Lage der USA führte. Die Führung eines globalen Anti-Terror-Krieges und die Aufrechterhaltung der inneren Sicherheit wurden zur obersten Priorität der USA.[363]

Vor diesem strategischen Hintergrund hat China die USA zum richtigen Zeitpunkt strategisch unterstützt. So hat China beispielsweise an dem Tag nach den Terroranschlägen auf die USA über Telefonate mit führenden US-Politikern und Pressesprecher sein strategisches Mitgefühl mit den USA geäußert, sein Beileid und seine Anteilnahme bekundet, den Terrorismus verurteilt und von der internationalen Gemeinschaft erwartet, dass sie bei der Bekämpfung des Terrorismus zusammenarbeite.[364] Da die USA Chinas strategische Unterstützung im Kampf gegen den Terrorismus benötigten, entwickelten sich die Beziehungen zwischen beiden Seiten in den acht Jahren der Bush-Regierung reibungslos und galten einst als die beste Zeit seit der Aufnahme diplomatischer Beziehungen zwischen den USA und China. Die USA haben China auch in der Frage der Straße von Taiwan, in Xinjiang und Tibet unterstützt bzw. eine stillschweigende Übereinkunft mit China aufrechterhalten, indem sie z.B. die „Ostturkestanische Gruppe" als terroristische Organisation eingestuften und in der Taiwan-Frage Druck auf die separatistischen Kräfte für die „Unabhängigkeit Taiwans" ausgeübt haben, um den friedlichen Status quo auf der Taiwan-Straße zu erhalten. Die USA sind in gewissem Maße verständnisvoll und erfreut über Chinas strategische Unterstützung. und natürlich wurden ihre strategischen Erwartungen noch erweitert, z.B. durch Zoellicks erneute Präsentation der chinesischen Verantwortungstheorie, in der er betonte, dass China und die USA Vertreter der gemeinsamen Interessen sein sollten.[365]

---

[362] Deng, Xiaoping: *Ausgewählte Werke* (Band 3) [Deng Xiaoping Wenxuan (Di-San Juan)]. S. 320-321.; Gong, Li: *Deng Xiao Ping and U.S.A.* Beijing: History of Chinese Communist Party Publishing House, 2004.

[363] Tao, Wenzhao & He, Xingqiang: *A History of China-US Relations.* Beijing: China Social Sciences Press, 2009.; Mann, J., & Edwards, F.: *About Face: A History of America's Curious Relationship with China, from Nixon to Clinton.* New York: Alfred A. Knopf, 1999.

[364] Staatspräsident Jiang Zemin telefoniert mit dem US-Präsidenten George W. Bush wegen der Terroranschläge in New York und Washington [Guojia Zhuxi Jiang Zemin jiu Meiguo Niuyue he Huashengdun Zaoshou Kongbu Xiji Zhidian Meiguo Zongtong Bushi]. http://sa.chineseembassy.org /chn/zt/fdkbzy/t153915.htm, (Abruf am 06.03.2014).; Hall, Todd: Sympathetic states: explaining the Russian and Chinese responses September 11. In: Political Science Quarterly, 2012(3), Vol. 127, S. 369-400.

[365] Zoellick, Robert B.: *Whither China: from membership to responsibility?.* http://www.state.gov/s/d/r em/53682.htm, (Remarks at National Committee on US-China Relation, 21.09.2005).

Zweitens hat China die multilateralen Mechanismen für die Sicherheit im asiatisch-pazifischen Raum aktiv eingerichtet. Angesichts der militärischen, politischen und wirtschaftlichen Präsenz der USA im asiatisch-pazifischen Raum hat China stets betont, dass es keine Absicht hat, die Führungsrolle der USA im asiatisch-pazifischen Raum herauszufordern.[366] Die USA würden die aktive Unterstützung Chinas benötigen, wenn sie versuchten, im asiatisch-pazifischen Raum eine führende Rolle zu spielen, insbesondere wenn sie bei bestimmten regionalen destabilisierenden Faktoren ihre strategischen Interessen wahren wollten. In der Frage des nordostasiatischen Sicherheitsmechanismus hat China zur Wahrung seiner nationalen Interessen und aus Verantwortungsbewusstsein für die Stabilisierung seiner Nachbarregion eine aktive Rolle gespielt. Zum Beispiel hat China den Mechanismus der Sechs-Parteien-Gespräche gestaltet und die Bereitschaft geäußert, seine eigene Verantwortung für Sicherheit und Frieden in Nordostasien zu übernehmen. China hat stets die Wichtigkeit betont, die Grundsätze des Dialogs, der Konsultation und des Friedens in der Nuklearfrage auf der koreanischen Halbinsel einzuhalten, die Denuklearisierung der Halbinsel zu fördern sowie Frieden und Stabilität in Nordostasien zu wahren.[367] Obwohl die Ansichten verschiedener Länder und Analysten über die strategischen Effekte des Mechanismus der Sechs-Parteien-Gespräche weit auseinandergehen, wurde Chinas Haltung eines verantwortungsvollen großen Landes bei seinen Bemühungen um die Schaffung eines multilateralen Mechanismus, um die Sicherheitsprobleme in seiner Nachbarschaft zu lösen, jedoch von den USA und anderen relevanten Ländern auf strategischer Ebene anerkannt.

Drittens hat China seine Friedensabsichten demonstriert. Als Reaktion auf die zunehmenden Bedenken der internationalen Gemeinschaft, insbesondere der USA und der Nachbarländer Chinas während seines Aufstiegs, hat China betont, dass sein Aufstieg die Interessen der USA nicht verletzen wird. Chinas Aufstieg sei keine Herausforderung, sondern ein Vorteil für die Welt. Um das traditionelle Dilemma der globalen Machtwechsel auf nationaler strategischer und politischer Ebene zu interpretieren, begann China in den späten 1990er Jahren, sich mit der Theorie des friedlichen Aufstiegs auseinanderzusetzen. Weil das Wort „Aufstieg" zu provokativ und irritierend wirkte, wandelte China den strategischen Rahmen und die politische Formulierung des friedlichen Aufstiegs in das Konzept der friedlichen Entwicklung Chinas um.[368] Darüber hinaus hat China zu Beginn des 21. Jahrhunderts zwei aufeinander folgende Weißbücher über Chinas friedlichen Entwicklungsweg herausgegeben, in denen ein politisches Versprechen und eine Erklärung im Sinne der nationalen Strategie geäußert wurden. Ferner wurden die Bedeutung, die Notwendigkeit und

---

[366] *Gemeinsame Erklärung der Volksrepublik China und der Vereinigten Staaten von Amerika* [Zhonghua Renmin Gongheguo yu Meilijian Hezhongguo Lianhe Shengming]. http://www.fmprc.gov.cn/mfa_c hn/gjhdq_603914/gj_603916/bmz_607664/1206_608238/1207_608250/t788163.shtml, (Außenministerium der Volksrepublik China, Abruf am 06.03.2014).

[367] *Wang Yi erläutert Chinas Position zur Lage auf der koreanischen Halbinsel* [Wang Yi jiu Chaoxian Bandao Jushi Chanshu Zhongfang Lichang]. http://www.fmprc.gov.cn/mfa_chn/gjhdq_603914/ gj_603916/yz_603918/1206_604114/xgxw_604120/t1128711.shtml, (Außenministerium der Volksrepublik China, Abruf am 06.03.2014).

[368] Glaser, Bonnie S. & Medeiros, Evan S.: The Changing Ecology of Foreign Policy-Making in China: The Ascension and Demise of the Theory of "Peaceful Rise". In: *The China Quarterly*, 2007(3), Vol. 190, S. 291-310.

die Möglichkeiten der friedlichen Entwicklung Chinas in diesen Weißbüchern systematisch dargelegt. Solche nationalen politischen Eide sind zwar kaum kostspielig, haben aber dennoch eine gewisse strategische Wirkung, denn die politischen Maßnahmen Chinas wurden im Sinne der nationalen Strategie dargestellt. Zumindest hat China den USA seine friedlichen Absichten effektiv übermittelt. Ob die USA sie annehmen und ihnen glauben oder nicht, ist eine andere Frage. Eine weitere Dimension der Darstellung der Friedensabsichten ist die wichtige strategische Umwandlung in der Frage der Taiwan-Straße. Da die Wahl von 2008 auf Taiwan den etablierten Status quo jedoch nicht gefährdete, begann das Festlandchina ab 2008, den wirtschaftlichen und sozialen Austausch zu nutzen, um die Wahrscheinlichkeit einer friedlichen Wiedervereinigung auf eine sanftere Weise zu erhöhen. Bislang ist das Krisenrisiko zwischen den beiden Seiten der Taiwan-Straße deutlich gesunken. Ferner erwies sich der friedliche Austausch zwischen beiden Seiten als fruchtbar. In dieser Hinsicht hat China den USA einen starken Friedenswillen vermittelt. Als Reaktion darauf haben die USA den Status quo aufrechterhalten. Es gibt sogar Stimmen, die behaupten, dass Taiwans strategische Position gesunken oder sogar zu einer strategischen Last für die USA geworden sei.[369]

Viertens sind China und die USA wirtschaftlich immer stärker voneinander abhängig, sodass sich der bilaterale Handel sich rasch entwickelt hat. Seit dem Ende des Kalten Krieges, insbesondere mit dem Beitritt Chinas zur WTO, hat der Handel zwischen beiden Ländern stark zugenommen. China und die USA sind in eine neue Runde wirtschaftlicher Interdependenz eingetreten. Ein weiteres wichtiges Zeichen für diese Interdependenz ist, dass China in großem Umfang in US-Staatsanleihen investiert hat und damit der größte ausländische Inhaber von US-Staatsanleihen ist. Im Januar 2014 erreichte Chinas Gesamtbestand bereits 1,317 Billionen US-Dollar, was seine Position als größter „Schuldner" der USA weiter stärkte.[370] China hat seine eigenen wirtschaftlichen und politischen Gründe für den Kauf großer Mengen an US-Staatsanleihen, aber dieses strategische Signal ist ein deutlicher Hinweis darauf, dass China die USA als globale politische und wirtschaftliche Führungsmacht respektiert und anerkennt und sie lediglich als strategischen Konkurrenten Chinas betrachtet. Seit der Finanzkrise in den USA hat sich zudem der soziale und bildungspolitische Austausch zwischen China und den USA verstärkt, wobei die USA zu einem Schwerpunkt für chinesische Auslandsstudenten und Gastwissenschaftler geworden sind. Die Stärkung der sozioökonomischen Beziehungen zwischen beiden Ländern ist eine wichtige Triebkraft für Chinas Bereitschaft, Frieden und Zusammenarbeit zu fördern.[371]

---

[369] Über die Debatte zwischen der US-Regierung und dem akademischen Fachkreis des Landes hinsichtlich des Status der Region Taiwan siehe Glaser, Charles: Will China's Rise Lead to War? Why Realism Does Not Mean Pessimism. In: *Foreign Affairs*, 2011(2), Vol. 90, S. 80-91.; Blumenthal, Daniel: *Rethinking US Foreign Policy towards Taiwan*. http://shadow.foreignpolicy.com/posts/2011/03/02/rethinking_us_foreign_policy_towards_taiwan.

[370] *Chinas Bestände an US-Staatsanleihen erreichen mit 1317 Billionen US-Dollar einen neuen Rekord* [Zhongguo Chi Meiguo Guozhai 1317 Wanyi Meiyuan zai Chuang Jilu]. http://news.xinhuanet.com/world/2014-01/17/c_126021140.htm, (Xinhuanet, Abruf am 06.03.2014).

[371] *Der Mechanismus des Kulturaustauschs fördert die Großmachtbeziehung neuer Art zwischen China und den USA* [Renwen Jiaoliu Jizhi shi Zhong Mei Xinxing Daguo Guanxi Zhuliqi]. http://news.xin-

Trotz der strategischen Konkurrenz zwischen den USA und China als Hegemonialmacht und aufstrebendes großes Land hat China eine Reihe von Aufrichtigkeitssignalen für die Entwicklung der bilateralen Beziehungen gegeben. Im Großen und Ganzen war die Wirksamkeit der Signale aufgrund der traditionellen Rivalität der Mächte, mit denen China konfrontiert ist, unterschiedlich; so ist beispielsweise das Signal des Friedens für die USA am schwierigsten nachzuvollziehen. Dies liegt nicht nur daran, dass China lediglich auf der Ebene der politischen Eide diese Signale äußerte, sondern auch daran, dass die USA den Grundsatz realistischer Interessen vertraten, sodass es ihnen schwerfiel, an die friedlichen Absichten des aufstrebenden großen Landes zu glauben. Sie schenkten mehr Aufmerksamkeit auf den Machtzuwachs sowie das Vorhandensein der Interessenkonflikte und Konkurrenzen.[372] Die Ernsthaftigkeit der Zusammenarbeit Chinas wurde von den USA teilweise anerkannt, jedoch erwarten sie auch, dass China eine größere Verantwortung übernimmt. Beispielsweise haben die USA ihre Anerkennung und Dankbarkeit für Chinas Verantwortung für die Zusammenarbeit bei der Terrorismusbekämpfung und der ostasiatischen Sicherheit aus strategischer Sicht geäußert. Infolgedessen haben sich die Beziehungen zwischen beiden Ländern in bestimmten Zeiträumen und Bereichen gesund entwickelt. Seit der Obama-Regierung erwarten die USA jedoch, dass China eine verantwortungsvollere Rolle in regionalen Sicherheitsfragen und globalen Themen wie Iran und Naher Osten spielt. Der Streit u. a. auf der UN-Klimakonferenz deutet ebenfalls auf die höheren strategischen Erwartungen der USA hin. Mit anderen Worten: Die USA sind der Ansicht, dass Chinas Aufrichtigkeit bei der strategischen Zusammenarbeit unzureichend ist, und fordert China auf, mehr Verantwortung zu übernehmen. Das gilt auch im wirtschaftlichen Bereich, insbesondere in Fragen wie dem RMB-Wechselkurs. Die USA werfen China stets vor, den Wechselkurs der Landeswährung Yuan zu manipulieren, was zu einem größeren Handelsdefizit zwischen den USA und China führt. In jüngster Zeit hat die Trump-Regierung die bisherige Grundlage der strategischen Zusammenarbeit umgestürzt und den strategischen Wettbewerb zwischen beiden Seiten in den Mittelpunkt gerückt. Die Zusammenarbeit zwischen den USA und China in der Nuklearfrage auf der koreanischen Halbinsel wurde von der amerikanischen Seite anerkannt, weshalb die USA in dieser Hinsicht mehr Respekt und Anerkennung zollten. Der Wettbewerb im Bereich Handel und Gewerbe zwischen beiden Ländern hat jedoch dazu geführt, dass die wirtschaftlichen und handelspolitischen Reibungen seit 2018 zu einem der zentralsten Konflikte zwischen den USA und China geworden sind.

---

huanet.com/world/2013-11/23/c_125749974.htm, (Xinhuanet, Abruf am 06.03.2014).; *Joint Report of the Fourth Round of China-US High-level Consultation on People-to-People Exchange.* http://www.moe.edu.cn/publicfiles/business/htmlfiles/moe/s5987/201311/159840.html, (Bildungsministerium der Volksrepublik China, Abruf am 06.03.2014). Streng genommen handelt es sich bei den oben genannten Botschaften oder Fakten eher um „Hinweise" als um „Signale", denn daraus ist schwer zu schlussfolgern, dass Chinas strategische Schritte oder der wirtschaftliche und soziale Austausch zwischen China und den USA auf starken „Motiven der Aufrichtigkeit" beruhen.

372 Mearsheimer, John J.: The Tragedy of Great Power Politics.; Mearsheimer, John J. The Gathering Storm: China's Challenge to US Power in Asia. S. 381-396.

3. Vergleichende Analyse und Schlussfolgerung

Die Analyse von Chinas Aufrichtigkeitssignalen in seinen Beziehungen zu ASEAN und den USA hat ergeben, dass seine Aufrichtigkeitssignale und deren Auswirkungen durch folgende Merkmale gekennzeichnet sind: Was die Empfänger der Signale angeht, so richtet sich China nicht nur an kleine Länder, die im Machtgefüge nicht dominant sind, sondern auch an die hegemoniale Macht im internationalen System, das nach dem Kalten Krieg eine Supermacht und viele andere Mächten umfasst. Den USA hat China ebenfalls eine Reihe von Richtigkeitssignalen der Zusammenarbeit, des Friedens und der Verantwortung gezeigt. Die Äußerungen Chinas sind also mehrdimensional und haben unterschiedliche Beweggründe. Die Grundmotivationen besteht aus zwei Hauptaspekten. Eine davon ist das Streben nach Aufrichtigkeit auf kultureller Ebene. Obwohl die nationalen Interessen zunehmend zu einer grundlegenden Triebkraft der chinesischen Diplomatie geworden sind, hat sich auch die kulturelle Motivation der Aufrichtigkeit und Harmonie, des gemeinsamen Gewinns und Nutzens zu einem wichtigen Merkmal der chinesischen Diplomatie entwickelt. Seit dem XVIII. Parteitag der KP Chinas hat die chinesische Diplomatie das neuartige Verhältnis von Moral und Profit sowie das Konzept der Nachbarschaftsdiplomatie „Freundschaft, Ehrlichkeit, gegenseitigen Nutzen und Inklusivität" betont, wobei die Bedeutung der Aufrichtigkeit im kulturellen Sinne hervorgehoben wird.[373] Bei dem zweiten Aspekt handelt es sich um die strategischen Motive und Ziele, die ebenfalls als wichtige Elemente der Signalisierung Chinas Aufrichtigkeit gelten. Die Verbesserung der Beziehungen zu den ASEAN-Ländern, der Aufbau eines guten Images in der Nachbarschaft und die Milderung der strategischen und strukturellen Konflikte zwischen China als aufstrebender Macht und den derzeitigen Hegemonien sind wichtige strategische Ziele der chinesischen Aufrichtigkeitsdiplomatie. Natürlich können Unterschiede in der Wirksamkeit der Aufrichtigkeitssignale Chinas gegenüber verschiedenen Zielgruppen, an verschiedenen Ausdruckszeiten und sogar bei verschiedenen Kombinationen von Auslandsstrategien entstehen. Dies steht auch in engem Zusammenhang mit exogenen Impacts, z. B. mit den territorialen Streitigkeiten zwischen China und ASEAN-Ländern und mit der US-Strategie „Return to Asia". Ferner hatten einige wichtige internationale Ereignisse auch tiefgreifende Auswirkungen auf die Beziehungen zwischen den USA und China, wie z.B. die Terroranschläge am 11. September 2001, die die allgemeine Dynamik des strategischen Wettbewerbs zwischen den USA und China veränderten.

In den Beziehungen Chinas zu den ASEAN-Ländern haben die zeitliche Entwicklung, die Veränderung der Machtverhältnisse und das Auftreten exogener Impacts dazu geführt, dass Chinas Aufrichtigkeitssignale in verschiedenen Etappen unterschiedliche Auswirkungen hatten. In den Beziehungen zwischen den USA und China

---

[373] Wang, Yi: Exploring the Path of Major-Country Diplomacy with Chinese Characteristics. In: *China International Studies*, 2013(4), S. 1-7.; Qian, Tong & Li, Xue'ren: Wichtige Rede vom Staatspräsidenten Xi Jinping auf der Arbeitssitzung über die Nachbarschaftsdiplomatie, in der er betonte, ein gutes Umfeld für die Entwicklung Chinas zu schaffen und die Nachbarländer noch stärker von der Entwicklung Chinas profitieren zu lassen [Xi Jinping zai Zhoubian Waijiao Gongzuo Zuotanhui shang Fabiao Zhongyao Jianghua, Qiangdiao wei Woguo Fazhan Zhengqu Lianghao Zhoubian Huanjing, Tuidong Woguo Fazhan Gengduo Huiji Zhoubian Guojia]. In: *People's Daily*, 26.10.2013.

gibt es auch Unterschiede in der Wirksamkeit der ausgedrückten Aufrichtigkeitssignale Chinas hinsichtlich verschiedener Aspekte. Diese Unterschiede hängen mit dem Gehalt der Aufrichtigkeitssignale zusammen. Warum treten dann diese Unterschiede auf? Zu welchem Zeitpunkt ändern sich die Auswirkungen der Aufrichtigkeitssignale Chinas? Im Anschluss an diese Fragen wird im vorliegenden Text der Erklärungsmechanismus anhand des strategischen Anpassungsmechanismus eingesetzt, um die Ursachen für mikrostrategische Interaktionen auf struktureller Ebene zu ermitteln.

III. Die Strategische Anpassung und die Signalisierung der Aufrichtigkeitssignale Chinas

China hat seine Aufrichtigkeit gegenüber der internationalen Gemeinschaft auf mehreren Ebenen zum Ausdruck gebracht, wie dem Frieden, der Verantwortung und dem Kooperationswillen. Im Großen und Ganzen hat diese Signalisierung positive Ergebnisse erzielt und eine gewisse Anerkennung seitens der internationalen Gemeinschaft erhalten. Ein Beweis dafür ist, dass sich das derzeitige internationale Umfeld Chinas im Vergleich zum Ende des Kalten Krieges erheblich verbessert hat.[374] Allerdings ist es möglich, dass Aufrichtigkeit als nicht-realistischer und nicht-materieller Faktor kaum eine wichtige Rolle bei der Entwicklung der chinesischen Außenbeziehungen spielen kann. Insgesamt lässt sich sagen, dass Chinas Aufrichtigkeitssignale auf der Ebene der politischen Erklärungen und des praktischen Verhaltens in der Vergangenheit nur begrenzt wirksam waren, weil Chinas strategische Schritte auf diesen zwei Ebenen eher darauf abzielen, der Welt den Gehalt seiner Aufrichtigkeit zu zeigen. Im Idealfall konnte der Empfänger von Chinas Aufrichtigkeitssignalen angeregt werden. Allerdings ist die Art und Weise, wie er als ein weiterer strategischer Hauptakteur, mit dem China in engem Kontakt steht, die Absichten und das strategische Verhalten Chinas interpretiert, weder durch dessen politische Äußerungen noch durch dessen Verhalten in der Vergangenheit bestimmt, ganz zu schweigen davon, dass es noch große Unterschiede gibt, wie Chinas Verhalten in der Vergangenheit sowie dessen Motive betrachtet werden.[375] Ein wichtiger Grund dafür liegt darin, dass die Außenwelt eine wichtige Rolle bei der Beurteilung und Anerkennung von Chinas Aufrichtigkeit sowie bei der Bewertung der Kostspieligkeit und Glaubwürdigkeit von seinen Aufrichtigkeitssignalen spielt. Zu den wichtigen Einflussfaktoren für die Kostspieligkeit und Glaubwürdigkeit der Signale gehören die Kosten seiner strategischen Initiativen und die Verfügbarkeit alternativer strategischer Optionen. Im Folgenden wird analysiert, warum in den Beziehungen Chinas zu den ASEAN-Ländern und zu den USA seit dem Ende des Kalten Krieges seine Aufrichtigkeitssignale in manchen Phasen wirksam und in anderen unwirksam waren.

---

[374] Wang, Yizhou: China's Foreign Policy (1978 - 2008): Some Thoughts on Its Progress and Insufficiency. In: *Foreign Affairs Review*, 2007(5), S. 10-22.

[375] Tang, Shiping: Outline of a New Theory of Attribution in IR: Dimensions of Uncertainty and Their Cognitive Challenges. In: *Chinese Journal of International Politics*, 2012(3), Vol. 5, S. 299-338.

1. Relevante Einflussfaktoren

Unter den verschiedenen Dimensionen der Aufrichtigkeit, wie dem Frieden, der Verantwortung und der Zusammenarbeit, ist die Aufrichtigkeit hinsichtlich der friedlichen Absichten die wichtigste, die auch am schwierigsten von der Außenwelt positiv interpretiert werden kann, da alle anderen Dimensionen der Aufrichtigkeit anhand des Verhaltens und der praktischen Interessen beurteilt werden kann. Daher werden sie einfacher von der Außenwelt positiv interpretiert.[376] Die negative Interpretation des Friedenswillens Chinas stellt sich deutlich in der Frage der chinesischen Interessensbekundung im Südchinesischen Meer heraus, die objektiv die Einschätzung der ASEAN und der USA zu Chinas Absichten verdeutlicht. Aus strategisch-psychologischer Sicht geht es dabei um die strategische Umsetzung Chinas Ziels, seine Aufrichtigkeit, seine friedlichen strategischen Absichten und seine „strategische Rückversicherung" (strategic reassurance) der internationalen Gemeinschaft, vor allem den USA und seinen Nachbarländern zu senden. Was die traditionellen Wege betrifft, so gibt es in der Regel Wege mit politischer Stellungnahme, Verhaltensbeschränkungen und kostspieligen Signalen.[377] In diesem Sinne entsprechen die Wege der Politikumsetzung Chinas den theoretischen Erwartungen. Auf der Ebene der Wirkungsanalyse oder der Einflussfaktoren wird jedoch die Ansicht vertreten, dass der vorgeschlagene Erklärungsmechanismus der strategischen Anpassung eine wichtige Ergänzung zur traditionellen theoretischen Forschung über die strategische Rückversicherung oder strategische gegenseitige Versicherungsstrategie darstellt.

Seit der Verschärfung des Streits um die Souveränität über Inseln und Gewässer im Südchinesischen Meer um das Jahr 2009, hat die internationale Gemeinschaft, einschließlich der USA und der ASEAN-Länder, die chinesische Diplomatie für aggressiver gehalten, wenn es darum geht, seine Interessen in diesem Gebiet zu verteidigen. Es scheint so, als ob China keine friedlichen und aufrichtigen Absichten hätte, sondern bereit wäre, den Status quo des Südchinesischen Meeres mit Hilfe von Gewalt und Macht zu verändern, um seine eigenen Interessen durchzusetzen.[378] Die Interpretation der strategischen Absichten und des Verhaltens Chinas durch die Außenwelt wird von einer Reihe von Faktoren beeinflusst. Erstens wächst die umfassende nationale Stärke Chinas zu schnell, was dazu führt, dass seine Position auf der Welt nicht einheitlich interpretiert wurde. Es scheint so, als würde das Land immer

---

[376] Wang, Jisi & Li, Kanru: Addressing China-U.S. Strategic Distrust. Beijing: Social Sciences Academic Press, 2013.

[377] Tedlock, Philip E. et al. (Hrsgg.): Behavior, Society, and Nuclear War. New York: Oxford University Press, 1990.

[378] Swaine, Michael D. & Fravel, Taylor M.: China's Assertive Behavior - Part Two: The Maritime Periphery. In: *China Leadership Monitor*, 2011(Sommer), Vol. 35.; Christensen, Thomas J.: The Advantages of an Assertive China: Responding to Beijing's Abrasive Diplomacy. In: *Foreign Affairs*, 2011(2), Vol. 90, S. 54-67.; Johnston, Alastair Iain: How New and Assertive Is China's New Assertiveness?. In: *International Security*, 2013(4), Vol. 90, S. 7-48. In internationalen akademischen und politischen Kreisen gibt es unterschiedliche Stimmen zu der Frage, ob sich die chinesische Diplomatie grundlegend verändert hat. Zu weiteren Untersuchungen siehe Chen, Dingding et al.: Debating China's Assertiveness. In: *International Security*. 2013(3), Vol. 38, S. 176-183.; Jerdén, Björn: The Assertive China Narrative: Why It Is Wrong and How So Many Still Bought into It. In: *The Chinese Journal of International Politics*, 2014(1), Vol. 7, S. 47-88.

seine starken nationalistischen Gefühle freisetzen. Obwohl Chinas eigene Veränderungen normal und vernünftig sind, wurden sie von den USA und anderen Regierungen sowie deren Medien überinterpretiert und falsch dargestellt, was bei den relevanten externen Akteuren zu einem hohen Maß an Misstrauen gegenüber Chinas strategischen Absichten führte. Ideologische und Institutionelle Unterschiede haben externe Ängste und strategische Feindseligkeit gegenüber der chinesischen Macht geschürt und verstärkt sowie die Undurchsichtigkeit der Kommunikation und Konsultation zwischen beiden Seiten erhöht.[379] Zweitens kann dies auf die Rückgang der Glaubwürdigkeit von Chinas kostspieligen Signalen zurückgeführt werden, d.h. obwohl China in Bezug auf die Einhaltung der Abkommen und sein praktisches Verhalten immer noch an seiner freundlichen Haltung gegenüber den streitenden Ländern im Südchinesischen Meer festhält, haben die wachsenden nationalistischen Gefühle im Inland, der verstärkte politische Druck und insbesondere die Entwicklung der Streitkräfte (Flugzeugträger usw.) die Glaubwürdigkeit seiner früheren Signale der Selbstbeschränkung verringert. Somit besteht eine strategische Anpassung zwischen vorher und nachher, was die kostspieligen Signale chinesischer Selbstbeschränkung angeht. Dies führt wiederum zu einer Verringerung der Glaubwürdigkeit der eigenen politischen Erklärungen und der Selbstbeschränkung Chinas und verstärkt objektiv die Furcht relevanter Länder wie der ASEAN-Länder. Damit soll nicht gesagt werden, dass dies als der einzige Faktor für abnehmende Anerkennung von Chinas Aufrichtigkeitssignalen durch die betreffenden Länder (wie die ASEAN-Länder) gilt. Zu den anderen Faktoren gehören wiederum die innenpolitischen Veränderungen in der ASEAN, d.h. dass verschiedene politische Kräfte mit der Betonung der „chinesischen Gefahr" ihre eigenen innenpolitischen Ziele verfolgen. Darüber hinaus führt Chinas friedliche und selbstbeschränkende Aufrichtigkeit dazu, dass die egoistischen und eigennützigen Absichten anderer Länder zunehmen, indem sie Chinas Selbstbeschränkung ausnutzen und so eine gute Grundlage für die Erlangung praktischer Vorteile schaffen.[380] Mit anderen Worten: Bevor China mächtig genug wird, um eine „Supermacht" zu werden, und bevor China das Signal der Selbstbeschränkung vollständig aufgibt, wollen die relevanten Länder aus opportunistischen Erwägungen heraus praktische Vorteile erlangen, indem sie China zuvorkommen und Zeit gegen strategische Vorteile tauschen. Schließlich haben sich auch Chinas Ideen der Nachbarschaftsdiplomatie geändert. Was Chinas eigene friedliche Absichten und deren Signalisierung betrifft, so glaubte China stets, dass es den Weg der friedlichen Entwicklung verfolgte. Der Zeitraum zwischen 2009 und 2014 war eine Periode bedeutender Veränderungen in Chinas Diplomatie, insbesondere in seiner peripheren Diplomatie, d.h. durch harte Arbeit große Leistung zu erbringen, statt sein Licht stets

---

[379] Dies ist einer der wichtigsten Faktoren, die das Vertrauen zwischen China und den Vereinigten Staaten sowie zwischen China und der Welt beeinträchtigen. Siehe Wang, Jisi & Li, Kanru: *Addressing China-U.S. Strategic Distrust*.

[380] Shih, Chih-yu & Jiwu Yin: Between Core National Interest and A Harmonious World: Reconciling Self-Role Conceptions in Chinese Foreign Policy. In: *Chinese Journal of International Politics*, 2013(1), Vol. 6, S. 59-84.

unter den Scheffel zu stellen. Dabei wurde auch das Konzept der „Freundschaft, Ehrlichkeit, gegenseitigen Nutzen und Inklusivität" stärker hervorgehoben.[381] In dieser Übergangszeit kam es zu einer Diskrepanz in Bezug auf die Ideen, politischen Maßnahmen und Handlungen Chinas, die zum parallelen Ausdruck verschiedener diplomatischer Signale führte. Für die Nachbarländer und die USA waren die selbstbewussteren Signale Chinas genau das, was sie erwartet und sich vorgestellt hatten.

Die oben genannten Faktoren auf staatlicher Ebene, wie z.B. der Machtzuwachs, können auch zu Veränderungen in der Mentalität und den Gefühlen der aufstrebenden Länder selbst führen, was wiederum zu einer strategischen Fehlanpassung führt, die sich objektiv auf die Aufrichtigkeitssignale Chinas auswirkt. Strukturelle Faktoren beziehen sich auf die Impacts der Veränderungen in den Machtstrukturen, die durch den raschen Machtzuwachs in den aufstrebenden Ländern hervorgerufen werden. Die übermäßigen ideologischen Unterschiede und institutionelle Heterogenität werden unweigerlich zu abweichenden Interpretationen der Absichten Chinas und des Ausdrucks seiner Signale führen. Im Rahmen der traditionellen theoretischen Erwartungen an die Machtpolitik gelten der Wettbewerb zwischen den Staaten um Interessen, Macht und Status und die Äußerung von Aufrichtigkeitssignalen besonders schwer zu überwindende strukturelle Herausforderungen. Daher ist es besonders schwierig, positive Ergebnisse bei der Äußerung der Signale zu erzielen. Die Erklärungen mit Berücksichtigung auf die Wettbewerbsfähigkeit betonen daher die Bedeutung von Einflussfaktoren wie dem Zuwachs Chinas eigener Stärke, Fehleinschätzungen durch andere Länder (falsche Zuschreibungen der Absichten und Verhaltensweisen Chinas usw.), dem Einfluss innenpolitischer Faktoren, der Intensivierung der nationalistischen Emotionen und externen Faktoren wie der strategischen Einmischung der USA. Dabei spielen diese relevanten Erklärungsvariablen alle in unterschiedlichem Maße eine Rolle, und Kombinationen von Erklärungsfaktoren sind zu verschiedenen Zeiten, in verschiedenen Themenbereichen und in den bilateralen Beziehungen zu finden. Ziel dieses Textes ist es jedoch nicht, ein neues Erklärungsmodell anzuwenden, um zu erklären, warum die Auswirkungen von Chinas Aufrichtigkeitssignalen zu verschiedenen Zeiten in der Entwicklung der Beziehungen mit der ASEAN sowie mit den USA unterschiedlich waren. Vielmehr wird versucht, die verschiedenen Faktoren, die den Ausdruck von Chinas Aufrichtigkeitssignalen und deren Auswirkungen beeinflussen, unter einem Funktionsmechanismus zusammenzufassen und einen Erklärungsmechanismus für die strategische Anpassung vorzuschlagen.[382]

---

[381] Yan, Xuetong: Vom „sein Licht unter den Scheffel stellen" bis zum Erzielen großer Leistungen durch harte Arbeit [Cong Taoguangyanghui dao Fenfa Youwei]. In: *Quarterly Journal of International Politics*, 2014(4), S. 1-35.; Qin, Yaqing: Continuity Through Change: Background Knowledge and China's International Strategy. In: *The Chinese Journal of International Politics*, 2014(3), Vol. 7, S. 285-314.

[382] Der Zweck dieser Abhandlung ist es nicht, einen neuen Erklärungsfaktor zu liefern und zu belegen, sondern zu versuchen, eine neue Hypothese für einen Erklärungsmechanismus durch einen kurzen Fallvergleich vorzuschlagen. Über die Funktionen von Vergleichen und Fallstudien wie Hypothesenentwicklung siehe auch: Lijphart, Arend: Comparative Politics and the Comparative Method. In: *American political science review*, 1971(3), Vol. 65, S. 682-693.

2. Der Erklärungsmechanismus der strategischen Anpassung

Die Fehlanpassung zwischen den nationalen und internationalen Strategien Chinas ist seit 2009 zu einem wichtigen strategischen Mechanismus für die Außenwelt geworden, um Chinas friedliche strategische Absichten in Frage zu stellen. Natürlich sind Verzerrungen in den kognitiven Mechanismen auch wichtige psychologische Faktoren, wie z.B. die Tendenz der Außenwelt, Chinas Schritte als Ergebnis seiner Stärke zu sehen, sowie deren Fehlinterpretation und Verschärfung durch die Medien. Insbesondere die kognitiven Verzerrungen und die Ängste, die durch die ungleiche nationale Stärke verursacht werden, wie z. B. das Kräftegefälle zwischen den kleinen ASEAN-Ländern und China, haben dazu geführt, dass sie empfindlicher auf Chinas sogenanntes „offensives Verhalten" reagieren. Die USA reagieren ebenfalls sehr empfindlich auf die sogenannten „offensiven Schritte" Chinas, da sich das Kräftegefälle zwischen China und den USA verringert.[383] Was jedoch Chinas eigene strategische Anpassung angeht, so wird Chinas Signalisierung hinsichtlich seiner großen internationalen Strategie von der heimischen Öffentlichkeit sowie von der Zunahme der nationalistischen Stimmung im Inland beeinflusst, sodass die Außenwelt davon überzeugt ist, dass Chinas Friedenssignale nicht kostbar sind und dass China über eine wachsende Zahl strategischer Optionen verfügt.[384] Ein wichtiger Grund für die Zunahme der nationalistischen Stimmung ist das Wachstum der nationalen Stärke Chinas. Kurz gesagt, Chinas strategische Fehlanpassung zeigt sich darin, dass China in seiner internationalen Strategie nach einem friedlichen internationalen Umfeld strebt und insbesondere das Konzept einer harmonischen Welt vertritt. Dies deutet darauf hin, dass China die internationale Gemeinschaft als von Natur aus friedlich betrachtet.[385] Allerdings kann China auf dem Weg zum Aufbau einer harmonischen Welt die Anwendung von Gewalt nicht völlig ablehnen, insbesondere wenn die nationalen Interessen Chinas langfristig verletzt werden. Aufgrund der hohen Kosten von der heimischen Öffentlichkeit, die sich aus der langjährigen patriotischen Bildung ergeben, setzt China den Nationalismus häufig als Waffe ein, um die Gesellschaft zusammenzuhalten und die Legalität seiner Außenpolitik angesichts des Drucks von außen zu stärken. So befürwortet China die friedliche Beilegung interna-

---

[383] Über die strukturelle Fehlwahrnehmungstheorie und deren Einflüsse auf die chinesische Diplomatie siehe Lin, Minwang: A Study of Brantly Womack's Theory of Structural Misperception. In: *The Journal of International Studies*, 2009(2), S. 55-56.; Tang, Shiping & Qi, Dapeng: Sino-centrism and US-centrism in China's Foreign Policy Discourse. In: *World Economics and Politics*, 2008(12), S. 62-67.

[384] Ob nationalistische Gefühle die Wirkung von Friedenssignalen verstärken oder abschwächen, hängt von unterschiedlichen Annahmen über die Beziehungen zwischen Nationalismus und Regierungsmacht ab. Wird der Nationalismus als eine von der Regierung (relativ) unabhängige Kraft wahrgenommen, dann erhöht die Friedenssignalisierung im Hintergrund einer hohen nationalistischen Stimmung die Glaubwürdigkeit des Signals. Wird er als eine in die Regierung eingebettete Kraft wahrgenommen, dann wird die Glaubwürdigkeit des Friedenssignals vor diesem Hintergrund abgeschwächt. Die zweite Sichtweise wird leicht von Beobachtern aus den USA und Chinas Nachbarländern vertreten. Dies spiegelt eine grundlegende Tendenz zur Attributionsverzerrung wider.

[385] Hu, Jintao: Streben nach einer harmonischen Welt des dauerhaften Friedens und der gemeinsamen Prosperität [Nuli Jianshe Chijiu Heping, Gongtong Fanrong de Hexie Shijie]. In: *People's Daily*, 15.09.2005.; Yin, Jiwu: The Possibility and Conditions of the Harmonious World Order: A Perspective from Social Psychology. In: *World Economics and Politics*, 2009(5), S. 56-65.

tionaler Streitigkeiten und Krisenherde und tritt gegen die Anwendung oder Androhung von Gewalt in jeder Hinsicht auf.[386] Wenn es jedoch um Chinas territoriale Interessen geht, kommt das Land der Maxime nach: Wir werden nicht angreifen, wenn wir nicht angegriffen werden, aber schlagen auf jeden Fall zurück, wenn wir angegriffen werden. Selbst Atomwaffen können eingesetzt werden, wenn die Kerninteressen des Landes verletzt werden.[387] Zu bedenken ist aber, dass strategische Schikanen durch kleinere Nachbarstaaten immer noch starke nationalistische Gefühle in China hervorrufen können, wie z. B. die heftigen Reaktionen der chinesischen Öffentlichkeit auf diplomatische Provokationen durch die Philippinen, Vietnam und andere Länder. So hat sich in vielen Fällen die Signalisierung Chinas Friedenswillen parallel zu nationalistischen Gefühlen und politischer Mobilisierung innerhalb Chinas entwickelt. Einerseits wird Chinas eigene moralische Überlegenheit im Sinne des Friedens von den chinesischen politischen Entscheidungsträgern und der heimischen Öffentlichkeit wahrgenommen, andererseits bleibt der Nationalismus aufgrund Chinas demütigender Geschichte und der Tatsache, dass es immer noch ständig von antichinesischen Kräften aus dem Westen belagert wird, eine starke soziale Kraft zur Verteidigung der chinesischen Interessen. Vor diesem Hintergrund kann China keine Verletzung chinesischer Interessen durch externe Kräfte tolerieren. Die Koexistenz Chinas Bemühung um den Weltfrieden und der patriotischen Stimmung innerhalb des Landes kann dazu führen, dass die Außenwelt Chinas friedlicher Entwicklung gegenüber misstrauischer wird. Insbesondere in Anbetracht des raschen Zuwachs Chinas umfassender nationaler Stärke wird die nationalistische Stimmung im Lande selbst an Selbstvertrauen gewinnen und somit einen größeren Einfluss auf die Außenpolitik ausüben. Aufgrund der Komplexität der innenpolitischen Angelegenheiten ist es schwierig, bestimmte Urteile über die nationalistischen Tendenzen der politischen und intellektuellen Elite Chinas zu fällen. Hier handelt es sich eher um eine Verallgemeinerung der innenpolitischen Strategien auf der Ebene der Mobilisierung der Bevölkerung und der Gesellschaft.

Die Erklärung anhand des strategischen Anpassungsmechanismus für die Auswirkungen von Chinas Aufrichtigkeitssignalen nach außen ist nicht am überzeugendsten. Ihre Bedeutung liegt darin, dass sie eine nützliche Ergänzung zu den bestehenden Erklärungen auf verschiedenen Ebenen darstellt. Die Hypothese der strategischen Anpassung hat nicht nur wichtige theoretische Bedeutungen hinsichtlich der strategischen Psychologie, sondern ist auch gute praktische Anregung für Chinas strategisches Verhalten nach außen. Im Rahmen der Erklärung anhand des strategischen Anpassungsmechanismus üben zahlreiche Faktoren von China und seinen relevanten Akteuren Einfluss auf Chinas Abstimmung seiner großen strategischen Planung mit der Umsetzung solcher Strategien. Zu den Einflussfaktoren gehören die

---

[386] Hu, Jintao: Auf dem Weg des Sozialismus chinesischer Prägung unbeirrt vorwärtsschreiten und für die umfassende Vollendung des Aufbaus einer Gesellschaft mit bescheidenem Wohlstand kämpfen - Bericht auf dem XVIII. Parteitag der Kommunistischen Partei China [Jianding Buyi yanzhe Zhongguo Tese Shehui Zhuyi Daolu Qianjin wei Quanmian Jiancheng Xiaokang Shehui er Fendou-Zai Zhongguo Gongchandang Di-Shiba Ci Quanguo Daibiao Dahui shang de Jianghua]. http://news.xinhuanet.com/18cpcnc/2012-11/17/c_113711665_12.htm, (Xinhuanet, Abruf am 07.03.2014).

[387] *The Diversified Employment of China's Armed Forces.* http://www.mod.gov.cn/affair/201304/16/content_4442839.htm, (Verteidigungsministerium der Volksrepublik China, Abruf am 07.03.2014).

Entwicklung Chinas umfassender nationaler Stärke, die nationalistischen Gefühle im Inland und die Unterschiede in den Interessen und strategischen Präferenzen der verschiedenen Abteilungen und Institutionen. Ferner zählen die (unterschiedliche) Innenpolitik sowie die (unterschiedlichen) strategischen Wahrnehmungen der beteiligten Akteure. Die Einmischung der USA darf man als externer Faktor ebenfalls nicht außer Acht lassen. Darüber hinaus gibt es in der Tat Unstimmigkeiten in der Wahrnehmung der Interessen zwischen China und den relevanten Akteuren wie Südostasien und den USA. Zum Beispiel bestehen Unterschiede in ihren jeweiligen Interessenpräferenzen und Anliegen.[388] Konkret bedeutet die Erklärung anhand der strategischen Anpassung Folgendes: Erstens bereichert sie die Kenntnis über die Signal-Äußerung von rationalen Akteuren. Die meisten Erklärungen, die vom Wachstum der nationalen Stärke bis zu innenpolitischen Gründen reichen, behandeln den Hauptakteur, der Chinas Aufrichtigkeitssignale ausdrückt, als eine rationale Einheit.[389] Die Untersuchungen anhand strategischer Anpassungsmechanismen haben jedoch ergeben, dass Chinas Signale vielfältig sind und mehrere Hauptakteure haben. Zweitens: Die bisherigen Erklärungen über die Einflussfaktoren analysierten zwar die Auswirkung von Faktoren wie der externen und internen Wahrnehmung auf den Effekt der Aufrichtigkeitssignale, beziehen aber den Ausdruck von Aufrichtigkeitssignalen nicht in den Rahmen der strategischen Analyse ein. Drittens zeichnen sich die Aufrichtigkeitssignale Chinas durch ihre Vielfalt und Überschneidung aus.[390] Von der normalen Denkweise ausgehend neigen wir dazu, die Auswirkungen von Aufrichtigkeitssignalen und deren Kanälen eher aus einer unilinearen Perspektive zu untersuchen, aber der Signalausdruck Chinas ist tatsächlich vielschichtiger und mehrdimensional. Viertens konzentrieren sich die meisten vorhandenen Studien hinsichtlich der verschiedenen Einflussfaktoren auf die Perspektive der Empfängerseite der Außenwelt und bieten keine umfassende Analyse der Senderseite. Wir gehen von der Erklärung der strategischen Anpassung aus, nicht um die Wirksamkeit von Chinas Aufrichtigkeitssignalen in Frage zu stellen, sondern im Gegenteil, um ihre Gesamtwirksamkeit zu verbessern. Die Analyse aus der Perspektive der eigenen strategischen Planung dient dazu, die bisherige Analyse der verschiedenen Einflussfaktoren zu erweitern. Fünftens verdeutlicht der Mechanismus der strategischen Anpassung den Einfluss der Innenpolitik auf die diplomatische Strategie. Zum einen haben die Veränderungen in Chinas Innenpolitik und Gesellschaft zu einer Konsolidierung der Innenpolitik und zu unterschiedlichen Interessen geführt, was wiederum die Grundlage für die vielfältige Diplomatie Chinas bildet. Diese Vielfältigkeit spiegelt sich auch beim Ausdruck der Aufrichtigkeitssignale Chinas wider. Die Äußerung von

---

[388] Ich danke Jiling für ihren Kommentar, in dem sie auf die unterschiedlichen Ansichten Chinas, der ASEAN und der USA über die Interessen Südostasiens hinweist.

[389] Obwohl in dieser Abhandlung von der theoretischen Grundannahme der teuren Signale ausgegangen wird, ist die Wahrnehmung der chinesischen Staatlichkeit keine rein rationale Staatsannahme. Siehe Fearon, James D.: Signaling Foreign Policy Interests: Tying Hands versus Sinking Costs. In: *Journal of Conflict Resolution*, 1997(1), Vol. 41, S. 68-90.

[390] Zu Analysen der Vielfältigkeit der Signale und deren Empfänger siehe Qin, Yaqing: Intersubjective Cognitive Dissonance and Foreign Policy Making in China. In: *Foreign Affairs Review*, 2010(4), S. 3-7.; Jervis, Robert: Signaling and Perception: Drawing Inferences and Projecting Images. In: Monroe, Kristen (Hrsg.): *Political Psychology*. Mahwah, NJ: Lawrence Erlbaum Associates, 2002, S. 293-312.

Interessen auf zahlreichen Ebenen erfordert einen Top-Level-Design der chinesischen Diplomatie. Zum anderen werden mit der Machtübernahme der Trump-Regierung in den USA die Äußerung von Aufrichtigkeitssignalen Chinas und deren Auswirkungen besonders von der US-Innenpolitik beeinflusst. Trumps Persönlichkeit und Charakter[391] sowie die Übereinstimmung der US-Führungspersönlichkeiten mit den strategischen Einstellungen der US-Gesellschaft zu China führen dazu, dass die Missverständnisse und Vorurteile der USA gegenüber China eine starke innenpolitische Grundlage haben, was ein Problem für die Äußerung von Aufrichtigkeitssignalen Chinas und deren Wirksamkeit bei der Zusammenarbeit mit den USA in der Zukunft darstellt.

Seit 2013 hat die neue chinesische Regierung erhebliche Umgestaltung in Bezug auf ihre Nachbarschaftsdiplomatie und -strategie vorgenommen, was einen weiteren Aspekt der Bedeutung der strategischen Planung und Anpassung verdeutlicht. Die von China in den letzten Jahren vorgeschlagene Großmachtdiplomatie chinesischer Prägung, die neue Art Beziehungen zwischen großen Ländern, das neuartige Verhältnis von Moral und Profit sowie die neuen Ideen der Nachbarschaftsdiplomatie enthalten allesamt reichhaltige Signale der aufrichtigen Außenpolitik. Dies deutet darauf hin, dass China angesichts des Zuwachses seiner nationalen Stärke mehr Wert auf den Ausdruck ethischer Signale wie Aufrichtigkeitssignale legt, unabhängig davon, ob das moralisch motiviert ist oder auf strategischen Überlegungen beruht.

IV. Schlussfolgerung

Realisten glauben oft nicht, dass es eine Art Aufrichtigkeit auf nationaler Ebene gibt, und wenn doch, dann wird sie von der anderen Seite nicht anerkannt und kann daher nicht gut wirken. Ausgehend von der Erkenntnis, dass Kultur und Moral in Chinas Außenbeziehungen eine wichtige Rolle spielen, werden in der chinesischen Diplomatie viele Aufrichtigkeitssignale gezeigt, die aber von der Forschung zu der chinesischen Diplomatie und zu der Theorie der internationalen Beziehungen übersehen wurden. Vor diesem Hintergrund werden die Kanäle und grundlegenden Fakten der Aufrichtigkeitssignale in Chinas Außenbeziehungen nach dem Kalten Krieg auf zwei Ebenen, nämlich den politischen Eiden und den Verhaltensbeschränkungen, aus der Perspektive der Tatsachenbeschreibung und der Induktion illustriert. Ferner werden einige grundlegende Faktoren, die die Wirksamkeit der Signalisierung beeinflussen, zusammengefasst. Anhand einer vergleichenden Analyse von Chinas Aufrichtigkeitssignalen und ihrer Auswirkungen in zwei „starken" Fällen, nämlich den Beziehungen zwischen China und der ASEAN sowie den zwischen China und den USA, wird ein vorläufiger Rahmen für den Einfluss der strategischen Anpassung auf die Wirksamkeit des Signalausdrucks erstellt.[392]

---

[391] Zu Trumps Persönlichkeitsmerkmalen und seinen politischen Präferenzen siehe Yin, Jiwu et al.: An Analysis of Donald Trump's Political Personality Traits and Policy Orientations. In: *Contemporary International Relations*, 2017(2), S. 15-22.

[392] Der zeitliche Rahmen der empirischen Fälle in dieser Abhandlung reicht im Wesentlichen bis zu dem Zeitpunkt, an dem die chinesische Regierung die Anpassung der chinesischen Diplomatie vornahm. Dieser zeitliche Rahmen wurde vor allem deshalb gewählt, weil die Signale der Aufrichtigkeit und ihre Auswirkungen zum jetzigen Zeitpunkt und in der Zeit nach der Anpassung

Erstens hat die Thematik der Aufrichtigkeitssignale Chinas nach außen einen wichtigen theoretischen Wert. Diese Thematik verdeutlicht die Wertedimension der chinesischen Diplomatie, zeigt aber auch, dass ihre Grundmotivation vielschichtig ist und sich von dem westlichen Ausgangspunkt des rationalen Staates und der Interessensanalyse unterscheidet.[393] Es besteht kein Zweifel daran, dass die Grundmotivation chinesischer Diplomatie das Prinzip des nationalen Interesses ist, was sich insbesondere in Chinas Außenbeziehungen seit dem Ende des Kalten Krieges widerspiegelt. Allerdings spielen die traditionellen kulturellen und moralischen Faktoren in der Diplomatie Chinas nach wie vor eine äußerst wichtige Rolle. Als ein moralischer Charakter gilt die Aufrichtigkeit auch als eine Botschaft Chinas an die internationale Gemeinschaft über seine Wertanschauung und Interessenabwägung. Insgesamt vertritt der vorliegende Text die Auffassung, dass Chinas Aufrichtigkeitssignale dazu beitragen, die nationalen Interessen Chinas zu wahren und der chinesischen Diplomatie einen moral- und wertbezogenen Gehalt zu verleihen. Auf der Grundlage dieses Urteils wird die Ansicht vorgezogen, dass die chinesische Staatlichkeit, die in der chinesischen Diplomatie verkörpert wird, eine Kombination aus einem moralischen und einem rationalen Staat sein sollte.[394] Dieses Urteil über die Staatlichkeit Chinas hat bestimmte theoretische Implikationen. In den gängigen Theorien der internationalen Beziehungen und Analysen der Außenpolitik wird traditionell von einem rationalen, homogenen Staat ausgegangen. Wenn wir zeigen können, dass Chinas Staatlichkeit die Charaktere der Zivilisation/Moral und der Rationalität miteinander verbindet, ist es vorteilhaft für die Auseinandersetzung mit der Theorie der internationalen Beziehungen und dem außenpolitischen Verhalten Chinas.

Zweitens ist der Diplomatie mit Aufrichtigkeitssignalen nach wie vor Grenzen gesetzt. Diese Begrenztheit zeigt sich zunächst in der begrenzten Wirksamkeit der Signale. Da das internationale System heute immer noch ein modernes System ist, das von den westlichen Ländern dominiert wird und dessen vorherrschendes Wertesystem die Lehre der nationalen Interessen und die Theorie des rationalen nationalen Eigeninteresses ist, ist es für sie schwierig, Chinas Aufrichtigkeitsdiplomatie und -signale vollständig anzunehmen und nachzuvollziehen. Aus der Sicht der Industrieländer Europas und der USA ist das Wachstum der chinesischen Stärke und die Frage, ob China in Interessenkonflikte mit ihnen gerät, von größerer Bedeutung als die Frage, ob China eine andere intrinsische Qualität hat als sie selbst, denn diese Qualität lässt sich nicht beurteilen.[395] Interessanterweise betont auch die idealistische Tradition in der US-Außenpolitik den amerikanischen Exzeptionalismus, d.h.

---

der politischen Philosophie weniger leicht zu beurteilen sind. Natürlich können sich weitere Studien auf die Praxis der neuen chinesischen Diplomatie seit dem XVIII. Parteitag der KP Chinas beziehen.

[393] Zur systematischen Analyse kultureller und moralischer Faktoren durch Shih Chih-Yu siehe Shih, Chih-Yu: China's Just World: The Morality of Chinese Foreign Policy. Taipei: Wu-Nan Book Inc., 1993.; Shih, Chih-Yu: China's Just World: The Morality of Chinese Foreign Policy. London: Lynne Rienner Publishers, 1993.

[394] Pye, Lucian W.: China: Erratic State, Frustrated Society. In: *Foreign Affairs*. 1990(4), Vol. 69, S. 56-74.; Yan, Xuetong: *Ancient Chinese Thought, Modern Chinese Power*. Princeton, NJ: Princeton University Press, 2013.

[395] Beim Austausch mit Richard Betts stimmte der Autor auch zu, dass es nicht darum gehe, was Chinas Absichten seien, sondern dass China und die USA Interessenkonflikte in vielen Bereichen hätten.

das Streben der USA nach einer idealen Welt, einschließlich Moral und Ordnung. Dieser ist ähnlich wie der chinesische Exzeptionalismus, der Chinas eigene moralische Qualität hervorhebt. Zweitens bleibt es eine ungewisse oder schwierige Angelegenheit, zu gewährleisten, dass die Aufrichtigkeitsdiplomatie effektiv bleibt oder eine diplomatische Wirkung auf die betroffenen Länder hat. Es ist ebenfalls nicht einfach, Chinas guten Willen nach außen glaubwürdig zu machen. Die moralische Natur des guten Willens bedingt zwangsläufig, dass er bis zu einem gewissen Grad mit den nationalen Interessen in Konflikt steht. Ferner wird die starke moralische Überlegenheit Chinas, wenn sie einen Rückschlag erleidet, unweigerlich mit seiner Wut auf die Außenwelt und seinem Unverständnis für dieses einhergehen. Es muss auch besonders darauf geachtet werden, dass die nationalistischen Gefühle immer noch eine sehr starke soziale Basis innerhalb Chinas haben, sodass die moralische Aufrichtigkeitsdiplomatie stets allen möglichen Einmischungen aus der Innenpolitik ausgesetzt ist, was auch bedeutet, dass Chinas interne politische und soziale Faktoren seine Außenpolitik in der Tat sehr stark beeinflussen.

Drittens ist auf Wichtigkeit der strategischen Anpassung für die chinesische Diplomatie eingegangen. Auf der Grundlage der obigen Analyse lässt sich feststellen, dass sich die chinesische Diplomatie auf eine Phase des Pluralismus zubewegt. Der pluralistische Charakter spiegelt sich in vielerlei Hinsicht wider, wie z.B. in der Pluralität der Hauptakteure und Mitgestalter der außenpolitischen Entscheidungen, der Pluralität der Interessen von Sektoren und Abteilungen, der aktiven Beteiligung sozialer Elemente an der Diplomatie sowie der Tatsache, dass auch die Innenpolitik allmählich die außenpolitischen Entscheidungen beeinflusst. Daher sind die Fragen der strategischen Gestaltung der chinesischen Diplomatie in den letzten Jahren in der chinesischen Diplomatieforschung zu einem heiß diskutierten Thema geworden, wie zum Beispiel, ob es eine einheitliche chinesische Außenstrategie gibt und wie unterschiedliche sektorale Interessen und Stimmen in Chinas Auslandsstrategie unter einen Hut gebracht werden können.[396] Wir werfen hier die Frage der großen Strategie der chinesischen Außenbeziehungen auf, die auch die Frage einschließt, wie die nationale Strategie die internationale beeinflusst. Die Entwicklung der Außenbeziehungen Chinas könnte zunehmend durch innenpolitische Faktoren eingeschränkt und beeinflusst werden, sodass die Koordinierung und einheitliche Planung der großen diplomatischen Strategien Chinas in Zukunft ein wichtiger Aspekt seiner Umsetzung der globalen Diplomatie sein wird. Die Faktoren wie nationalistische Gefühle

---

Allerdings räumte er auch ein, dass dies nicht bedeute, dass das Verhalten und die Strategie der USA im Ausland gerechtfertigt seien. Die Absichten sind ein zentrales Thema des Realismus. Die Wichtigkeit von Absichten für Konflikte und die Untersuchungen über die Frage, wie Staaten Absichten bestimmen, siehe auch: Kydd, Andrew: Sheep in Sheep's Clothing: Why Security Seekers Do not Fight Each Other. In: *Security Studies*, 1997(1), Vol. 7, S. 114-155.; Yarhi-Milo, Keren: In the Eye of the Beholder: How Leaders and Intelligence Communities Assess the Intentions of adversaries. In: *International Security*, 2013(1), Vol. 38, S. 7-51.

[396] Jakobson, Linda & Knox, Dean: New Foreign Policy Actors in China (*SIPRI Policy Paper*, Nr. 26, September 2010). Stockholm: Stockholm International Peace Research Institute (SIPRI), 2010.; Zhang, Qingmin: Domestic Administration and Intermestic Coordination of Chinese Foreign Relations: Domestic Factors and Chinese Foreign Policy. In: *World Economics and Politics*, 2013(8), S. 117-138.

und öffentliche Meinungen, die zu den vielen sozialen Faktoren gehören, sind wichtige Faktoren, die Chinas diplomatische Strategie beeinflussen.[397] Solche Faktoren ziehen besonders oft die Aufmerksamkeit der Außenwelt auf sich. Faktoren wie nationalistische Gefühle haben eine tiefe historische Tradition sowie eine reale soziale Grundlage und sind eng mit der realen Innenpolitik verknüpft. Ferner können sie in einigen Fällen große Unabhängigkeit und Dynamik als autonome soziale Kraft entfalten, während sie in anderen Fällen eine aus der Abhängigkeit von der Staatsmacht entstandene Kraft sein können. Daher ist es eine große Herausforderung für die chinesische Diplomatie, diese traditionelle Macht wahrzunehmen und zu kontrollieren. Wie man die nationalistischen Faktoren eine konstruktivere Rolle bei dem schrittweisen Aufstieg Chinas zu einem großen und starken Land spielen lässt, ist eine Frage, über die man in Zukunft genauer nachdenken sollte. Insgesamt wird die Ansicht vertreten, dass Chinas Aufrichtigkeitssignale eine gute Grundlage dafür sind, ein neues Konzept von Gerechtigkeit und Gewinn hervorzurufen und eine neue Art von Großmachtbeziehungen aufzubauen. Die entscheidende Frage ist aber, wie diese Signale reichhaltiger und vielfältiger und gleichzeitig glaubwürdiger gestaltet werden können.

---

[397] Wang, Jisi: China's Search for a Grand Strategy: A Rising Great Power Finds its Way. In: *Foreign Affairs*, 2011(2), Vol. 90, S. 68-79.; Zhao, Kejin: *The Transformation and Position of China's Diplomatic Institution*. Beijing: Current Affairs Press, 2011.

Chinas Wirtschaftsdiplomatie seit der Reform- und Öffnungspolitik

Li Wei[398]

Die Wirtschaftsdiplomatie ist ein sehr altes Phänomen in den internationalen Beziehungen. Bereits in der Zeit der Frühlings- und Herbstannalen (722 – 481 v. Chr.) und der Streitenden Reiche (475 – 221 v. Chr.) gab es Anfänge der Wirtschaftsdiplomatie, als verschiedene Vasallenstaaten Tribute entrichten und Geschenke austauschten. In der Geschichte der neueren Zeit können die Forderungen westlicher Länder an China im Wesentlichen ebenfalls als Wirtschaftsdiplomatie angesehen werden, z. B. die Öffnung von Handelshäfen, die Senkung von Zöllen oder die erzwungenen Darlehensangebote, um nach Industrierohstoffen zu suchen und ihren Marktanteil zu vergrößern. Von dem jahrtausendealten ostasiatischen Tributsystem über die Bretton-Woods-Konferenz von 1944 bis hin zu den verschiedenen internationalen Wirtschaftskonferenzen und -verhandlungen zwischen Regierungen in der Neuzeit hat die Entwicklung des Zeitalters die Bedeutung wirtschaftlicher Themen auf der diplomatischen Agenda hervorgehoben, sodass Wirtschaftsdiplomatie immer häufiger angewandt worden ist. Mit der zunehmenden Beteiligung Chinas am internationalen Wirtschaftssystem seit seiner Reform- und Öffnungspolitik spielt China allmählich eine Vorreiterrolle auf dem Gebiet der internationalen Wirtschaftsdiplomatie.

In diesem Artikel wird darauf hingewiesen, dass Chinas Wirtschaftsstärke seit der Reform- und Öffnungspolitik, insbesondere seitdem China zur zweitgrößten Volkswirtschaft der Welt aufgestiegen ist, immer stärker in den Vordergrund getreten ist. Vor diesem Hintergrund hat sich der häufige Einsatz wirtschaftlicher Mittel zur Erreichung wichtiger strategischer Ziele wie nationale Sicherheit, politische Stabilität und soziale Entwicklung allmählich zu einem der wichtigsten Merkmale der chinesischen Außenbeziehungen entwickelt. Darüber hinaus hat sich China auch aktiv an der globalen und regionalen Wirtschaftspolitik beteiligt und die wirtschaftliche Zusammenarbeit mit den meisten Ländern gefördert. Die Wirtschaftsdiplomatie ist zu einem wichtigen Element Chinas Gesamtdiplomatie geworden.

I. Definition und Klassifizierung der Wirtschaftsdiplomatie

Das Konzept der Wirtschaftsdiplomatie tauchte erstmals in den 1960er Jahren in Japan auf, als Japan als nicht-normativer Nachkriegsstaat nur wirtschaftliche Aktivitäten als Mittel und Grundlage für seine diplomatischen Aktivitäten nutzen konnte. Allerdings beschränkten sich die japanischen Wissenschaftler bei ihrer Forschung nur auf das Land selbst und betrachteten die Wirtschaftsdiplomatie als einen einzigarti-

---

[398] Li Wei, außerordentlicher Professor der Fakultät für Internationale Beziehungen an der Renmin-Universität von China.

gen diplomatischen Akt Japans nach dem Zweiten Weltkrieg und setzten die Wirtschaftsdiplomatie sogar direkt mit der Auslandshilfe gleich, ohne bei der Festlegung der Agenda und der theoretischen Konstruktion in Bezug auf die Wirtschaftsdiplomatie große Fortschritte zu erzielen.[399]

In der Folge begannen auch einige europäische und amerikanische Wissenschaftler, sich mit den spezifischen Fragen der Wirtschaftsdiplomatie zu befassen.[400] Da sie sich jedoch auf die Untersuchung spezifischer Themen oder Fälle beschränkten, bildeten diese Studien keinen grundlegenden Forschungsrahmen für die Wirtschaftsdiplomatie und somit auch keine Wissensgemeinschaft unter ihnen auf diesem Gebiet, zudem gab es relativ wenig Austausch zwischen ihnen.

In der letzten Zeit haben die wirtschaftsdiplomatischen Untersuchungen in China zunehmend an Bedeutung gewonnen.[401] Obwohl der Begriff „Wirtschaftsdiplomatie" in China immer häufiger verwendet wird, ist er eher verwirrend. Weil die akademische Forschung stets mit der Festlegung klarer Konzepte zur Definition des Untersuchungsgegenstandes beginnt, hat die chaotische Verwendung des Begriffs die Bildung einer Wissensgemeinschaft bei der Untersuchung der Wirtschaftsdiplomatie in China direkt behindert.[402] Zhao Kejin argumentierte beispielsweise, dass Wirtschaftsdiplomatie „eine Aktivität ist, die die Reibungen und Streitigkeiten zwischen Ländern im wirtschaftlichen Bereich auf friedliche Weise behandelt".[403] Diese Definition heben hervor, dass der Zweck der Wirtschaftsdiplomatie darin besteht, die wirtschaftliche Zusammenarbeit zu fördern und wirtschaftliche Interessen durchzusetzen. Wang Deren hingegen sah die politische und strategische Absicht der Wirtschaftsdiplomatie und argumentierte, dass Wirtschaftsdiplomatie „nicht nur der Entwicklung wirtschaftlicher Beziehungen zu anderen Ländern dient, sondern auch versucht, durch den Einsatz wirtschaftlicher Mittel bestimmte politische Ziele oder außenpolitische strategische Absichten zu erreichen". Zhang Jian stellte weiter klar, welche Formen und Bedeutungen die Wirtschaftsdiplomatie zeigt, wenn Wirtschaft

---

[399] Über die Forschungsstudien zur Wirtschaftsdiplomatie von japanischen Wissenschaftlern siehe Zhou, Yongsheng (Hrsg.): *Wirtschaftsdiplomatie* [Jingji Waijiao]. Beijing: China Youth Press, 2004.

[400] Frühe Werke westlicher Wissenschaftler zur Wirtschaftsdiplomatie sind z. B. Black, Eugene R.: *The diplomacy of economic development*. New York: Harvard University Press, 2013.; Kapstein, Ethan B.: *Economic Diplomacy and the Origins of the Second World War*. Princeton, NJ: Princeton University Press, 1980.; *Daoudi, M. S. & Dajani, M. S.: Economic Diplomacy: Embargo Leverage and World Politics*. Colorado: Westview Press, 1985.; van Bergeijk, Peter A. G.: *Economic Diplomacy, Trade and Commercial Policy. Positive and Negative Sanctions in A New World Order*. Brookfield, Vermont: Edward Elgar Publishing Limited, 1994.

[401] Sowohl die Hochschule für Auswärtige Angelegenheiten als auch die Tsinghua-Universität haben Jahresberichte über Wirtschaftsdiplomatie erstellt, und drei junge Wissenschaftler, Zhang Xiaotong, Wang Hongyu und Zhao Ke, haben ein elektronisches Magazin mit dem Titel *Journal of Economic Diplomacy* ins Leben gerufen. In den letzten zwei Jahren hat auch die Zahl der akademischen Seminare zur Wirtschaftsdiplomatie zugenommen.

[402] In China wird der Begriff „Wirtschaftsdiplomatie" häufig nicht von den Begriffen „Außenwirtschaftsbeziehungen", „Außenwirtschaftspolitik", „internationaler wirtschaftlicher Zusammenarbeit", „internationalen Wirtschaftsverhandlungen" und sogar „internationaler politischer Ökonomie" unterschieden, was zu Unklarheiten beim Verständnis des Begriffs führen kann.

[403] Zhao, Kejin: The Rise of Economic Diplomacy: Connotation, Mechanism and Trends. In: *Teaching and Research*, 2011(1), S. 57.

und Diplomatie als Ziele bzw. Mittel fungieren.[404] Zhang Xiaotong definierte Wirtschaftsdiplomatie auf abstraktere Weise als „Aktion, Kunst und Prozess der Transformation zwischen Reichtum und Macht, die eine Regierung in den Außenbeziehungen aktiv durch Strategie, Taktik und institutionelle Gestaltung erzielt".[405] Die undeutliche Definition eines Konzepts bedeutet, dass die damit verbundenen Fragen unklar sind, was unweigerlich zu einem Mangel an Grenzen für die akademische Auseinandersetzung führt. Dies erschwert wiederum eine präzise Untersuchung und verringert den Raum für akademische Dialoge. Bei der Diskussion und Forschung über Wirtschaftsdiplomatie ist der Kenntnisstand stets mangelhaft.

Im Gegensatz dazu ist Zhou Yongshengs Definition von „Wirtschaftsdiplomatie" umfassender und wird in zwei Aspekten zusammengefasst: „Erstens ist sie eine Art außenpolitischer Handlung, die in Verfolgung der wirtschaftlichen Interessen des Landes durchgeführt wird; zweitens ist sie eine Art außenpolitischer Handlung, die mit wirtschaftlichen Mitteln durchgeführt wird, um die eigenen strategischen Ziele zu erreichen und aufrechtzuerhalten."[406] In Anlehnung an Zhou Yongsheng vertritt der vorliegende Text die Ansicht, dass die sogenannte Wirtschaftsdiplomatie die offiziellen externen Kommunikationsaktivitäten der Zentralregierung eines Landes und ihrer spezifischen Fachabteilungen im Bereich der wirtschaftlichen Angelegenheiten ist, die sich an andere Regierungen, internationale Organisationen oder multinationale Unternehmen richten. Das Wesen der Wirtschaftsdiplomatie ist eine Art staatliches Eingreifen in die internationalen Wirtschaftsbeziehungen durch diplomatische Handlungen, die entweder fördernd oder blockierend wirken können. Die Wirtschaftsdiplomatie verfolgt zwei Ziele: Zum einen wird die bilaterale oder multilaterale internationale wirtschaftliche Zusammenarbeit durch konkrete Maßnahmen der Regierung realisiert, zum anderen werden nichtwirtschaftliche Ziele wie nationale Sicherheit und politische Stabilität durch wirtschaftsbezogene diplomatische Aktivitäten erreicht. Im Vergleich zur traditionellen Diplomatie zeichnet sich die Wirtschaftsdiplomatie also dadurch aus, dass sie sich um die Außenwirtschaftsbeziehungen dreht und durch die (fördernden oder blockierenden) Einflüsse der internationalen Wirtschaftsbeziehungen erreicht wird. Im Vergleich zum allgemeinen Wirtschaftsaustausch zeichnet sich die Wirtschaftsdiplomatie dadurch aus, dass ihre Durchführung von der Zentralregierung und den mit ihr verbundenen Institutionen durchgeführt werden muss und dass der von normalen Unternehmen oder anderen Wirtschaftseinheiten durchgeführte Auslandsaustausch nicht zur Wirtschaftsdiplomatie gehört. Dieses Merkmal macht deutlich, dass Wirtschaftsdiplomatie im Wesentlichen eine politische Handlung ist und zur Disziplin der internationalen Beziehungen gehört.

---

[404] Zhang, Jian (Hrsg.): *Japanische Wirtschaftsdiplomatie der Nachkriegszeit (1952-1972)* [Zhanhou Riben Jingji Waijiao (1952-1972)]. Tianjin: Tianjin People's Publishing House, 1998.

[405] Zhang, Xiaotong: Theoretische Konstruktion der chinesischen Wirtschaftsdiplomatie: Ein vorläufiger Versuch [Zhongguo Jingji Waijiao Lilun Goujian: Yixiang Chubu de Changshi]. In: *Foreign Affairs Review*, 2013(6), S. 53.

[406] Zhou, Yongsheng (Hrsg.): *Wirtschaftsdiplomatie* [Jingji Waijiao]. Beijing: China Youth Press, 2004. S. 22.

Der wirklich massive Anstieg der Wirtschaftsdiplomatie als übliches internationales Phänomen ist ein Produkt der neuesten Runde der wirtschaftlichen Globalisierung. Die wirtschaftliche Globalisierung hat dazu geführt, dass das Wirtschaftsmanagement nicht mehr eine interne Angelegenheit eines Landes ist, sondern eine häufige internationale Kooperation und Koordination zwischen den Regierungen zur Bewältigung gemeinsamer externer Herausforderungen erfordert. Die Wirtschaftsdiplomatie, die sich vor allem in Form von internationalen Verhandlungen und Konferenzen sowie transnationalen Besuchen manifestiert, umfasst eine breite Palette von Inhalten, die zur Verfeinerung der Studie klassifiziert werden müssen.

1. Klassifizierung nach wirtschaftlichem Gehalt

Je nach dem wirtschaftlichen Gehalt der diplomatischen Aktivitäten kann die Wirtschaftsdiplomatie in vier Kategorien unterteilt werden, nämlich Handelsdiplomatie, Investitionsdiplomatie, Kapitaldiplomatie und Währungsdiplomatie.

(1) Handelsdiplomatie: Der Handel ist das grundlegendste Element in internationalen Wirtschaftsbeziehungen. Daher ist die Handelsdiplomatie, die um die Handelsfragen herum praktiziert wird, eine der häufigsten Formen der Wirtschaftsdiplomatie. Der Hauptzweck der Handelsdiplomatie besteht darin, Handelsbarrieren abzubauen, Handelsbeziehungen auszuweiten oder politische Ziele durch Handelssanktionen zu erreichen. Die zweijährliche WHO-Ministerkonferenz ist die größte globale multilaterale handelsdiplomatische Aktivität. Verschiedene regionale oder bilaterale Freihandelsverhandlungen, die sich rasch entwickeln, sind ebenfalls eine der häufigsten Formen der Handelsdiplomatie. Darüber hinaus sind die handelspolitischen Reibungen zwischen den USA und China seit 2017 und die darauffolgenden zahlreichen hochrangigen Besuche und Gespräche zwischen den beiden Seiten ebenfalls eine konkrete Darstellung der Handelsdiplomatie auf bilateraler Ebene.

(2) Investitionsdiplomatie: Bei der Investitionsdiplomatie geht es um Fragen der grenzüberschreitenden Direktinvestitionen (Foreign direct investment, FDI) und der grenzüberschreitenden Produktion. In Bezug auf ein bestimmtes Land setzen sich solche Investitionen aus zwei Teilen zusammen, nämlich die Investitionen im Ausland von inländischen Unternehmen und die im Inland von ausländischen Unternehmen. Aus diesem Grund gliedert sich auch der Hauptinhalt der Investitionsdiplomatie in zwei Aspekte: Zum einen geht es darum, Investitionshemmnisse in anderen Ländern abzubauen, den Investitionsprotektionismus zu beseitigen und die Regierungen anderer Länder aufzufordern, die Sicherheit seiner Investitionen dort zu schützen. Zum anderen geht es darum, eine wirksame Verwaltung ausländischer Investitionen zum Schutz der inländischen Industrie zu betreiben. In den letzten Jahren haben die USA eine Reihe aktiver diplomatischer Aktivitäten hinsichtlich der Auslandsinvestitionen eingeleitet und mit mehr als 50 Ländern bilaterale Investitionsabkommen zum Schutz von US-Investitionen im Ausland unterzeichnet, was eine wichtige investitionsdiplomatische Handlungsart darstellt.

(3) Finanz- und Wirtschaftsdiplomatie: Die Finanz- und Wirtschaftsdiplomatie dreht sich um den grenzüberschreitenden Kapitalverkehr. Sie umfasst auch zwei Aspekte: Erstens umfasst sie die internationale Kreditvergabe und -aufnahme zwischen Regierungen, wie z. B. die diplomatischen Aktivitäten zwischen China und europäischen Ländern im Zusammenhang mit der Rettungsaktion während der europäischen Schuldenkrise und zweitens die diplomatischen Beziehungen zwischen souveränen Regierungen und internationalen Finanzinstitutionen, wie z. B. die verschiedenen diplomatischen Aktionen in Bezug auf die Quotenreform des IWF und die Wahl des IWF-Präsidenten.

(4) Währungsdiplomatie: Im Mittelpunkt der Währungsdiplomatie stehen die Beziehungen zwischen den Währungen. Sie umfasst auch zwei Aspekte, nämlich die grenzüberschreitende Aushandlung von Wechselkursen und die Verwendung internationaler Währungen. Die Bretton-Woods-Konferenz von 1944, auf der die internationale Währungsordnung der Nachkriegszeit festgelegt werden sollte, war ein weitreichendes Beispiel für eine globale multilaterale währungsdiplomatische Handlung.[407] In den 1980er Jahren war eine Reihe von diplomatischen Aktivitäten zwischen den USA und Japan über den Wechselkurs von US-Dollar in japanischer Yen, die zu weitgehenden Abkommen führten, ein klassisches Beispiel für internationale Währungsdiplomatie.[408] Was die Verwendung internationaler Währungen betrifft, so sind das 1974 zwischen den USA und Saudi-Arabien geschlossene Abkommen über die Verwendung des US-Dollars als Fakturierungswährung und die zahlreichen Währungs-Swap-Vereinbarungen, die die Chinesische Volksbank (People's Bank of China, PBOC) heutzutage mit anderen Ländern unterzeichnet, sehr wichtige praktische Beispiele für Währungsdiplomatie.[409]

Währungszirkulation und Kapitalverkehr sind eng miteinander verknüpft, sodass grenzüberschreitende Kapitalzirkulation zwangsläufig zu Veränderungen in den Währungsbeziehungen führen und umgekehrt. Aus diesem Grund sind Finanz- und Wirtschaftsdiplomatie mit der Währungsdiplomatie eng verflochten und werden oft zusammen als Finanzdiplomatie (financial diplomacy) bezeichnet.[410]

2. Klassifizierung nach dem Wirtschaftsbereich

Je nachdem, in welchen Wirtschaftsbereichen die diplomatische Aktivität stattfindet, lässt sich die Wirtschaftsdiplomatie in Technik-, Energie-, Mineralien-, Lebensmittel-, Umwelt-, Gesundheits-, Fischerei-, Wasserdiplomatie usw. unterteilen. Unter ihnen

---

[407] Gardner, Richard N.: *Sterling-dollar Diplomacy: Anglo-American Collaboration in the Reconstruction of Multilateral Trade*. Oxford: Clarendon Press, 1956.; Steil, Benn: *The Battle of Bretton Woods* (übersetzt von Fu Jingjie & Chen Ying). Beijing: China Machine Press, 2014.

[408] Takita, Yoichi: *Währungsverhandlungen zwischen Japan und den USA* [日米通貨交渉-20 年目の真実] (übersetzt von Li Chunmei). Beijing: Tsinghua University Press, 2009.

[409] Über Chinas Währungsswap-Vereinbarungen siehe Li, Wei & Zhu, Yihong: Monetary Allies and RMB Internationalization: Explaining PBC's Currency Swap Diplomacy. In: *World Economics and Politics*, 2014(2), S. 128-154.

[410] Über die Finanzdiplomatie siehe Li, Wei: The Rise of China's Financial Diplomacy. In: *World Economics and Politics*, 2013(2), S. 79.

sind die Energiediplomatie und Umweltdiplomatie am politischsten und geringfügig technisch, da die erstere mit der Sicherheit der nationalen Energieversorgung zusammenhängt und die letztere mit der Art und Weise der nationalen wirtschaftlichen Entwicklung.

(1) Energiediplomatie: Die Energiediplomatie umfasst den Produktions-, Investitions-, Handels-, Finanz- und Währungsbereich. Die Produktion von Energie durch grenzüberschreitende Investitionen gehört zur Investitionsdiplomatie, der Handel und Transport von Energie gehören zur Handelsdiplomatie und die Währungsabrechnungen und Kredite für den Energiehandel gehören jeweils zur Währungs- bzw. Finanzdiplomatie.

Die Bedeutung von Energie und die Komplexität der Energiediplomatie machen sie zu einem Schlüsselelement der Wirtschaftsdiplomatie eines Landes. Auf der einen Seite hat die Entwicklung der Energiediplomatie die Zusammenarbeit zwischen den Ländern im Energiesektor beschleunigt. In den chinesisch- russischen Beziehungen ist die Energiediplomatie heute zu einem der wichtigsten Elemente der strategischen Beziehungen zwischen den beiden Ländern geworden.[411] 2008 richteten China und Russland einen Mechanismus für Energieverhandlungen auf der Ebene der stellvertretenden Ministerpräsidenten ein, der alle sechs Monate stattfindet. 2013 wurde der Mechanismus in „chinesisch-russischer Ausschuss für Energiezusammenarbeit" umbenannt.[412] Im Mai 2014 unterzeichneten China und Russland während des CICA-Gipfels (Gipfel der Konferenz für Interaktion und vertrauensbildende Maßnahmen in Asien) in Schanghai ein Gasabkommen mit einer Laufzeit von 30 Jahren und einem Wert von 400 Mrd. USD – eine Verhandlung, die sich über zehn Jahre hinzog und als ein großer Erfolg der chinesisch-russischen Energiediplomatie gilt. Auf der anderen Seite wurde die Energiediplomatie auch zur Abschreckung und Sanktionen in der Diplomatie eingesetzt. Die Ölkrise der 1970er Jahre war ein Beispiel für die Energiesanktionsdiplomatie der arabischen Länder gegenüber dem Westen, auch China hat Energiesanktionen eingesetzt, um Nordkorea für seine skrupellosen Atomtests zu bestrafen.

(2) Umweltdiplomatie: Das Kernthema der Umweltdiplomatie ist der Klimawandel und die Reduzierung der Kohlendioxidemissionen, weshalb sie auch als Klimadiplomatie bezeichnet wird. Da die Umwelt die gesamte wirtschaftliche Entwicklung eines Landes betrifft, hängt der Umweltsektor mit dem Wirtschaftssektor zusammen. Da zudem auch Umweltfragen zu einem neuen Bereich ge-

---

[411] Pan, Guang: Chinas Energiediplomatie [Zhongguo de Nengyuan Waijiao]. In: *Foreign Affairs Review*, 2008(1), S. 37.
[412] Siehe Zhu, Yue & Li, Yi: *Überlegungen zur Russisch-Chinesischen Zusammenarbeit im Energiebereich* [Jiantao Zhong E Nengyuan Hezuo]. http://magazine.caijing.com.cn/2013-08/113273362.html, (CAIJING MAGAZINE, 08.09.2013).

worden sind, in dem die Länder ihre Interessen ausspielen können, ist die Umweltdiplomatie auch zu einem wichtigen Teil der Wirtschaftsdiplomatie geworden.

Mit der Teilnahme des damaligen Staatspräsidenten Hu Jintao am UN-Klimagipfel in New York 2009 und der Teilnahme des damaligen Ministerpräsidenten Wen Jiabao an der UN-Klimakonferenz in Kopenhagen im selben Jahr ist China zum wichtigsten Akteur der internationalen Umweltdiplomatie geworden. Dies ist zum einen auf die Dringlichkeit der der Global Umweltgovernance zurückzuführen und zum anderen auf die Tatsache, dass China begonnen hat, die internationalen Umweltprobleme „mit einer verantwortungsbewussten Haltung" zu behandeln. In China wurde die Umweltdiplomatie ursprünglich von der Nationalen Entwicklungs- und Reformkommission (National Development and Reform Commission, NDRC) betrieben, die für Fragen der Wirtschaftsplanung und der industriellen Entwicklung zuständig ist, sodass die Umweltdiplomatie von Anfang an unter das Dach der Wirtschaftsdiplomatie gestellt wurde. Auf den „Zwei Tagungen"[413] im Jahr 2018 wurde jedoch ein Beschluss zur Umstrukturierung der Funktionen mehrerer Ministerien, Kommissionen oder Organen gefasst, die direkt dem Staatsrat unterstehen und in der Wirtschaftsdiplomatie tätig sind. Die Aufgabe, sich mit dem Klimawandel zu befassen, die früher der NDRC unterstand, wurde dem neu gegründeten Ministerium für Ökologie und Umwelt übertragen, dass das frühere Ministerium für Umweltschutz ersetzt hat.

3. Klassifizierung nach dem Charakter der Diplomatie

Je nach Art und Mitteln der diplomatischen Beziehungen lässt sich die Wirtschaftsdiplomatie auch in Hilfs basierte, kooperative und sanktionsbasierte Wirtschaftsdiplomatie unterteilen.

(1) Die Hilfs basierte Wirtschaftsdiplomatie bezieht sich auf die öffentliche Entwicklungshilfe (Official Development Assistance, ODA), die ein Land einem anderen direkt oder über internationale Organisationen gewährt, einschließlich direkter materieller Zuschüsse, einseitiger Handelsöffnung und präferenzieller Finanzhilfe. Der Zweck der Hilfs basierten Wirtschaftsdiplomatie einer Regierung besteht nicht nur darin, wirtschaftlicher Vorteile zu erzielen, sondern betrifft auch politische, militärische und moralische Faktoren. Der Marshallplan zu Beginn des Kalten Krieges war eine der größten Handlungen im Rahmen der Hilfs basierten Wirtschaftsdiplomatie der USA, mit der nicht nur das politische Ziel der Unterstützung Europas gegen die Sowjetunion erreicht wurde, sondern auch das wirtschaftliche Ziel, den britischen Pfund durch den US-Dollar als wichtigste in-

---

[413] Oberbegriff für die jährlich stattfindenden Tagungen des Nationalen Volkskongresses (NVK) und des Nationalkomitees der Politischen Konsultativkonferenz des Chinesischen Volks (PKKCV). - Anm. d. Übersetzers

ternationale Währung Europas abzulösen. In China wird die Auslandshilfe „zunehmend zu einem politischen Instrument und einer Regierungsstrategie des Landes, die Ressourcen und Macht in Einfluss und Soft Power umwandeln".[414]

(2) Die kooperative Wirtschaftsdiplomatie bezieht sich auf den Interessenaustausch oder die Schaffung gemeinsamer Interessen durch die wirtschaftliche Zusammenarbeit zwischen Regierungen, einschließlich des Abbaus von Hindernissen für den wirtschaftlichen Austausch, gemeinsamer Reaktionen auf Krisen, der grenzüberschreitenden Verwaltung und Kontrolle, der Ausarbeitung gemeinsamer Wirtschaftsregeln und der Koordinierung der Wirtschaftspolitik. Für die kooperative Wirtschaftsdiplomatie sind gegenseitiger Nutzen und gemeinsames Gewinnen der Grundstein und gleichberechtigte Konsultationen die Voraussetzung. Regeln und Mechanismen sind die Garantie für ihre Umsetzung. In einer Zeit der raschen Entwicklung der wirtschaftlichen Globalisierung können sich die Länder, indem sie durch kooperative Wirtschaftsdiplomatie gemeinsame Entwicklungsmöglichkeiten ausloten, nicht nur von Wirtschaftserfolgen profitieren, sondern auch auf politischer und sicherheitspolitischer Bereiche Vorteile erzielen und einen Multiplikatoreffekt haben.

(3) Die sanktionsbasierte Wirtschaftsdiplomatie bezieht sich darauf, dass ein Land die Wirtschaftsbeziehungen zu einem anderen Land entweder direkt oder über internationale Organisationen abbricht, um seine wirtschaftliche Stabilität und Wirtschaftsordnung zu untergraben. Ziel ist es, das feindselige Verhalten des Landes zu bestrafen oder Vergeltung zu üben.[415] Einerseits ist China in seiner Geschichte schon oft mit internationalen Wirtschaftssanktionen von Großmächten konfrontiert worden, andererseits sendet China mit wachsender nationaler Stärke auch abschreckende diplomatische Signale durch Wirtschaftssanktionen aus, um die andere Seite zu einer Änderung ihrer Außenpolitik zu zwingen. Zum Beispiel drohte China im Jahr 2010 Wirtschaftssanktionen gegen die US-Unternehmen an, die an Waffenverkäufen an Taiwan beteiligt waren und verhängte 2017 einige wirtschaftliche Zwangsmaßnahmen gegen den südkoreanischen Konzern Lotte und Nordkorea, um das Verhalten der beiden Länder zu unterbinden, dass die regionale Sicherheit auf der koreanischen Halbinsel untergräbt. Im Allgemeinen war China jedoch bei der Umsetzung der sanktionsbasierten Wirtschaftsdiplomatie relativ vorsichtig und hat sich auf Handelssanktionen eingeschränkt, wobei die Rolle von Finanzsanktionen noch nicht voll ausgeschöpft wurde.[416]

---

[414] Bai, Yunzhen: The Strategic Analysis of Chinese Foreign Aid. In: *World Economics and Politics*, 2013(5), S. 70.
[415] Über wirtschaftliche Sanktionen siehe Hufbauer, Gary Clyde et al.: *Economic Sanctions Reconsidered* (3. Auflage). Shanghai: Shanghai People's Publishing House, 2011.
[416] Siehe Yan, Liang: Chinas Wirtschaftssanktionen nach außen: Ziele und politische Thesen [Zhongguo Duiwai Jingji Zhicai: Mubiao yu Zhengce Yiti]. In: *Foreign Affairs Review*, 2012(6), S. 16.

4. Klassifizierung nach der Ebene der Diplomatie

Zusätzlich zu den oben genannten Klassifizierungsmethoden kann die Wirtschaftsdiplomatie auch in dreierlei Ebenen unterteilt werden, und zwar in globale, regionale und bilaterale Wirtschaftsdiplomatie.

(1) Globale Wirtschaftsdiplomatie: Diese Art der Wirtschaftsdiplomatie wird in der Regel auf der Plattform internationaler Organisationen oder Konferenzen auf globaler Ebene betrieben. Die wichtigste davon ist der G20-Gipfel, der die zentrale Plattform für eine umfassende Wirtschaftsdiplomatie der betroffenen Länder darstellt und als „Vereinte Nationen der Wirtschaft" betrachtet wird.[417] Die WHO ist die wichtigste Plattform für die globale Handelsdiplomatie, wobei das zweijährliche Handelsministertreffen das wichtigste diplomatische Ereignis der Organisation ist. Die verschiedenen gelegentlichen Treffen auf Ministerebene in geringerem Ausmaß bieten ebenfalls einen vielfältigen Raum für Wirtschaftsdiplomatie. Seit einigen Jahren beschäftigt sich die WHO auch mit den Elementen der Investitionsdiplomatie. Was die Finanzdiplomatie betrifft, so sind die halbjährlichen Tagungen des Internationalen Währungsfonds (IWF) und der Weltbank (WB) die wichtigsten Plattformen, an denen die Finanzminister und Zentralbankgouverneure der Mitglieder teilnehmen. Im Bereich der Umweltdiplomatie ist die UN-Klimakonferenz (UN Climate Change Conference, UNCC) eine wichtige Plattform für Industrie- und Entwicklungsländer, um sich an der globalen Klimagovernance zu beteiligen. Seit der ersten Konferenz im Jahr 1995 kämpft China im Rahmen dieser Plattform für gleiche und legitime Rechte für Entwicklungsländer und hat auch zu verschiedenen Gelegenheiten seine Entschlossenheit und seinen Willen demonstriert, Energie zu sparen, Emissionen zu reduzieren und den Klimawandel aktiv anzugehen. Darüber hinaus haben auch andere multilaterale Mechanismen auf globaler Ebene, wie das Weltwirtschaftsforum (Davos Forum), obwohl sie im inoffiziellen Rahmen stattfanden, eine immer wichtigere Rolle in der globalen Wirtschaftsdiplomatie gespielt, da sich die Regierungen stets tiefgreifender daran beteiligten (z. B. nehmen seit 1974 hochrangige Politiker auf immer höheren Ebenen daran teil). Bei diesen Treffen der globalen Wirtschaftsdiplomatie arbeiten die Länder nicht nur an globalen Wirtschaftsfragen von gemeinsamem Interesse, sondern liefern sich auch ein Machtspiel, bei dem sie um das Gestaltungs- und Mitspracherecht in Bezug auf die Regeln und Mechanismen der Weltwirtschaft ringen.

(2) Regionale Wirtschaftsdiplomatie: Die Asiatisch-Pazifische Wirtschaftskooperation (APEC), die Shanghaier Organisation für Zusammenarbeit (SCO), die Reihe Ostasien-Gipfeltreffen, der BRICS-Kooperationsmechanismus, der Lancang-Mekong-Kooperationsmechanismus, die Asiatische Infrastrukturinvestmentbank (AIIB) und das Bo'ao-Asienforum sind die wichtigsten institutionellen Plattformen für Chinas Beteiligung an der regionalen Wirtschaftsdiplomatie. Die APEC war die erste Plattform der regionalen Wirtschaftsdiplomatie, an der sich China

---

[417] Cui, Zhinan & Xing, Yue: From G7 Era to G20: The Transition of International Financial Governance Regime. In: *World Economics and Politics*, 2011(1), S. 134-154.

beteiligt; die SCO engagiert sich zunächst vorwiegend für politische Fragen wie die Terrorismusbekämpfung, hat sich aber in den letzten Jahren zunehmend auf die regionale wirtschaftliche Zusammenarbeit konzentriert, wobei auf dem jährlichen Treffen der Ministerpräsidenten hauptsächlich auf die regionale wirtschaftliche Zusammenarbeit eingegangen wird; die Reihe Ostasien-Gipfeltreffen, insbesondere die „10+1"-, „10+3"- und „10+6"-Treffen, befassen sich hauptsächlich mit Fragen der Handelsdiplomatie wie der Einrichtung von Freihandelszonen, aber auch mit finanzdiplomatischen Themen wie dem regionalen Währungsaustausch; der BRICS-Kooperationsmechanismus wurde nach dem Ausbruch der Finanzkrise in den Vereinigten Staaten ins Leben gerufen und fokussiert sich vor allem auf die Reform des internationalen Finanzsystems.[418] Die Lancang-Mekong-Kooperation ist ein regionaler institutioneller Mechanismus, der von China geleitet und von fünf Ländern der indo-chinesischen Halbinsel gemeinsam gegründet wurde. Der Mechanismus hat eine mehrstufige und breit angelegte Kooperationsstruktur geschaffen, die Treffen der Staats- und Regierungschefs, der Außenminister, hochrangiger Beamter und Arbeitsgruppen in verschiedenen Bereichen umfasst und den betroffenen Ländern die Möglichkeit bietet, sich über Themen wie die regionale wirtschaftliche und soziale Entwicklung und den Aufbau der regionalen Integration auszutauschen.[419] Darüber hinaus hat sich die AIIB, die 2015 offiziell als zwischenstaatliche regionale Entwicklungsfinanzierungsinstitution für Asien gegründet wurde, in den letzten Jahren rasch zu einer wichtigen Plattform für Chinas Beteiligung an der regionalen Wirtschaftsdiplomatie entwickelt, die sich auf Themen wie Konnektivität und den Prozess der wirtschaftlichen Integration in der asiatischen Region konzentriert. Schließlich hat sich auch das Bo'ao-Forum für Asien, das auch als „Davos-Forum in Asien" bezeichnet wird, seit seinem jährlichen Treffen im Jahr 2002 zu einem wichtigen Treffpunkt für die Staatsregierungen entwickelt, um ihre Ansichten über regionale wirtschaftliche, soziale, ökologische und andere relevante Fragen kundzutun.[420]

(3) Bilaterale Wirtschaftsdiplomatie: Wenn die globale und regionale Wirtschaftsdiplomatie Probleme nur schwer lösen kann, ist die bilaterale Wirtschaftsdiplomatie eine selbstverständliche Alternative. In den letzten Jahren hat China seine Wirtschaftsdiplomatie mit wichtigen Industrieländern weiter vertieft. So sind beispielsweise der jährlich stattfindende Strategische und Wirtschaftliche Dialog zwischen den USA und China und die Gemeinsame Kommission für Gewerbe und Handel hochrangige und hochwertige Plattformen für den Dialog und die Konsultation zwischen den beiden Wirtschaftsgiganten; der Hochrangige Dialog zwischen China und der EU über Wirtschaft und Handel ist eine wichtige Brücke für beide Seiten, um den Aufbau einer umfassenden strategischen Partnerschaft

---

[418] Li, Wei: Der BRICS-Mechanismus und die Reform der internationalen Finanzverwaltung [Jinzhuan Jizhi yu Guoji Jinrong Zhili Gaige]. In: *International Review*, 2013(1), S. 33-40.
[419] Siehe: *Über die Lancang-Mekong-Kooperation.* http://www.lmcchina.org/gylmhz/jj/t1510421.htm (Website der „Lancang-Mekong Cooperation", 14.11.2017).
[420] Siehe: *Hintergrundinformationen zum Boao-Forum für Asien.* http://www.boaoforum.org/gyltbjjsj.html, (Website des Boao-Forums).

zu fördern. Darüber hinaus werden bei jedem bilateralen Besuch chinesischer Spitzenpolitiker zahlreiche Abkommen über wirtschaftliche Zusammenarbeit unterzeichnet, was ebenfalls zur Wirtschaftsdiplomatie auf bilateraler Ebene zählt.

II. Die institutionelle Struktur der Wirtschaftsdiplomatie Chinas

Eine derart umfangreiche und komplexe Wirtschaftsdiplomatie erfordert ein starkes Exekutivorgan. Es sind die Zentralregierung und die ihre unterstellten spezifischen Exekutivabteilungen. Durch die institutionelle Entwicklung und die Reformen der Regierungsorgane in den letzten Jahrzehnten hat China ein komplexes Gestaltungs- und Umsetzungssystem der Wirtschaftsdiplomatie entwickelt.[421] Vom Kern bis zur Peripherie lässt sie sich grob in fünf Ebenen unterteilen (siehe Abbildung 1).

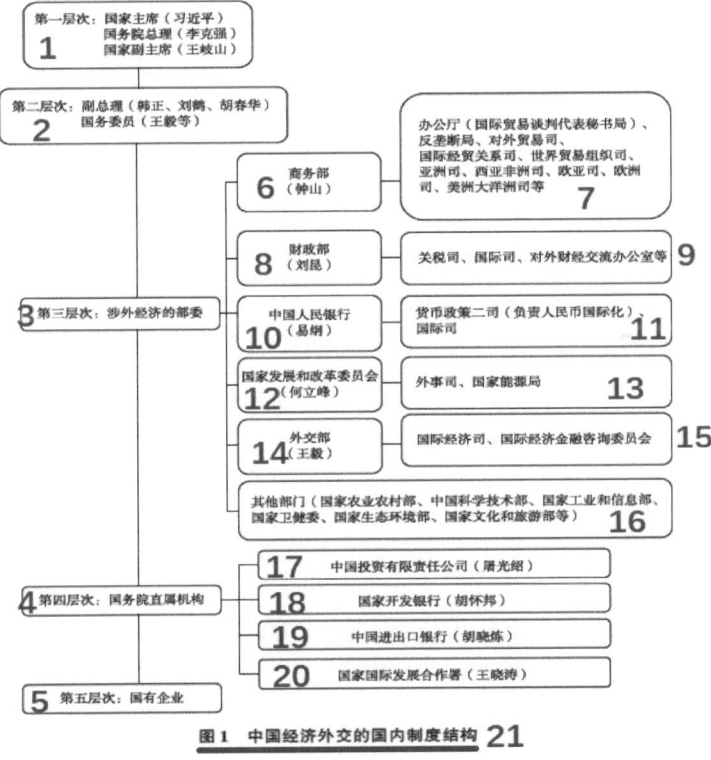

---

[421] Im Zuge der Integration Chinas in die wirtschaftliche Globalisierung hat die chinesische Regierung die Initiative ergriffen, die nationalen Systeme zu reformieren und umzugestalten, einschließlich des Systems der Wirtschaftsdiplomatie, um ein Regierungssystem zu schaffen, das der Globalisierung gerecht wird. Siehe Zheng, Yongnian: *Globalization and State Transformation in China* (übersetzt von Yu Jianxing & He Ziying). Hangzhou: Zhejiang People's Publishing House. 2009.

1	Stufe 1:	Staatspräsident (Xi Jinping)
		Ministerpräsident (Li Keqiang)
		Vizepräsident (Wang Qishan)
2	Stufe 2:	Vizepremierminister (Han Zheng, Liu He, Hu Chunhua)
		Mitglieder des Staatsrates (Wang Yi und andere Mitglieder)
3	Stufe 3:	Ministerien und Kommissionen der Zentralregierung, die für die Außenwirtschaft Chinas zuständig sind
4	Stufe 4:	Dem Staatsrat direkt unterstellte Abteilungen
5	Stufe 5:	Staatseigene Unternehmen
6	Handelsministerium (Zhong Shan)	
7	Generalbüro, Antimonopolbüro, Abteilung für Außenhandel, Abteilung für internationale Wirtschafts- und Handelsbeziehungen, Abteilung für WHO-Angelegenheiten, Abteilung für asiatische Angelegenheiten, Abteilung für westasiatische und afrikanische Angelegenheiten, Abteilung für eurasische Angelegenheiten, Abteilung für europäische Angelegenheiten, Abteilung für amerikanische und australische Angelegenheiten etc.	
8	Finanzministerium (Liu Kun)	
9	Zollabteilung, Abteilung für internationale Angelegenheiten, Büro für Finanz- und Wirtschaftsaustausch etc.	
10	Chinesische Volksbank (Yi Gang)	
11	Abteilung für Währungspolitik II (zuständig für die Internationalisierung des RMB), Abteilung für Internationale Angelegenheiten	
12	Staatliche Kommission für Entwicklung und Reform (He Lifeng)	
13	Abteilung für auswärtige Angelegenheiten, die Nationale Energieverwaltung	
14	Außenministerium (Wang Yi)	
15	Abteilung für internationale Wirtschaftsangelegenheiten, Beratender Ausschuss für internationale Wirtschafts- und Finanzangelegenheiten	
16	Andere Organisationen (Ministerium für Landwirtschaft und Angelegenheiten des ländlichen Raums, Ministerium für Wissenschaft und Technologie, Ministerium für Industrie und Informationstechnik, Nationale Gesundheitskommission, Ministerium für Ökologie und Umweltschutz, Ministerium für Kultur und Tourismus etc.)	
17	China Investment Corporation (Tu Guangshao)	
18	China Development Bank (Hu Huaibang)	
19	The Export-Import Bank of China (Hu)	
20	China International Development Cooperation Agency (Wang Xiaotao)	

Abbildung 1: Die institutionelle Struktur der Wirtschaftsdiplomatie Chinas

Die erste Ebene der chinesischen Wirtschaftsdiplomatie sind der Staatspräsident und Ministerpräsident, die an der Spitze des chinesischen Wirtschaftsdiplomatiesystems stehen. In den letzten zwei Jahrzehnten war es eine ungeschriebene Regel des chinesischen politischen Systems, dass der Generalsekretär der Regierungspartei auch das Staatsoberhaupt ist und dass der Staatspräsident als Chinas Staatsoberhaupt die Gesamtverantwortung für die außenpolitischen Angelegenheiten trägt, die natürlich auch die wirtschaftsdiplomatischen Angelegenheiten einschließen. Eine andere ungeschriebene Regel lautet, dass der Regierungschef dem Wirtschaftssektor mehr Aufmerksamkeit schenkt, sodass in Chinas außenpolitischem Entscheidungssystem der Staatspräsident eine relativ größere Präferenz für politische und sicherheitspolitische Angelegenheiten hat, während der Ministerpräsident eine größere Präferenz für wirtschaftliche Angelegenheiten hat. Der chinesische Ministerpräsident nimmt an einer Reihe von multilateralen Gipfelmechanismen teil, bei denen auch Wirtschaftsfragen im Mittelpunkt stehen, wie z. B. den regelmäßigen Treffen der Ministerpräsidenten im Rahmen der Shanghaier Organisation für Zusammenarbeit (SCO), bei denen die wirtschaftliche Zusammenarbeit zwischen den Mitgliedstaaten im Mittelpunkt steht, wodurch eine gewisse Arbeitsteilung mit den Treffen der Staatsoberhäuptern entsteht. Darüber hinaus zeigt die Zusammensetzung des neuen Führungsgremiums Chinas, das auf den „Zwei Tagungen" 2018 ins Leben gerufen wurde, dass der Staatsvizepräsident auch eine wichtige Rolle in Chinas Wirtschaftsdiplomatie spielen wird. Zum neuen Vizeministerpräsident wurde Wang Qishan gewählt, der über umfangreiche Erfahrungen im Bereich Wirtschafts- und Handelsbeziehungen zwischen China und den USA verfügt, da er unter anderem Vizegouverneur der Chinesischen Volksbank und Gouverneur der China Construction Bank war. In dieser kritischen Zeit, in der die Zukunft der Wirtschaftsbeziehungen zwischen beiden Ländern ungewiss ist, bedeutet die Ernennung von Wang Qishan, dass er eine wichtige Rolle bei der Entscheidungsfindung Chinas in Wirtschaftsfragen in Bezug auf die USA spielen und sich möglicherweise auch stärker an den finanzdiplomatischen Angelegenheiten beteiligen wird.

Die zweite Ebene ist ein Teil der Vizepremiers und Mitglieder des Staatsrates in ihrer Funktion als Stellvertreter des Regierungschefs, die entsprechend ihrer Arbeitsteilung auch in der Wirtschaftsdiplomatie tätig sein werden. Die Arbeitsteilung des in den „Zwei Sitzungen" 2018 neu gewählten Vizepremiers ist noch nicht vollständig geklärt, aber die generelle Richtung ist weitgehend festgelegt. Vizepremier Han Zheng ist derzeit für die Arbeit in der Staatlichen Kommission für Entwicklung und Reform, dem Finanzministerium und anderen Ministerien zuständig. Ferner ist er ein wichtiger Beteiligter in der Energie- und Finanzdiplomatie; Vizepremier Liu He ist für die Arbeit im Finanz-, Wissenschafts-, Technologie- und Handelssektor zuständig. Seine beiden Besuche in den USA im ersten Halbjahr 2018 deuten darauf hin, dass er auch einer der „Hauptakteure" in der Wirtschaftsdiplomatie mit den USA sein wird. Vizepremier Hu Chunhua ist vorwiegend für auswärtige Angelegenheiten im Agrarsektor und einen Teil der Angelegenheiten im Handelsministerium zuständig. Außerdem spielt Staatsrat Wang Yi, der für die traditionellen auswärtigen Angelegenheiten zuständig ist, eine gewisse Rolle in Chinas Wirtschaftsdiplomatie. Die Vizepremiers und Staatsräte auf dieser Ebene haben ihre eigene Arbeitsteilung, sind aber nicht völlig unabhängig voneinander und bei der Koordinierung der Wirtschafts- und Außenpolitik miteinander verbunden.

Die dritte Ebene sind die wichtigsten außenwirtschaftlichen Ministerien und Kommissionen, die dem Staatsrat unterstehen und die wichtigsten und direktesten Träger der chinesischen Wirtschaftsdiplomatie sind.

(1) das Handelsministerium: Der Außenhandel ist der grundlegendste und zentralste Teil der Außenwirtschaftsbeziehungen, weswegen das Handelsministerium, das für den Binnen- und Außenhandel zuständig ist, zur wichtigsten Abteilung der chinesischen Wirtschaftsdiplomatie geworden ist. Darüber hinaus ist das Handelsministerium auch für grenzüberschreitende Investitionen und Auslandshilfen zuständig, was die Aufgaben des Ministeriums in der Wirtschaftsdiplomatie noch erweitert.[422] Das Handelsministerium verfügt über eine starke institutionelle Basis für die Wirtschaftsdiplomatie, was sich u. a. darin zeigt, dass es eine Reihe von Abteilungen hat, die in direkter Verbindung mit den wirtschaftsdiplomatischen Angelegenheiten stehen, darunter eine Regional- und Länderabteilung, deren Umfang lediglich kleiner als der des Außenministeriums ist. Im April 2014 richtete das Handelsministerium eine neue Abteilung für eurasische Angelegenheiten ein, um den Aufbauprozess der Seidenstraßeninitiative zu unterstützen. Ziel ist es, die Wirtschafts- und Handelsbeziehungen mit der Region der ehemaligen Sowjetunion sowie mit den zentralasiatischen Ländern zu stärken und die wirtschaftsdiplomatische Arbeit des Ministeriums gezielter durchzuführen.[423]

Die Hauptaufgabe des Handelsministeriums in der Wirtschaftsdiplomatie besteht darin, die chinesische Regierung bei Verhandlungen mit anderen Regierungen im Bereich Handel und Gewerbe zu vertreten. Um diese Rolle zu stärken, schuf das Handelsministerium 2010 neue ständige Unterhändler-Positionen für den internationalen Handel, die aus einem Vertreter auf Ministerebene (auch als Vizeminister des Handelsministeriums tätig) und zwei stellvertretenden Vertretern auf der Vizeministerebene (auch als Vizeminister oder Assistierende Minister des Handelsministeriums tätig) besteht.[424] Darüber hinaus ist das Handelsministerium an der Wirtschaftsdiplomatie beteiligt, indem es bei der Organisation verschiedener multilateraler und bilateraler Dialogmechanismen die Führung übernimmt. Nicht zuletzt ist das Handelsministerium auch für die Entsendung von Handelsberatern ins Ausland zuständig. All diese Initiativen stärken die Position des Ministeriums als zentraler Träger der chinesischen Wirtschaftsdiplomatie. Die wirtschaftlichen Dialogmechanismen unter der Zuständigkeit des Handelsministeriums kann man der Tabelle 1 entnehmen.

---

[422] In Bezug auf die Auslandshilfe im Rahmen der Wirtschaftsdiplomatie haben einige Wissenschaftler darauf hingewiesen, dass das Handelsministerium nicht mehr ihre Umsetzung leiten sollte. Stattdessen sollten entweder eine Abteilung für Auslandshilfe innerhalb des Handelsministeriums aufgestockt oder ein interministerielles Kollegium mit dem Ministerpräsidenten als Kern eingerichtet werden, dass für die Ausarbeitung und Umsetzung der Auslandshilfepolitik zuständig sei. Siehe Yu, Nanping: *Chinas Auslandshilfe sollte nicht länger vom Handelsministerium geleitet werden* [Zhongguo Duiwai Yuanzhu buying zai you Shangwubu Zhudao]. http://www.ftchinese.com/story/00105 1164, (chinesische Website der *Financial Times*, Abruf am 01.07.2013).

[423] Siehe Shen, Mengzhe & Wu, Mengtian: *Bestandsaufnahme der neuen Einrichtungen in den zentralen Behörden* [Pandian Zhongyang Jiguan Xin She Jigou]. http://politics.people.cn/n/2014/0430/c1001-24958884.html, (*People's Daily Overseas Edition*. 30.04.2014).

[424] *Chinas Handelsministerium setzt einen internationalen Handelsunterhändler ein* [Zhongguo Shangwubu Sheli Guoji Maoyi Tanpan Daibiao]. http://news.xinhuanet.com/fortune/2010-16/c_12451 410.htm, (Xinhuanet, 16.08.2010).

Tabelle 1: Wirtschaftliche Dialogmechanismen unter der Zuständigkeit des Handelsministeriums

Typen	Titel der Mechanismen	
Globale Kooperationsmechanismen	WHO-Ministerkonferenz	
Regionale Kooperationsmechanismen	Treffen der Wirtschaftsführer der Asiatisch-Pazifischen Wirtschaftskooperation (APEC)	
	Konferenz der Wirtschafts- und Handelsminister der BRICS-Staaten	
	Konferenz der Wirtschafts- und Handelsminister im Ostasien-Gipfeltreffen	
	ASEAN-Plus-Drei-Konferenz der Wirtschafts- und Handelsminister (ASEAN + China, Japan und der Republik Korea)	
	China-Japan-Republik Korea-Konferenz der Wirtschafts- und Handelsminister	
Bilaterale Kooperationsmechanismen	Konferenz der chinesisch-europäischen Wirtschafts- und Handelskommission	Gemeinsame Kommission für Gewebe und Handel zwischen China und den USA
	Hochrangiger Handelsdialog zwischen China und der EU	Hochrangiger Antimonopol-Dialog zwischen China und den USA (gemeinsam veranstaltet von den Staatsregierungen und der Staatlichen Kommission für Entwicklung und Reform der Volksrepublik China)
	China-EU-Dialog über Wettbewerbspolitik	Chinesischer-Deutscher Gemischter Ausschuss für wirtschaftliche Kooperation
	Chinesisch-Südasiatisches Wirtschafts- und Handelsforum Ranghoher Beamter	Konferenz der Chinesisch-Französischen Wirtschafts- und Handelskommission
	Das Forum für wirtschaftliche Entwicklung und Zusammenarbeit zwischen China und den pazifischen Inselstaaten	Wirtschafts- und Handelskooperationsausschuss der Kommission für regelmäßige Treffen zwischen dem chinesischen und dem russischen Ministerpräsidenten
	Ministerkonferenz im Rahmen des Wirtschafts- und Handelskooperationsforums zwischen China und den portugiesisch sprachigen Ländern	Gipfeltreffen der Wirtschafts-, Industrie- und Handelskreise zwischen China und Russland
	China-ASEAN-Kooperationskommission zur Konnektivität	Gemeinsame Kommission für Gewebe und Handel zwischen China und der Republik Korea
	Chinesisch-Arabisches Wirtschafts- und Handelsforum	Hochrangiger Antimonopol-Arbeitsdialog zwischen China und der Republik Korea
	Wirtschafts- und Handelskooperationsforum zwischen China und der Karibik	Hochrangige Koordinations- und Kooperationskommission zwischen China und Brasilien
	China-Australien-Forum für Wirtschafts- und Handelszusammenarbeit	Das Chinesisch-Singapurische Komitee zur Förderung von beiderseitigen Investitionen
	Gemeinsame Kommission für Gewebe und Handel zwischen China	Chinesisch-Australischer Gemischter

und Kanada	Wirtschaftsausschuss auf Ministerebene
Gemeinsamer Lenkungsausschuss für die Entwicklungszusammenarbeit zwischen China und Nordkorea in zwei Sonderwirtschaftszonen	China-Guinea Gemischte Wirtschafts- und Handelskommission

(2) Das Finanzministerium: Lange Zeit hat das Finanzministerium hauptsächlich die Einnahmen und Ausgaben der Staatskasse verwaltet und war kein zentraler Akteur in der Wirtschaftsdiplomatie, da Chinas Außenwirtschaftsbeziehungen in der Vergangenheit im Handel lagen. Da sich der Schwerpunkt der chinesischen Außenwirtschaftsbeziehungen in den letzten Jahren jedoch allmählich vom Handel auf Finanzwesen verlagert hat, ist das Finanzministerium in der Wirtschaftsdiplomatie immer wichtiger geworden.[425] Der chinesische Finanzminister tritt inzwischen häufiger auf vielen internationalen Bühnen auf und hat sich allmählich zu einer Institution der Wirtschaftsdiplomatie entwickelt. Im Einzelnen übernimmt es folgende Aufgaben in der Wirtschaftsdiplomatie:

Erstens nimmt es an verschiedenen Finanzdialogen auf globaler oder regionaler Ebene teil. Im Zeitalter der wirtschaftlichen Globalisierung kann die nationale makroökonomische Politik einen starken Übertragungseffekt haben, weshalb die westlichen Industrieländer stets großen Wert auf den Dialog und den Austausch zwischen den Finanzministern gelegt haben, um die Koordinierung der makroökonomischen Politik zu verbessern. Dies hat unmittelbar zum Aufstieg der Finanzminister im System der Entscheidungsfindung in den Außenbeziehungen geführt. Mit dem Aufschwung der chinesischen Wirtschaft werden die chinesischen Finanzminister auch zunehmend zur Teilnahme an verschiedenen Finanzdialogmechanismen auf globaler oder regionaler Ebene eingeladen, darunter den Finanzministerdialogen im Rahmen der G20 und im Rahmen „ASEAN + China, Japan und Südkorea".

Zweitens fungiert das Finanzministerium als Vertreterin der chinesischen Regierung in internationalen Finanzorganisationen auf globaler oder regionaler Ebene. Die chinesische Regierung beteiligt sich zunehmend an verschiedenen internationalen Finanzorganisationen auf globaler und regionaler Ebene, wie der Weltbank, der Asiatischen Entwicklungsbank, der Asiatischen Infrastruktur-Investitionsbank (AIIB) und der Interamerikanischen Entwicklungsbank. In diesen Organisationen fungiert das chinesische Finanzministerium als Investor und übt die Vertretung im Namen der chinesischen Regierung aus, wenn es darum geht, Kapital einzubringen und die Vertretung wahrzunehmen. Der chinesische Finanzminister ist dabei für die Teilnahme an den jährlichen Sitzungen dieser Institutionen sowie an verschiedenen Verhandlungen und Konsultationen über die Reform der betreffenden Institutionen verantwortlich. Es ist besonders zu betonen, dass die AIIB die erste multilaterale Finanzinstitution ist, in der China eine führende Rolle spielt und als potenzieller Konkurrent der in den USA ansässigen Finanzinstitutionen wie der Weltbank angesehen

---

[425] Siehe: *Hauptfunktionen des Finanzministeriums der Volksrepublik China* [Zhonghua Renmin Gongheguo Caizhengbu Zhuyao Zhineng]. http://www.mof.gov.cn/zhengwuxinxi/benbugaikuang/, (Finanzministerium der Volksrepublik China).

wird. Die offizielle Eröffnung der AIIB gilt als einer der größten Erfolge der chinesischen Finanzdiplomatie.[426]

Ferner beteiligt sich das Finanzministerium an einer Reihe von bilateralen Finanzaustauschmechanismen. In den letzten Jahren hat es zur Stärkung des bilateralen Finanz- und Wirtschaftsdialogs und -austauschs auch eine Reihe von bilateralen Finanzdialogmechanismen mit den entsprechenden Abteilungen in vielen anderen Ländern initiiert. Dazu gehören der Mechanismus des strategischen und wirtschaftlichen Dialogs zwischen China und den USA (der wirtschaftliche Teil des Dialogs) und der Mechanismus des Finanzdialogs zwischen China und der EU. Das chinesische Finanzministerium hat zu diesem Zweck eine große Menge von bilateralen wirtschaftsdiplomatischen Aufgaben übernommen.

Im Vergleich zum Handelsministerium verfügt das Finanzministerium nicht über so starke Fachkräfte und Abteilungen, die sich speziell mit außenpolitischen Angelegenheiten befassen. In den letzten Jahren wurde jedoch im Rahmen der Arbeitsteilung unter den Hauptbeamten des Finanzministeriums ein stellvertretender Minister ausschließlich mit internationalen Angelegenheiten betraut. Derzeit ist Zhu Guangyao, der stellvertretende Finanzminister, der Hauptverantwortliche für internationale Angelegenheiten. Darüber hinaus sind dem Finanzministerium zwei Abteilungen jeweils für internationale Wirtschaftsbeziehungen und internationale finanzielle Zusammenarbeit unterstellt. Die erstere konzentriert sich auf die Gestaltung der Außenpolitik sowie der multilateralen und bilateralen wirtschaftlichen Dialogmechanismen; die letztere ist für die Kontakte zu den einschlägigen internationalen Wirtschaftsorganisationen zuständig und ist der wichtigste Träger der chinesischen Finanzdiplomatie. Mit der zunehmenden Bedeutung der Finanzdiplomatie im Rahmen der gesamten Wirtschaftsdiplomatie nimmt das Finanzministerium einen immer größeren Stellenwert in Chinas Wirtschaftsdiplomatie ein. Die Dialogmechanismen und internationalen Konferenzen, bei denen das Finanzministerium eine führende Rolle übernommen hat, sind in Tabelle 2 aufgeführt.

---

[426] Siehe: *Ausländische Medien: Die Gründung der ADB ist ein wichtiger Erfolg der chinesischen Diplomatie* [Waimei: Yatouhang Chengli Shi Zhongguo Waijiao Yida Liangdian]. http://www.xinhuanet.com/world/2015-12/28/c_128572664.htm, (Xinhuanet, 28.12.2015).

Tabelle 2: Dialogmechanismen und internationale Konferenzen, an die das Finanzministerium als federführend Institution teilnimmt

Typen	Titel der Mechanismen	Typen	Titel der Mechanismen
Globale Kooperations-mechanismen	Treffen der Finanzminister und Zentralbankchefs der G20	Bilaterale Kooperations-mechanismen	Der Wirtschaftsdialog-Mechanismus im Rahmen des Strategischen und Wirtschaftlichen Dialogs zwischen China und den USA
	Finanzdialog zwischen China, Indien, Brasilien und Südafrika		Chinesisch-Britischer Wirtschafts- und Finanzdialog
	Treffen der Finanzminister und Zentralbankchefs der BRICS		Chinesisch-Britischer Hochrangiger Wirtschafts- und Finanzdialog
	Asien-Europa-Finanzministertreffen		Chinesisch-Russischer Finanzministerdialog
	Treffen der *APEC-Finanzminister*		Chinesisch-Japanischer Finanzministerdialog
	Jahrestagungen der Weltbankgruppe		Chinesisch-Amerikanische Gemischte Wirtschaftskommission
	Jahrestreffen des Rates der AIIB		chinesisch-europäischer Finanzdialog
Regionale Kooperations-mechanismen	Finanzkooperation zwischen der ASEAN, China und der Republik Korea		Finanzdialog zwischen China und Indien
	Finanzkooperation zwischen China, Japan und der Republik Korea		Wirtschafts- und Finanzausschuss der Chinesisch-Brasilianischen Hochrangigen Koordinierungs- und Kooperationskommission
	Finanzkooperation im Rahmen des Ostasien-Gipfeltreffens		Mechanismus für gegenseitige Besuche des deutschen und des chinesischen Finanzministers
	Wirtschaftskooperationsmechanismus in der Greater Mekong Subregion		
	Regionale wirtschaftliche Kooperationsmechanismus in Zentralasien		
	Treffen der *Finanzminister der Shanghaier Organisation für Zusammenarbeit*		
	Jahrestagung der Asiatischen Entwicklungsbank		

(3) Die Chinesische Volksbank (PBOC): Auch die Chinesische Volksbank war lange Zeit kein Hauptakteur in der Wirtschaftsdiplomatie Chinas, was zum einen an der Geschlossenheit des chinesischen Finanzsystems liegt, d. h., dass China nur selten in internationale Währungs- und Finanzangelegenheiten eingriff, und zum anderen daran liegt, dass Chinas modernes Zentralbanksystem erst sehr spät eingerichtet wurde und die Zentralbank lange Zeit nur eine dem Finanzministerium unterstellte Institution war oder sogar ihre Arbeitspflichten zusammen mit dem Finanzministerium in einer Institution erfüllen musste. Im Rahmen des unausgereiften Zentralbanksystems bestand die Hauptverantwortung der Chinesischen Volksbank im Auslandsgeschäft damals in der Pflege der Beziehungen mit dem Internationalen Währungsfonds. Da China jedoch allmählich ein Zentralbanksystem im Sinne eines modernen marktwirtschaftlichen Systems aufgebaut hat, hat die Chinesische Volksbank in den letzten Jahren eine immer wichtigere Rolle im Bereich der Währungsdiplomatie gespielt.[427]

Im Jahr 2003 begannen die USA Druck auf die chinesische Seite auszuüben, um den RMB aufwerten zu lassen, was die RMB-Wechselkursdebatte zwischen beiden Staaten in Gang setzte. Die Chinesische Volksbank hat eine Reihe Aktivitäten hinsichtlich der Wechselkursdiplomatie mit den USA durchgeführt, wobei sie den Druck von außen durch Kommunikation, Überzeugungsarbeit und interne Reformen abschwächte. Dies kennzeichnete die Erhöhung ihres Stellenwertes im chinesischen wirtschaftsdiplomatischen Entscheidungssystem. Der Ausbruch der US-Finanzkrise im Jahr 2008 und der europäischen Schuldenkrise im Jahr 2010 stärkte die Position der Chinesischen Volksbank weiter und trug unmittelbar dazu bei, dass Finanz- und Währungsfragen in der Global Governance und der internationalen Zusammenarbeit an Bedeutung gewannen. Zhou Xiaochuan, der damalige Direktor der Chinesischen Volksbank, wurde aufgrund der enormen finanziellen Ressourcen, die ihm zur Verfügung standen, zu einem Star auf der Bühne der internationalen Finanz- und Währungsdiplomatie. Nach den „Zwei Sitzungen" im Jahr 2018 übernahm Yi Gang das Amt des Direktors der Zentralbank. Das Amt des Parteisekretärs und Vizedirektors trat Guo Shuqing an, der bereits der erste Vorsitzende und Parteisekretär der neu gegründeten chinesische Banken- und Versicherungsaufsichtsbehörde (CBIRC) war. Die Kombination von Yi Gang, der seit vielen Jahren in der Zentralbank tätig ist und mehrere wichtige Ereignisse der chinesischen Finanzreform miterlebt hat, und Guo Shuqing, der über eine umfangreiche Erfahrung im Finanzsektor verfügt und als Reformer bekannt ist, soll Chinas Finanzreform im Inland und die internationale Finanz- und Währungsdiplomatie voranbringen.

Was den institutionellen Aufbau betrifft, so hat die Chinesische Volksbank als Reaktion auf die zunehmende Breite und Tiefe der Währungsdiplomatie die frühere Abteilung für internationale Finanzorganisationen in Abteilung für internationale Angelegenheiten umbenannt, deren Aufgabe es ist, offizielle Kontakte und Geschäfts-

---

[427] Siehe. *Funktionen der People's Bank of China* [Zhongguo Renmin Yinhang Zhineng]. http://www.pbc.go+v.cn/publish/main/532/index.html, (People's Bank of China).

beziehungen zwischen der Zentralbank Chinas und internationalen Finanzorganisationen sowie Finanzorganisationen oder Banken anderer Länder oder Regionen zu pflegen und die geschäftliche Arbeit der ausländischen Büros der Chinesischen Volksbank zu leiten. Darüber hinaus hat sie auch die Zweite Abteilung für Geldpolitik eingerichtet, die speziell für die Internationalisierung des RMB und die Angelegenheiten hinsichtlich der Wechselkurse zuständig ist. In Tabelle 3 werden die wichtigsten Mechanismen der Dialoge sowie internationalen Konferenzen aufgelistet, an denen sich die Chinesische Volksbank beteiligt.

Tabelle 3: Die Wichtigsten Mechanismen der Dialoge und internationalen Konferenzen, mit der Beteiligung der Chinesische Volksbank

Typen	Titel der Mechanismen
Globale Kooperations-mechanismen	Ministertreffen des Internationaler Währungs- und Finanzausschusses der IWF
	Treffen der Finanzminister und Zentralbankchefs der G20
	Financial Stability Board (FSB)
Regionale Kooperations-mechanismen	Jahrestagung des Gouverneursrats der Caribbean Development Bank
	Treffen der Finanzminister und Zentralbankchefs zwischen der ASEAN, China, Japan und der Republik Korea
	Direktortreffen der ostasiatisch-pazifischen Zentralbanken (EMEAP)
	Treffen der Finanzminister und Zentralbankchefs der BRICS-Staaten
	Gouverneurtreffen der South East Asian Central Banks
	Treffen der Zentralbankchefs von China, Japan und der Republik Korea
	Jahrestagung des Gouverneursrats der Afrikanischen Entwicklungsbankgruppe
	Treffen der Finanzminister und Zentralbankchefs der SOZ-Staaten
	27. Jahrestagung des Gouverneursrats der Trade and Development Bank (TDB)
	Central Bank Governnors' Club of Central Asia, Black See Region and Balkan Countries
Bilaterale Kooperations-mechanismen	Finanzkooperationsausschuss der Kommission für die Kooperation zwischen China und Kasachstan
	Finanzkooperationsausschuss der Kommission für regelmäßige Treffen zwischen dem chinesischen und dem russischen Ministerpräsidenten
	Das Chinesisch-Deutsche Forum für Finanzstabilität

(4) Die Nationale Entwicklungs- und Reformkommission (NDRC): Die NDRC hat eine ganz besondere und wichtige Stellung im wirtschaftlichen Entscheidungssystem

Chinas und wird als „Mini-Staatsrat" bezeichnet.[428] Im Bereich der Wirtschaftsdiplomatie koordiniert die NDRC die Handels-, Finanz- und Investitionsdiplomatie des Handels- und Finanzministeriums und spielt als auch eine besondere Rolle bei Klimaverhandlungen und Energiefragen.

Früher ist der NDRC eine spezielle Abteilung für den Klimawandel unterstellt, die sich mit dem Klimawandel befasst, auf ihn reagierte und die Führung bei der Organisation und Durchführung von internationalen Verhandlungen und Konsultationen im Zusammenhang mit dem Klimawandel übernahm.[429] Von 2013 bis 2014 machten die Verhandlungen Chinas mit den USA und mit der EU über den Klimawandel Fortschritte, insbesondere die Verhandlungen zwischen China und den USA über die Reduzierung von Kohlenstoffemissionen traten in eine neue Phase ein. Diese „pragmatischen" Verhandlungen wurden von der chinesischen Delegation für Klimaverhandlungen unter der Leitung von Xie Zhenhua, dem stellvertretenden Direktor der Nationalen Entwicklungs- und Reformkommission, vorangetrieben.[430] Ab 2018 wurde die Arbeit der NDRC über die Klimadiplomatie auf das neu gegründete chinesische Ministerium für Ökologie und Umweltschutz übertragen, das in Zukunft eine wichtige Rolle in Chinas Umweltdiplomatie spielen wird, während die außenwirtschaftsbezogenen Funktionen der NDRC hauptsächlich in der Energiediplomatie liegen werden. Die NDRC hat die Aufsicht über die Nationale Energiebehörde Chinas, die bei Verhandlungen, Zusammenarbeit und Austausch mit ausländischen Energiebehörden und internationalen Energieorganisationen im Rahmen der Energiediplomatie eine führende Rolle spielt. Zu diesem Zweck hat sie eigens eine internationale Abteilung eingerichtet, um auslandsbezogene Aufgaben im Energiebereich durchzuführen. Ferner hat die NDRC 2018 nach dem Wechsel ihrer Führungsgruppe die Nationale Verwaltung für Lebensmittel und strategische Reserven gegründet, die sich in Zukunft stärker in der Lebensmitteldiplomatie engagieren kann. Die wichtigsten Mechanismen der Dialoge sowie internationalen Konferenzen, an denen die NDRC beteiligt ist, sind in Tabelle 4 aufgeführt.

---

[428] Zur Erklärung der Hauptfunktionen der Entwicklungs- und Reformkommission siehe: *Hauptfunktionen der Entwicklungs- und Reformkommission der Volksrepublik China* [Guojia Fazhan Gaige Wei Zhuyao Zhize]. , (Die Entwicklungs- und Reformkommission der Volksrepublik China).
[429] Siehe: *Die Zuständigen Behörden* [Zhineng Bumen]. http://www.sdpc.gov.cn/zwfwzx/znbm/, (Die Entwicklungs- und Reformkommission der Volksrepublik China).
[430] Siehe: *US and China Lift Climate Change Hopes with New Phase of Talks*. http://www.ftchinese.com/story/001055979, (Website der *Financial Times*, übersetzt von Xing Wei, veröffentlicht am 28.04.2014).

Tabelle 4: Die wichtigsten Mechanismen der Dialoge und Internationalen Konferenzmechanismen mit der Beteiligung der NDRC

Typen der Mechanismen	Titel der Mechanismen
Globale Kooperationsmechanismen	Minister-Runde bei der UN-Klimakonferenz
	Ministerkonferenz der BASIC-Staaten über den Klimawandel
	Konferenz der Vereinten Nationen über nachhaltige Entwicklung
Regionale Kooperationsmechanismen	Sitzungen der gemeinsamen Arbeitsgruppe des Wirtschaftskorridors Bangladesch-China-Indien-Myanmar
Bilaterale Kooperationsmechanismen	Partnerschaftsforum zur Urbanisierung zwischen China und der EU
	Hochrangiges Energietreffen zwischen China und der EU
	Der Strategische und Wirtschaftliche Dialog zwischen China und Indien
	Die Chinesisch-Pakistanische Kooperationskommission für den Zukunftsplan
	Gemischte Hochrangige Wirtschafts- und Handelskommission zwischen China und Venezuela
	Die Chinesisch-Kubanische Gemeinsame Arbeitsgruppe zur biotechnischen Kooperation
	Das Chinesisch-Japanische Umfassende Forum zur Energieeinsparung und zum Umweltschutz

(5) Das Außenministerium: Neben den oben genannten Institutionen und Abteilungen befasst sich auch das Außenministerium, das traditionell als die zentralste Institution für diplomatische Angelegenheiten angesehen wird, von seiner eigenen Perspektive ausgehend, mit der Wirtschaftsdiplomatie. 2012 richtete es eine gesonderte Abteilung für internationale wirtschaftliche Angelegenheiten ein, um sein Studium und Engagement in wichtigen internationalen Wirtschaftsfragen zu stärken. Darüber hinaus hat das Außenministerium einen beratenden Ausschuss in internationalen Wirtschafts- und Finanzangelegenheiten eingerichtet, um seine wirtschaftsdiplomatische Arbeit besser entfalten zu können.[431]

Darüber hinaus haben auch andere Ministerien wie das Ministerium für Landwirtschaft und Angelegenheiten des ländlichen Raums, das Ministerium für Wissenschaft

---

[431] Laut Außenminister Wang Yi wird dieser Schritt die chinesische Diplomatie besser in die Lage versetzen, der wirtschaftlichen Entwicklung des Landes zu dienen, sich aktiv an der internationalen Wirtschafts- und Finanzkooperation zu beteiligen, Chinas Stimme bei multilateralen Wirtschaftsgipfeln Gehör zu verschaffen und Chinas Diskurs auf der internationalen Bühne auszubauen. Ferner kann diese Maßnahme die nationalen Entwicklungsinteressen und die wirtschaftliche Sicherheit schützen und erweitern. Siehe: *Wang Yi: Chinesische Lösungen ausarbeiten, der chinesischen Stimme Gehör verschaffen und sich aktiv in der Wirtschaftsdiplomatie engagieren* [Wang Yi: Xingcheng Zhongguo Fang'an, Fachu Zhongguo Shengyin, Jiji Kaizhan Jingji Waijiao]. http://www.fmprc.gov.cn/mfa_chn/wjb_602314/zzjg_602420/gjjjs_612534/xgxw_612536/t1105278.shtml, (Außenministerium der Volksrepublik China, 03.12.2013).

und Technologie, das Ministerium für Industrie und Informationstechnik, Die Nationale Gesundheitskommission Chinas sowie das 2018 neu eingerichtete Ministerium für Ökologie und Umweltschutz und das Ministerium für Kultur und Tourismus bestimmte Aufgaben der Wirtschaftsdiplomatie in verschiedenen konkreten und spezialisierten Bereichen übernommen. Da zugleich die partei- und regierungsübergreifende Führungsgruppe für Finanzen und Wirtschaft beim Zentralkomitee der KP Chinas ein wichtiges Beratungs- und Koordinierungsgremium für Chinas wirtschaftliche Arbeit ist, spielt sie auch eine wichtige Koordinierungsfunktion in Chinas Wirtschaftsdiplomatie.[432]

Wegen des einzigartigen staatsorientierten Marktwirtschaftsmodells Chinas gibt es noch eine vierte Ebene der chinesischen Wirtschaftsdiplomatie, nämlich die direkt dem Staatsrat unterstellten Agenturen, die sich mit den außenwirtschaftlichen Angelegenheiten befassen, vor allem die China Investment Corporation, die China Development Bank und die Export-Import Bank of China. 2018 wurde außerdem eine neue Agentur gegründet, die direkt dem Staatsrat unterstellt ist, nämlich die Nationale Agentur für internationale Entwicklungszusammenarbeit, unter der Leitung von Wang Xiaotao, der in der Nationalen Entwicklungs- und Reformkommission als stellvertretender Direktor für Investitionsmanagement zuständig ist. Zu den Hauptaufgaben der Agentur gehört vor allem, die strategischen Leitlinien, Pläne und Strategien für die Auslandshilfe festzulegen, wichtigen Fragen der Auslandshilfe zu koordinieren, einheitlich zu planen sowie relevante Vorschläge zu machen, die Reform der Auslandshilfe voranzutreiben, Auslandshilfeprogramme und -pläne auszuarbeiten, Auslandshilfeprojekte festzulegen sowie ihre Umsetzung zu überwachen und zu bewerten.[433] Auslandshilfe ist ein wichtiger Bestandteil der Wirtschaftsdiplomatie. Vorher wurde die entsprechende Arbeit von dem Handelsministerium und Außenministerium koordiniert durchgeführt. Die Nationale Agentur für internationale Entwicklungszusammenarbeit wird vor allem die Angelegenheiten der Auslandshilfe auf der Entscheidungsebene einheitlich planen und könnte in Zukunft eine zentrale Rolle beim Aufbau der Seidenstraßeninitiative spielen.

Diese Institutionen, die direkt dem Staatsrat unterstehen, sind weder vollständig staatlich noch rein kommerziell, dennoch beteiligen sie sich an zahlreichen außenwirtschaftlichen Angelegenheiten und spielen eine unentbehrliche Rolle bei der Förderung der internationalen Wirtschaftsgovernance und der Stärkung des internationalen Wirtschaftsstatus Chinas. So war beispielsweise Chen Yuan, der ehemalige Vorsitzende der chinesischen Entwicklungsbank, der Hauptarchitekt und -initiator der New Development Bank BRICS.

Schließlich sind die staatseigenen Unternehmen Chinas aufgrund ihrer besonderen Eigenschaft, sowohl gewinnorientiert als auch gemeinnützig zu sein, auch wichtige Teilnehmer an der von der Regierung geführten Wirtschaftsdiplomatie, da

---

[432] Die Zentrale Führungsgruppe für Finanzen und Wirtschaft wurde 1980 als Beratungs- und Koordinierungsgremium des Politbüros des Zentralkomitees der KP Chinas für seine Leitung der Wirtschaftsarbeit eingerichtet. Sie ist das zentrale Führungs- und Entscheidungsgremium für Chinas Wirtschaft. Derzeit ist der Generalsekretär Xi Jinping Leiter der Führungsgruppe. Ihr stellvertretender Vorsitzender ist der Ministerpräsident Li Keqiang.

[433] Siehe *Institutionelles Reformprogramm des Staatsrats*. http://www.gov.cn/xinwen/2018-03/17/content_5275116.htm, (Die Zentrale Volksregierung Chinas, 17.03.2018).

ihr Umgang mit dem Ausland oft den Willen und die Interessen der Regierung widerspiegelt.

Es lässt sich schlussfolgern, dass China nach seiner jahrzehntelangen institutionellen Entwicklung, insbesondere im Zusammenhang mit der allmählichen Integration in das globale Wirtschaftssystem, im Laufe der Zeit eine relativ vollständige institutionelle Struktur für die Wirtschaftsdiplomatie entwickelt hat. Diese institutionelle Struktur hat gewährleistet, dass China eine starke Wirtschaftsdiplomatie auf der internationalen Bühne betreibt, die wiederum den nationalen Interessen Chinas dient. Damit Chinas Wirtschaftsdiplomatie kohärent und strategisch bleibt, muss das nationale institutionelle Design die Kommunikation und Koordination zwischen den verschiedenen Abteilungen und Institutionen weiter stärken, die wirtschaftlichen Ressourcen kombinieren, die für die Verwaltung der außenpolitischen Angelegenheiten benötigt werden, um zu vermeiden, dass „die Sektoralisierung, Fragmentierung und Zersplitterung der wirtschaftlichen Ressourcen" den diplomatischen Gesamtprozess beeinträchtigen. Ferner gilt es, die wirtschaftlichen Ressourcen des Landes einheitlich zu planen und danach streben, dass „die diplomatischen und wirtschaftlichen Interessen des Landes gemeinsam gefördert werden".[434]

III. Die historische Entwicklung von Chinas Wirtschaftsdiplomatie

Nach der Gründung der Volksrepublik China im Jahr 1949 war ihre Beteiligung an internationalen Wirtschaftsaktivitäten lange Zeit minimal, da das Land damals ein Modell der Autarkie und der staatlich geplanten wirtschaftlichen Entwicklung verfolgte und gleichzeitig durch ein tückisches Milieu der Weltpolitik eingeschränkt war. In dieser Zeit bestand Chinas sehr begrenzte Wirtschaftsdiplomatie hauptsächlich darin, Beziehungen im Sinne der gegenseitigen Wirtschaftshilfe mit den sozialistischen Ländern des sowjetischen Ostens aufzubauen und gleichzeitig die politische Unterstützung von Entwicklungsländern in Asien und Afrika zu gewinnen, indem China ihnen Wirtschaftshilfe leistete. Jedoch erwies sich die Auslandshilfe, die die nationalen Kapazitäten überstieg, letztlich als nicht nachhaltig.

Nach den 1970er Jahren hat sich das internationale Umfeld, mit dem China konfrontiert war, einigermaßen entspannt. Mit der Wiederherstellung seines legitimen Sitzes bei den Vereinten Nationen und der Normalisierung seiner diplomatischen Beziehungen mit den USA und Japan ergaben sich für Chinas Wirtschaftsdiplomatie neue Entwicklungsmöglichkeiten. Insbesondere nach dem 3. Plenum des XI. Zentralkomitees der KP Chinas im Jahr 1978 fiel die groß angelegte Entwicklung der chinesischen Wirtschaftsdiplomatie fast mit der Reform- und Öffnungspolitik zusammen und durchlief ungefähr vier Entwicklungsstufen, nämlich die Kontakt-, die Integrations-, die Beteiligungs- und die Führungsphase der Wirtschaftsdiplomatie.

---

[434] Song, Guoyou: Wirtschaftsdiplomatie in Chinas Nachbarschaft: Koordinierung der Mechanismen und strategische Entscheidungen [Zhongguo Zhoubian Jingji Waijiao: Jizhi Xietiao yu Celüe Xuanze]. In: *China International Studies*, 2014(2), S. 47.

(1) Kontaktphase: In den 1970er und 1980er Jahren zielte die wirtschaftsdiplomatische Politik der chinesischen Regierung darauf ab, die wirtschaftliche Isolation zu durchbrechen und sich wieder mit der Welt zu verbinden, um so ein besseres äußeres Umfeld für die Reform- und Öffnungspolitik zu schaffen.

Die chinesische Regierung, die gerade beschlossen hatte, sich der Außenwelt zu öffnen, war von der Außenwelt so begeistert, dass sie verschiedene „Kundschafter" auf Studienreisen schickte, von denen die berühmteste eine Delegation war, die unter der Leitung von Vizepremier Gu Mu fünf westeuropäische Länder, nämlich Frankreich, die Schweiz, Belgien, Dänemark und Deutschland, besuchte.[435] Das war die erste Wirtschaftsdelegation der Regierung, die nach der Gründung der Volksrepublik China in westliche kapitalistische Industrieländer entsandt wurde. Diese hat die Außenwirtschaftsbeziehungen Chinas unmittelbar vorangebracht.

Gleichzeitig fing China mit dem Versuch an, verschiedenen internationalen Wirtschaftsorganisationen beizutreten. 1980 nahm China seinen Sitz im IWF, in der Weltbank und den angeschlossenen Institutionen wieder auf und schlug damit ein neues Kapitel in der chinesischen Finanzdiplomatie auf. 1981 begann China, Kredite bei der Weltbank aufzunehmen und die Entwicklung der Infrastruktur und der Ausbildung der Fachkräfte auf kooperative Weise voranzutreiben. 1986 wurde China Mitglied der Asiatischen Entwicklungsbank. Was den Außenhandel betrifft, so reichte China im Juli 1986 offiziell seinen Antrag auf die Wiederaufnahme in das Allgemeinen Zoll- und Handelsabkommen (GATT) als Vertragsstaat ein und leitete damit den langen und mühsamen Prozess des Beitritts zum GATT und später die Verhandlungen über seinen Beitritt zur Welthandelsorganisation ein. Obwohl China zu dieser Zeit kein aktiver Akteur in diesen internationalen Wirtschaftsorganisationen war, stärkte es durch diese Kontakte seine wirtschaftlichen Beziehungen zu diesen Organisationen im Allgemeinen und bildete seine ersten Wirtschaftsdiplomaten aus, was eine solide Grundlage für eine Wirtschaftsdiplomatie auf höherer Ebene in der Zukunft bietet.

Nicht nur das, auch im bilateralen Bereich hat Chinas Wirtschaftsdiplomatie Fortschritte gemacht. Durch aktive diplomatische Aktivitäten lockerten die USA in den 1980er Jahren ihre Technologiekontrollen gegenüber China vollständig, sodass der Transfer von US-Technologieexporten nach China erheblich zunahm.[436] Und die 1983 eingerichtete chinesisch-US-amerikanische Kommission für Gewerbe und Handel wurde zu einem der ersten Mechanismen für den diplomatischen Dialog zwischen den beiden Ländern im Bereich Wirtschaft und Handel.

---

[435] Lin Hujia, der damalige Sekretär des Stadtkomitees von Shanghai, leitete eine chinesische Wirtschaftsdelegation nach Japan, um die japanischen Nachkriegserfahrungen zu studieren; Li Yilu, der damalige Vizeminister der die Abteilung für Verbindungen nach außen beim ZK der KP Chinas, führte eine Delegation des Zentralkomitees der KP Chinas nach Jugoslawien; Duan Yun, der damalige stellvertretende Direktor der Staatlichen Planungskommission, leitete eine Wirtschafts- und Handelsmission nach Hongkong und Macau, um vor Ort Untersuchungen durchzuführen. Siehe Wen, Ye: *Chinesische Funktionäre gingen 1978 ins Ausland, um die Welt mit offenen Augen zu sehen* [1978 Nian Zhongguo Guanyuan Chuguo Zhengyan Xiang Yang Kan Shijie]. http://news.ifeng.com/history/1/jishi/200812/1225_2663_939356.shtml, (ifeng.com, 25.12.2008.).

[436] Wang, Yong: *The Political Economy of China-U.S. Trade Relation*. Beijing: *China Market Press*, 2007, S. 232-234.

Da Chinas Wirtschaftsreformen gerade erst begonnen hatten, war das Land mit den Spielregeln der internationalen Wirtschaft noch nicht vertraut und seine Wirtschaftskraft insgesamt sehr begrenzt. Chinas Wirtschaftsdiplomatie bestand in dieser Phase hauptsächlich darin, Brücken der Kommunikation und des Austauschs mit der internationalen Wirtschaft aufzubauen und allmählich die Grundregeln des internationalen Wirtschaftssystems zu studieren, was einen Sondierungscharakter widerspiegelt.

(2) Integrationsphase: Ab den 1990er Jahren bemühte sich China entschlossener und aktiver um die Integration in das etablierte internationale Wirtschaftssystem. In wirtschaftlichen Aktivitäten versuchte China, sich in das internationale Produktionssystem zu integrieren.[437] Ferner bemühte sich China in seiner Diplomatie, die internationalen wirtschaftlichen Spielregeln und Systeme zu lernen und sich darin einzubringen.

In dieser Zeit ging China schrittweise vor, indem es zunächst die Beziehungen zu Japan verbesserte, dann den Austausch mit westlichen Organisationen und Ländern wie der Europäischen Gemeinschaft und Kanada verstärkte und schließlich die Beziehungen zu den Vereinigten Staaten verbesserte. Diese Erfolge beruhen auf der fruchtbaren Wirtschaftsdiplomatie Chinas.[438]

Chinas Integration in das regionale internationale Wirtschaftssystem hat sich in dieser Zeit weiter beschleunigt. Erstens trat China 1991 auf Einladung der Asiatisch-Pazifischen Wirtschaftskooperation (APEC) bei und nahm 1993 am ersten Gipfeltreffen teil. Seitdem wurde die wirtschaftliche Zusammenarbeit auf allen Ebenen im Rahmen der APEC eingeleitet, wodurch die APEC zu einer wichtigen Plattform für Chinas Wirtschaftsdiplomatie im asiatisch-pazifischen Raum geworden ist. Zweitens wurde 1997 im Hintergrund der wirtschaftlichen Globalisierung und des Zeitalters nach der Finanzkrise der Kooperationsmechanismus „ASEAN + China, Japan und Südkorea" („10+3") ins Leben gerufen. Dabei beteiligte sich China nicht nur aktiv am Dialog auf allen Ebenen des Mechanismus, sondern förderte auch aktiv dessen Reifung und Optimierung.

Auf globaler Ebene waren Chinas wichtigste wirtschaftsdiplomatische Initiative die langwierigen diplomatischen Verhandlungen über den Beitritt Chinas zum Allgemeinen Zoll- und Handelsabkommen und zur Welthandelsorganisation, vor allem die bilateralen Wirtschaftsverhandlungen zwischen China und den USA. Während dieses Prozesses ist die berühmte chinesische Wirtschaftsdiplomatin Wu Yi hervorgetreten. Der Beitritt Chinas zur WHO im November 2001 läutete schließlich ein neues Zeitalter der Wirtschaftsdiplomatie ein. In dieser Zeit war Chinas Wirtschaftsdiplomatie durch eine starke Wissbegierigkeit gekennzeichnet, d. h. durch die

---

[437] Lardy, Nicholas R.: *Integrating China into the Global Economy*. Washington, DC: Brookings Institution Press, 2004.
[438] Siehe Liu, Chaojie: *Untersuchung von Sanktionen in der internationalen Politik* [Guoji Zhengzhi zhong de Zhicai Yanjiu]. Dissertation der Parteischule des Zentralkomitees der KP Chinas, 2006, S. 134-148.

ständige Bereitschaft, die Spielregeln zu lernen, um sich vollständig in das internationale Wirtschaftssystem zu integrieren.

(3) Beteiligungsphase: Etwa im ersten Jahrzehnt des 21. Jahrhunderts begann China mit seinem Beitritt zur WHO ein normales Mitglied des internationalen Wirtschaftssystems und ein gleichberechtigter Teilnehmer in der internationalen Wirtschaftsdiplomatie zu werden, der beim Aufbau der internationalen Wirtschaftsordnung und des internationalen Wirtschaftsmechanismus mitwirkt. Der Stellenwert der Wirtschaftsdiplomatie in Chinas Gesamtdiplomatie wurde weiter erhöht. In diesem Zeitraum von etwa zehn Jahren hat Chinas Wirtschaftsdiplomatie reiche Früchte getragen.

Einerseits beteiligt sich China aktiv an der Förderung der wirtschaftlichen Governance auf globaler Ebene. Als das größte Entwicklungsland erregt Chinas Position und Haltung in der globalen Wirtschaftsgovernance oft große Aufmerksamkeit. Angesichts seiner sensiblen internationalen Position muss China so schnell wie möglich von der Anpassungsphase während des Übergangs zum WHO-Beitritt zu einer Phase der aktiven Beteiligung übergehen, um die Herausbildung neuer, gerechterer und vernünftigerer Regeln und Ordnungen im internationalen Wirtschaftssystem zu fördern. In den Verhandlungen der Doha-Runde hat China sein Image als entschiedener Verfechter und Durchsetzer des multilateralen Handelssystems aufgebaut. Im Bereich der globalen Finanzpolitik setzte sich China nach der Finanzkrise in den USA aktiv für die Aufwertung des G20-Ministertreffens zum Gremium der Staats- und Regierungschefs ein und spielte dabei eine konstruktive Rolle.

Andererseits hat China den Aufbau von Freihandelszonen auf regionaler Ebene gefördert und sich aktiv für die Bildung einer regionalen Finanzordnung in Ostasien eingesetzt. Im Jahr 2000 hatte Chinas damaliger Ministerpräsident Zhu Rongji erstmals die Idee einer Freihandelszone zwischen China und der ASEAN vorgeschlagen, die zehn Jahre später offiziell eingerichtet wurde. In diesem Zeitraum hat China Freihandelsabkommen mit sieben Ländern oder Regionen unterzeichnet, darunter Chile und Pakistan. Der Abschluss von Freihandelsabkommen ist ein wichtiger Bestandteil der chinesischen Handelsdiplomatie und ein wichtiger Schritt zur Ausweitung und Vertiefung der Öffnung Chinas nach außen, zur Anhebung des Niveaus seiner offenen Wirtschaft und zur umfassenden Teilnahme an der wirtschaftlichen Globalisierung.[439]

Was die regionale Finanzdiplomatie betrifft, so hat sich China aktiv an der Chiang-Mai-Initiative im Rahmen des „10+3"-Mechanismus beteiligt. Diese Vereinbarung über die Einrichtung eines Netzwerks regionaler Währungsswaps hat wesentlich zur Bildung eines regionalen finanziellen Rettungsmechanismus beigetragen,

---

[439] Chen, Wenjing: Untersuchung der chinesischen Freihandelszonenstrategie und der künftigen Entwicklung [Woguo Ziyou Maoyiqu Zhanlüe ji Weilai Fazhan Tanjiu]. In: *Frontiers Journal,* 2001(17), S. 9.

der zur wichtigsten institutionellen Errungenschaft im Finanz- und Währungsbereich Ostasiens und der asiatischen Länder geworden ist.[440] Dies zeigt wiederum, dass China, ausgehend von der regionalen Zusammenarbeit, mit seiner wachsenden Wirtschaftskraft und Erfahrung im Finanzmanagement allmählich über eine partizipatorische Wirtschaftsdiplomatie hinausgegangen ist und begonnen hat, eine seiner Stärke entsprechende wirtschaftliche Führungsrolle auszuüben.

(4) Führungsphase: Geprägt von der US-Finanzkrise 2008 und dem Aufstieg Chinas zur zweitgrößten Volkswirtschaft der Welt im Jahr 2010 begann das Land, eine führende Rolle in der internationalen Wirtschaftsdiplomatie zu spielen. Von der Finanz- und Schuldenkrise belastet, wurde die traditionelle Führungsposition der USA und Europas geschwächt, sodass China aufgrund seines enormen Wirtschaftsvolumens und seines Einflusses auf die Weltwirtschaft zu einem der drei führenden Akteuren in der internationalen Wirtschaftsdiplomatie neben den USA und der EU geworden ist. Diese Führungsrolle spiegelt sich in erster Linie in drei Aspekten wider, nämlich die Führung hinsichtlich der zu besprechenden Themen, der Fachkräfte und der Regelsetzung.

(a) Führungsrolle hinsichtlich der zu besprechenden Themen: In der Vergangenheit war China nicht in der Lage, für die Besprechung bestimmter Themen in der internationalen Wirtschaftsdiplomatie zu plädieren und reagierte nur passiv auf die Themen, die von den USA und Europa hervorgerufen wurden. Das typischste Beispiel ist das Thema des RMB-Wechselkurses, das von den USA, Japan und Europa gemeinsam eingeführt wurden und auf das China nur passiv reagieren konnte. Heute fängt China bereits an, seine eigenen Themen auf der internationalen wirtschaftsdiplomatischen Bühne zur Sprache zu bringen. Im Vorfeld des G20-Gipfels 2009 in London schlug Zhou Xiaochuan, der damalige Direktor der Chinesischen Volksbank, die Schaffung einer „überstaatlichen internationalen Reservewährung" vor, die die derzeitige „einzige internationale Reservewährung" ersetzen sollte, und hob ferner hervor, die Funktion des Sonderziehungsrechts als internationale Währung zu stärken und die Reform des internationalen Finanzsystems aktiv zu fördern.[441] In seiner Wirtschaftsdiplomatie mit den USA hat China die Sicherheit der Devisenguthaben in den USA und das Problem des Investitionsprotektionismus aufgeworfen; in seiner Wirtschaftsdiplomatie an der Peripherie hat China den Aufbau regionaler wirtschaftlicher Kooperationsinitiativen oder institutioneller Vereinbarungen wie des chinesisch-pakistanischen Wirtschaftskorridors, des Wirtschaftskorridors Bangladesch-China-Indien-Myanmar und des Lancang-Mekong-Kooperationsmechanismus vorgeschlagen; im Finanzsektor hat China die Führung bei der Gründung der

---

[440] Sohn, Injoo.: Learning to Co-operate: China's multilateral approach to Asian financial co-operation. In: *The China Quarterly*, 2008(Juni), Vol. 194, S. 309-326.

[441] Zhou, Xiaochuan: *Überlegungen zur Reform des internationalen Währungssystems* [Guanyu Gaige Guoji Huobi Tixi de Sikao]. http://www.pbc.gov.cn/publish/hanglingdao/2950/2010/201009141 93904097315048/20100914193900497315048_html, (People's Bank of China, Abruf am 23.3.2009).

neuen BRICS-Entwicklungsbank und der Asiatischen Entwicklungsbank übernommen und sich für die Gründung der SCO-Entwicklungsbank eingesetzt. Diese Reihe proaktiver Reform- und Kooperationsinitiativen symbolisiert, dass China bereits eine Führungsrolle bei der Initiierung der Themen in der internationalen Wirtschaftsdiplomatie spielt.

(b) Führungsrolle hinsichtlich der Fachkräfte: Nachdem China zu einem regulären oder sogar zentralen Mitglied vieler internationaler Wirtschaftsorganisationen geworden ist, fing das Land mit der Bemühung an, mehr Experten darin zu entsenden, um so seine Führungsrolle zu stärken. Im Bereich des Handels wurde Yi Xiaozhun, der ehemalige Ständige Vertreter Chinas bei der WHO, zum ersten stellvertretenden Generaldirektor der WHO aus China ernannt. Im Finanzsektor wurde der chinesische Ökonom Justin Yifu Lin zum Senior-Vizedirektor und Chefökonomen der Weltbank ernannt, womit zum ersten Mal eine Person aus einem Entwicklungsland in diese wichtige Position berufen wurde; Zhu Min, Vizedirektor der Chinesischen Volksbank, wurde der erste chinesische Vizepräsident des IWF. Die Präsenz chinesischer Gesichter in einer Reihe wichtiger internationaler Wirtschaftsorganisationen bricht das Monopol Europas und der USA auf deren Führung. Gleichzeitig ist dies auch eine Anerkennung und Erwartung der internationalen Gemeinschaft, dass China eine führende Rolle in internationalen Wirtschaftsmechanismen spielt. Durch die Entsendung von chinesischen Experten wird die internationale Wirtschaftspolitik zwangsläufig mehr von Chinas Ideen geprägt sein.

(c) Führungsrolle hinsichtlich der Regelsetzung: Bereits 1955 legte die chinesische Regierung auf der Konferenz von Bandung die Fünf Prinzipien der friedlichen Koexistenz vor. Dies gilt als der erste Versuch, eine Führungsrolle hinsichtlich der Regelsetzung zu übernehmen. Nur wurden die von China vorgeschlagenen Regeln für die internationalen Beziehungen aufgrund seiner limitierten Macht kaum angenommen. Obwohl sich China bei der internationalen Regelsetzung im Allgemeinen immer noch in einer benachteiligten und schwachen Position befindet, hat es begonnen, in einigen Bereichen eine führende Rolle bei der Ausarbeitung der internationalen Regeln zu spielen, z. B. das von China in der Umwelt- und Klimadiplomatie initiierte Prinzip der „gemeinsamen, aber differenzierten Verantwortung", das von vielen Ländern auf der ganzen Welt befürwortet wurde und zu einem wichtigen Grundsatz bei internationalen Klimaverhandlungen geworden ist. Dabei bieten die neuen Elemente des internationalen Klimasystems und die Ungewissheit bei der Entwicklung der Klimagovernance China eine gute Gelegenheit, das internationale Klimasystem neu zu gestalten.[442] Nach der Finanzkrise der USA ist Chinas Betonung einer stärkeren Regulierung des Finanzsektors und seine Ablehnung des Laissez-faire amerikanischen Stils zu einem gemeinsamen Ton in der internationalen Finanzpolitik geworden. Im

---

[442] Yan, Shuangwu & Xiao, Lanlan: Evolution of China's Position in International Climate Talks. In: *Contemporary Asia-Pacific Studies*, 2010(1), S. 88-89.

Januar 2017 schlug Chinas Staatspräsident Xi Jinping in seiner Rede im Büro der Vereinten Nationen in Genf die Ideen der Schicksalsgemeinschaft vor, mit den Kerngedanken „Dialog und Konsultation, Gemeinsamen Einsatz und gemeinsame Teilhabe, Win-Win-Kooperation, Austausch und gegenseitiges Lernen, grüne und kohlenstoffarme Entwicklung". Ferner hat die chinesische Regierung eine Reihe praktischer Aktivitäten in die Tat umgesetzt werden. All dies kann als Chinas Bestreben angesehen werden, die Regeln des internationalen wirtschaftlichen Umgangs neu zu gestalten.[443] Natürlich hat Chinas Wirtschaftsdiplomatie noch einen weiten Weg vor sich, um eine führende Rolle bei der internationalen Regelsetzung zu spielen.

Alles in allem haben sich Chinas Fähigkeit und Niveaustufe der Wirtschaftsdiplomatie nach vier Jahrzehnten der Praxis und Entwicklung erheblich verbessert, was eine solide Grundlage für Chinas künftige proaktivere wirtschaftsdiplomatische Aktivitäten geschaffen hat.

IV. Die Wirtschaftsdiplomatie der chinesischen Regierung seit dem XVIII. Parteitag der KP Chinas

Im Jahr 2008 brach die Finanzkrise aus; 2010 übertraf China Japan und belegte im Ranking der Länder mit dem größten BIP den zweiten Platz; 2013 überholte China die USA und wurde zur größten Handelsnation Weltweit. – Diese drei wichtigen Ereignisse auf der internationalen Wirtschaftsbühne haben zusammen einen bedeutenden Wendepunkt in der chinesischen Wirtschaftsdiplomatie dargestellt und China zu einem großen Land der Wirtschaftsdiplomatie auf globaler Ebene gemacht.[444] Die Wirtschaftsdiplomatie Chinas ist nicht nur ein wichtiges Mittel zur Verteidigung seiner nationalen Interessen, sondern hat sich auch zu einer wichtigen und einflussreichen Triebkraft der globalen Wirtschaftsentwicklung entwickelt. Seit dem XVIII. Parteitag der KP Chinas hat die chinesische Regierung große Anstrengungen in der Wirtschaftsdiplomatie unternommen und immer wieder neue Fortschritte erzielt.

Erstens sollten wir eine proaktive Handelsdiplomatie betreiben, um dem doppelten Druck zu begegnen: zum einen von dem Versuch der USA, internationalen Handelsregeln neuer Generation zu gestalten, zum anderen von dem Wegfall der Dividende von Chinas Beitritt zur WHO. Während der Obama-Regierung wurden drei wichtige Handelsverhandlungen – die Transpazifische Partnerschaft (Trans-Pacific Partnership, TPP), die Transatlantische Handels- und Investitionspartnerschaft (Transatlantic Trade and Investment Partnership, TTIP) und das Globale Abkommen

---

[443] Siehe *Xi Jinping: Gemeinsamer Aufbau einer Schicksalsgemeinschaft der Menschheit* [Xi Jinping: Gongtong Goujian Renlei Mingyun Gongtongti]. http://cpc.people.com.cn/n1/2017/0120/c64094 29037658.html, (People.cn, 20.01.2017).

[444] Siehe Jiang, Ruiping: China's Current Economic Diplomacy: Opportunities and Challenges. In: *Foreign Affairs Review*, 2009(5), S. 40-55.

über den Handel mit Dienstleistungen (Trade in Services Agreement, TiSA) – eingeleitet, um die internationalen Handelsregeln neu zu gestalten.[445] Seit Trumps Amtsantritt hat er, um das Handelsdefizit mit China zu verringern, zunächst Chinas Forderung nach einer Behandlung als Marktwirtschaft unter den globalen Handelsregeln im Rahmen der WHO abgelehnt und dann die Untersuchungen nach Section 232 und 301 gegen chinesische Produkte eingeleitet, die den Wirtschafts- und Handelsbeziehungen zwischen China und den USA sowie dem globalen Freihandelssystem Schaden zugefügt haben. Als Antwort darauf unterliegt die chinesische Regierung nicht der Einmischung durch die USA, sondern verteidigt ihre zentrale Rolle im internationalen Handelssystem durch proaktive Handelsdiplomatie.

Zum einen hat China Anstrengungen unternommen, um Fortschritte bei den Verhandlungen der Doha-Runde zu erzielen und zu verhindern, dass die USA das globale multilaterale Handelssystem aufgeben. Aufgrund der großen Zahl der beteiligten Länder ist die Doha-Runde seit ihrem Start im Jahr 2001 festgefahren. Als größter Nutznießer der WHO hat China keine Mühen gescheut, die Verhandlungen der Doha-Runde wieder in Gang zu bringen, anstatt wie üblich, sein Licht unter den Scheffel zu stellen. Im Dezember 2013 wurde in der Doha-Runde nach 12 Jahren Stillstand endlich das „Bali-Paket" verabschiedet, das dem internationalen multilateralen Handelsmechanismus neuen Schwung verlieh. China spielte eine Schlüsselrolle beim Erzielen dieses Erfolges, indem es die Verhandlungen vermittelte, den Frieden förderte und den Prozess unterstützte.[446] Bei der Eröffnungsfeier des Bo'ao-Forums am 10. April 2014 wies der chinesische Ministerpräsident Li Keqiang in seiner Rede erneut auf die Bedeutung der WHO hin und betonte, dass China darauf bestehe, die führende Rolle des multilateralen Handelssystems der WHO bei der Entwicklung des Welthandels beizubehalten.[447] Dank Chinas Bemühungen trat das Abkommen über Handelserleichterungen (The Trade Facilitation Agreement, TFA) schließlich 2017 in Kraft, womit 13 Jahre WHO-Verhandlungen über Handelserleichterungen beendet wurden und die größte Errungenschaft der WHO seit Beginn der Doha-Runde erreicht wurde.[448]

Zum anderen hat China seine strategische Anordnung der Freihandelsabkommen deutlich beschleunigt und sein eigenes Netz von Freihandelsabkommen mit großer Entschlossenheit und Entschiedenheit aufgebaut. In den letzten zehn Jahren konzentrierte sich Chinas Handelsstrategie darauf, die WHO-Dividenden zu verdauen, sodass seine Freihandelsstrategie eher konservativ erschien. Abgesehen von dem

---

[445] Li, Wei & Yang, Yuhuan: The Trends of the International Trade Strategy of the Obama administration and the Responses from China. In: *The Journal of International Relations*, 2014 (2), S. 121-133.

[446] *Assistierende Handelsminister Wang Shouwen beantwortet Fragen zu WTO- und APEC-Themen auf der Pressekonferenz* [Shangwubu Buzhang Zhuli Wang Shouwen jiu WTO he APEC Youguan Wenti Da Jizhe Wen]. http://www.mofcom.gov.cn/article/ae/ai/201401/20140100478401.shtml, (Handelsministerium der Volksrepublik China, 30.01.2014).

[447] Mehr dazu siehe: *Rede von Li Keqiang bei der Eröffnungsfeier der Jahreskonferenz des Boao Forum for Asia 2014* [Li Keqiang zai Bo'ao Yazhou Luntan 2014 Nian Nianhui Kaimushi Yanjiang]. http://www.chinanews.com/gn/2014/04-10/6048302.shtml, (Chinanews.com, 10.04.2014).

[448] Li, Wei & Luo, Yifu: China Guides the Reconstruction of the Global Order in 2017. In: *Theoretical Horizon*, 2018(2), S. 77.

Freihandelsabkommen mit dem Staatenverbund ASEAN hat China noch keine Freihandelsabkommen mit größeren Volkswirtschaften abgeschlossen. Seit 2013 hat die chinesische Regierung die Einrichtung von Freihandelsabkommen eindeutig auf die Schiene ihrer nationalen Außenstrategie gesetzt.

Zunächst werden auf regionaler Ebene regionale Freihandelsmechanismen wie die regionale umfassende Wirtschaftspartnerschaft (RCEP), die Freihandelszone China-Japan-Südkorea und die China-ASEAN-Freihandelszone energisch vorangetrieben. Ferner wird versucht, die Chancen der regionalen Wirtschaftsintegration zu nutzen, um Chinas eigene Ziele zu verwirklichen, nämlich das internationale Handelsregelwerk umzugestalten und als ein großes Land eine führende Rolle in der regionalen Entwicklung einzunehmen. Bis Ende 2017 fanden 20 Verhandlungsrunden über die RCEP statt, an denen China jeweils aktiv teilnahm und eine wichtige treibende Rolle bei den Verhandlungen spielte. Da die TPP nach dem Rückzug der USA schwer wiederaufleben kann, scheint das früher oft vorgebrachte Argument, dass die TPP die Entwicklung Chinas blockiert, inzwischen hinfällig zu sein. Der Wettbewerb um das Recht, neue Regeln für die künftige internationale Handels- und Wirtschaftszusammenarbeit festzulegen, geht jedoch weiter. Es liegt im Interesse der nationalen Entwicklung Chinas, eines großen Landes der Wirtschaft, das bei der Regelsetzung die Initiative ergreifen will, dass die substanziellen Verhandlungen über das RCEP so schnell wie möglich erfolgreich abgeschlossen werden.

Für China wird die Einrichtung der Freihandelszone China-Japan-Südkorea dazu beitragen, die Marktkanäle zwischen den drei Ländern zu öffnen und ihre industriellen Wertschöpfungsketten zu integrieren, was wiederum dem BIP-Wachstum Chinas dient. Da Japan und Südkorea über fortgeschrittene Erfahrungen bei der Einrichtung von Freihandelszonen verfügen, wird dies auch für China nützlich sein, um sein Freihandelsnetz in Zukunft weiter auszubauen. Seitdem die Freihandelszone 2012 offiziell in Gang gesetzt wurde, haben bereits 13 Verhandlungsrunden diesbezüglich stattgefunden. Trotz der relativ langsamen Fortschritte ist die Zukunft des Freihandelsabkommens vielversprechend, da alle drei Länder, vor allem China, ihm hohe Priorität einräumen.

Im Jahr 2013 nahm China Verhandlungen über eine erweiterte Version des Freihandelsabkommens mit dem Staatenverbund ASEAN auf. Anschließend wurde im November 2015 ein erweitertes Protokoll zum Freihandelsabkommen zwischen China und ASEAN unterzeichnet und trat in Kraft. Das aktualisierte Freihandelsabkommen wird die wirtschaftliche Zusammenarbeit auf mehr und höheren Stufen umfassen, einschließlich Transparenz im Handelsumfeld, Beseitigung nichttarifärer Hemmnisse, Ausweitung des Abrechnungsanteils in Landeswährung, Verringerung der Wechselkursverluste und Verstärkung des Technologietransfers. Diese erweiterte Version wird die wirtschaftlichen Beziehungen zwischen China und ASEAN weiter stärken und eine solidere wirtschaftliche Grundlage für den Aufbau einer Schicksalsgemeinschaft der beiden Seiten schaffen.

China hat auch die Verhandlungen und den Aufbau der Asiatisch-pazifischen Freihandelszone (Free Trade Area of the Asia-Pacific, FTAAP) aktiv gefördert. Im Jahr 2014 wurde auf dem APEC-Gipfel in Peking der „Fahrplan für die FTAAP" verabschiedet, um ihren Prozess offiziell einzuleiten; 2016 wurde auf dem APEC-Gipfel in Lima die Lima-Erklärung für die FTAAP unterzeichnet; auf dem APEC-Gipfel 2017 auf den Philippinen haben die Staats- und Regierungschefs erneut einen Konsens über die umfassende Förderung des Aufbaus der FTAAP erzielt.[449] Darüber hinaus wurden die FTAAP-Verhandlungen zwischen China und dem Golf-Kooperationsrat 2014 wieder aufgenommen und befanden sich bis 2016 bereits in der neunten Runde. Diese Verhandlungen waren 2004 aufgenommen, aber wegen der Meinungsverschiedenheiten zwischen China und Saudi-Arabien über die Syrien-Frage im Jahr 2009 unterbrochen worden.[450] Die Wiederaufnahme der Verhandlungen wird nicht nur die Wiederverbesserung der politischen Beziehungen zwischen China und Saudi-Arabien bedeuten, sondern auch eine solide Garantie für Chinas wirtschaftlichen Einfluss im Nahen Osten sowie für Chinas Energiesicherheit bieten.

Des Weiteren erweitert und vertieft China seine Freihandelsabkommen mit anderen wichtigen Ländern auf bilateraler Ebene. Seit 2013 hat China mit Island, der Schweiz, Südkorea, Australien, Georgien und den Malediven die Verhandlungen abgeschlossen und bilaterale Freihandelsabkommen unterzeichnet. Ferner hat es das Freihandelsabkommen mit Chile aufgewertet. Bis Ende 2017 hatte China mit insgesamt 16 Ländern Freihandelsabkommen unterzeichnet, verhandelte mit Sri Lanka, Israel und Norwegen über bilaterale Freihandelsabkommen sowie mit Pakistan, Singapur und Neuseeland über die Aufwertung von bestehenden Freihandelsabkommen. Darüber hinaus hat China angefangen, die Freihandelsabkommen oder deren Erweiterungen mit 12 Ländern, darunter Kanada und Mauritius, zu erforschen.

Alles in allem wird China immer mehr zu einem Praktiker, Förderer und Vorreiter in Sachen weltweiter wirtschaftlicher Öffnung und Zusammenarbeit und nimmt bei seinen Bemühungen um den Aufbau eines Netzes von Freihandelszonen, das auf seiner Nachbarschaft basiert und gegenüber der Welt offen ist, eine zunehmend proaktive Haltung ein.

Zweitens hat China seine Finanzdiplomatie weiter gestärkt und die Zusammenarbeit im Finanz- und Währungsbereich gefördert, um Chinas finanziellen Aufstieg und die Internationalisierung des RMB zu unterstützen. Seit 2009 ist die Finanzdiplomatie in China stark aufgestiegen. China hat eine Reihe von internationalen Initiativen und praktischen Maßnahmen im Bereich der Finanzverwaltung und -reform auf den Weg gebracht und sich zu einem schillernden Akteur auf der internationalen Finanzbühne entwickelt.[451] Im Einzelnen umfasste Chinas Finanzdiplomatie in den letzten Jahren die Förderung der Reform des internationalen Finanz- und Währungssystems durch die G20- und BRICS-Mechanismen auf globaler Ebene. Auf regionalen

---

[449] Siehe: *China fördert aktiv den Aufbau der Freihandelszone im Asiatisch-Pazifischen Raum (FTAAP)* [Zhongguo Jiji Tuidong Yatai Ziyou Maoyiqu (FTAAP) Jianshe]. http://www.mofcom.gov.cn/article/i/jyjl/j/201711/20171102671330.shtml, (Handelsministerium der Volksrepublik China, 16.11.2017).

[450] Der Golf-Kooperationsrat (Gulf Cooperation Council, GCC) ist eine internationale Organisation und ein Handelsblock, der Bahrain, Kuwait, Oman, Katar, Saudi-Arabien und die Vereinigten Arabischen Emirate umfasst. Er ist eine wichtige politische und wirtschaftliche Organisation in der Golfregion. Zum relevanten Bericht siehe Wang, Lin: *Die Verhandlung über das Freihandelsabkommen zwischen China und dem Golf-Kooperationsrat steht nach fünf Jahren Aussetzung kurz vor der Wiederaufnahme* [Zanting Wunian Zhongguo - Haihehui Zimao Tanpan Chongqi Zaiji]. http://www.yicai.com/news/2014/03/3590930.html, (China Business News, 17.03. 2014).

[451] Li, Wei: The Rise of China's Financial Diplomacy. In: *World Economics and Politics*, 2013(2), S. 77-98.

Ebenen sind es die Förderung der Multilateralisierung der Chiang-Mai-Initiative durch den ostasiatischen „10+3"-Kooperationsrahmen und die erfolgreiche Einrichtung eines ostasiatischen Devisenreservepools, wodurch regionale finanzielle Selbsthilfe realisiert wurde.[452] Auf bilateraler Ebene wurde der RMB durch bilaterale Währungsswaps und die Einführung von RMB-Clearing als internationale Währung im Ausland gefördert. Diese Reihe aktiver Finanzdiplomatie hat Chinas internationales Finanzumfeld erheblich verbessert und seinen internationalen Finanzstatus erhöht.[453]

Seit 2013 hat die chinesische Regierung ihre Finanzdiplomatie unvermindert fortgesetzt. Im Oktober 2013 schlug China eine Initiative zur Gründung der AIIB vor; 2015 unterzeichneten 34 potenzielle Gründungsmitglieder, darunter China, Indien, Südkorea und Singapur, eine Gründungsvereinbarung; und im Januar 2016 nahm die AIIB offiziell ihre Arbeit auf und wählte Jin Liqun, einen ehemaligen chinesischen Vizefinanzminister, zu ihrem ersten Direktor.[454] Bis zum Mai 2018 ist die AIIB bereits auf 86 Mitglieder angewachsen, und die Zahl der von ihr finanzierten Infrastrukturprojekte hat 26 erreicht, an denen mehr als zehn Länder beteiligt sind und deren Gesamtkreditbetrag über 4,5 Milliarden US-Dollar beträgt.[455] Im Jahr 2015 war China auch federführend bei der Gründung der New Development Bank (NDB, ehemals BRICS Development Bank), die inzwischen über ein Startkapital und einen Reservefonds von insgesamt 150 Milliarden US-Dollar verfügt, wobei China mit 51 Milliarden US-Dollar mehr als ein Drittel des Gesamtbetrags beisteuert.[456]

Im Währungsbereich hat die chinesische Regierung das Tempo der Förderung von RMB-Clearing mit befreundeten Ländern deutlich erhöht, um die Internationalisierung des RMB direkter voranzutreiben. War früher das wichtigste Element der Währungsdiplomatie Pekings die Unterzeichnung von Währungsswap-Vereinbarungen, so liegt der Schwerpunkt der Währungsdiplomatie seit 2013 auf der Förderung von RMB-Clearing, wobei erstere die Grundlage für letztere bildet und letztere ein direkter Ausdruck der RMB-Internationalisierungsstrategie im diplomatischen Bereich ist. Zu den Ländern, in denen China im Rahmen seiner diplomatischen Aktivitäten das RMB-Clearing besonders gefördert hat, gehören Pakistan, Kasachstan, Usbekistan, Tadschikistan, Thailand, Vietnam, Deutschland, Nigeria, Sri Lanka, Südkorea und Russland. China hat sich bemüht, die Abrechnung in lokaler Währung in den

---

[452] Li, Wei: The Political Foundation of the East Asia Monetary Order: From Single Dominance to Joint Leadership. In: *Contemporary Asia-Pacific Studies,* 2012(6), S. 22-46.

[453] Li, Wei: The International Environment and Strategic Responses for China's Financial Rise. In: *Journal of International Security Studies,* 2013(4), S. 44-63.

[454] Siehe: *About AIIB.* https://www.aiib.org/en/index.html#, (Website der AIIB).

[455] Siehe: *AIIB hat in den letzten zweieinhalb Jahren in 26 Projekte investiert und wird sich in Zukunft auf drei große Schwerpunktgebiete konzentrieren* [Yatouhang Liangnianban Touzi 26 Ge Xiangmu Weilai Jujiao Sanda Zhongdian]. https://www.yidaiyilu.gov.cn/xwzx/gnxw/56342.htm, (BELT AND ROAD PORTAL - YIDAIYILU.GOV.CN, 29.05.2018).

[456] Siehe: *BRICS-Bank richtet Hauptsitz in Shanghai ein, erster Präsident aus Indien* [Jinzhuan Yinhang Chengli Zongbu Ding zai Shanghai Shouren Hangzhang Laizi Yindu]. http://www.xinhuanet.com/world/2014-07/16/c_126759399.htm, (Xinhuanet, 16.07.2014).; „*BRICS-Entwicklungsbank" kann auf dem Brasilien-Gipfel gegründet werden* [Baxi Fenghui Youwang Chengli "Jinzhuan Kaifa Yinhang"]. http://finance.people.com.cn/n/2014/0715/c1004-25280538.html, (People.cn, 15.07.2014).

gemeinsamen Erklärungen mit dem jeweiligen Land aufzunehmen, um ihre rechtliche Wirkung zu erhöhen.[457] Im Mai 2014 gab der russische Präsident Wladimir Putin während des ASEAN-Gipfels eine gemeinsame Erklärung mit der chinesischen Regierung ab, deren bemerkenswertestes Element neben dem Gasabkommen der Beschluss war, den russisch-chinesischen Handel, die Investitionen und die Kreditvergabe weiter zu fördern und den Umfang der direkten Abrechnung in lokaler Währung zwischen Russland und China zu erweitern, einschließlich der Abrechnung im Ölhandel, was von grundlegendster Bedeutung ist.[458] Dies wird eine große Herausforderung für das "Petrodollar"-System darstellen.

Neben der Förderung der Abrechnung in lokaler Währung besteht eine weitere Errungenschaft der chinesischen Regierung in der Währungsdiplomatie seit 2013 in der Ausweitung des Partnernetzes in Bezug auf den Währungshandel und das Währungsclearing. In den letzten vier Jahren wurde der RMB mit mehr als einem Dutzend Währungen direkt handelbar, darunter dem Neuseeland-Dollar, dem britischen Pfund, dem Euro, dem Singapur-Dollar und dem koreanischen Won, sodass sich die Gesamtzahl der direkt handelbaren Währungspaare vom RMB im Jahr 2016 auf insgesamt 22 erhöhte.[459] Seit 2013 hat die chinesische Regierung die Einrichtung eines Währungsclearing-Mechanismus zu einem wichtigen Aspekt der Währungsdiplomatie gemacht. Bis heute hat die chinesische Zentralbank RMB-Clearing-Kooperationsvereinbarungen mit den Zentralbanken von mehr als zehn Ländern unterzeichnet, darunter Singapur, Deutschland, Großbritannien, Südkorea und Thailand. China hat ein erstes überseeisches RMB-Clearing-Netzwerk gebildet, um den RMB-Umlauf in Übersee zu erleichtern.[460]

Eine weitere herausragende Errungenschaft der chinesischen Währungsdiplomatie ist die Aufnahme der RMB in den Währungskorb des Sonderziehungsrechts (SZR, Engl: Special Drawing Right, SDR). In den letzten Jahren hat sich die chinesische Regierung um eine strukturelle Reform des Sonderziehungsrechts bemüht, um ein Gegengewicht zur Hegemonie des US-Dollars zu schaffen. Als Ergebnis der doppelten Bemühungen Chinas in der internationalen Währungsdiplomatie und der inländischen Währungsreform hat der IWF den RMB 2015 offiziell als fünfte Währung in den SZR-Währungskorb aufgenommen.[461]

Drittens wurde Investitionsdiplomatie praktiziert, um dem Investitionsprotektionismus entgegenzuwirken, die Schritte chinesischer Unternehmen ins Ausland zu fördern und Chinas Interessen im Ausland zu schützen. Ihr spezifischer Inhalt ist die

---

[457] Li, Wei & Zhu, Hongyu: Partnership Diplomacy of Currency and the Strategic Pivots for the Rise of the RMB. In: *Foreign Affairs Review*, 2015(1), S. 27-54.

[458] *Gemeinsame Erklärung der Volksrepublik China und der Russischen Föderation über eine neue Phase der umfassenden strategischen Kooperationspartnerschaft* [Zhonghua Renmin Gongheguo yu Eluosi Lianbang guanyu Quanmian Zhanlüe Xiezuo Huoban Guanxi Xin Jieduan de Lianhe Shengming]. http://www.fmprc.gov.cn/mfa_chn/zyxw_602251/t1157763.shtml, (Außenministerium der Volksrepublik China, 20.05.2014).

[459] Siehe: http://www.chinamoney.com.cn/chinese/index.html, (Website des Devisenhandelssystems Chinas).

[460] Li, Wei & Zhu, Hongyu: *Strategische Unterstützungspunkte für die Diplomatie der Währungspartnerschaft und den Aufstieg des RMB* [Huobi Huoban Waijiao yu Renmingbi Jueqi de Zhanlüe Zhidian Guo]. S. 39.

[461] Li Wei: Sino-U.S. Diplomatic Competition in International Financial Institution. In: *World Economics and Politics*, 2016(4), S. 120-121.

Beschleunigung der Verhandlungen über Investitionsabkommen (Bilateral Investment Treaty, BIT). China entwickelt sich allmählich von einem großen Land des Handels zu einem großen Land der Investition. Sein jährliches Investitionsvolumen ins Ausland war rasant angestiegen und nahmen im Jahr 2015 bereits den zweiten Platz in der Welt ein.[462] Die wachsenden Auslandsinvestitionen haben jedoch aufgrund des häufigen Investitionsprotektionismus in Europa und den USA sowie der politischen Instabilität in einigen Ländern viele Verluste erlitten. Mangels eines globalen Rahmens für den Investitionsschutz ist der Abschluss von Investitionsabkommen durch bilaterale diplomatische Verhandlungen zu einem wichtigen Mittel zum Schutz der chinesischen Auslandsinvestitionen geworden. Bis 2011 hat China bilaterale Investitionsabkommen mit 104 Ländern (oder Regionen) unterzeichnet, wobei der Schwerpunkt auf Asien und Europa lag.[463]

Das wichtigste Element der chinesischen Investitionsdiplomatie ist die Aushandlung von bilateralen Investitionsabkommen zwischen China und den USA sowie zwischen China und der EU. Die Bedeutung dieser Verhandlungen sei „vergleichbar mit dem Beitritt Chinas zur WHO", da es sich um ein riesiges Investitionsvolumen handele und die beiden Seiten einen wichtigen internationalen Status hätten.[464] Im Jahr 2013 akzeptierte China beim Strategischen und Wirtschaftlichen Dialog zwischen China und den USA erstmals die beiden Grundsätze der „Inländerbehandlung" und der „Negativliste" als Grundlage für die Verhandlungen über das Investitionsabkommen und brachte damit die Verhandlungen auf die Schnellspur. Im Jahr 2015 tauschten China und die USA erstmals Negativlisten aus und begannen mit Verhandlungen darüber. 2016 hatten beide Seiten bereits fast 30 Verhandlungsrunden durchgeführt und drei Angebote für Negativlisten ausgetauscht. Das Umfassende Investitionsabkommen zwischen China und der EU haben seit ihrem Start im November 2013 bereits 15 Runden durchlaufen, und auf dem 19. Treffen der Staats- und Regierungschefs der EU und Chinas im Jahr 2017 kamen beide Seiten überein, die laufenden Verhandlungen über das Investitionsabkommen als „oberste Priorität" zu bezeichnen[465] und die Verhandlungen effektiv voranzutreiben.

Viertens wurde der umfassende wirtschaftliche und diplomatische Plan der Seidenstraßeninitiative vorgeschlagen und umfassend in die Tat umgesetzt. Im September und Oktober 2013 schlug Staatspräsident Xi Jinping bei seinen Besuchen in Zentral- und Südostasien den Aufbau des „Seidenstraßen-Wirtschaftsgürtels" und

---

[462] Siehe: *China steht 2015 erstmals auf Platz zwei der Weltrangliste der Direktinvestitionen im Ausland* [2015 Nian Woguo Duiwai Zhijie Touziliang Shouci Weilie Quanqiu Di-Er]. http://www.gov.cn/shuju/2016-09/22/content_5110779.htm, (Handelsministerium der Volksrepublik China, 22.09.2016).

[463] Siehe: *Liste der von China unterzeichneten bilateralen Investitionsabkommen* [Woguo Duiwai Qianding Shuangbian Touzi Xieding Yilan Biao]. http://tfs.mofcom.gov.cn/article/Nocategory/201111/20111107819474.shtml, (Handelsministerium der Volksrepublik China, 12.12.2016).

[464] Siehe: *Große Taktik bei Investitionsgesprächen zwischen China, den USA und Europa - Wie Tanzt China „mit den Wölfen"?* [Zhong Mei Ou Touzi Tanpan Da Doufa, Zhongguo Ruhe "Yulang Gongwu"]. http://news.xinhuanet.com/fortune/2014-01/28/c_126072841.htm, (Xinhuanet, 28.01.2014).

[465] Siehe: *Liste der Ergebnisse des 19. Treffens der Staats- und Regierungschefs von China und der EU* [Di 19 Ci Zhong Ou Lingdaoren Huiwu Chengguo Qingdan]., http://www.oushinet.com/ouzhong/ouzhongnews/20170605/264012.html, (Nouvelles d'Europe, 05.06.2017).

der „maritimen Seidenstraße des 21. Jahrhunderts" vor. Der Inhalt der Initiative umfasst die Realisierung der Straßenverbindung durch den Aufbau von Infrastrukturen, die Senkung von Handelsschranken zum reibungslosen Warenfluss, und die Förderung der Geldzirkulation durch RMB-Clearing, was jeweils zum Bereich der Investitionsdiplomatie, Handelsdiplomatie und Währungsdiplomatie gehört. Die diplomatische „Belt and Road"-Initiative ist daher eine umfassende wirtschaftlich-diplomatische Aktivität.

Damit die Seidenstraßeninitiative tatsächliche Erfolge erzielen kann, hat die chinesische Regierung nach innen den Arbeitsmechanismus für die Seidenstraßeninitiative weiter verbessert. Anfang 2017 richtete die Staatliche Kommission für Entwicklung und Reform gemeinsam mit dem Außenministerium und 13 weiteren Ministerien und Abteilungen einen Arbeitsmechanismus für öffentlich-private Partnerschaft (Public Private Partnership, PPP) im Rahmen der Seidenstraßeninitiative ein, um die Zusammenarbeit beim Aufbau von Infrastrukturen in den Ländern entlang den Routen durch die Verbesserung des Mechanismus auf höchster Ebene zu fördern. Außerdem wurde die Staatliche Agentur für internationale Entwicklungszusammenarbeit eingerichtet, um die Seidenstraßeninitiative besser unterstützen zu können.

Anfang 2017 richtete die Nationale Entwicklungs- und Reformkommission gemeinsam mit dem Außenministerium und 13 weiteren Ministerien den "One Belt, One Road"-ÖPP-Arbeitsmechanismus ein, um die Zusammenarbeit beim Bau von Infrastruktur in den Ländern entlang des "One Belt, One Road" durch die Verbesserung des Mechanismus auf höchster Ebene zu fördern.

Nach außen hat China seinen „Belt and Road"-Freundeskreis erweitert, indem es den Aufbau von Finanzierungsplattformen effizient verbessert und die Verknüpfung mit den Strategien der Länder entlang der Route kontinuierlich verstärkt hat. Im Mai 2017 veranstaltete China das erste Gipfelforum für internationale Zusammenarbeit im Rahmen der Seidenstraßeninitiative, an dem 29 Staatsoberhäupter und über 1200 Delegierte aus mehr als 100 Ländern und internationalen Organisationen teilnahmen. Auf dem Gipfel kündigte China an, den Seidenstraßenfonds um 100 Milliarden Yuan aufzustocken. Darüber hinaus hat sich die chinesische Regierung mit der AIIB, der Chinesischen Entwicklungsbank, der Export-Import-Bank von China und der neu gegründeten China-CEEC Inter-Bank Association zusammengeschlossen, um den Aufbau der Seidenstraßeninitiative finanziell zu unterstützen. Des Weiteren haben die chinesischen Spitzenpolitiker die Seidenstraßeninitiative häufig bei bilateralen und multilateralen Anlässen hervorgerufen, um sie mit den Entwicklungsstrategien anderer Länder und Regionen in Einklang zu bringen und die bilaterale und regionale Zusammenarbeit zu vertiefen. Bis Ende 2017 hatte China mit 74 Ländern und internationalen Organisationen Kooperationsabkommen für die Seidenstraßeninitiative unterzeichnet und mit mehr als 30 Teilnehmerländern Kooperationsabkommen über Produktionskapazitäten geschlossen. Es ist erwähnenswert, dass auch Japan, das der Seidenstraßeninitiative zuvor skeptisch gegenüberstand, inzwischen eine positive Haltung einnimmt und erklärt, dass es mit China zusammenarbeiten wird, sobald die Voraussetzungen dafür gegeben sind.[466] Dies zeigt, dass Chinas „Belt and Road"-Diplomatie allmählich effektiver wird und die Tatsache widerspiegelt, dass die Seidenstraßeninitiative als eine diplomatische Maßnahme die Beziehungen Chinas zu seinen Nachbarn wirksam verbessern kann und eine wichtige Rolle bei Chinas Politik der harmonischen, friedlichen Nachbarschaft und der Förderung des Wohlstands der Nachbarländer spielt.

Die Zusammenarbeit im Rahmen der Seidenstraßeninitiative ist mit zahlreichen geopolitischen, wirtschaftlichen, finanziellen und rechtlichen Risiken verbunden. Seit dem Start der Initiative wurde eine Reihe von Projekten wie die mexikanische Hochgeschwindigkeitsbahn und der griechische Hafen Piräus gestoppt oder annulliert. Ferner wurde die ungarisch-serbische Hochgeschwindigkeitsbahn von der Europäischen Kommission untersucht, was zu enormen wirtschaftlichen Verlusten für China führte. Dies stellt die vielen Herausforderungen dar, mit denen Chinas „Belt and Road"-Diplomatie in Zukunft konfrontiert wird.

Insgesamt kann man sagen, dass Chinas Wirtschaftsdiplomatie, gestützt auf ein solideres Fundament wirtschaftlicher Stärke, im neuen Zeitalter proaktiver in ihrem Verhalten und reifer in ihren Fähigkeiten geworden ist. Sie rückt das Land in den Mittelpunkt der internationalen Bühne und macht es wieder zu einem führenden Land in der internationalen Gemeinschaft.

V. Schlussfolgerung

Wirtschaftsdiplomatie ist eine Kombination aus Wirtschaft und Diplomatie. Als offizieller wirtschaftlicher Austausch, der von der Zentralregierung und den ihr unterstellten Organen geleitet wird, spielt Chinas Wirtschaftsdiplomatie eine äußerst wichtige Rolle in seiner Gesamtdiplomatie heute und dient nicht nur Chinas konkreten nationalen Wirtschaftsinteressen, sondern auch anderen nichtwirtschaftlichen Interessen wie Politik- und Sicherheitsinteressen. Die Vielfalt der Kategorien der Wirtschaftsdiplomatie bietet China auch eine Reihe verschiedener Ebenen von Plattformen für seine außenpolitischen Handlungen und ermöglicht es China, seinen Verhandlungsspielraum durch thematische Verknüpfungen zu erweitern. Eine Analyse der institutionellen Struktur der chinesischen Wirtschaftsdiplomatie zeigt, dass die fünf Hauptebenen der relevanten Abteilungen und Institutionen, jede mit ihrer eigenen Rolle und ihrer Verflechtung, eine gemeinsame Rolle spielen, damit Chinas Wirtschaftsdiplomatie reibungslos funktioniert. Wenn man den historischen Prozess der chinesischen Wirtschaftsdiplomatie seit der Reform- und Öffnungspolitik in vier Phasen unterteilt, nämlich die Kontakt-, Integrations-, Partizipations- und Führungsphase, kann man auch die Richtung und den Verlauf der aktuellen Wirtschaftsdiplomatie Chinas ableiten. Seit 2013 hat Chinas Wirtschaftsdiplomatie neue Entwick-

---

466 Siehe: *Öffentliche Äußerung des japanischen Premierministers Shinzo Abe über die Kooperation im Rahmen der Seidenstraßeninitiative* [Riben Shouxiang Anbei Jinsan Gongkai Yanji "Yidai Yilu" Hezuo]. http://www.xinhuanet.com/world/2017-06/07/c_129626714.htm,(Xinhuanet, 07.06.2017
)

lungsvitalität und Antriebskraft erhalten, aber eine erfolgreiche Wirtschaftsdiplomatie erfordert sowohl eine solide wirtschaftliche Grundlage als auch eine starke diplomatische Mobilisierung.

Betrachtet man die Merkmale und Entwicklungsbedingungen der chinesischen Wirtschaftsdiplomatie, so hat die Reform- und Öffnungspolitik einen wesentlichen Impuls für ihre Entwicklung gegeben. Die Öffnung der Wirtschaft hat dazu geführt, dass China stärker vom außenwirtschaftlichen Umfeld beeinflusst wird, was wiederum die chinesische Regierung veranlasst hat, durch diplomatische Aktivitäten ein günstiges internationales Umfeld für die wirtschaftliche Entwicklung Chinas zu schaffen und so das Projekt der Reform- und Öffnungspolitik weiter voranzutreiben. Diese Politik und die Praxis der Wirtschaftsdiplomatie ergänzen und beflügeln einander. Der Wandel der Rolle Chinas in der Wirtschaftsdiplomatie von einem passiven Teilnehmer zu einem aktiven Führer und von einem Nutznießer zu einem Wohltäter, ist sowohl ein Mikrokosmos für die Entwicklung der chinesischen Außenbeziehungen als auch die Grundlage für die glänzende Erfolge des Landes in den Außenbeziehungen.

China und die Welt seit der Reform- und Öffnungspolitik zielt darauf ab, den 40. Jahrestag der Reform und Öffnung Chinas zu ehren, an die Errungenschaften seiner Außenbeziehungen zu erinnern und die Theorie und Praxis der Beteiligung Chinas an internationalen Angelegenheiten in den letzten 40 Jahren zusammenzufassen. Dieser Sammelband baut die bisherigen Erfolge aus und strebt neue Fortschritte an. Zum einen stellt es die wertvollen theoretischen Innovationen im Fachbereich der internationalen Beziehungen Chinas in den letzten 40 Jahren vor, um so die außenpolitische Praxis Chinas theoretisch zu untermauern. Zum anderen bietet es auch eine systematische Zusammenfassung und Überprüfung der außenpolitischen Praxis Chinas, sodass die diplomatische Praxis besser als empirisches Material zur Förderung der theoretischen Konstruktion verwendet werden kann.

Schlusswort

China und die Welt seit der Reform- und Öffnungspolitik zielt darauf ab, den 40. Jahrestag der Reform und Öffnung Chinas zu ehren, an die Errungenschaften seiner Außenbeziehungen zu erinnern und die Theorie und Praxis der Beteiligung Chinas an internationalen Angelegenheiten in den letzten 40 Jahren zusammenzufassen. Dieser Sammelband baut die bisherigen Erfolge aus und strebt neue Fortschritte an. Zum einen stellt es die wertvollen theoretischen Innovationen im Fachbereich der internationalen Beziehungen Chinas in den letzten 40 Jahren vor, um so die außenpolitische Praxis Chinas theoretisch zu untermauern. Zum anderen bietet es auch eine systematische Zusammenfassung und Überprüfung der außenpolitischen Praxis Chinas, sodass die diplomatische Praxis besser als empirisches Material zur Förderung der theoretischen Konstruktion verwendet werden kann.

Über die Herausgeber

Prof. Zhang Yunling: Mitglied der Chinesischen Akademie der Sozialwissenschaften (CASS), ehemaliger Direktor der akademischen Abteilung für internationale Studien der CAAS.

Prof. Gao Cheng: Wissenschaftliche Mitarbeiterin an dem Nationalen Institut für internationale Strategie der CASS (NIIS, CASS), Dissertationsbetreuerin, leitende Redakteurin des *Journal of Contemporary Asia-Pacific Studies*.

ibidem.eu